中国涉外法治发展报告（2023）

对外经济贸易大学涉外法治研究院
对 外 经 济 贸 易 大 学 法 学 院 编

对外经济贸易大学出版社
中国·北京

图书在版编目（CIP）数据

中国涉外法治发展报告. 2023 / 对外经济贸易大学涉外法治研究院，对外经济贸易大学法学院编. -- 北京：对外经济贸易大学出版社，2024. 6. -- ISBN 978-7-5663-2613-3

Ⅰ. D922.134

中国国家版本馆 CIP 数据核字第 202494FU95 号

中国涉外法治发展报告（2023）

对外经济贸易大学涉外法治研究院，对外经济贸易大学法学院　编

责任编辑：邱蓓蓓

出版发行：对外经济贸易大学出版社
社　　址：北京市朝阳区惠新东街 10 号
网　　址：www.uibep.com
资源网址：www.uibepresources.com
邮政编码：100029
邮购电话：010－64492338
发行部电话：010－64492342
E-mail：uibep@126.com

成品尺寸：170mm×240mm
印　　张：24
字　　数：405 千字
ISBN 978-7-5663-2613-3
印　　刷：北京九州迅驰传媒文化有限公司
版　　次：2024 年 6 月北京第 1 版
印　　次：2024 年 6 月第 1 次印刷
定　　价：88.00 元

《中国涉外法治发展报告（2023）》编委会

《中国涉外法治发展报告（2023）》

主　　　编　左海聪
副　主　编　黄　勇
本期执行主编　薛　源

编　写　人　员（按撰写章节先后）
总 报 告：左海聪
第 一 章：李沣桦　王仕娴　韩紫祎　卢瑶瑶　黄若湉
第 二 章：梅夏英　许　可　吴　涵
第 三 章：满艺姗　朱梓路
第 四 章：边永民　刘晓豹　岳杨亦
第 五 章：任　清　纪文华　霍凝馨　周梦迪　叶　轶　常靖梓
第 六 章：陈卫东　崔　凡　岳杨亦　李龙媛　文雨涵　谢嘉熠
李　晔　黄芷蕙　梁雯淇　姚羽昕　隗雨潇
第 七 章：陈正健　张　议　周彦灵　彭泽曼　高雅馨　吴雨洁
靳　琳
第 八 章：伏　军　尚博文　梁信雅　王　睿　陈　阳　尹亦婷
潘诗予　蔡梦琪　罗鼎原
第 九 章：黄　勇　董其超
第 十 章：许庆坤　肖湘一帆
第十一章：左海聪　翟笃生　刘　艳　韩霄瑜　唐　梦　肖卓飏
熊　懿　蒯嘉诚
第十二章：董冰莹　吕妍岩　朱文慧　李思琪
第十三章：薛　源　郑　军　杨瑞琪

目　录

第一编　宏　观　编

第二编　对外交往法治编

第三编　涉外经济法治编

第四编　涉外民商事法治编

总 报 告

当今世界，国际格局深刻调整，大国关系加快重塑，世界之变、时代之变、历史之变正以前所未有的方式加速演进，世界进入新的动荡变革期，迫切需要先进思想理念的感召引领和负责任大国的身体力行、持续推动。

2023 年是“统筹推进国内法治和涉外法治”战略部署提出的第三年，是全面贯彻落实党的二十大精神的开局之年。贯彻党的二十大报告，我国涉外法治工作取得里程碑式的发展。我国积极参与全球治理，在涉外立法、执法、司法和法律服务方面均取得显著进展，为在法治轨道上全面建设社会主义现代化国家迈出坚实步伐。

一、涉外法治建设取得里程碑式的发展

2023 年是习近平主席提出“人类命运共同体”理念和共建“一带一路”倡议 10 周年，党中央、国务院启动自由贸易试验区建设 10 周年，也是“统筹推进国内法治和涉外法治”战略部署作出 3 周年。积十年之功，并三年发力，我国涉外法治建设取得了里程碑式的重要进展。

（一）全球治理变革

在全球治理变革领域，我国积极展现负责任大国的担当，为全球治理体系改革和建设贡献中国智慧，引领作用更加显著，在联合国和其他重要国际组织中的制度性话语权进一步提升。主要大事和亮点有：

1. 以构建人类命运共同体理念为指引，我国在联合国改革、乌克兰危机和巴以冲突等重大国际问题以及斡旋沙特和伊朗复交的外交实践中发挥引领作用

中国作为联合国的共同发起国、安理会常任理事国和联合国宪章宗旨和原则的坚定维护者，在联合国改革中具有重要影响力。中国在重大国际问题上，始终坚持独立自主地作出是非判断，始终站在和平和正义的一边，站在人类文明进步的一边，站在绝大多数国家共同利益的一边，展示了中国特色大国外交的崭新风格。2022 年 2 月 24 日爆发的乌克兰危机在 2023 年延宕加剧，2023 年 10 月 7 日新一轮中东冲突硝烟再起，以色列在加沙地区展开“特别军事行动”，

导致严重的人道主义灾难。中国对和平解决国际争端的坚持和倡导对于稳定国际局势非常重要。2023 年 3 月 10 日，沙特阿拉伯和伊朗在北京发表三方联合声明，宣布两国同意恢复外交关系，并计划在两个月内重开双方的使馆和代表机构。[①]中国的斡旋起到了重要作用，彰显了我国在阿拉伯世界的影响力。

2. 我国在世界贸易组织（WTO）改革、国际货币基金组织（IMF）份额扩大、“一带一路”机制构建等方面发挥引领作用

在 WTO，中国牵头并与各成员共同完成了《促进发展的投资便利化协定》的谈判，是该协议能够通过的关键力量，彰显了中国在 WTO 部分议题上的领导力。2023 年 12 月 15 日，IMF 理事会完成了第十六次份额总检查，批准将 IMF 成员的份额增加 50%，将使 IMF 的总份额达到 7 157 亿特别提款权（9 600 亿美元）。[②]我国积极参与推动 IMF 增资，有利于增强 IMF 组织整体的资金实力和抗风险能力，也有利于提升我国在 IMF 运作与改革中的代表性、话语权和谈判实力。2023 年 10 月 18 日，第三届“一带一路”国际合作高峰论坛开幕式在北京举行。习近平主席在论坛开幕式上发表主旨演讲，回顾十年成就，总结成功经验，宣布中国支持高质量共建“一带一路”八项行动，为“一带一路”行稳致远明确了新方向，开辟了新愿景，注入了新动力。论坛期间举办了 3 场高级别论坛，围绕互联互通、绿色发展、数字经济主题进行深入交流，并结合贸易畅通、民心相通、智库交流、廉洁丝路、地方合作、海洋合作等议题平行举办 6 场专题论坛。[③]

3. 我国政府、企业和专家协同努力，在国际商事立法中发挥重要作用，推动国际民商事实体和程序公约的制定和生效、国际民商事惯例的编纂和采用

我国发起并推动制定了《联合国船舶司法出售国际效力公约》（以下简称《北京船舶司法出售公约》）。2023 年 9 月 5 日，《北京船舶司法出售公约》签约仪式在北京举行。这是海商领域首个以中国城市命名的联合国公约，体现各方对中国积极参与国际海事法治建设事业，为世界航运经济发展所作贡献的肯定。《北京船舶司法出售公约》旨在解决船舶司法出售跨境承认问题，确保船舶司法

① 新华社：《中华人民共和国、沙特阿拉伯王国、伊朗伊斯兰共和国三方联合声明》，载人民网，http://world.people.com.cn/n1/2023/0310/c1002-32641634.html，2024 年 1 月 11 日访问。

② 新闻源自国际货币基金组织：https://www.imf.org/zh/News/Articles/2023/12/18/pr23459-imf-board-governors-approves-quota-increase-under-16th-general-review-quotas，2024 年 1 月 1 日访问。

③《“一带一路”高峰论坛丨特稿：长风万里启新程——全球瞩目高质量共建“一带一路”开启新阶段》，载中国一带一路网，https://www.yidaiyilu.gov.cn/p/0E9RAGOL.html，2023 年 12 月 12 日访问。

出售中买受人的所有权在其他缔约国得到承认，增强了相关权利的稳定性，促进了国际航运业的健康发展和国际贸易法的协调统一。2023 年 5 月 10 日，国际统一私法协会理事会通过了《保理示范法》，旨在为尚未实施现代、全面的担保交易登记处的国家提供一套法律规则，并将成为各国促进贸易融资、获得信贷和经济发展的重要工具。2023 年 5 月，由数字资产与私法工作组编写的《数字资产与私法通则》在国际统一私法协会理事会通过，并于 2023 年 10 月 4 日正式发布。《数字资产与私法通则》旨在提供立法指导，并制定与数字资产的法律性质、转让和使用有关的原则。《数字资产与私法通则》在技术、业务模式和司法管辖方面保持中立，所确定的原则体现了最佳做法和国际标准，使各法域能够对数字资产转让和使用过程中产生的法律问题采取共同的方法。

中国于 2023 年 3 月 8 日宣布加入《取消外国公文书认证要求的公约》（以下简称《公约》），11 月 7 日该公约正式对中国生效。《公约》旨在用附加证明书替代传统领事认证，进而达到简化公文书跨国流转程序之目的。《公约》的生效将优化我国涉外民商事诉讼中域外送达和域外取证的流程，进一步便利跨国诉讼和外国判决的承认与执行。①

近十年来，我国在全球治理领域取得的卓越成就，是在人类命运共同体理念指导下取得的。十年来，构建人类命运共同体的理念内涵日臻完善。习近平主席在多个国际场合就这一重大理念进行系统阐述，逐步形成了以建设持久和平的世界、普遍安全的世界、共同繁荣的世界、开放包容的世界和清洁美丽的世界（“五个世界”）为总目标，以全人类共同价值为价值追求，以构建新型国际关系为根本路径，以共建“一带一路”为实践平台，以全球发展倡议、全球安全倡议、全球文明倡议为重要依托的科学理论体系。②

（二）对外关系法治

《对外关系法》《外国国家豁免法》颁布实施。《对外关系法》于 2023 年 6 月 28 日通过，并于 2023 年 7 月 1 日起施行。《对外关系法》是新中国成立以来第一部集中阐述我国对外工作大政方针、原则立场和制度体系，对我国发展对外关系作出总体规定的基础性法律。制定《对外关系法》是坚持统筹推进国内

① 外交部：《〈取消外国公文书认证要求的公约〉将于 2023 年 11 月 7 日在中国生效实施》，https://www.mfa.gov.cn/wjbxw_new/202310/t20231023_11165858.shtml，2024 年 1 月 10 日访问。

②《国务院新闻办就〈携手构建人类命运共同体：中国的倡议与行动〉白皮书举行发布会》，载中国政府网，https://www.gov.cn/zhengce/202309/content_6906621.htm，2024 年 2 月 12 日访问。

法治和涉外法治，加快形成系统完备的涉外法律体系，提高对外工作法治化水平的重要成果，也是加快涉外法治工作整体布局，增强涉外立法系统性、协同性的重大举措，还是我国阐述国际秩序观念与国际法律政策的重大行动。《对外关系法》的颁布实施是我国全面依法治国尤其是加强涉外法治体系建设的重要里程碑，也为其他国家对外关系立法提供了重要借鉴。①《外国国家豁免法》于2023年9月1日通过，自2024年1月1日起施行。《外国国家豁免法》确立了我国的外国国家豁免制度，授权我国法院在特定情形下管辖以外国国家为被告的民事案件。这是我国统筹推进国内法治和涉外法治的又一里程碑。②《中华人民共和国领事保护与协助条例》（以下简称《保护与协助条例》）于2023年6月29日通过，自2023年9月1日起施行。这是当代中国第一部关于领事保护与协助工作的专门立法，回应了新形势对领事保护与协助工作提出的新要求，具有重要的时代意义。《保护与协助条例》总结了中国领事保护与协助工作多年摸索的宝贵经验。《保护与协助条例》明确了领事保护与协助各参与方的职责分工及在国外中国公民、法人、非法人组织寻求领事保护与协助时的权利与义务，对预防性领事保护及为领事保护与协助工作提供保障等也作出了相应的规定。③

2023年，我国外交部依据《反外国制裁法》共宣布采取4轮反制措施，对相关个人和实体采取禁止交易、冻结资产、禁止个人入境等制裁措施。制裁原因包括：允许台湾地区领导人“过境”窜访美国；美国议员率团窜访台湾，且频繁采取干涉中国内政、损害中方利益的言行；美国对台军售；长期搜集涉疆敏感信息、为美国涉疆非法制裁提供“依据”等。此外，中共中央台办在2023年4月针对“台独”顽固分子萧美琴实施了惩戒措施。

（三）涉外经贸法治

《出口管制法》开始得到较为频繁的适用。商务部等部门先后将特定镓、锗相关物项、部分无人机专用发动机和民用反无人机系统等无人机相关物项、人造石墨材料及其制品以及天然鳞片石墨及其制品等石墨相关物项纳入“两用物

---

① 王毅：《贯彻对外关系法 为新时代中国特色大国外交提供坚强法治保障》，《人民日报》2023年6月29日，第6版。

② 马新民：《我国出台外国国家豁免法——涉外法治建设的里程碑》，http://world.people.com.cn/n1/2023/0904/c1002-40069726.html，2023年12月20日访问。

③ 司法部：《〈中华人民共和国领事保护与协助条例〉的意义和亮点》，https://www.moj.gov.cn/pub/sfbgw/zcjd/202307/t20230714_482645.html，2023年12月20日访问。

项”出口管制清单。对满足特定指标的消费级无人机实施为期 2 年的临时出口管制，并禁止其他未列入管制的所有民用无人机出口用于大规模杀伤性武器扩散、恐怖主义活动或者军事目的。[①]取消对炉用碳电极等 5 种主要用于钢铁、冶金、化工等国民经济基础工业的低敏感石墨物项的临时管制。中国商务部和海关总署发布 2024 年度《两用物项和技术进出口许可证管理目录》（以下简称《两用目录》）。

2023 年 1 月至 12 月至少新增了 32 起出口管制相关行政处罚案件，其中 21 起涉及两用物项和技术的出口，11 起涉及军品出口。其中有 16 起案件援引了《出口管制法》作为处罚依据。

2023 年 2 月 16 日，为维护国家主权、安全和发展利益，商务部安全与管制局发布公告，决定将参与对台军售的洛克希德・马丁公司、雷神导弹与防务公司列入不可靠实体清单。这是我国首次启用“不可靠实体清单”工作机制。

在反垄断、数据产业监管、营商环境营造方面，我国相关部门也出台了不少部门规章，提高了这些领域工作的法治化水平。

（四）涉外民商法治

《民事诉讼法》修订，优化了我国涉外民事诉讼的管辖、送达和取证规则。最高人民法院通过了关于外国法查明、国际条约和国际惯例适用方面的司法解释，发布了一批国际商事典型判例。中国国际经济贸易仲裁委员会和上海国际仲裁中心推出了新版仲裁规则，于 2024 年 1 月 1 日起施行。

值得一提的是，本年度，我国《公司法》得到修订，《民法典》合同编司法解释出台。由于我国外商投资企业设立公司适用《公司法》、大量的涉外民商事合同则会适用我国民法典，从这个角度来看，上述法律修订和司法解释的出台，也将为我国外商投资企业的设立和管理以及涉外民商事合同的订立和履行提供更好的法律保障和可预见性。

二、2023 年加强涉外法治建设的特点

加强涉外法治工作主要围绕推动高水平对外开放、维护国家安全、主权和发展利益、参与全球治理推动构建人类命运共同体这三大战略目标开展。2023

① http://www.mofcom.gov.cn/swfgzc/article.shtml?id=20230703424616。

年，涉外法治工作在推进三大战略目标和其他目标方面颇具特色。

（一）中国在全球治理中的制度引领作用进一步显现

自2008年以来，我国经济实力持续增长，在国际事务上的影响力和在全球治理中的制度性话语权不断提升。我国坚持独立自主的外交政策，努力推动构建新型大国关系。在多边外交中，我国作为主要行为方，发挥建设性作用。在周边外交中，我国重视睦邻友好，政治经济合作走深走实。第三届“一带一路”国际合作高峰论坛取得丰硕成果，国际合作机制日渐丰富，显示了中国提供国际公共产品的意愿和能力。在联合国体系中发挥中流砥柱作用，推动世贸组织达成《促进发展的投资便利化协定》，在国际议程设置和规则制定中的作用提升显著。在俄乌冲突、巴以冲突中秉持独立公正的立场、寻求和平的态度。在伊朗、沙特恢复外交关系中的斡旋作用，彰显了负责任大国的历史担当，体现了我国外交的一贯价值追求。

（二）反干涉、反制裁、反“长臂管辖”制度实施力度有所加大

中美之间的外交法律斗争由“美攻我守”向“攻守相对平衡”的方向发展。美国在涉台、涉疆、涉港、涉海等一系列问题上粗暴干涉我国内政，在出口管制上愈演愈烈，在单边制裁和“长臂管辖”上也有所扩张。中国的出口管制法的实施有了较强的主动性。中国的反制裁回应性较强。

我国在联合国、WTO、IMF、二十国集团（G20）、气候谈判等多边外交领域，与美国既有斗争也有合作，并取得合作成果。

习近平主席提出的“相互尊重、和平共处、合作共赢”原则为我国处理中美关系指明了方向。我国的长远目标是实现中美之间的合作共赢。

（三）国家制度型开放继续取得实质性进展，统筹安全和发展的制度进一步完善

“一带一路”倡议推进十年，中国与共建国家的政策沟通、设施联通、贸易畅通、资金融通、民心相通建设取得突出成就，海外投资制度和机制得到加强，国际民商事争议解决机制不断健全，中国企业的经营模式和行业标准得以推广并形成新的国际惯例，中国式现代化对发展中国家的示范和参考作用日益显现。中国不仅为世界创造了最大的国际经济合作平台，提供了一项伟大的国际公共产品，也实现了自身海外投资的扩展以及海外投资相关制度的完善。

自由贸易试验区十年制度创新，在制度型开放上不断进步。2023年6月29日，国务院印发《关于在有条件的自由贸易试验区和自由贸易港试点对接国际

高标准推进制度型开放的若干措施》，[①]率先在上海、广东、天津、福建、北京等具备条件的5个自由贸易试验区和海南自由贸易港，试点对接相关国际高标准经贸规则。[②]2023年12月7日，国务院发布《全面对接国际高标准经贸规则推进中国（上海）自由贸易试验区高水平制度型开放总体方案》。[③]相关对接国际高标准经贸规则的措施借鉴了《全面与进步跨太平洋伙伴关系协定》（CPTPP）和《区域全面经济伙伴关系协定》（RCEP）等高水平经贸协定中的条款，结合相关自贸试验区的实际情况，提出了一系列开放和改革举措，为推进我国高水平制度型开放助力。投资自由化便利化、金融开放领域的制度演进，表明我国的制度型开放在向精细化方向发展，在向开放的顶部拓展。

我国在加强制度型开放的同时，十分注意经济开放安全问题，对长期外债的加强管理就是一个例证。

（四）涉外法治研究与涉外法治实践同步共振，研究议题更为具体

我国学者在理论上继续研究涉外法治的内涵、目标、原则等问题。[④]中国政法大学、对外经济贸易大学分别陆续出版《中国涉外法治发展蓝皮书》《中国涉外法治发展报告（2022）》，系统记载我国涉外法治的发展状况，分析特点和趋势并作出展望。我国学者也参与重要涉外立法的论证和研讨，并发表了系列论文。[⑤]一些期刊也发表了"一带一路"倡议十周年、自由贸易试验区十周年专论。[⑥]

---

① 国务院印发《关于在有条件的自由贸易试验区和自由贸易港试点对接国际高标准推进制度型开放若干措施的通知》，网址链接 https://www.gov.cn/zhengce/content/202306/content_6889026.htm，2023年12月30日最后访问。

② 对接国际高标准经贸规则迈出新步伐，网址链接 https://www.gov.cn/zhengce/202307/content_6889650.htm，2023年12月30日最后访问。

③ 中国政府网，网址链接 https://www.gov.cn/zhengce/zhengceku/202312/content_6918914.htm，2023年12月30日最后访问。

④ 何志鹏：《涉外法治的目标设定与实践原则》，《世界社会科学》2023年第2期；韩秀丽：《涉外法治：属性解读与完善进路》，《厦门大学学报（哲学社会科学版）》2023年第3期。

⑤ 黄惠康：《中国对外关系立法的里程碑——论中国首部《对外关系法》应运而生的时代背景、重大意义、系统集成和守正创新》，《武大国际法评论》2023年第4期；黄进：《论〈对外关系法〉在中国涉外法治体系中的地位》，《国际法研究》2023年第4期；左海聪：《一部具有中国特色的外国国家豁免法》，《法治日报》2023年9月18日；李庆明：《论中国〈外国国家豁免法〉的限制豁免制度》，《国际法研究》2023年第5期；沈红雨、郭载宇：《〈民事诉讼法〉涉外编修改条款之述评与解读》，《中国法律评论》2023年第6期。

⑥ 肖永平：《高质量共建"一带一路"的法治保障：从软法治理到软法与硬法共治》，《中国法治》2023年第10期；左海聪：《自由贸易试验区制度创新：改革与法治相互促进的一个试验》，《民主与法制》2023年第44期；刘晓红：《法治引领改革 开放促进发展》，《民主与法制》2023年第44期；陈利强：《浙江自贸区法治建设六周年成就与展望》，《民主与法制》2023年第44期。

三、展望和建议

经过三年的统筹推进，我国涉外法治取得了突出的成就。2024 年，中国涉外法治建设站在了新的起点上。2023 年 11 月 27 日，中共中央政治局就加强涉外法制建设进行第十次集体学习。武汉大学特聘教授黄惠康就这个问题进行讲解，提出工作建议。中共中央政治局的同志认真听取了讲解，并进行了讨论。习近平总书记在听取讲解和讨论后发表了重要讲话，从全局和战略高度系统阐明了为什么要加强涉外法治建设、如何加强涉外法治建设、如何更好地服务和保障高水平开放、如何加强涉外法治人才培养和队伍建设等一系列重大理论和实践问题，为新形势下涉外法治体系和能力建设提供了根本遵循和行动指南。[①]

（一）参与全球治理的制度构建

以人类命运共同体理念为指引，以构建新型国际关系为根本路径，以共建“一带一路”为实践平台，以全球发展倡议、全球安全倡议、全球文明倡议为重要依托，发挥元首外交的引领作用，我国参与全球治理的道路会越走越宽。2024 年度，在联合国、WTO、气候变化谈判、G20、金砖国家合作、上海合作组织、亚洲基础设施投资银行（亚投行）、区域全面经济伙伴关系协定等多边和区域平台上，中国均可以发挥主要行为体的作用，在制度构建方面有所作为，为中国发展确立良好的国际环境，为广大发展中国家和世界人民谋发展，在国际关系中实现公平正义。

（二）形成涉外法治工作大协同格局

习近平总书记强调，涉外法治工作是一项涉及面广、联动性强的系统工程，必须统筹国内和国际，统筹发展和安全，坚持前瞻性思考、全局性谋划、战略性布局、整体性推进，加强顶层设计，一体推进涉外立法、执法、司法、守法和法律服务，形成涉外法治工作大协同格局。

为此，必须加强党对涉外法治工作的全面领导，由中央全面依法治国委员会及其办公室发挥统筹协调、调查研究和跟进督办的作用。在大协同的格局下，可以考虑由全国人大常委会、国家行政机关、最高人民法院采取联席会议方式推进各项涉外法治工作。

---

① 黄惠康：《加强涉外法治体系建设的顶层擘画——论学习贯彻习近平总书记重要讲话精神》，《武大国际法评论》2024 年第 1 期。

（三）涉外立法

涉外立法调整的对象包括一国对外交往中产生的各种涉外法律关系，调整不同领域涉外法律关系的各项立法共同构建了国家的涉外法律体系。党的二十大报告指出："加强重点领域、新兴领域、涉外领域立法，统筹推进国内法治和涉外法治，以良法促进发展、保障善治。"习近平总书记在中共中央政治局第十次集体学习时指出"要坚持立法先行、立改废释并举，形成系统完备的涉外法律法规体系……要主动对接、积极吸纳高标准国际经贸规则，稳步扩大制度型开放，提升贸易和投资自由化便利化水平，建设更高水平开放型经济新体制。要对标国际先进水平，把自由贸易试验区等高水平对外开放的有效举措和成熟经验及时上升为法律……要全面提升依法维护开放安全能力。完善外国人在华生活便利服务措施和相关法律法规。"

截至 2023 年 12 月底，现行有效的 300 件法律中，专门涉外法律 54 部，含涉外条款的法律 152 部。目前，《关税法》已被列入全国人大常委会立法议程并开始进行审议，《海商法》《仲裁法》《对外贸易法》修订进入快轨道，《出口管制条例》有望尽快出台。我国涉外领域仍然存在制度缺漏和不足，需要通过立法和修法加以填补或完善。

1. 进一步完善国家安全建设的法律法规

（1）建议修订《国家安全法》相关条款，并根据该法律确定的基本原则分别制定经济安全、金融安全、科技安全、意识形态安全等重点领域的国家安全部门法。（2）在风险监测预警体系和国家应急管理体系建设方面，应通过修订《突发事件应对法》进一步完善国家安全风险监测预警体系和国家应急管理体系，增加该法的涉外适用条款；应对《刑法》《刑事诉讼法》涉及国家安全犯罪的相关规定进行修订，健全国家安全方面刑事管辖权制度，加大对境内外危害中国国家安全行为的刑事惩罚力度。①

2. 新时代对外开放的法律法规

习近平总书记指出，要对标国际先进水平，把自由贸易试验区等高水平对外开放的有效举措和成熟经验及时上升为法律。我们认为，为了适应扩大制度型开放的需要，需要制定或修订以下法律法规：（1）制定外汇管理法或修改《外汇管理条例》。我国外汇管理法一直存在缺漏，人民币国际化进程中的资本项目

① 刘敬东：《加强涉外领域立法的理论思考与建议》，载《国际法研究》2023 年第 2 期。

开放改革成果无法固定，紧急情况下的外汇进出境限制制度缺乏法律依据，行政处罚依据也不明确、力度偏低，制定外汇管理法可以填补上述重要的制度缺失。作为制定法律的先行步骤，也可以考虑修订《外汇管理条例》，部分解决上述问题。（2）制定境外投资法。我国已经成为世界主要的资本输出国，但海外投资一直缺乏法律或法规。制定境外投资法，就我国境外投资的管理机构、管理制度、境外投资保护、境外投资限制等问题作出规定，既可以规范和保护我国境外投资，也可以促进“一带一路”倡议行稳致远。（3）制定自由贸易试验区法。自由贸易试验区实施十年，但自由贸易试验区的法律依据、法律原则、管理体制一直缺乏法律规定，可以将现有的法规和规范性文件上升为法律，为自由贸易试验区的改革开放试验提供法律基础。（4）修订《对外贸易法》。目前的《对外贸易法》未能对服务贸易新发展、贸易便利化和贸易制裁问题作出规定，需要通过修订就这些问题作出规定。

3. 制定修改反干涉、反制裁和反“长臂管辖”的法律法规

（1）制定《反干涉法》和修改《反分裂国家法》。为应对霸权主义国家对我国主权和领土完整的干涉和挑衅，我国需要制定反干涉法，对外国干涉行为进行界定并规定反制措施；对《反分裂国家法》进行修订，对外国干涉我国国家统一和分裂国家的行为予以反制，拓宽惩戒幅度。（2）制定《反外国制裁法》实施条例或司法解释，使反制裁法更好地发挥功效。（3）修订《刑事诉讼法》的相关规定，适当扩大我国的刑事管辖权。

4. 修订系列法律，构建我国法域外适用体系

（1）修改《刑法》的相关规定。在刑事管辖权方面，我国《刑法》对于行为人在中国境外针对中国的犯罪仅规定应当予以追究刑事责任，没有规定罚款、没收财产等行政责任，这就导致此类犯罪行为极有可能得不到中国法律的惩治。（2）修订《刑事诉讼法》的相关规定，适当扩大我国的刑事管辖权。（3）修改《行政处罚法》，将外国人、无国籍人、外国组织在中国领域外实施的、违法后果发生在中国领域内的违反中国法律的行为纳入调整范围，并扩大惩戒幅度。

（四）涉外执法

习近平总书记指出，要建设协同高效的涉外法治实施体系，提升涉外执法司法效能。

大多数涉外法律法规都有赖于行政机关的实施和执行以实现其宗旨，行政机关的涉外执法是涉外法治落到实处的关键。行政机关为了有效执行法律法规，

也经常将自身的管理机制和措施进行编纂，进而产生各种行政规章。这些规章既是行政机关的执法依据和工作指南，也是行政相对人需要遵循的规范。

长期以来，美国等发达国家的行政首脑和部级行政机构制定了大量的涉外规章，并不断修订。我国涉外行政执法的时间较短，经验不够丰富，因而提高涉外行政效能，是一项十分艰巨的任务。例如，我国在出口管制、反制裁、海警执法等领域，行政经验较为薄弱，部门规章也不健全。只有不断总结经验教训，探索工作规律和原理，全面制定和不断完善部门规章，才能不断提高我国涉外执法的效能。同样，在国家安全、贸易救济、关税管制等其他领域，也需要通过制定和修改部门规章来进一步提高执法效能。

（五）涉外司法

习近平总书记指出，要建设协同高效的涉外法治实施体系，提升涉外执法司法效能，推进涉外司法审判体制机制改革，提高涉外司法公信力。

1. 提升涉外司法质效

我国法院需要在管辖、外国法查明、司法协助等方面进一步探索，完善机制和方法。我国应尽快加入2023年已经生效的《海牙法院判决公约》，与欧盟共同引领涉外民商事判决承认与执行的法律实践。我国应该尽快加入《新加坡调解公约》，促进国际商事调解的运用。

2. 涉外司法审判体制机制改革

需要探索提高最高人民法院国际商事法庭的受案率，完善运行机制；完善地方法院国际商事法庭运行机制；改进“一站式”法律服务机制。

3. 提高涉外司法公信力

需要完善我国关于独立担保等事项的司法解释；进一步准确适用国际条约和惯例以及外国法；加强判决书的说理性；建立涉外审判参照外国判例制度。

（六）境外守法用法

要强化合规意识，引导我国公民、企业在“走出去”的过程中自觉遵守当地法律法规和风俗习惯，运用法治和规则维护自身合法权益。我国企业在“走出去”的过程中，面临政治、安全、经济、法律、外交等多重风险。防患于未然，是保障共建“一带一路”行稳致远，更好地维护国家和公民海外利益的重要举措。要在严格尊法、善于用法上下功夫。海外企业负责人要带头尊法、学法、守法、用法，切实提升涉外法治思维和依法维护企业合法权益的能力。要坚持一切合作都在阳光下运作，防止掉入美国“长臂管辖”的法律陷阱。要进一步加强和完善海外企业法律顾问制度，加强企业经营全流程的合规审查。原则上，“走出去”的企业应设置专职的法律顾问或合规专员，全力防范在经营活动中可能出现的法律风险。

（七）国际执法司法合作

要深化执法司法国际合作，加强领事保护与协助，建设保护我国海外利益的法治安全链。要按照《对外关系法》的相关规定，加强多边双边法治对话，推进对外法治交流合作，深化拓展对外执法合作工作机制。积极对外商签引渡条约、司法协助条约和反腐败合作协议，完善司法协助体制机制。在执法、司法领域，尤其是反恐、禁毒、反腐败、反洗钱、追逃追赃、打击跨国有组织犯罪等重点领域，开展全面、高效的国际执法司法合作。

要加强领事保护与协助。按照《领事保护与协助条例》的规定，进一步明确中央各有关部门及地方人民政府的责任，细化相关措施，积极构建海外中国平安体系，加大做好游客、留学生、海外企业员工等重点人群的预防性领保工作，提高领事保护与协助工作的法治化、制度化和规范化水平。

要加强反腐败国际合作。继续以“零容忍”态度惩治腐败，加大国际追逃追赃力度，实施重大专项行动，切断腐败分子外逃的后路，绝不能让外国成为一些腐败分子的“避罪天堂”。腐败分子即使逃到天涯海角，也要把他们追回来绳之以法。

第一编　宏观编

第一章 “一带一路”涉外法治发展

第一节 大 事 记

一、重要会议

1. 第三届“一带一路”国际合作高峰论坛成功举办

2023年10月18日，第三届“一带一路”国际合作高峰论坛开幕式在北京举行。国家主席习近平在论坛开幕式上发表主旨演讲，回顾10年成就，总结成功经验，宣布中国支持高质量共建“一带一路”八项行动，为“一带一路”明确了新方向，开辟了新愿景，注入了新动力。“我们要有乱云飞渡仍从容的定力，本着对历史、对人民、对世界负责的态度，携手应对各种全球性风险和挑战，为子孙后代创造和平、发展、合作、共赢的美好未来。”习近平主席坚定有力的话语，为推动共建“一带一路”行稳致远提供行动指南。除开幕式外，还举办了3场高级别论坛，围绕互联互通、绿色发展、数字经济主题进行深入交流，并结合贸易畅通、民心相通、智库交流、廉洁丝路、地方合作、海洋合作等议题平行举办6场专题论坛。论坛期间，还举行了“一带一路”企业家大会。①

2. 第三届“一带一路”国际合作高峰论坛海洋合作专题论坛在京举行

2023年10月18日，第三届“一带一路”国际合作高峰论坛海洋合作专题论坛在北京顺利举行。这是在高峰论坛框架下首次举办以海洋合作为主题的专题论坛，充分体现了中国对于高质量推进“一带一路”海洋合作的高度重视。此次专题论坛以“共促蓝色合作 共奏丝路海韵”为主题，相关专家围绕蓝色经济、保护海洋生态系统、海洋科技创新3个专题进行交流，并发布了《“一带一路”蓝色合作倡议》和“一带一路”蓝色合作成果清单，呼吁各方采取一致行动，共同保护和可持续利用海洋资源，共商蓝色合作大计，共享蓝色发展成果，

① 《“一带一路”高峰论坛丨特稿：长风万里启新程——全球瞩目高质量共建“一带一路”开启新阶段》，载中国一带一路网，https://www.yidaiyilu.gov.cn/p/0E9RAGOL.html，2023年12月12日访问。

共建美丽蓝色家园。[①]

3. 第三届惠园“一带一路”法治论坛成功举办

2023 年 11 月 25 日，对外经济贸易大学主办的第三届惠园“一带一路”法治论坛成功举行。该论坛以“‘一带一路’法治建设十年：成就、挑战和未来”为主题，形成了丰硕的成果。与会专家学者认为“一带一路”法治建设成效显著，商务部、外交部牵头的国际经贸协定谈判稳步推进，软法文件在“一带一路”法治建设中发挥重要作用。但仍然存在问题亟待改进：贸易投资法律滞后，规则碎片化严重，中国投资条约范式需要转型升级；知识产权法治水平有待提高，涉外民事司法公信力提升面临诸多挑战等。与会代表建议：深化贸易投资法律方面的合作，完善投资条约中的待遇标准，明确征收补偿；定期开展磋商，更新双边、区域自由贸易协定，解决规则碎片化的问题；在构建人类命运共同体的理念指导下，构建“一带一路”涉外知识产权争端解决机制，推动“一带一路”法治化建设，以问题为导向，促进“一带一路”的高质量发展。[②]

二、对外签署合作文件

1. 中国与土库曼斯坦签署共建“一带一路”谅解备忘录

1 月 6 日，中国政府与土库曼斯坦政府签署《中华人民共和国政府与土库曼斯坦政府关于共建“一带一路”倡议和“复兴丝绸之路”战略对接的谅解备忘录》。双方将共同挖掘两国经济的契合点，积极推进政策沟通、设施联通、贸易畅通、资金融通和民心相通，深化互利合作和文明互鉴，推动构建中土命运共同体。[③]

2. 中国与阿根廷签署共建“一带一路”合作规划

6 月 2 日，中国和阿根廷两国政府代表在北京签署了《中华人民共和国政府与阿根廷共和国政府关于共同推进“一带一路”建设的合作规划》。该合作规划全面落实中阿两国领导人关于高质量共建“一带一路”的重要共识，遵循共商、共建、共享原则，坚持开放、绿色、廉洁理念，以高标准、可持续、惠民

---

① 《“一带一路”蓝色合作倡议》及蓝色合作成果清单发布，http://www.gdcenn.cn/a/202311/612371.html，2023 年 12 月 20 日访问。

② 《第三届惠园“一带一路”法治论坛成功举办》，http://law.uibe.edu.cn/xwzx/xyxw/160e5a8478d342acbef7d40a0e1972dc.htm，2023 年 12 月 20 日访问。

③ 商务部：《中国政府与土库曼斯坦政府签署共建“一带一路”谅解备忘录》，http://fec.mofcom.gov.cn/article/fwydyl/zgzx/202301/20230103378998.shtml，2023 年 12 月 12 日访问。

生为目标，围绕政策沟通、设施联通、贸易畅通、资金融通、民心相通，深化双方在基础设施、能源、经贸、金融、人文等领域互利合作。本次规划的签署对于深化两国政治互信和战略对接具有重要意义，有利于促进中阿各领域务实合作，进一步推进两国共建"一带一路"走深走实，为双方企业创造更多合作机遇，更好地增进两国人民福祉。①

3. 中国和约旦签署共同推进"一带一路"建设谅解备忘录

11 月 29 日，中国驻约旦大使陈传东与约旦计划和国际合作大臣扎伊娜·图坎分别代表两国政府，在约旦首都安曼签署中约两国政府关于共同推进"一带一路"建设的谅解备忘录。陈传东表示，今年是"一带一路"倡议提出 10 周年，中约两国是共建"一带一路"的天然伙伴、齐进现代化的亲密队友，签署谅解备忘录将加强"一带一路"倡议同约旦经济现代化愿景战略对接，促进两国政策沟通、设施联通、贸易畅通、资金融通、民心相通，为深化各领域务实合作提供行动指南，更好地造福两国人民。②

三、发布重要政策文件

1.《携手构建人类命运共同体：中国的倡议与行动》白皮书发布

2023 年 9 月 26 日，国务院新闻办公室发布《携手构建人类命运共同体：中国的倡议与行动》白皮书，并举行新闻发布会。这本白皮书深入贯彻习近平新时代中国特色社会主义思想，深入贯彻习近平外交思想，系统阐述构建人类命运共同体理念的时代背景、丰富内涵、实现路径和世界意义。十年来，构建人类命运共同体的理念内涵日臻完善。习近平主席在多个国际场合就这一重大理念进行系统阐述，逐步形成了以"五个世界"为总目标，以全人类共同价值为价值追求，以构建新型国际关系为根本路径，以共建"一带一路"为实践平台，以全球发展倡议、全球安全倡议、全球文明倡议为重要依托的科学理论体系。③

---

①《中国与阿根廷签署共建"一带一路"合作规划》，载中国一带一路网，https://www.yidaiyilu.gov.cn/p/321818.html，2023 年 12 月 20 日访问。

②《中国和约旦签署共同推进"一带一路"建设谅解备忘录》，载新华网，http://www.xinhuanet.com/2023-12/01/c_1130002536.htm，2023 年 12 月 12 日访问。

③《国务院新闻办就〈携手构建人类命运共同体：中国的倡议与行动〉白皮书举行发布会》，载中国政府网，https://www.gov.cn/zhengce/202309/content_6906621.htm，2023 年 12 月 12 日访问。

2.《共建“一带一路”：构建人类命运共同体的重大实践》白皮书发布

10月10日，国务院新闻办公室发布《共建“一带一路”：构建人类命运共同体的重大实践》白皮书，以习近平新时代中国特色社会主义思想为指导，系统阐述了共建“一带一路”的历史渊源、理念愿景、实现路径、实践成就和世界意义，全面介绍了共建“一带一路”倡议提出十年来的丰硕成果，阐明了中国推动共建“一带一路”高质量发展、同各国一道携手构建人类命运共同体的决心和行动。此次发布旨在帮助各界人士和国际社会更加全面深入了解共建“一带一路”倡议，进一步推进共建“一带一路”高质量发展行稳致远，为加快构建人类命运共同体汇聚更加强劲的动力和活力。①

3.《共建“一带一路”未来十年发展展望》发布

11月24日，推进“一带一路”建设工作领导小组办公室发布《坚定不移推进共建“一带一路”高质量发展走深走实的愿景与行动——共建“一带一路”未来十年发展展望》（以下简称《展望》），全面介绍了十年来共建“一带一路”的成就与启示，系统阐述了未来发展的总体构想，研究提出了未来十年建设的愿景思路和务实行动举措。《展望》提出未来十年发展的重点领域和方向要聚焦在政策沟通、设施联通、贸易畅通、资金融通、民心相通以及新领域合作六个方面，并进一步明确了共建“一带一路”未来十年发展的路径和具体举措：打造品牌亮点，构建高水平立体互联互通网络；强化风险防控，建立完善系统性安全保障体系；完善机制平台，深化拓展多双边务实合作；提升政策服务，增强全方位支撑保障；深化互利合作，携手构建人类命运共同体。②

四、其他“一带一路”涉外法治发展

9月27日，最高人民法院发布第四批涉“一带一路”建设典型案例，涉及国际货物买卖、独立保函、信用证、审计侵权赔偿、保险人代位求偿、金融衍生品交易、法律服务合同、股权转让等涉外商事纠纷的多个类型，还有认可和执行香港仲裁裁决、承认和执行外国民事判决案件，均为“一带一路”建设中常见的案件，所涉法律争议具有很强的代表性。发布第四批涉“一带一路”建

---

①《国务院新闻办公室发布〈共建“一带一路”：构建人类命运共同体的重大实践〉白皮书》，载新华网，http://www.news.cn/silkroad/2023-10/10/c_1129908004.htm，2023年12月20日访问。

②《我国发布〈共建“一带一路”未来十年发展展望〉》，载新华网，http://www.news.cn/silkroad/2023-11/24/c_1129991242.htm，2023年12月20日访问。

设典型案例，既是人民法院服务保障高质量共建“一带一路”成果的集中展示，也是深入实施涉外审判精品战略的重要举措。典型案例的发布不仅有利于从裁判中准确提炼法律规则，对同类案件的办理起到指导示范效应，而且促使各级法院持续深化精品战略，提升涉外民商事审判质效，不断提高国际公信力和影响力。[①]

第二节 综合分析

一、习近平主席在第三届“一带一路”国际合作高峰论坛讲话

2023 年 10 月 18 日，第三届“一带一路”国际合作高峰论坛开幕式在北京举行，国家主席习近平出席开幕式，并发表题为《建设开放包容、互联互通、共同发展的世界》的主旨演讲，回顾共建“一带一路”十年来取得的成绩，总结“一带一路”的宝贵经验，宣布中国支持高质量共建“一带一路”的八项行动，为推动共建“一带一路”更高质量、更高水平的新发展，推动构建人类命运共同体提供有力指引。[②]“一带一路”倡议是习近平主席深刻把握世界大势、着眼人类前途命运，提出的重大国际合作倡议。十年来，共建“一带一路”取得丰硕成果，成为当今世界最受欢迎的国际公共产品和最大规模的国际合作平台。[③]

高峰论坛期间，习近平主席发表了一系列重要讲话，强调 “只有合作共赢才能办成事、办好事、办大事”“只要大家把彼此视为朋友和伙伴，相互尊重、相互支持、相互成就，赠人玫瑰则手有余香，成就别人也是帮助自己”。共建“一带一路”倡议提出十年来，我国已经是 140 多个国家和地区的主要贸易伙伴，贸易投资规模不断扩大；我国与共建国家货物贸易规模累计达到 19.1 万亿美元，年均增长 6.4%，高于同期全球贸易增速；双向投资累计超过 3 800 亿美元，其中我国对外直接投资超过 2 400 亿美元，涵盖经济社会发展多个领域；在共建

① 最高人民法院：《最高人民法院发布第四批涉“一带一路”建设典型案例》，载最高人民法院官网，https://www.court.gov.cn/zixun/xiangqing/413282.html，2023 年 12 月 12 日访问。

② 习近平：《建设开放包容、互联互通、共同发展的世界——在第三届“一带一路”国际合作高峰论坛开幕式上的主旨演讲》，载中国政府网，https://www.gov.cn/yaowen/liebiao/202310/content_6909882.htm，2023 年 12 月 28 日访问。

③《外交部发言人：期待与各方一道推动共建“一带一路”高质量发展》，载中国政府网，https://www.gov.cn/govweb/lianbo/bumen/202312/content_6922740.htm，2023 年 12 月 28 日访问。

国家承包工程累计完成营业额1.3万亿美元。同时，“一带一路”倡议不断引领法治发展，我国贸易和投资自由化便利化水平不断提升，“一带一路”法治化建设下国际经贸规则不断完善，80多个国家和国际组织参与我国发起的《推进“一带一路”贸易畅通合作倡议》；我国与29个国家和地区签署22个自贸协定；《区域全面经济伙伴关系协定》（RCEP）正式生效，标志着世界上人口规模和经贸规模最大的自由贸易区正式落地。①

以第三届“一带一路”国际合作高峰论坛为标志，高质量共建“一带一路”的新阶段已经开启。国家主席习近平郑重宣布中国支持高质量共建“一带一路”的八项行动，包括构建“一带一路”立体互联互通网络，支持建设开放型世界经济，开展务实合作，促进绿色发展，推动科技创新，支持民间交往，建设廉洁之路，完善“一带一路”国际合作机制。展望未来，各方深化“一带一路”国际合作和法治建设，迎接共建“一带一路”更高质量、更高水平的新发展，推动实现世界各国的现代化，建设一个开放包容、互联互通、共同发展的世界，共同推动构建人类命运共同体，必将开创人类更加美好的未来。②

二、“一带一路”十年法治发展的成就与挑战

共建“一带一路”是习近平总书记亲自谋划、亲自部署、亲自推动的重大倡议，今年是共建“一带一路”倡议提出的十周年。回顾十年成就，共建“一带一路”已取得丰硕成果，成为当今世界最受欢迎的国际公共产品和最大规模的国际合作平台。③面向未来，百年未有之大变局加速演进，国际秩序深度变革，共建“一带一路”面临新的国际环境与形势，挑战与机遇共存，总体而言机遇大于挑战。

（一）“一带一路”规则框架网络建设取得丰硕成果

共建“一带一路”十年来，我国已与152个国家、32个国际组织签署了200余份共建“一带一路”合作文件，覆盖我国83%的建交国，遍布五大洲和主要

---

① 王文涛：《在高质量共建“一带一路”中推进经贸合作走深走实》，载《求是》，2023年第21期，http://www.qstheory.cn/dukan/qs/2023-11/01/c_1129947109.htm，2023年12月28日访问。

②《迎接共建“一带一路”更高质量、更高水平的新发展》，载中国一带一路网，https://www.yidaiyilu.gov.cn/p/0K7C5P1L.html，2023年12月28日访问。

③《外交部发言人：期待与各方一道推动共建“一带一路”高质量发展》，载中国政府网，https://www.gov.cn/govweb/lianbo/bumen/202312/content_6922740.htm，2023年12月28日访问。

国际组织，构建了广泛的朋友圈。①我国与“一带一路”共建国在经贸、投资、税收、交通、海关、金融、科技、知识产权、文化旅游、司法协助等领域签署和更新了一系列条约和合作文件，不断加强“一带一路”规则框架合作网络的密度。关于国际航运及贸易发展相关规则，2023 年 9 月 5 日，《北京船舶司法出售公约》落地成约，34 个国家和地区代表团出席仪式，中国、瑞士、新加坡、沙特阿拉伯、利比里亚、洪都拉斯等 15 个国家和地区成为首批签约方。《北京船舶司法出售公约》由联合国国际贸易法委员会历时四年研究起草，经联合国大会于 2022 年 12 月审议通过，公约此后将在纽约联合国总部开放供各国签署。②关于国际货物联运相关规则中铁路运单物权凭证议题，2019 年 7 月，我国向联合国国际贸易法委员会提交关于解决铁路运单物权凭证问题的提案，并且获得通过。2022 年 7 月，联合国国际贸易法委员会第 15 届年会决定将该议题交付第六工作组开展政府间多边谈判。关于推动建设更多贸易畅通、投资合作、服务贸易等经贸合作规则和机制，2022 年 1 月 1 日，《区域全面经济伙伴关系协定》（RCEP）正式生效，成为当今世界覆盖人口数量最多、成员结构最多元、发展潜力最大的自由贸易区。在“一带一路”规则框架网络初具规模的基础上，我国将进一步扩大面向全球的高标准自由贸易区网络，积极推进加入《全面与进步跨太平洋伙伴关系协定》（CPTPP）和《数字经济伙伴关系协定》（DEPA），高质量实施《区域全面经济伙伴关系协定》（RCEP）；推进中国—东盟自贸区 3.0 版以及与海合会、洪都拉斯、秘鲁、新加坡、韩国、新西兰等自贸协定谈判或升级谈判进程。③

（二）“一带一路”国际法治交流与国际合作水平持续提升

十年来，“一带一路”国际法治交流与国际合作水平持续提升，建立起多层次、多平台、多主体的“一带一路”法治交流平台和国际合作沟通渠道。2018 年 7 月，中国外交部和中国法学会联合举办的“一带一路”法治合作国际论坛吸引了近 400 名共建国政府部门、国际和地区组织、私营部门和学术机构的代

---

① 《铺就共同发展繁荣之路》，载光明网，https://news.gmw.cn/2023-10/13/content_36889837.htm，2023 年 12 月 28 日访问。

② 《〈北京船舶司法出售公约〉在京正式签约》，载新华网，http://www.bj.xinhuanet.com/20230906/df98939e3ba5477eba71e344cbc55ccd/c.html，2023 年 12 月 28 日访问。

③ 王文涛：《奋力谱写共建“一带一路”高质量发展新篇章——深入学习贯彻习近平主席在第三届“一带一路”国际合作高峰论坛开幕式上的主旨演讲精神》，载人民网，http://world.people.com.cn/n1/2023/1027/c1002-40104717.html，2023 年 12 月 28 日访问。

表参加，围绕“共建‘一带一路’：规则与协调”主题进行讨论，会议发布《共同主席声明》，勾勒了推进法治合作的路线图。①2019年和2023年，两期“一带一路”法治合作研修项目成功举办，邀请30余国法律官员参加，促进与共建“一带一路”国际法治合作和国际法治理念交流，被连续列入“一带一路”国际合作高峰论坛务实成果清单。②我国先后成功主办三届“一带一路”国际合作高峰论坛，为“一带一路”参与国家和国际组织深化法治交流与国际合作提供了重要平台，形成了系列软法文件，构成了“一带一路”合作的重要制度基础。2017年第一届“一带一路”国际合作高峰论坛，29个国家的元首和政府首脑出席，140多个国家和80多个国际组织的1 600多名代表参会；2019年第二届“一带一路”国际合作高峰论坛，38个国家的元首和政府首脑及联合国秘书长、国际货币基金组织总裁等40位领导人出席圆桌峰会，超过150个国家、92个国际组织的6 000余名代表参会；2023年第三届“一带一路”国际合作高峰论坛，包括来自151个国家和41个国际组织的代表在内的“一带一路”参与者、建设者、贡献者齐聚一堂，巩固了共建“一带一路”的国际共识，进一步丰富和拓展了“一带一路”法治建设和国际合作内容。

（三）涉外争端解决机制与“一带一路”争端解决服务网络建设不断健全

十年来，我国涉外争端解决机制与“一带一路”争端解决服务网络建设不断健全，在国际争端解决领域从学习者转变为贡献者，推动构建更加多元、便捷、高效的争端解决机制。目前，调解方式因其高效、灵活、低成本的优势日益受到青睐，国际社会对其需求不断增大。2015年以来，联合国国际贸易法委员会致力于构建关于调解协议跨境执行的多边规则，我国商务部作为牵头部门会同最高人民法院、司法部等单位组织业界、学界专家持续参与该议题的讨论和规则起草工作；2018年12月，联合国大会通过了《联合国关于调解所产生的国际和解协议公约》，2019年8月，我国作为首批签字国签署该公约。为顺应国际调解态势和需求，我国也积极推动国际调解院的筹建工作，目前已进入

① 外交部：《“一带一路”法治合作国际论坛共同主席声明》，http://spainembassy.fmprc.gov.cn/ziliao_674904/zt_674979/dnzt_674981/qtzt/ydyl_675049/wjbxw_675053/201807/t20180703_7952294.shtml，2023年12月28日访问。

② 外交部：《第二期“一带一路”法治合作研修项目在京成功举办》，http://spainembassy.fmprc.gov.cn/ziliao_674904/zt_674979/dnzt_674981/qtzt/ydyl_675049/wjbxw_675053/201807/t20180703_7952294.shtml，2023年12月28日访问。

实质性创建阶段。作为我国倡议设立的首个专门应用调解方式解决国际争端的政府间国际法律组织，国际调解院致力于以互利互惠摒弃零和博弈，回应国际社会对和平安全、公平正义、合作共赢的强烈诉求。2022年10月21日，外交部与香港特区政府签署了《关于在香港特别行政区设立国际调解院筹备办公室的安排》；2023年2月，国际调解院筹备办公室已经在香港特区成立，《关于建立国际调解院的联合声明》的政府间谈判也在有力推进，将为和平解决国际争端提供新的选择。中国国际贸易促进委员会调解中心是首批被最高人民法院纳入一站式国际商事纠纷多元化解决机制的调解机构，在国内设立66个地方和行业中心，选聘了900多位中外调解员，与世界22个国家和地区知名争议解决机构建立联合调解机制。①未来，我国将继续不断健全诉讼、仲裁、调解有机衔接的“一带一路”争端解决服务网络，妥善化解涉外纠纷。

（四）“一带一路”企业法律服务水平日益提高

在过去十年共建“一带一路”的过程中，我国对于为“一带一路”企业提供法律服务与支持也日益增强。随着越来越多的企业走出国门，如何保证企业合规经营、维护企业利益等已成为亟须解决的问题，高质量的法律服务保障对拓展国际合作领域、加强国际合作机制建设、密切国际合作关系、强化国际合作成果、防控国际合作风险，都起到了不可低估的作用。对此，外交部条法司专门赴国有企业进行实地调研，了解共建“一带一路”在法治方面所面临的形势和问题，并听取企业对于下一阶段工作的建议。外交部条法司还对“中国条约数据库”进行日常运营和维护，以便为参与“一带一路”建设的企业和个人提供便利的条约信息查询服务，营造稳定、公平、透明的法治营商环境。同时，中国国际贸易促进委员会（以下简称“中国贸促会”）也在为“一带一路”企业提供合规促进、知识产权等多种法律服务，推进企业国际化经营合规风险排查，为企业免费提供《“一带一路”国别法律研究》丛书《全球知识产权保护指数报告》《国际投资仲裁指引》等法律专业期刊，帮助企业预防风险。在中国贸促会的支持下，中国国际商会与50多个国家和地区的商协会、法律服务机构、高校、智库等共同筹建发起成立国际商事争端预防与解决组织，弥补了国内争端解决机构和服务供给不足，切实服务“一带一路”企业。此外，律师是法治建设的重要力量，在为“一带一路”企业提供法律服务方面大有可为。随着“一带一

① 《努力构建国际商事纠纷多元解决机制新格局》，载法治网，http://www.legaldaily.com.cn/government/content/2023-04/14/content_8844016.html，2023年12月28日访问。

路”建设的深入推进，从2017年6月开始经过两年多的努力筹备，“一带一路”律师联盟在司法部和各方支持下于2019年12月8日正式宣布成立，为“一带一路”共建国家和地区的国际经贸活动提供法律服务支持。[①]

（五）“一带一路”推进国际规则体系改革与全球治理体系变革

十年来，“一带一路”建设持续推进国际规则体系改革和全球治理体系变革，积极提供“中国方案”。

在国际规则体系改革方面，当前国际贸易规则、技术标准以及争端解决机制等存在“碎片化”现象，世界贸易组织争端解决上诉机制停摆，国际投资争端解决中心（ICSID）被质疑审理费用高、裁决缺乏一致性和可预见性、缺失纠错机制等，改革现行规则和机制已成各方共识。2017年4月，我国在世界贸易组织发起成立“投资便利化之友”，为世界贸易组织推进全球投资便利化提供中国方案；2023年7月，在世界贸易组织投资便利化谈判大使级会议上，我国推动完成《投资便利化协定》文本谈判，《投资便利化协定》是全球首个多边投资协定，将在超过110个国家和地区建立协调统一的投资管理体系，促进“一带一路”投资合作。[②]2019年8月，我国签署《新加坡调解公约》，成为该公约首批签字国，推动解决国际商事调解达成的和解协议的跨境执行问题，在诉讼、仲裁之外，进一步健全了国际商事争议解决的调解制度，补充现行国际调解法律框架。此外，共建“一带一路”与俄罗斯欧亚经济联盟建设、哈萨克斯坦“光明之路”新经济政策、土库曼斯坦“复兴丝绸之路”战略、蒙古国“草原之路”倡议、印度尼西亚“全球海洋支点”构想、菲律宾“多建好建”规划、越南“两廊一圈”、南非“经济重建和复苏计划”、埃及“苏伊士运河走廊”开发计划、沙特“2030 愿景”等多国战略实现对接，[③]坚持经济全球化正确方向，推动贸易和投资自由化便利化，推进双边、区域和多边合作，致力于缩小南北差距，坚定支持和帮助广大发展中国家加快发展，以中国式现代化助力世界现代化。[④]

在全球治理体系变革方面，共建“一带一路”以构建人类命运共同体为最

---

① 《“一带一路”律师联盟康煜：加快建立涉外法律服务机制 为“一带一路”建设保驾护航》，载中国一带一路网，https://www.yidaiyilu.gov.cn/p/181572.html，2023年12月28日访问。

② 《中国推动全球首个多边投资协定 成功结束文本谈判》，载中国政府网，https://www.gov.cn/yaowen/liebiao/202307/content_6890653.htm，2023年12月28日访问。

③ 《共建“一带一路”：构建人类命运共同体的重大实践》白皮书，载国务院新闻办公室官网，http://www.scio.gov.cn/zfbps/zfbps_2279/202310/t20231010_773682.html，2023年12与月28日访问。

④ 王毅：《全面推进中国特色大国外交》，载中国政府网，https://www.gov.cn/guowuyuan/2022-11/08/content_5725232.htm，2023年12月28日访问。

高目标，以共商共建共享为原则，顺应新形势下新兴经济国家和发展中国家群体性崛起，深度参与全球经济治理的需要。2016 年 11 月，在第 71 届联合国大会上，193 个会员国一致赞同将“一带一路”倡议写入联大决议；2017 年 2 月，“人类命运共同体”理念在联合国社会发展委员会会议上首次被写入联合国决议；2017 年 3 月，联合国安理会通过第 2344 号决议，呼吁通过“一带一路”建设等加强区域经济合作；联合国开发计划署、世界卫生组织等先后与中国签署“一带一路”合作协议。此外，共建“一带一路”还同联合国 2030 年可持续发展议程、《东盟互联互通总体规划 2025》、东盟印太展望、非盟《2063 年议程》、欧盟欧亚互联互通战略等有效对接，支持区域一体化进程和全球发展事业。①

（六）在复杂严峻的地缘政治与经济环境下，“一带一路”法治发展面对挑战

当前，“一带一路”法治发展已进入关键时期，由于大国博弈竞争加速升级，地缘政治形势复杂严峻，局部冲突和动荡频发因素不断加剧，全球经济复苏道阻且长，冷战思维、零和思维沉渣泛起，个别大国干扰、打压和抹黑“一带一路”国际合作，滥施投资审查、贸易管制、金融钳制、技术封锁等手段，干扰我国企业正常经营活动，因此“一带一路”法治建设面临的挑战更为复杂。具体来看，在涉外立法和涉外司法方面的挑战包括：目前我国大量规定过于原则，依赖法院司法解释和典型案例，相关措辞的内涵和外延有待进一步明确；涉外民事商事诉讼功能和定位不再局限于财产纠纷和人身纠纷，还有重大经济政策的考量；司法过程中面对外交等政治问题的挑战。在国际法的执法和守法方面的挑战包括：如何保障“一带一路”中外合作文件的实施；如何保障“一带一路”沿线国家履行义务；“一带一路”沿线国家政局不稳定、法律制度不完善、腐败行为频发等问题，加剧对遵守规则的担忧。除传统国际贸易投资风险外，“一带一路”面临的特质性法律风险和挑战还包括：因重大项目缺乏透明度导致的法律风险；参与国国内贸易投资等法律滞后而导致的法律风险；参与国贸易规则、技术标准及国际投资和商事争端解决机制“碎片化”现象导致的法律风险等。②

① 《共建“一带一路”：构建人类命运共同体的重大实践》白皮书，载国务院新闻办公室官网，http://www.scio.gov.cn/zfbps/zfbps_2279/202310/t20231010_773682.html，2023 年 12 月 28 日访问。

② 刘敬东：《“一带一路”法治化体系构建的再思考》，载中国法学网，http://iolaw.cssn.cn/zxzp/202106/t20210625_5342640.shtml，2023 年 12 月 28 日访问。

站在新的历史起点、面对机遇与挑战，2023 年 11 月，国家发展改革委推进“一带一路”建设工作领导小组办公室发布了《坚定不移推进共建“一带一路”高质量发展走深走实的愿景与行动——共建“一带一路”未来十年发展展望》，明确了共建“一带一路”金色十年的总体构想，为实现共建“一带一路”更高质量、更高水平的新发展确定了大方向。[①]我国将以高质量共建“一带一路”的八项行动为指引，坚定不移坚持共商、共建、共享，开放、绿色、廉洁，高标准、惠民生、可持续的原则理念，维护多元稳定的国际经济格局和经贸关系，推动共建“一带一路”高质量发展。在“一带一路”法治建设和国际经贸规则构建方面，共建“一带一路”将继续完善立法、执法、司法、法律服务等不同动态法治环节，推动建设更多贸易畅通、投资合作、服务贸易等双边经贸合作机制，同更多国家商签投资保护协定，促进政策沟通和战略对接，细化深入参与世界贸易组织改革的中国方案，扩大面向全球的高标准自由贸易区网络，推进更多自贸协定谈判或升级谈判进程。[②]正如国家主席习近平在第三届“一带一路”国际合作高峰论坛欢迎宴会上致辞强调的，“共建‘一带一路’走过了第一个蓬勃十年，正值风华正茂，务当昂扬奋进，奔向下一个金色十年！”[③]

第三节 热点聚焦

一、“一带一路”基础设施投资规则的制定与完善

在当前国家力量对比变化、世界经济深度调整的国际格局下，基础设施建设成为各国竞争的重点领域，而规则之争逐渐成为竞争的核心。近年来“一带一路”倡议的深入实施，不仅聚焦互联互通，弥补发展中国家基础设施短板，也提升了中国的国际影响力。[④]基于此，一些发达国家纷纷提出规模庞大的全球

① 《开启高质量共建“一带一路”新的金色十年》，载中国一带一路网，https://www.yidaiyilu.gov.cn/p/04JRJ7FJ.html，2023 年 12 月 28 日访问。

② 王文涛：《奋力谱写共建“一带一路”高质量发展新篇章（深入学习贯彻习近平新时代中国特色社会主义思想）——深入学习贯彻习近平主席在第三届“一带一路”国际合作高峰论坛开幕式上的主旨演讲精神》，载人民网，http://world.people.com.cn/n1/2023/1027/c1002- 40104717.html，2023 年 12 月 28 日访问。

③ 司法部：《昂扬奋进，奔向下一个金色十年——习近平主席出席第三届“一带一路”国际合作高峰论坛系列活动纪实》，https://www.moj.gov.cn/gwxw/ttxw/202310/t20231022_488187.html，2023 年 12 月 28 日访问。

④ 王辉耀：《“一带一路”已从国际合作框架上升为全球治理理念》，载网易网，https://www.163.com/dy/article/IHG2U6KH0512D71I.html，2023 年 12 月 20 日访问。

基础设施投资计划，给中国基础设施建设投资设置壁垒。2019 年 11 月 5 日，美国在东盟峰会“印太商业论坛”上首次提出了“蓝点网络”计划[①]，旨在基于公认的原则和标准对基础设施项目进行评估和认证，促进全球范围内的基础设施建设；2021 年在七国集团峰会上，美国联合欧盟、日本和其他成员国发起“重建更美好世界”（Build Back Better World，以下简称 B3W）倡议，并在 2022 年峰会上以“全球基础设施和投资伙伴关系”（Partnership for Global Infrastructure and Investment，以下简称 PGII）重新推出。欧盟于 2021 年 12 月宣布启动“全球门户”（Global Gateway）计划，并认为“全球门户”可以与 B3W 相互促进。伴随着这些计划的提出，西方舆论将其宣传为发达国家对中国“一带一路”倡议的集体“制衡”乃至“替代”方案。[②]

（一）美欧基础设施投资计划与“一带一路”倡议的制衡

美欧基础设施投资计划聚焦自身优势领域，对“一带一路”倡议的挑战主要体现在规则和项目两个层面。

首先，美欧持续设置针对“一带一路”倡议的规则壁垒。由于现阶段 PGII 和“全球门户”在实际资金投入和项目数量上都无法与“一带一路”倡议相比，美欧将重心放在了对全球基建投资规则的制定上，试图对“一带一路”的基础设施建设设置规则和标准壁垒。美国正积极借助经合组织平台推广“蓝点网络”认证标准。2021 年 10 月，美国与经合组织共同组织企业、学术界和社会组织代表召开“蓝点网络”讨论会，宣称将推动其成为“符合严格国际标准的优质项目的认证机制”，使该认证结果成为“全球公认的开放、包容、透明、环保以及财务、社会和环境可持续基础设施项目的象征”[③]。2022 年 3 月，在美国国务院的资助下，经合组织发布了关于优质基础设施投资的全球认证框架建议，通过提出一套授予认证的国际标准、项目评分系统和审查过程，使“蓝点网络”更具操作性。一旦美欧共同将“蓝点网络”等推广为国际规则标准，不仅会给许多实施中的“一带一路”合作项目增加压力、合规成本和政策风险，还将进一步影响中资企业在“一带一路”沿线市场的竞争力。

---

① 参见秦琳：《“蓝点网络”计划的影响、局限及中国应对》，载《印度洋经济体研究》2021 年第 6 期，第 47－70 页。

② 参见邹磊：《美欧全球基建计划协调对“一带一路”倡议的影响与中国应对》，载《国际经济评论》2023 年第 2 期，第 85－108 页。

③ 参见毛维准，戴菁菁：《对冲“一带一路”：美国海外基建“蓝点网络”计划》，载《国际论坛》2021 年第 5 期，第 55－75 页。

其次，美欧持续开展对“一带一路”倡议的新领域项目竞争。美欧充分挖掘自身优势，将竞争核心从传统基础建设领域的资金对资金、项目对项目的传统较量转向可以独立或与盟友共同提供“一带一路”倡议替代性方案的领域，尤其是充分发挥美国在高等教育、尖端技术和国际标准制定权等方面的优势。从PGII和“全球门户”共同重点合作的领域看，美欧试图在新兴领域争夺产业主导权和东道国人心支持，从而对冲和削弱“一带一路”倡议的影响力。在气候和能源领域，美欧正加紧实施“正义能源转型伙伴关系”，通过在南非等重点国家构建样板项目的方式，引领能源转型议程，从而掌握绿色基建标准制定权。欧盟则在非洲推出“全球门户”框架下的“绿色能源倡议”，计划在2030年前使可再生能源发电能力至少新增3 000亿瓦。[①]在数字化领域，美欧对“数字丝绸之路”保持高度重视，企图加大在非洲和东南亚等发展中国家的数字基建投资，压缩华为等中资企业的市场份额，夺取数字经济规则制定权和话语权。美国先后提出“清洁网络”计划和“可信联通”概念，说服各国排除中国电信设备和技术，已对部分国家 5G 建设计划造成影响。欧盟也把数字化转型作为欧非合作的重点内容，计划建设大西洋沿岸海底光缆和撒哈拉以南非洲区域光缆，支持非洲参加“欧洲安全卫星通信计划”。

（二）在竞争共存中探索“一带一路”基础设施投资规则新思路

“一带一路”倡议始终保持强大韧性和旺盛活力，持续为世界提供新机遇，大批传统和新型基础设施项目相继落地生根，给合作国家带来了巨大利益。[②]尽管美欧试图对“一带一路”倡议展开联合制衡，但不可能实质性取代“一带一路”倡议，三方很可能长期处于竞争共存的状态。基于此，中国既要坚持底线思维，灵活应对美欧对共建“一带一路”的攻势，又要积极探索与PGII和“全球门户”等发达经济体基建计划的合作空间。[③]

第一，借鉴先进规则，构建中国新型基建标准。“一带一路”倡议提出至今产生丰硕成果，但是关于基础设施配套的国内立法机制和平台服务仍不健全，

① 孙彦红：《欧盟通过“全球门户”计划加入全球基建潮》，https://www.360kuai.com/pc/927fb9f43bc194c62?cota=3&kuai_so=1&sign=360_57c3bbd1&refer_scene=so_1，2023年12月20日访问。

② 陈新光：《“一带一路”倡议十周年：为世界提供新机遇》，载中国日报中文网，https://column.chinadaily.com.cn/a/202302/08/WS63e2ffcaa3102ada8b22e20d.html，2023年12月20日访问。

③ 参见刘斌，李秋静：《“蓝点网络”计划对“一带一路”倡议的影响及应对之策》，载《国际贸易》2022年第5期，第82－88页。

对外基础设施投资的现行文件层级较低且分散笼统。[1]基于目前尚未有各国普遍认可的基建标准，为防止“蓝点网络”“全球门户”等计划获取建立全球基建规则的先发优势，中国亟须提出全球基建标准的“中国方案”。首先面对美欧推动投资规则国际化的趋势，中国在坚持共商共建共享的原则下，可以充分借助各种具有国际公信力和影响力的多边合作平台，积极构建基于国际惯例且符合绝大多数发展中国家国情的基建投资规则，强化“一带一路”国际公共产品的属性。[2]在此基础上，进一步引导企业在海外项目建设、运营、采购、招投标等环节按照国际通行规则进行，鼓励其主动公布不涉及商业秘密的信息数据，提高项目透明度。对于受到质疑的重点项目，要及时组织力量排查风险、解决问题，主动对外发声，及时正面回应各方关切。同时，拓宽社会资金和多边机构共同参与“一带一路”建设项目的渠道，对沿线国家的债务水平和主权信用风险进行实时评估，结合各国实际情况，共同设计彼此都能接受的偿债框架，避免发生项目烂尾和债务问题。[3]其次中国可以借鉴欧美计划在新型领域下对基建规则标准和认证体系的经验，在规则中加入“绿色环保”“数字化”以及“基础人权”等相关条款。例如在绿色环保方面，根据当前全球减排和应对气候变化的发展趋势，制定绿色项目评估指标，除了将新能源和循环经济等相关基础设施项目纳入绿色项目外，还应将高耗能产业改造和高污染排放治理等传统行业节能减排改进项目列入其中。在数字经济方面，我国应结合当前全球数字监管相关规则，制定新型基础设施隐私保护、数据安全标准，积极推动项目所在国加强与我国的互信合作，促进数据安全自由流动。

第二，加强国际合作，填补基础设施缺口。受地缘政治冲突的影响，国际能源、粮食、债务危机频发，世界经济增长前景更加黯淡。无论是官方资金、私人资本还是多边机构，基建投资预期将趋于保守，使得全球基础设施融资的缺口进一步扩大。这意味着，全球基建投资的市场空间足够广阔，因此“一带一路”倡议、PGII 以及“全球门户”等计划可以在不同程度上满足发展中国家多元化的基建投资需求。同时“一带一路”倡议与美欧计划对于基础设施领域

---

① 丁同民：《“一带一路”建设的法治机制不健全的原因分析》，载《中州学刊》2018 年第 12 期，https://www.pkulaw.com/qikan/9fb56ef94ec3e867d9be6e42dda60b61bdfb.html，2022 年 12 月 20 日访问。

②《规则标准软联通服务“一带一路”高质量发展》，载新浪财经，https://finance.sina.com.cn/jjxw/2023-12-21/doc-imzyuaxe4668098.shtml，2023 年 12 月 20 日访问。

③《蹄疾步稳启新程：“一带一路”十周年系列报告之一》，载快资讯网，https://www.360kuai.com/pc/9380f4f08be3c2a2a?cota= 3&kuai_so=1&refer_scene=so_3&sign=360_da20e874，2023 年 12 月 20 日访问。

的规则制定各有所长。从共建“一带一路”角度看，中国企业在交通、电力、通信等传统基础设施领域具有显著的效率和成本优势，对促进东道国减贫和全球贸易发展都有直接帮助。[①]从美欧计划角度看，其聚焦的气候与能源安全、数字联通、性别平等和公共卫生等领域符合全球绿色化和数字化转型的最新趋势，对许多发展中国家具有吸引力。美欧基建投资规则制定多元灵活，善于制定和运用国际规则，在面向东道国的舆论塑造、议程设置、社会沟通等方面经验丰富，可以提高项目的安全性和持续性。[②]基于此中国应加强与欧美的发展合作，填补国内基础设施缺口。在与美国的合作中，由于 PGII 采取“拼盘式”的投资模式，美欧需要借助已有的多边合作平台，作为平台成员国的中国完全有可能与美欧开展合作，例如加强两国省州级政府互动，共同推动省州级基建项目合作。同时，中国也可以探索在世界银行、世界卫生组织、联合国开发计划署等多边机构的牵头协调下，与美欧开展形式多样的第三方市场合作，实现多边化机制化发展。[③]欧盟同样是共建“一带一路”重要的合作对象，其既对中国在欧洲境内和非洲的投资项目抱以警惕，也对与中国开展互联互通战略对接和项目合作持一定开放态度，在欧盟“全球门户”计划中，也提到了中欧在民航飞行、清洁能源、科技创新等领域的合作可能。同时中国已与法国、意大利和荷兰等欧盟成员国签署加强第三方市场合作备忘录，因此中国可根据欧盟对外政策的双层特性，与欧盟机构和部分成员国分别加强协调，针对不同对象确定对接合作重点。[④]

二、外空法治发展赋能“太空丝路”

共建“一带一路”倡议提出十周年来，我国同“一带一路”合作伙伴深入开展外空合作，携手建设了一条宽阔壮美的“太空丝路”。[⑤]“太空丝路”为外

---

①《新基建深度报告：新基建起航，中国创新时代砥砺前行》，载新浪财经网，https://finance.sina.com.cn/stock/stockzmt/2020-04-20/doc-iirczymi7399610.shtml，2023 年 12 月 20 日访问。

②《这桩 6000 亿美元的大生意，再画全球基建“大饼”》，载网易网，https://www.163.com/dy/article/HB16RLAS0552JW0J.html，2023 年 12 月 20 日访问。

③ 王辉耀：《中美可合作开展“一带一路”建设 共建美好世界》，载网易网，https://www.163.com/dy/article/GP4RAPA40519PJJ6.html，2023 年 12 月 20 日访问。

④ 胡赟：《中欧“一带一路”合作的新机遇》，载新浪财经，https://finance.sina.com.cn/jjxw/2023-09-28/doc-imzpfqyn8363771.shtml，2023 年 12 月 20 日访问。

⑤《共建“太空丝路” 共享空间资源》，载《人民日报海外版》，https://baijiahao.baidu.com/s?id=1780141696850251428&wfr=spider&for=pc，2024 年 1 月 2 日访问。

空合作开发提供了新模式、新方案。“一带一路”十年来，我国也积极完善外空国内立法，积极参与国际外空合作，参与构建国际标准建设，将合作共享的理念贯彻到外空法治之中，深入推动了外空法治的发展，用外空法治为“太空丝路”赋能。

（一）积极推进外空国内立法

外空国内立法是外层空间法治的重要组成部分，特别是在相关国际条约发展停滞不前的情况下，国家空间立法更是承担起了开拓外层空间法治的重任。

一直以来，我国都高度重视外空活动法治化建设。2022 年 1 月，国务院发布《2021 中国的航天》白皮书，明确提出要积极推进法治航天建设，明确了我国外空活动国内立法的方向。[①]早在 2018 年，全国人大常委会就将《航天法》列入立法规划（二类项目），《航天法》作为我国航天领域的基本法，将进一步明确我国现有的航天活动管理体制，明确涉及航天活动的各部门的权利清单和责任清单，厘清权力的边界，固定乃至适当重塑我国的航天管理体制。[②]

卫星导航系统作为重要的空间基础设施，卫星导航法治体系的建立健全对卫星导航系统进一步发展及开展国际合作具有重要意义。当前，北斗导航的国际合作广泛开展，习近平主席在致联合国全球卫星导航系统国际委员会第十三届大会的贺信中指出：“中国愿同各国共享北斗系统建设和发展成果。”[③]北斗已经向全球提供服务，走向国际化的过程就是法治化的过程。[④]为深入推动北斗系统积极参与多边合作，推进双边合作，我国正在全方位构建卫星导航法治体系。《中华人民共和国卫星导航条例》即将出台，将进一步规范和加强卫星导航活动管理，健全卫星导航系统建设、运行服务、应用管理、国际合作、安全保障等配套制度。[⑤]

2023 年国家市场监督管理总局（国家标准化管理委员会）发布了三项空间

---

① 《2021 中国的航天》，载中国政府网，http://www.scio.gov.cn/ztk/dtzt/47678/47826/47834/Document/1719716/1719716.htm，2024 年 1 月 2 日访问。

② 《〈航天法〉立法工作中若干问题的反思与建议》，https://mp.weixin.qq.com/s?__biz=MzAxODUwODAwOQ==&mid=2649372432&idx=1&sn=4797d476897d0e7f4ff1e548fcb9c8e8&chksm=83cba696b4bc2f8000f75d216a2247bba21ae191c7d15f00d6958360a0ff3e28e51f4011f1ee&scene=27，2024 年 1 月 2 日访问。

③ 《习近平向联合国全球卫星导航系统国际委员会第十三届大会致贺信》，载中国政府网，https://www.gov.cn/xinwen/2018-11/05/content_5337550.htm，2024 年 1 月 2 日访问。

④ 《法治护航新时代北斗事业》，载北斗卫星导航系统官网，http://www.beidou.gov.cn/yw/xwzx/201905/t20190531_18394.html.

⑤ 《〈卫星导航条例〉将出台，进一步规范卫星导航活动》，https://baijiahao.baidu.com/s?id=1764423006035010454&wfr=spider&for=pc，2024 年 1 月 2 日访问。

碎片领域国家标准《空间物体登记要求》《空间物体轨道数据规范》《运载火箭轨道级处置详细要求》。[①]这三项标准细化落实了原国防科工委与外交部于2001年发布的《空间物体登记管理办法》，明确相关的责任实体、登记内容和具体流程，指导我国航天活动各方参与者具体履行空间物体登记事项。同时，也将有助于我国更好地履行联合国《关于登记射入外层空间物体的公约》的国际法义务。我国不断跟进航天国家标准，也为我国参与国际航天交流与合作奠定了基础，也促进了诸如长征系列运载火箭对外发射服务、中巴地球资源卫星合作研制到中欧伽利略计划实施等“太空丝路”实践。

随着民用航天科技的不断发展，我国分别于2019年发布《关于促进商业运载火箭规范有序发展的通知》、2021 年发布《关于促进微小卫星有序发展和加强安全管理的通知》、2023 年 3 月发布《关于加强民用航天发射项目许可证管理有关事项的通知》等规范性文件，进一步明确了商业运载火箭和微小卫星的监管与安全问题，进一步规范了民用航天发射活动，对推动民用航天发展和国际合作具有重大意义。[②]

（二）积极对外发布政策主张

对外发布我国关于外空法治的政策主张是阐释我国在外空活动方面的立场，展示我国外空法治建设成就和目标，积极参与外空国际法治构建的重要举措。多年来我国积极对外发布有关外空法治的政策主张，体现了党和国家对于我国外空活动法治化的高度重视，表达了我国希望同世界各国携手和平利用外层空间的意愿，为构建人类命运共同体发挥重要作用。

目前我国已经连续发布 5 部航天白皮书。[③]这些白皮书进一步增进了国际社会对中国航天事业的历史进展、当前成就以及未来规划的了解，强调了我国始终坚持和平探索和利用外层空间原则。白皮书中特别指出要加强法治航天建设，进一步表明了我国推进外空法治建设的坚定决心。

在卫星导航领域，我国分别于 2016 年发布《中国北斗卫星导航系统》白皮书，2022 年发布《新时代的中国北斗》白皮书。白皮书介绍新时代中国北斗发

①《我国新发布 3 项空间碎片领域国家标准》，http://www.ssfc.org.cn/front/article/18968.html，2024 年 1 月 2 日访问。

②《国防科工局关于加强民用航天发射项目许可证管理有关事项的通知》，https://www.sastind.gov.cn/n10086167/n10086221/c10129160/content.html，2024 年 1 月 2 日访问。

③《〈2021 中国的航天〉白皮书发布》，载政府网，https://www.gov.cn/xinwen/2022-01/28/content_5671072.htm，2024 年 1 月 2 日访问。

展成就和未来愿景，分享中国北斗发展理念和实践经验，并特别强调了我国要加强外空法治建设，特别是卫星导航法治建设，要统筹国内法治和涉外法治，全方位构建中国卫星导航法治体系，积极参与卫星导航全球治理，为北斗系统持续健康发展营造良好内外环境。①

同时，我国积极承担作为航天大国的责任，连续多年参与联合国和平利用外层空间委员会、联合国全球卫星导航系统国际委员会等国际组织的活动并倡导和平利用外层空间，积极参与外空国际规则制定工作，贡献中国方案、发出中国声音，倡导各国加强外空法治合作，共同研究法律问题，得到各方积极响应。

（三）积极参与国际规则建设

《2021中国的航天》白皮书中强调，要加强国际空间法研究，积极参与外空国际规则、国际电联规则制定，维护以国际法为基础的外空国际秩序，推动构建更加公正、合理的外空全球治理体系。一直以来，我国秉持和平利用外层空间的原则，积极发挥作为航天大国的作用，参与外空国际规则、国际标准体系的构建。

目前，我国已参加除《月球协定》以外的主要外空国际条约，并分别于2008年和2014年提交了《防止在外空放置武器、对外空物体使用或威胁使用武力条约》草案，为构建更加公正、合理的外空全球治理体系贡献了中国方案。同时，我国高度重视并持续推动北斗系统进入国际民用航空组织（ICAO）、国际海事组织（IMO）、国际搜救卫星组织（COSPAS—SARSAT）、移动通信国际标准化组织（3GPP）、国际电工委员会（IEC）等行业和专业应用国际组织标准体系，获得国际组织认可，并在全球卫星导航系统国际委员会（ICG）框架下处理卫星导航国际事务，参与卫星导航国际规则制定，推动卫星导航国际秩序朝着更加公正合理的方向发展。②

三、“一带一路”下数据出境的国家审查制度

2023年11月23日，国家主席习近平向第二届全球数字贸易博览会致贺信，

① 《新时代的中国北斗》，载北斗卫星导航系统官网，http://www.beidou.gov.cn/yw/xwzx/202211/t20221104_24827.html，2024年1月2日访问。

② 《新时代的中国北斗》，载北斗卫星导航系统官网，http://www.beidou.gov.cn/yw/xwzx/202211/t20221104_24827.html，2024年1月2日访问。

指出当前全球数字贸易蓬勃发展，成为国际贸易的新亮点。[①]随着数字经济的不断发展，国家之间数据交流日益频繁，各国都结合本国国情建立起了相应的数据跨境流动规制机制。共建“一带一路”倡议提出十年来，我国与沿线国家数字贸易合作不断深化，积极对接高标准国际经贸规则，建立健全数字贸易治理体系，建立起了与“一带一路”建设相适应的数据出境国家审查制度。

（一）加强网络数据安全立法

我国不断加强网络数据安全立法，相继通过了《网络安全法》《数据安全法》和《个人信息保护法》，对数据出境的安全评估进行了相应的规定，同时相关配套规范性文件的出台也进一步细化了我国数据出境管理机制。2021 年国务院出台《关键信息基础设施安全保护条例》，对关键信息基础设施的定义予以明确。[②]2021 年底，国家互联网信息办公室发布的《网络数据安全管理条例（征求意见稿）》中对重要数据作出了界定。[③]2022 年《数据出境安全评估办法》在此前文件的基础上，正式确立了我国的数据出境安全评估机制。[④]2022 年 6 月，《网络安全标准个人信息跨境处理活动认证技术规范》和《关于实施个人信息保护认证工作的公告》发布，我国个人信息保护认证制度正式建立。[⑤]2023 年 2 月 24 日，国家互联网信息办公室公布《个人信息出境标准合同办法》，明确了个人信息出境标准合同的订立、备案等要求，为《个人信息保护法》视域下的个人信息跨境方式之一的“标准合同”提供了落地蓝本与中国方案。[⑥]2023 年 9 月 28 日，国家互联网信息办公室发布《规范和促进数据跨境流动规定（征求意见稿）》，进一步细化了数据出境相关规定。[⑦]

---

① 《习近平向第二届全球数字贸易博览会致贺信》，载中国政府网，https://www.gov.cn/yaowen/liebiao/202311/content_6916663.htm，2024 年 1 月 4 日访问。

② 《关键信息基础设施安全保护条例》，载中国政府网，https://www.gov.cn/zhengce/zhengceku/2021-08/17/content_5631671.htm?eqid=87afa4980005e40300000006645da276，2024 年 1 月 4 日访问。

③ 《国家互联网信息办公室关于〈网络数据安全管理条例（征求意见稿）〉公开征求意见的通知》，载中国政府网，http://www.cac.gov.cn/2021-11/14/c_1638501991577898.htm，2024 年 1 月 4 日访问。

④ 《数据出境安全评估办法》，载中国政府网，https://www.gov.cn/zhengce/2022-11/26/content_5728937.htm?eqid=f16c65d800034ee100000004648ad11e，2024 年 1 月 4 日访问。

⑤ 《数据跨境新规：概览与展望》，https://mp.weixin.qq.com/s?__biz=MzA4ODQzODExNA==&mid=2650964582&idx=1&sn=5dfe7809939f470bacbbb1093245c0be&chksm=8bdc066bbcab8f7d558bca4bde6a7f8b11a6b02c75877413f4a4de025f97638c64b6741ed1e8&scene=27，2024 年 1 月 4 日访问。

⑥ 《〈个人信息出境标准合同办法〉出台 贡献数据跨境流动中国方案》，载互联网信息办公室官网，http://www.cac.gov.cn/2023-02/24/c_1678882701238102.htm?eqid=e3fc2c960006c5ee00000006642aa5da，2024 年 1 月 4 日访问。

⑦ 《国家互联网信息办公室关于〈规范和促进数据跨境流动规定（征求意见稿）〉公开征求意见的通知》，http://www.cac.gov.cn/2023-09/28/c_1697558914242877.htm，2024 年 1 月 4 日访问。

总体而言，我国目前已经形成了以《网络安全法》《数据安全法》和《个人信息保护法》为基础，以相关规范性文件和国家标准为支撑的较为完善的数据出境规则体系，既契合了我国的本土需求，又与国际规则相接轨，为我国加大对外开放合作提供了重要的制度保障。

（二）深化数据出境国际协作

随着数字经济的不断发展，由于数据出境的敏感性，数字跨境审查方面出现了小多边、随便化趋势。进一步扩大数字经济合作，扩大对外开放，需要深化数据出境国际合作。

数字丝绸之路、丝路电商是我国开展数据出境国际合作的重要载体。目前我国已经与 30 多个国家签署了电子商务合作备忘录并建立双边电子商务合作机制，[①]同时在与相关国家签订的自由贸易协定中对数字经济进行约定，拓展了国际经贸合作新空间，为探索搭建数字经济国际规则体系，推动构建新发展格局，促进“一带一路”共建国家数字经济发展增添动力。

同时，我国积极对外发布政策主张，贡献中国方案，参与国际规则的构建。2020 年我国发布《全球数字安全倡议》，为制定全球数据安全规则提供了蓝本，呼吁各国携手努力、共同打造数字命运共同体。[②]我国积极参与《区域全面经济伙伴关系协定》，深入与有关国家和地区探讨数据跨境自由流动议题，参与数据跨境流动规则的构建，推动区域数字经济治理发展进程。此外，我国也积极申请加入《全面与进步跨太平洋伙伴关系协定》《数字经济伙伴关系协定》等贸易协定，积极推动我国数据出境规则与国际接轨，加强国际合作和对话，参与全球数据规则制定，为我国数字企业“走出去”奠定基础。

（三）完善数据出境监管机制

数据出境横跨多个行业和市场，对其进行监管首先必须建立数据出境监管协调机制，加强跨部门的数据出境运营、风险方面的信息共享。目前，我国数据出境监管体制以行政监管为主，由国家网信部门统筹协调，其他相关部门分散监管。[③]我国现有的数据出境监管体制是在《网络安全法》《数据安全法》和《个人信息保护法》等相关法律以及规范性文件的基础上建立起来的，并吸收了

① 《中国已同 30 个国家签署电子商务合作备忘录》，https://baijiahao.baidu.com/s?id=1783529493673792810&wfr=spider&for=pc，2024 年 1 月 4 日访问。

② 《打造数字命运共同体，才能破解全球数字治理难题》，https://baijiahao.baidu.com/s?id=1786526647483993147&wfr=spider&for=pc，2024 年 1 月 4 日访问。

③ 蔡宇姬：《数据出境的界定及监管制度》，载《中国政法大学学报》2023 年第 3 期，第 192－206 页。

国际上数据监管相关经验，顺应了我国目前行政监管体制的现状和监管需求。

在以上数据出境监管体制之下，通过《数据出境安全评估办法》《网络安全标准个人信息跨境处理活动认证技术规范》和《个人信息出境标准合同办法》等规范性法律文件，我国进一步明确了数据出境的主要路径和监管重点。根据上述法律文件，数据出境时主要有三种合规手续路径：一是通过国家网信部门组织的安全评估；二是与境外接收方订立个人信息出境的标准合同；三是经专业机构进行个人信息保护认证。[①]在这种模式下，数据出境监管强调事前监督。2023年发布的《规范和促进数据跨境流动规定（征求意见稿）》，体现了我国数据监管的精细化倾向。该规定简化了国际贸易、学术合作以及跨境购物、跨境汇款、机票酒店预订等涉及数据跨境的多个场景的合规要求，以上情况无须进行安全评估、认证、订立标准合同等前置程序。这一改变体现了我国数据监管体制从强调事前监督转变为事中事后监管，大幅降低机构数据出境合规成本，有利于促进跨境数字贸易、跨境金融活动的高效运营，同时也紧跟国际数据出境规则形势变化，有利于我国进一步融入《数字经济伙伴关系协定》等国际数字贸易协定，将为我国数字贸易带来显著增长。

四、“一带一路”供应链韧性建设的法律

随着共建“一带一路”倡议的持续推进，2022年，我国企业在“一带一路”沿线国家非金融类直接投资已达到210亿美元[②]，这一举措不仅推动了沿线国家间的深度合作，更构建起一套复杂的海外供应链体系，然而，此过程中部分供应链也暴露在了外部风险之下。为推动“一带一路”高质量发展，维护我国海外投资利益，增强“一带一路”沿线国家的供应链韧性建设意义重大。

“一带一路”供应链韧性建设面临的主要挑战包括地缘政治风险、环境影响以及技术风险和数据安全问题。具体而言，政治和地缘政治因素如贸易紧张关系和地缘政治冲突可能导致供应链中断；气候变化和自然灾害也可能对供应链造成影响；在跨境贸易和物流运输过程中，涉及大量的商业信息和数据交换，如果不采取有效的措施保护这些信息的安全性，可能会有数据泄露的风险，影

① 《监管规范数据出境：促进跨境交易高效运营》，https://baijiahao.baidu.com/s?id=1779666378027470213&wfr=spider&for=pc，2024年1月4日访问。

② 参见商务部：《2022年中国对“一带一路”沿线国家投资合作情况》，http://www.mofcom.gov.cn/article/tongjiziliao/dgzz/202302/20230203384453.shtml.

响供应链的正常运转，造成经济损失。特别是“一带一路”沿线国家中，发展中国家占据绝大部分，发展差异较大，工业化程度普遍不高，产业链供应链紊乱等问题也不同程度存在，且“一带一路”供应链涉及众多参与者和环节，进一步增加了协调和管理的难度。

因此，为加强“一带一路”供应链韧性建设，中方应继续携手各方，推进合作，顺应经济全球化的历史潮流，积极提升供应链的抗风险能力，对此建议如下：

其一，应当加强国际合作，通过国际协议或谅解备忘录来增强互信。十年来，我国已与152个国家、32个国际组织签署了200多份共建“一带一路”合作文件，为拓展国际合作提供了政治保障。[①]加强供应链方面的国际合作，一方面可以促进各国之间信息共享，共同识别、评估和管理供应链风险，推动形成统一的政策和标准，避免因政策差异等问题而导致供应链中断或受阻。另一方面，也可以明确各方在供应链管理方面的责任和义务，作为指导各国开展供应链合作的依据，提高供应链的效率和稳定性。

其二，应当在“一带一路”供应链韧性建设中遵守世贸组织的规则和准则。各方应支持以世贸组织为核心、以规则为基础、非歧视、开放、公平、包容、公正和透明的多边贸易体制，反对单边主义和保护主义措施，这将有助于推动供应链的稳定与可持续发展，同时也有助于提高各国的经济发展水平和人民生活水平。各国也应支持推进世贸组织必要改革，实现多边贸易规则与时俱进。[②]

其三，应当在“一带一路”供应链韧性建设中体现绿色化和包容性。绿色丝绸之路建设是共建“一带一路”高质量发展的重要内容，也是展现大国责任担当，推动构建人类命运共同体的有力实践。[③]中方应推动绿色发展和环保合作，促进全球产业链供应链向更加环保、可持续的方向转型。这意味着我们应关注环境保护和社会责任，确保供应链的可持续发展，并促进包容性增长。

其四，应当加强关键产品的供应链韧性建设。关键矿物的供应直接决定了

---

① 参见十年共建结硕果 携手共进向未来 扎实推进高质量共建“一带一路”行稳致远，https://www.ndrc.gov.cn/xwdt/ztzl/srxxgcxjpjjsx/xjpjjsxjyqk/202309/t20230908_1360478.html.

② 参见第三届“一带一路”国际合作高峰论坛主席声明（全文），https://www.gov.cn/yaowen/liebiao/202310/content_6910132.htm.

③ 参见人民日报：推动共建绿色丝绸之路（观点），http://paper.people.com.cn/rmrb/html/2022-01/11/nw.D110000renmrb_20220111_2-18.htm.

风电、光伏发电、核能、新能源汽车等清洁能源产业发展的关键物质基础。[①]可以加大对“一带一路”沿线国家关键产品的投资，获取稳定的关键矿物资源，减少供应链中断的风险，提高供应链的韧性和可持续发展能力。这将有助于推动“一带一路”倡议的高质量发展，也有助于提升中国企业在全球供应链中的竞争力和影响力。

其五，应当加强数字化与智能化供应链平台建设。中国招商局已经通过市场化、专业化的方式，在“一带一路”沿线建立了较为完善的全球港口与物流网络，为保持产业链供应链的韧性与稳定做出显著贡献。[②]未来我们应进一步通过服务互联网和物联网等技术，增强信息的实时共享和收集，提高供应链的透明度，提前预警可能的问题和风险。在供应链建设中，通过大数据分析技术对海量的供应链数据进行深度挖掘，了解过去的供应链运行情况和问题，为未来的决策提供依据并提高效率。促进技术创新和数字化转型，在风险事件多发的复杂系统中构建风险感知能力和风险量化能力，有助于提升供应链的灵活性，进一步增强供应链韧性[③]。

当前，供应链韧性正日益成为国际经贸政策和规则领域的核心概念之一，供应链韧性经贸规则呈现出鼓励供应链本土化、近岸化、友岸化的趋势，愈发与气候变化和经济安全等目标挂钩，重点关注关键原材料和矿物领域的供应链，并将国际合作作为提升双边或区域供应链韧性的重要方法。

此外，全球经贸规则正在发生变化，世界上主要发达经济体正在将经贸问题政治化和泛安全化，以构建以美西方为核心的供应链体系，这导致了全球产业链和供应链的碎片化。上述国家陆续推出多项针对产业链供应链的保护主义政策，其中最具代表性的就是动用行政手段强推科技产业“脱钩断链”“去风险”、产业回流和制造业的“友岸外包”，意图打造以所谓“共同价值观”为基础的供应链。这意味着国际经贸规则可能趋向于部门化和俱乐部化，即不同国家或地区形成不同的贸易规则和标准，全球产业链和供应链也可能出现碎片化的趋势，特别是在电动车和芯片等关键部门，效率让位于安全和价值观等非经

① 参见澎湃新闻：数据说话！关键金属矿产全球供应面临哪些挑战？https://www.thepaper.cn/newsDetail_forward_23550021.

② 参见人民日报：为维护全球产业链供应链韧性与稳定贡献智慧与力量，https://www.gov.cn/xinwen/2022-09/21/content_5710841.htm.

③ 洪流等：《供应链韧性与安全中的关键科学问题》，载《中国科学基金》2023年第37卷第3期。戴培超等：《供应链韧性研究前沿、热点和演化分析》，载《商业经济研究》2023年第17期。

济因素的现象越发明显。[①]

面对全球经贸规则的变革，“一带一路”倡议下的供应链韧性建设应坚持维护全球产业链和供应链的稳定。中国应坚持原则上坚定维护全球产业链、供应链稳定的总体立场，但是在特殊情况下也需要将国家安全考虑优先于效率考虑，采取例外措施回应关键产品供应链的脆弱性，坚守关键矿物、半导体、能源供应链等关键领域的供应链安全。

中国始终认为，面对各种全球性危机，各国应当摒弃零和思维，共同维护一个相互依存、高效和稳定的全球产业链和供应链。在面对全球经贸规则变革的背景下，“一带一路”供应链韧性建设需要我们更加深入地理解和应对供应链安全面临的挑战。共建“一带一路”倡议支持开展多元化投资，推动形成普惠发展、共享发展的产业链、供应链，为沿线国家加快发展提供新的动能。[②]因此供应链韧性建设是“一带一路”倡议的重要组成部分，需要国际合作和共同努力，通过加强风险管理、多元化供应链策略、强化合作与协作、推动可持续发展和技术创新，提高供应链的韧性和可持续发展能力，并共同为未来的全球经贸合作打下坚实的基础。

第四节　展望与建议

一、展望

2023 年是“一带一路”倡议提出十周年，在国内外各方共同努力下，共建“一带一路”取得丰硕成果，已成为开放包容、互利互惠、合作共赢、深受欢迎的国际公共产品和国际合作平台，为全球共同发展增添动力。十年间，共建“一带一路”以互联互通为主线，深化战略对接和政策协调，推动“一带一路”朋友圈不断扩大，国际共识持续增强。截止到 2023 年 6 月底，中国已与 152 个国家、32 个国际组织签署 200 余份共建“一带一路”合作文件；[③]开展多种形式

---

① 易小准等：《全球产业链新趋势：机遇与挑战》，《国际经济评论》2023 年第 6 期。

② 商务部：《共建“一带一路”倡议：进展、贡献与展望》报告，参见：http://www.mofcom.gov.cn/article/i/jyjl/e/201904/20190402855421.shtml.

③ 国家发改委：《国家发展改革委 7 月新闻发布会》，https://www.ndrc.gov.cn/xwdt/wszb/qiyuefabuhui/，2023 年 12 月 20 日访问。

的金融合作，促进合作空间纵深拓展，投融资模式多元化发展；以民心相通、文化共存，不断凝聚人心，促进文化交流互鉴。在此基础上，共建“一带一路”坚持统筹“硬联通”“软联通”“心联通”，畅通内外循环，以构建人类命运共同体为最高目标，有力促进世界和平安宁和共同发展。对于未来高质量共建“一带一路”的重点领域和方向：政策沟通上，构建多层次政府间政策交流对接机制，深入推进规则标准对接；设施联通上，大力推进陆上通道建设和海上互联互通，促进信息基础设施安全高效互通；贸易畅通上，拓展全球贸易合作，提高贸易投资自由化便利化水平；资金融通上，健全金融合作机制，拓展投融资新渠道；民心相通上，加强教育、文化和旅游等领域合作，夯实共建“一带一路”的民意基础；新领域合作上，推进共建“一带一路”绿色、数字经济新模式，打造“一带一路”科技创新合作新高地。①

在国际经贸规则面临深刻变革、以多边主义为核心的国际体系和秩序受到挑战的背景下，“一带一路”建设法治保障面临新的课题，促进“一带一路”法治建设需要从以下几方面开展：一是持续增强法律供给，优化共建“一带一路”法治体系。一方面要全面梳理国际法和国内法的相关规定，在此基础上搭建“一带一路”法治体系框架。另一方面要梯次完善相关规定，认真总结“一带一路”建设法治实践经验，对我国签订的条约和协定，在坚持平等互利的基础上，吸纳国际经贸规则最新成果，增加相应条款。二是加强“一带一路”规则联通和协调对接。在推进基础设施“硬联通”的同时，加强规则标准“软联通”，进一步破解政策、标准、规则、制度瓶颈。用好主场外交平台，推动与共建国研究制定相关领域示范法，助力共建国家经贸规则协同发展，更好地服务“一带一路”高质量发展。三是结合实际因地制宜，凝聚保障“一带一路”工作合力。近年来，我国各级司法机关围绕增强“一带一路”法治合力，积极主动融入“一带一路”建设进程，分工负责、密切协作，取得了显著成效。最高法、最高检、司法部均制定相关文件，指导各级人民法院、检察院和司法行政机关妥善办理涉“一带一路”案件。②

① 推进“一带一路”建设工作领导小组办公室：《坚定不移推进共建“一带一路”高质量发展走深走实的愿景与行动——共建“一带一路”未来十年发展展望》，https://www.gov.cn/yaowen/liebiao/202311/content_6916832.htm，2023年12月20日访问。

② 金石：《法治护航“一带一路”建设》，http://views.ce.cn/view/ent/202310/30/t20231030_38769373.shtml，2023年12月20日访问。

二、风险提示

“一带一路”建设在给中国及共建国家提供发展机遇的同时，也面临着复杂的地缘政治、经济以及法律因素导致的风险。乌克兰危机延宕难解，巴以冲突陡然升级导致“一带一路”沿线国家合作面临的风险愈加严峻。大国博弈复杂激烈，个别大国干扰、打压和抹黑“一带一路”国际合作，滥施投资审查和贸易管制等手段，干扰我国企业正常经营活动，造成跨国企业境外经营风险不断上升。基于当下新形势，面对共建“一带一路”出现的新机遇、新挑战，必须更好地发挥法治固根本、稳预期、利长远的保障作用，推动“一带一路”法治走深走实，为共建“一带一路”提供更加坚实的法律和制度保障，建议应当注意以下几个方面：

第一，完善国内法律体系，扩展涉外法治范围。一方面，我国应进一步完善国内的涉外法律体系，为涉外法治建设打下良好基础。当前我国虽已制定《对外关系法》《外国国家豁免法》等法律，并对《民事诉讼法》的涉外部分进行了修改，但《国家安全法》《反外国制裁法》等法律中的相关规定还需进一步完善。另一方面，我国应积极扩大双边法制范围，拓展多边法律体系。具体而言，中国应和更多共建国家签署双边投资保护条约、避免双重征税协定、民商事司法协助条约和引渡条约等，为相应事项提供法律依据。

第二，积极推进构建“一带一路”争端解决机制。当前，中国和共建“一带一路”国家的投资争议主要在西方国家的仲裁机构解决，仲裁员也主要来自西方国家，这为中国和共建国家的当事人带来不便。其一，加强国际商事纠纷解决机制建设，充分发挥国际商事争端预防与解决组织功能作用，完善国际商事法庭运行机制，优化诉讼与调解、仲裁有机衔接的“一站式”国际商事纠纷多元化解决机制。其二，积极稳妥推进国际商事仲裁中心建设，打造国际一流仲裁机构。发挥国际商事专家委员会优势，加强对国际法、国别法的研究和运用，积极参与国际规则制定。以便中国对外投资企业能更好地利用中国国际商事法庭，解决与共建国家当事人之间的争议。其三，加强涉外法律服务机构建设，鼓励律师事务所等针对共建“一带一路”重点国家开展法律制度、法律环境咨询服务。推进共建国家法律数据库建设，加强国际法律交流合作。[①]

---

① 朱伟东：《共建“一带一路”的法律风险及防范》，https://www.cssn.cn/fx/xr/202309/t20230926_5687918.shtml，2023年12月20日访问。

第三，扩大与共建“一带一路”国家的法律交流。当前，参与“一带一路”建设的国家已超过 150 个，中国企业在合作国家进行投资时，需进一步了解其法律制度和法律文化。其一，推动国内高校和科研机构在已有的研究基础上，深化对共建国家和地区法律制度的研究。其二，鼓励国内高校和科研机构与共建国家高校和科研机构建立法律研究合作平台，开展联合研究。其三，适时举办“一带一路”法律论坛，扩大共建“一带一路”国家法律界人士的交流与对话，增进法治合作共识。

第四，培养涉外法治人才，提高中国企业的法治意识。加强涉外法治工作需要高素质的涉外法律人才。一方面可以构建科学有效的选人用人机制，加强共建“一带一路”重点领域人才培养，打造国际化、复合型人才队伍。另一方面需要健全引进人才制度，完善外国人永久居留制度，营造吸引海外高层次人才的良好工作、生活环境。此外，在推进“一带一路”建设过程中，需要进一步引导企业落实好风险防控主体责任，增强风险防控意识和能力，切实做好“走出去”前的风险综合评估，规范海外经营行为，加强风险源头管控，前置风险防控关口，做到“早发现、早预警、早防范”。

第二章　中国数据涉外法治发展

第一节　大　事　记

一、发布《个人信息出境标准合同办法》及《个人信息出境标准合同备案指南（第一版）》

2023 年 2 月 22 日，为了保护个人信息权益，规范个人信息出境活动，国家互联网信息办公室（以下简称国家网信办）公布了《个人信息出境标准合同办法》[①]，适用于个人信息处理者通过与境外接收方订立个人信息出境标准合同的方式向中华人民共和国境外提供个人信息的情况。5 月 30 日，国家网信办发布了《个人信息出境标准合同备案指南（第一版）》[②]用以细化落实《个人信息出境标准合同办法》中对备案的要求，由此明确了个人信息处理者通过履行合同备案义务而开展数据出境活动的监管规则。

二、国家数据局重磅亮相

2023 年 3 月，国家组建国家数据局，并于 10 月 25 日正式挂牌。国家数据局的定位是从国家层面统筹协调数字中国、数字经济、数字社会的规划和建设。在推动数字经济加速发展的现阶段，国家数据局的组建恰逢其时。甫一组建，数据局即充分发挥其推进数据要素基础制度建设等重大功能，联合中央网络安全和信息化委员会办公室、科技部、工业和信息化部等 17 个部门，于 2023 年 12 月 1 日印发《“数据要素×”三年行动计划（2024—2026 年）（征求意见稿）》，并于 2024 年 1 月 4 日正式发布《“数据要素×”三年行动计划（2024—2026 年）》，选取现代农业、商贸流通、交通运输、金融服务等重点行业和领域，推动发挥

---

① 国家网信办：《个人信息出境标准合同办法》，http://www.cac.gov.cn/2023-02/24/c_1678884830036813.htm，2024 年 1 月 24 日访问。

② 国家网信办：《国家互联网信息办公室发布〈个人信息出境标准合同备案指南（第一版）〉》，http://www.cac.gov.cn/2023-05/30/c_1687090906222927.htm，2024 年 1 月 24 日访问。

数据要素乘数效应，释放数据要素价值。

三、《生成式人工智能服务管理暂行办法》出台

2023 年 4 月 11 日，国家网信办发布《生成式人工智能服务管理办法（征求意见稿）》[①]向社会公开征求意见。经公开征求意见，同年 7 月 13 日，国家网信办与国家发展和改革委员会、教育部、科技部、工业和信息化部、公安部、国家广播电视总局联合发布《生成式人工智能服务管理暂行办法》[②]，旨在促进生成式人工智能健康发展和规范应用，维护国家安全和社会公共利益，保护公民、法人和其他组织的合法权益。在人工智能顶层设计尚未出台之前，以社会公众普遍关注的生成式人工智能服务为规制对象，制定人工智能垂直领域的单独监管规则，体现了中国“敏捷治理”的监管态度。

四、《信息安全技术 网络安全事件分类分级指南》公布

2023 年 5 月 23 日，国家市场监督管理总局和国家标准化管理委员会联合发布了《信息安全技术 网络安全事件分类分级指南》（GB/T 20986—2023）[③]（以下简称《指南》），自 2023 年 12 月 1 日起实施。《指南》描述了网络安全事件分类和分级的方法，界定了网络安全事件类别和级别，并明确了网络安全事件分类代码。同时，《指南》将代替《信息安全技术 信息安全事件分类分级指南》（GB/Z 20986—2007），适用于网络运营者以及相关部门开展网络安全事件研判、信息通报、监测预警和应急处置等活动。

五、出台《关于促进粤港澳大湾区数据跨境流动的合作备忘录》《粤港澳大湾区（内地、香港）个人信息跨境流动标准合同实施指引》

2023 年 6 月 29 日，国家网信办与香港特区政府创新科技及工业局签署《关于促进粤港澳大湾区数据跨境流动的合作备忘录》（以下简称《合作备忘录》）。

---

① 国家网信办：《国家互联网信息办公室关于〈生成式人工智能服务管理办法（征求意见稿）〉公开征求意见的通知》，http://www.cac.gov.cn/2023-04/11/c_1682854275475410.htm，2024 年 1 月 24 日访问。

② 国家网信办：《生成式人工智能服务管理暂行办法》，http://www.cac.gov.cn/2023-07/13/c_1690898327029107.htm，2024 年 1 月 24 日访问。

③ 国家市场监督管理总局、国家标准化管理委员会：《信息安全技术 网络安全事件分类分级指南》，https://openstd.samr.gov.cn/bzgk/gb/newGbInfo?hcno=CAE2104B8F1370E0D6E9BA4F43022157，2024 年 1 月 24 日访问。

在国家数据跨境安全管理制度框架下，建立粤港澳大湾区数据跨境流动安全规则，促进粤港澳大湾区数据跨境安全有序流动，推动粤港澳大湾区高质量发展。[①]12 月 10 日，为落实《合作备忘录》中关于“共同制定粤港澳大湾区个人信息跨境标准合同并组织实施，加强个人信息跨境标准合同备案管理”的合作措施，国家网信办与香港创新科技及工业局共同制定《粤港澳大湾区（内地、香港）个人信息跨境流动标准合同实施指引》。[②]

六、出台《企业数据资源相关会计处理暂行规定》

2023 年 8 月 1 日，财政部印发《企业数据资源相关会计处理暂行规定》，明确数据资源可入表管理，即企业可按照企业会计准则的规定，根据数据资源的持有目的、形成方式、业务模式，以及与数据资源有关的经济利益的预期消耗方式等，对数据资源相关交易和事项进行会计确认、计量和报告。[③]纵观国家对于数据生产要素的顶层设计历程，不难发现《企业数据资源相关会计处理暂行规定》是贯彻落实党中央、国务院关于发展数字经济的决策部署的具体举措，促使数据资源作为无形资产计入资产负债表，正式使数据资源成为数字资产，为推动数据要素市场化配置与价值释放提供内生动力。

七、《个人信息保护合规审计管理办法（征求意见稿）》公布

2023 年 8 月 3 日，国家网信办公布《关于〈个人信息保护合规审计管理办法（征求意见稿）〉公开征求意见的通知》。《个人信息保护合规审计管理办法》（以下简称《办法》）共 16 条，并随附件发布《个人信息保护合规审计参考要点》共 31 条。《办法》明确，处理超过 100 万人个人信息的个人信息处理者，应当每年至少开展 1 次个人信息保护合规审计；其他个人信息处理者应当每 2 年至少开展 1 次个人信息保护合规审计。此外，原则上，个人信息处理者可自行开展或委托第三方专业机构开展个人信息保护合规审计，但在特定情形下例如按

---

① 国家网信办：《国家互联网信息办公室与香港特区政府创新科技及工业局签署〈关于促进粤港澳大湾区数据跨境流动的合作备忘录〉》，http://www.cac.gov.cn/2023-06/30/c_1689687618127403.htm，2024 年 1 月 24 日访问。

② 国家网信办：《粤港澳大湾区（内地、香港）个人信息跨境流动标准合同实施指引》，http://www.cac.gov.cn/2023-12/13/c_1704042786237103.htm，2024 年 1 月 24 日访问。

③ 财政部：《关于印发〈企业数据资源相关会计处理暂行规定〉的通知》，https://www.mof.gov.cn/jrttts/202308/t20230822_3903659.htm，2014 年 1 月 24 日访问。

照网信部门等履行个人信息保护职责的部门的要求开展个人信息保护合规审计时，个人信息处理者仅能选任专业机构开展相关合规审计工作。[①]实践中，个人信息保护合规审计既是个人信息处理者履行法定义务的必然要求，也是监管部门落实常规及特殊监管活动的切实抓手，最终有助于提高我国整体的个人信息保护水平。

八、发布《规范和促进数据跨境流动规定（征求意见稿）》

2023 年 9 月 28 日，国家网信办发布了《规范和促进数据跨境流动规定（征求意见稿）》（以下简称《数据跨境新规征求意见稿》），对于《数据出境安全评估办法》《个人信息出境标准合同办法》中的相关数据出境合规义务进行了一定的调整。具体而言，《数据跨境新规征求意见稿》确立了两大类豁免情形（后将详述）：第一类豁免适用于数据跨境传输的所有监管机制，包括依据处理活动、数据类型及数量进行的豁免；第二类豁免仅适用于数据出境安全评估。[②]虽然《规范和促进数据跨境流动规定》仍未正式发布，但制定征求意见稿本身则体现了中国依据最新经济与社会发展、实践发展动态而开展“因时制宜”“因地制宜”的灵活监管机制。

九、《未成年人网络保护条例》出台

2023 年 10 月 16 日，国务院正式出台《未成年人网络保护条例》。《未成年人网络保护条例》从网络素养促进、网络信息内容规范、个人信息网络保护、网络沉迷防治等方面，全面规定了保护未成年人在网络空间活动的相关措施，[③]是探索网络空间未成年人保护机制的有力实践。具体至个人信息保护领域，由于未成年人的心智判断能力与成年人相比可能尚不健全，就个人信息对其自身权益影响的认识可能尚不充足，因此《未成年人网络保护条例》也特别指出监护人应当教育引导未成年人增强个人信息保护的意识和能力，指导未成年人行使相关权利并履行相应义务。

---

① 国家网信办：《关于〈个人信息保护合规审计管理办法（征求意见稿）〉公开征求意见的通知》，http://www.cac.gov.cn/2023-08/03/c_1692628348448092.htm，2024 年 1 月 24 日访问。

② 国家网信办：《国家互联网信息办公室关于〈规范和促进数据跨境流动规定（征求意见稿）〉公开征求意见的通知》，http://www.cac.gov.cn/2023-09/28/c_1697558914242877.htm，2024 年 1 月 24 日访问。

③ 国务院：《未成年人网络保护条例》，https://www.gov.cn/zhengce/content/202310/content_6911288.htm，2024 年 1 月 24 日访问。

十、各行业网络治理及数据安全管理规定陆续出台

2023 年，除了互联网领域，金融、工信、快递等行业均就其行业内数据安全及保护提出了最新监管要求，或更新相关监管动态。例如，2 月 1 日，银保监会发布的《银行保险监管统计管理办法》正式施行①。2 月 27 日，证监会发布了《证券期货行业网络和信息安全管理办法》②。7 月 24 日，央行公布《中国人民银行业务领域数据安全管理办法（征求意见稿）》③。10 月 9 日，工信部公布《工业和信息化领域数据安全风险评估实施细则（试行）（征求意见稿）》④。10 月 24 日，工信部公布《工业互联网安全分类分级管理办法（公开征求意见稿）》⑤。11 月 2 日，财政部、国家网信办联合公布《会计师事务所数据安全管理暂行办法（征求意见稿）》⑥。同月 23 日，工信部公布《工业和信息化领域数据安全行政处罚裁量指引（试行）（征求意见稿）》。⑦相关行业主管部门制定本行业网络治理及数据安全监管规则，是在坚持维护网络安全、数据安全以及保障个人信息权益的基础上，结合本行业数据处理的特殊需求而必然产生的实践尝试。

第二节　全球法律框架与监管规则纵观

一、欧洲：数据和人工智能战略下多部法案出台

在数据治理方面，2022 年，欧盟在《欧洲数据战略》（European Strategy for

① 国家金融监督管理总局：《银行保险监管统计管理办法》，https://www.cbirc.gov.cn/cn/view/pages/governmentDetail.html?&docId=1089714&itemId=861&generaltype=1，2024 年 1 月 24 日访问。

② 中国证券监督管理委员会：《证券期货行业网络和信息安全管理办法》，http://www.csrc.gov.cn/csrc/c101953/c7202800/content.shtml，2024 年 1 月 24 日访问。

③ 中国人民银行：《中国人民银行业务领域数据安全管理办法（征求意见稿》，http://www.pbc.gov.cn/tiaofasi/144941/144979/3941920/4993510/2023071815593395156.pdf，2024 年 1 月 24 日访问。

④ 工信部：《公开征求对〈工业和信息化领域数据安全风险评估实施细则（试行）（征求意见稿）〉的意见》，https://wap.miit.gov.cn/jgsj/waj/wjfb/art/2023/art_e11152265eba4c9c9876a20c63715a1a.html，2024 年 1 月 24 日访问。

⑤ 工信部：《公开征求对〈工业互联网安全分类分级管理办法（公开征求意见稿）〉的意见》，https://www.miit.gov.cn/gzcy/yjzj/art/2023/art_cce18e45a43f4cf6818f0b98ee39c2b4.html，2024 年 1 月 24 日访问。

⑥ 财政部、国家网信办：《关于征求〈会计师事务所数据安全管理暂行办法（征求意见稿）〉意见的函》，http://www.cac.gov.cn/2023-11/16/c_1701796837521268.htm，2024 年 1 月 24 日访问。

⑦ 工信部：《公开征求对〈工业和信息化领域数据安全行政处罚裁量指引（试行）（征求意见稿）〉的意见》，https://wap.miit.gov.cn/gzcy/yjzj/art/2023/art_2fb5b9dff755480284099f08eebdfa1e.html，2024 年 1 月 24 日访问。

Data）等一系列战略文件的基础上，陆续推出《数据治理法》（Data Governance Act）和《数据法》（Data Act）的立法计划，并颁布、出台相应草案或正式法案，以期完善、发展欧盟的数字经济市场。在此基础上，2023 年 11 月 27 日，欧盟理事会正式通过《数据法》，并将作为《数据治理法》的补充，共同建立欧盟内部数据流转、交易市场。据此，欧盟的数据治理在 2023 年得到了更为深入的发展与应用。

此外，海量数据的喂养促使人工智能的创新和发展。早在 2018 年，欧洲政治战略中心（EPSC）发布了《人工智能时代：确立以人为本的欧洲战略》（The Age of Artificial Intelligence：Towards a European Strategy for Human-Centric Machines），提出了建立以人为本的人工智能发展理念。随后，欧盟各成员国陆续发展人工智能，欧盟层面也持续就人工智能的监管与发展提出思考。2021 年 4 月，欧盟发布《人工智能法案》提案（The Proposal for a Regulation of the European Parliament and of the Council Laying down Harmonised Rules of Artificial Intelligence and Amending Certain Union Legislative Acts，the Artificial Intelligence Act），首次以欧盟立法草案的形式就人工智能系统的监管提出要求。2022 年 12 月，欧盟理事会一致通过《人工智能法案》草案，并对提案所载规则进行了一定程度的调整。随后，对人工智能监管规则的讨论在 2023 年得到了进一步延续与相当程度的确定。

（一）数据共享与利用：《数据法》

如前所述，《数据法》作为《数据治理法》的补充，已由欧盟理事会于 2023 年 11 月 27 日正式通过，将在欧盟官方公报公布后第 20 日正式生效，并在生效之日起 20 个月后适用（明确规定适用时间存在例外情形的除外）。实践中，企业除了利用个人数据（Personal Data，在中国法语境下也称为“个人信息”）开展服务，其可能还将利用在经营管理活动中形成的个人数据以外的企业数据开展相应数据共享活动。因此，相较于欧盟《通用数据保护条例》仅就个人数据的流动提出明确的限制性要求而言，《数据法》则更为广泛地以个人数据和非个人数据作为规制对象，厘清数据共享模式，并基于各数据共享模式的特殊性制定差异化的共享流动规则。

具体而言，《数据法》区分了企业对用户（以下简称“B2C”）、企业对企业（以下简称“B2B”）以及企业对公共部门（以下简称“B2G”）等数据共享主要场景，并对各场景中数据共享各方所应承担的权利、义务与责任边界进行划分。

其一，B2C 场景中，《数据法》设置了两种数据共享方式：基于默认设置的提供和基于申请的提供。一方面，企业提供联网产品或关联服务时，如技术可行，则应确保用户能够以默认、免费、安全的方式直接访问联网产品或关联服务所涉的相关数据，同时，相关数据应当基于结构化、机器可读的形式而展示。另一方面，如部分数据用户不能直接访问，则可向作为数据持有者的企业进行申请；企业在进行身份验证后，也应当以结构化、机器可读的形式向用户免费提供相关数据。原则上，企业不应当为用户行使其数据申请的权利设置任何的阻碍。但基于商业秘密保护的考量，如用户所申请的数据包含企业的商业秘密，只有在双方就商业秘密保护达成约定且均采取必要措施以维护相关数据秘密性的前提下，企业才应当向用户共享被认定为商业秘密的相关数据。

其二，B2B 场景中，值得注意的是，虽然数据共享双方均为企业，但是，作为数据接收方的企业接收数据应当是出于用户的指示而共享数据，即经用户请求，数据持有者应当以通用、结构化和机器可读的方式向第三方提供相关数据。此外，在本场景下，如请求的内容涉及个人数据，则还遵循欧盟《通用数据保护条例》就个人数据共享的相关规定。但与 B2C 场景相比，就使用接收数据而言，B2B 场景中的数据接收方通常被认为受到了更多的限制。例如，除明确规定外，企业不得将所接收的数据提供至其他第三方；基于反不正当竞争的考虑，企业也不得将所接收的数据用于开发竞争产品等。

其三，B2G 场景中，基于欧盟委员会、欧洲中央银行及其他公共部门机构的特殊需求，作为数据持有者的企业还负有向相关申请机构提供数据的义务。但一方面，相关公权部门仅能在《数据法》第 15 条明确载明的特殊需求情形下请求企业提供数据。另一方面，由于微型企业和小型企业的技术能力较为薄弱，为了尽可能使相关企业所承担的义务与其能力相称，《数据法》也明确规定，微型企业和小型企业不受前述数据提供协助义务的约束。

总的来说，欧盟以《数据法》作为《数据治理法》的延续，构建了较为清晰明确的欧洲数据流通方案，助力于打造高效流通的数据市场（尤其是非个人数据），最终促进互联网产品及服务的激励创新。

（二）人工智能受监管：《人工智能法案》

当地时间 2023 年 6 月，欧洲议会在欧盟理事会于 2022 年 12 月发布的《人工智能法案》修订版本（简称为 2022 年《人工智能法案》妥协版本）的基础上，进一步表明其愿意就《人工智能法案》进行谈判的立场，并通过了 2023

年《人工智能法案》折衷草案。由此，欧洲议会和欧盟理事会就《人工智能法案》的文本和适用进一步进入正式谈判阶段。随即，欧盟议会、欧洲理事会以及欧盟委员会就法案举行了三方会谈，并于 2023 年下半年陆续召开数次三方会谈。

当地时间 2023 年 12 月 9 日，欧盟理事会、欧洲议会谈判代表就人工智能协调规则达成了临时协议（Provisional Agreement），即《人工智能法案》。西班牙数字化和人工智能国务秘书 Carme Artigas 表示，这项有关人工智能协调平衡的举措实现了促进欧洲人工智能创新与应用和充分尊重欧洲公民基本权利之间的平衡，能够有效应对快速发展的技术对社会未来关键领域的全球挑战。①

具体而言，与 2021 年 4 月发布的《人工智能法案》提案相比，临时协议对应受规制的人工智能系统定义及范围、高风险人工智能系统以及通用人工智能系统的平衡规制要求、欧盟人工智能治理监管体系等多方面进行了整体性调整。例如，其一，2021 年《人工智能法案》提案采取了较为宽泛的人工智能定义，即通过分析环境并采取行动（具有一定程度的自主性）以实现特定目标的系统，而临时协议在此基础上区分了人工智能和简单的软件系统，使得《人工智能法案》指向的人工智能系统不会过分扩大，并新增了对通用人工智能的适用，及时响应时代发展面临的人工智能挑战。其二，《人工智能法案》将人工智能系统分为不可接受的风险、高风险、有效风险和极小的风险四类，并旨在为不同风险等级的人工智能系统提出差异化的合规要求。其中，欧盟相关企业禁止使用被认定为存在不可接受风险的人工智能系统，而高风险人工智能系统则是除不可接受风险的人工智能系统以外受到最多监管和规制的类型。基于企业现状及技术限制，针对高风险人工智能系统及其提供者、部署者等利益相关者应遵循的合规义务，临时协议进行了恰当调整，加强相关规则的实践落地性。例如，就训练数据质量要求而言，2023 年《人工智能法案》折衷草案新增技术可行性的要求，降低了 2021 年《人工智能法案》提案就研发人工智能系统的企业所需承担的数据治理义务。其三，临时协议调整了欧盟人工智能监管体系，新增人工智能办公室，由人工智能办公室追踪通用人工智能模型的最新动态，并致力于《人工智能法案》在各成员国的协调适用。此外，临时协议还就中小型和初

---

① Council of the EU, Artificial Intelligence Act: Council and Parliament Strike A Deal on the First Rules for AI in the World: https://www.consilium.europa.eu/en/press/press-releases/2023/12/09/artificial-intelligence-act-council-and-parliament-strike-a-deal-on-the-first-worldwide-rules-for-ai/, 2024 年 1 月 19 日访问。

创企业因违反《人工智能法案》而遭受的罚金处罚设定了一定的上限。与《数据法》豁免微型企业和小型企业基于公权机构特殊需求而提供相关数据的协助义务类似，欧盟始终关注小微企业在各行各业的发展。

根据欧盟理事会的公开新闻报道，依据临时协议的约定，除特别规定外，《人工智能法案》将在生效的两年后适用，即《人工智能法案》有望于 2026 年正式施行。[①]这将有助于法案辐射范围内的人工智能企业事先统筹规划企业内部人工智能治理体系，稳健开展人工智能合规工作。但目前，《人工智能法案》文本的具体细节仍在商榷讨论当中；一旦文本最终确定，主席团则将提交 2023 年《人工智能法案》折衷草案至各成员国代表最终批准。未来，《人工智能法案》的正式颁布、施行及最佳实践有待后续追踪观察。

二、美国：规范人工智能的多项政策法令推进中

2023 年美国对于人工智能的监管呈现加强态势，其推进了多项立法政策等。但相较于欧盟的统一监管模式，美国仍采取灵活监管、分散监管的模式。

2023 年 5 月 23 日，美国白宫发布了《国家人工智能研发战略计划》（National Artificial Intelligence Research and Development Strategic Plan 2023 Update）[②]并公布了一系列围绕美国人工智能使用和发展的新举措。这份计划并非首次公布，而是在该计划 2016、2019 年版本的基础上修订后完成的更新版。作为一份国家战略计划，该文件不具有法律上的强制性效力，但为美国近年来人工智能研发和治理提供了持续的战略指导。该计划主要由一系列人工智能领域战略目标构成，具体而言，2023 年版本的计划重申了此前版本中的 8 项战略目标，对这些战略可能包含的具体事项进行了调整与完善；并增加了一项新的战略目标，以强调国际合作。

2023 年 10 月 30 日，美国总统拜登签署了一项与人工智能有关的行政命令：《关于安全、可靠和值得信赖的人工智能的行政命令》（Executive Order on Safe,

---

① Council of the EU, Artificial Intelligence Act: Council and Parliament Strike A Deal on the First Rules for AI in the World: https://www.consilium.europa.eu/en/press/press-releases/2023/12/09/artificial-intelligence-act-council-and-parliament-strike-a-deal-on-the-first-worldwide-rules-for-ai/, 2024 年 1 月 19 日访问。

② The White House, NATIONAL ARTIFICIAL INTELLIGENCE RESEARCH AND DEVELOPMENT STRATEGIC PLAN 2023 UPDATE (May 2023), https://www.whitehouse.gov/wp-content/uploads/2023/05/National-Artificial-Intelligence-Research-and-Development-Strategic-Plan-2023-Update.pdf, 2024 年 1 月 22 日访问。

Secure，and Trustworthy Artificial Intelligence）[①]，这也是美国总统所签署的第一个人工智能行政命令。该命令是在《人工智能权利法案蓝图》（以下简称《蓝图》）以及2023年美国政府与领先的人工智能和技术公司举行会议之后发布的，建立在美国政府与人工智能公司达成的非约束性协议的基础上。与《蓝图》相似，此次行政命令提出了一系列指导原则，以确保采用安全、可靠和统一的人工智能治理方法。具体而言，该命令强调了关于人工智能治理的八项原则，并在每一原则下相应提出了一系列政策要求与展望，尽管不直接监管私营企业，但要求商务部、能源和国土安全部等联邦机构与部门发布人工智能领域的标准和指南，利用其现有权利监管人工智能的开发和使用。

除了上述政府发布的政策文件外，美国的民间组织、行业组织也在积极探索人工智能治理的原则框架。2023年8月10日，美国非营利组织Accountable Tech，AI Now研究所和美国电子隐私信息中心（Electronic Privacy Information Center，EPIC）联合发布《零信任人工智能治理》（Zero Trust AI Governance）。[②]该政策建议提出"零信任人工智能治理"框架的三项首要原则：（1）时间就是生命，人工智能治理首先应从加大现有法律的执行力度开始，重点关注反歧视、消费者保护、反不当竞争相关法律；（2）制定大胆、易于管理的清晰明示规则，例如从根本上限制或禁止不符合人权保护的用途和数据使用情况；（3）在人工智能系统生命周期的每个阶段，公司都有义务证明其系统无害。该原则借鉴了医药领域新药上市过程中的证明责任规则。[③]

值得注意的是，2022年，美国国会审议了《算法问责法2022（草案）》（The Algorithmic Accountability Act of 2022），但与2019年版的该法案草案相同，均未被通过。2023年9月21日，《算法问责法2023（草案）》（The Algorithmic Accountability Act of 2023）再次提交美国国会众议院，本法要求公司评估其使用和销售的人工智能系统的影响，为此类系统的使用时间和方式创造透明度，并赋予消费者在与人工智能系统互动时作出知情选择的权利。具体而言要求公

① The White House, EXECUTIVE ORDER ON THE SAFE, SECURE, AND TRUSTWORTHY DEVELOPMENT AND USE OF ARTIFICIAL INTELLIGENCE (October 2023), https://www.nist.gov/artificial-intelligence/executive-order-safe-secure-and-trustworthy-artificial-intelligence, 2024年1月22日访问。

② 清华大学人工智能国际治理研究院：《【AIIG观察第201期】美国AI Now研究所：零信任人工智能治理框架的三项原则》，https://new.qq.com/rain/a/20230901A0AULW00, 2024年1月22日访问。

③ Accountable Tech, AI Now Institute, EPIC, Zero Trust AI Governance (August 2023)，https://ainowinstitute.org/publication/zero-trust-ai-governance, 2024年1月22日访问。

司评估自动化关键决策的影响，并要求联邦贸易委员会制定法规，为评估和报告提供结构化的指导方针，并建立信息库，以供消费者审查哪些关键决策已经由公司自动化进行。目前，该法案仍在审议当中。①

第三节　中国的数据治理不断深化

一、数据出境安全制度的探索及落地

2023年以来，随着数据出境系列制度不断落地，数据出境合规监管的实施细则陆续出台，并通过部分细则对规则落地指引进行了优化调整。但总体上，数据出境监管仍以数据出境安全评估、个人信息保护安全认证及个人信息出境标准合同备案为三大路径。

就安全评估而言，一方面，就实践角度而言，北京市、上海市等各省级、直辖市网信部门有序开展数据出境安全评估工作，并陆续出台了各地的数据出境安全评估申报指南。经公开渠道查询，截至2023年11月，已有数十家企业成功通过数据出境安全评估申报。另一方面，就数据出境规则调整而言，如前所述，2023年6月29日，香港特区政府创新科技及工业局局长孙东在北京代表特区政府与国家网信办签署《关于促进粤港澳大湾区数据跨境流动的合作备忘录》。②2023年9月28日，国家网信办发布了《规范和促进数据跨境流动规定（征求意见稿）》，其对于《数据出境安全评估办法》《个人信息出境标准合同办法》中的相关数据出境的合规义务进行了一定的调整。具体而言，《规范和促进数据跨境流动规定（征求意见稿）》确立了两大类豁免情形：第一类豁免适用于数据跨境传输的所有监管机制，包括依据处理活动、数据类型及数量进行的豁免，涉及的场景可能包括自由贸易试验区制定的负面清单以外的数据类型出境、预计一年内向境外提供不满1万人个人信息等情形；第二类豁免仅适用于数据出境安全评估这一特定义务，但相关主体可能仍需履行个人信息出境标准合同备案等其他出境义务。

① H.R.5628 - Algorithmic Accountability Act of 2023, https://www.congress.gov/bill/118th-congress/house-bill/5628/text, 2024年1月22日访问。

② 中央政府驻港联络办：《“香港创科　砥砺前行”主题论坛在港举行》，http://www.locpg.gov.cn/jsdt/2023-07/03/c_1212240267.htm，2024年1月23日访问。

就安全认证而言，2022 年 12 月 16 日，全国信息安全标准化技术委员会秘书处（以下简称“信安标委”）发布正式版《网络安全标准实践指南——个人信息跨境处理活动安全认证规范 V2.0》。2023 年 3 月 16 日，信安标委发布《信息安全技术 个人信息跨境传输认证要求（征求意见稿）》。该标准不仅适用于为认证机构对个人信息处理者的个人信息跨境处理活动开展认证提供依据、为个人信息处理者规范自身的个人信息跨境处理活动提供参考，也适用于主管部门、第三方评估机构等组织对个人信息处理者跨境提供个人信息进行监督、管理和评估。2023 年 12 月 25 日，由下一代互联网国家工程中心全面支撑的“基于‘澳门科技大学科研数据跨境流动管理系统’的科研工作和管理业务所涉及的个人信息处理活动”项目，正式通过中国网络安全审查技术与认证中心等权威机构的技术验证和现场管理审核，荣获全国首张“个人信息保护认证”证书（证书编号：CCRC－PIP－0001）。该项目同时还获得了澳门特别行政区政府个人资料保护办公室颁发的“个人资料跨境转移许可”，即意味着该项目所采取的技术和组织保障措施亦达到了澳门特别行政区《个人资料保护法》的要求，能够为个人资料向内地的跨境流通提供充分保护。①

而对于个人信息出境标准合同备案工作，2023 年国家已正式出台指导规则，各地方也正有序推进备案落地。2023 年 2 月 24 日，国家网信办公布《个人信息出境标准合同办法》以及附件《个人信息出境标准合同》，细化和明确了《个人信息保护法》第 38 条下通过订立标准合同进行个人信息跨境传输的合规路径，对标准合同的适用范围、订立条件和备案要求提供了具体指引。2023 年 5 月 30 日，国家互联网信息办公室发布《个人信息出境标准合同备案指南（第一版）》，对个人信息出境标准合同备案方式、备案流程、备案材料等具体要求作出了说明，并为申报材料提供了相应模板。与数据出境安全评估不同的是，个人信息出境标准合同备案流程可仅在省级网信部门完成，而无须中央网信办介入。此外，北京市、福建省、江苏省、河北省、浙江省等省市均已发布当地的个人信息出境标准合同备案指引，企业可根据当地发布的指引筹备个人信息出境标准合同备案工作。目前，北京德亿信数据有限公司、邦贝液压机械（杭州）有限公司等主体已完成个人信息出境标准合同备案。

---

① 中国工信新闻网：《全国首张“个人信息保护认证”证书正式发出》，https://www.cnii.com.cn/rmydb/202312/t20231225_532719.html，2024 年 1 月 23 日访问。

二、加强重点行业/领域的数据安全监管

针对数字经济领域的重点行业，互联网和车联网等领域的数据安全监管在2023年依然被置于首要位置。为了确保这些关键行业的数据安全和网络安全，一系列相关行业领域的数据规范正在紧锣密鼓地制定中。

互联网领域作为海量数据的汇集地，是数据监管的核心领域，在2023年见证了多部与数据治理密切相关的规范文件的出台或征求意见。尤为值得关注的是，互联网未成年人保护机制在2023年得到了实质性的更新与发展。具体而言，2023年10月16日，国务院正式颁布《未成年人网络保护条例》。如前所述，作为我国首部专门针对未成年人网络保护的综合立法，该条例从网络素养促进、网络信息内容规范、个人信息网络保护、网络沉迷防治等多个维度，全面构筑了保护未成年人在网络空间活动的坚固屏障。与此同时，《移动互联网未成年人模式建设指南（征求意见稿）》也亮相，将原先的“青少年模式”全面升级为“未成年人模式”，进一步提升了对未成年人的网络保护力度。在APP管理方面，工信部印发了《关于开展移动互联网应用程序备案工作的通知》，组织开展APP备案工作，未履行备案手续的将不得从事APP互联网信息服务，电信主管部门将组织对APP备案情况开展监督检查，对仍未履行备案手续的APP依法进行处置。这一举措旨在规范APP市场，保护用户权益。

在智能网联汽车领域，北京市率先开展了智能网联汽车高精度地图审核工作。北京市规划和自然资源委员会于2023年4月4日发布了《关于开展北京市智能网联汽车高精度地图审图工作的通知》，这一举措旨在确保智能网联汽车的高精度地图数据的准确性和安全性，为智能网联汽车的健康发展提供有力支撑。2023年5月5日，《汽车整车信息安全技术要求》《智能网联汽车 自动驾驶数据记录系统》等四项强制性国家标准制修订并公开征求意见，其中《汽车整车信息安全技术要求》规定了汽车信息安全管理体系要求、车辆信息安全一般要求、车辆信息安全技术要求、审核评估及测试验证方法。《智能网联汽车 自动驾驶数据记录系统》规定了智能网联汽车自动驾驶数据记录系统的技术要求和试验方法。上述规范均有助于落实智能网联汽车的汽车数据合规标准。

备受关注的生成式人工智能领域也迎来了重要的法规落地。2023年8月15日，《生成式人工智能服务管理暂行办法》正式施行，标志着我国在生成式人工

智能服务管理方面迈出了坚实步伐。在前述生成式人工智能新规以及监管部门实践要求的双重规制下，提供生成式人工智能服务的互联网企业需同时履行线上的算法备案义务以及线下的大模型备案工作，从而确保拟上线的生成式人工智能服务及其算法的安全性与可控性。自《生成式人工智能服务管理暂行办法》出台后，《网络安全标准实践指南——生成式人工智能服务内容标识方法》《生成式人工智能服务安全基本要求（征求意见稿）》等配套文件也相继出台，从而配合《生成式人工智能服务管理暂行办法》的落地实践。

此外，在网络安全领域，《网络安全法》规定的“网络关键设备和网络安全专用产品应当按照相关国家标准的强制性要求……方可销售或者提供”所涉及的网络安全专用产品目录得到了实质性的发展。具体而言，网信办等五部门发布《关于调整网络安全专用产品安全管理有关事项的公告》，该公告旨在加强网络安全专用产品的安全管理，推动安全认证和安全检测结果互认，避免重复认证、检测。该公告与《网络安全法》第 23 条衔接，建立了标准统一的网络关键设备和网络安全专用产品检测认证制度。

三、赴境外/国外上市网络安全及数据合规治理常态化

网络安全审查是网络安全领域的重要法律制度。随着 2022 年新修订的《网络安全审查办法》正式实施，2022 年以来已有多起针对平台运营者的网络安全审查案件被曝光。就赴国外上市企业而言，《网络安全审查办法》的一大重要内容是新增了运营者赴国外上市前的网络安全审查要求，即“掌握超过 100 万用户个人信息的网络平台运营者赴国外上市，必须向网络安全审查办公室申报网络安全审查”。自《网络安全审查办法》修订以来，已有数家拟赴国外上市企业向国家网络安全审查办公室进行了申报。但值得注意的是，赴港上市暂未列入该办法所述的主动申报网络安全审查的范畴（但不排除赴港上市企业因其采购网络产品和服务、开展数据处理活动影响或可能影响国家安全而被网络安全审查办公室启动相关安全审查）。

此外，除企业主动申报外，在当前我国高度重视网络安全的大背景之下，网络安全审查办公室也陆续依据其职权，相继对某知识服务平台和某芯片企业主动发起网络安全审查，并作出网络安全审查相关行政处罚。其中，对某芯片企业的审查，是主管部门首次针对关键基础设施供应链安全问题发出的审查，

且明确作出“不予通过”的认定，对未来中国网络安全与数据安全的合规与执法产生较为深远的影响。

2023 年，在前述关注企业国外上市过程中网络安全与数据安全问题的基础上，我国继续加强境外发行上市中的涉外数据安全审查因素。具体而言，2023 年 3 月 31 日，中国证券监督管理委员会颁布的《境内企业境外发行证券和上市管理试行办法》（以下或称《境外发行上市新规》）及配套规则正式生效，其中明确了赴境外上市企业应当向证监会申请备案的要求。其一，境外发行上市新规明确规定，境内企业境外发行上市涉及向境外提供个人信息和重要数据的，应当符合法律、行政法规和国家的有关规定。其二，境外发行上市新规也重申了上市活动应当严格遵循网络安全、数据安全等国家安全法律、行政法规和有关规定；如涉安全审查，企业应当在向境外证券监督管理机构、交易场所等提交发行上市申请前依法履行相关安全审查程序。这一规定明确指出，就符合要求的企业，完成网络安全审查是其赴国外上市的前置程序。

四、促进数据要素流通

数据是数字经济的关键生产要素。推动数据要素流通对于沟通各数据中心、破除“数据隔离”、建设数字中国具有重要意义。

2023 年以来，国家大力探索和制定与数据相关的制度，积极推动公共数据资源开发利用，加快数据要素市场化配置改革，统筹优化数据交易，开展数据要素试点示范，探索数据要素化、资源化和资产化路径，由中共中央、国务院发布的《关于构建数据基础制度 更好发挥数据要素作用的意见》确立的“数据二十条”正在逐步由顶层设计变成具体的行动。例如，2023 年 8 月 22 日，财政部发布《企业数据资源相关会计处理暂行规定》，明确了数据资源可入表管理，并进一步说明了数据资源入表的适用范围、会计处理使用准则以及列示和披露要求等内容，响应了“数据二十条”所述探索数据资产入表新模式的倡议。3 月，党中央决定组建国家数据局，10 月 25 日，国家数据局正式揭牌。国家数据局负责协调推进数据基础制度建设，统筹数据资源整合共享和开发利用，统筹推进数字中国、数字经济、数字社会规划和建设等。数据作为第五大生产要素，建立健全数据要素市场体制机制有助于加快数据要素流通，使数据在不同主体间迸发新鲜活力。而数据资源入表管理则是对数据要素基础制度的完善，亦从制度层面标志着数据要素从资源化到资产化阶段的演变。

此外，我国还部署了“东数西算”工程，[①]构建全国一体化大数据中心体系。2022 年 2 月，随着 8 大国家算力枢纽节点和 10 个国家数据中心集群的构建完成，“东数西算”工程正式全面启动。2023 年，“东数西算”工程已经从系统布局阶段进入到全面建设阶段。相关数据显示，在已经开工的 8 个国家算力枢纽中，2023 年新开工的数据中心项目近 70 个。[②]其中，西部新增数据中心的建设规模超过 60 万机架，我国算力集聚效应初步显现。“东数西算”工程的实施有利于促进数据要素流通应用，促进解决东西部算力供需失衡问题，促进算力、数据流通，更好为数字化发展赋能。

五、个人信息保护合规审计

2023 年 8 月 3 日，国家网信办公布《个人信息保护合规审计管理办法（征求意见稿）》，并公开征求意见。此举通过明确个人信息保护合规审计的具体要求、形式等内容，以期完善我国个人信息保护监管及企业内部合规体系。

一方面，该办法以《个人信息保护法》为上位法依据，进一步细化了《个人信息保护法》第 54 条和第 64 条规定的定期合规审计和监管审计的具体时间期限、审计流程和形式要求等，还以附件《个人信息保护合规审计参考要点》的形式为相关企业开展个人信息保护合规审计提供具体参考。

另一方面，个人信息保护合规审计作为核验个人信息处理者处理个人信息的行为是否遵循法律、行政法规的手段，其遵循了一般审计的客观性、中立性原则。此外，对于提供合规审计服务的专业机构，该办法进一步规定，如专业机构存在出具虚假、失实报告等违规行为，如属实，还会被永久禁止列入个人信息保护合规审计专业机构推荐目录。这一类似于“负面清单”的处罚措施，不仅有助于督促专业机构秉持诚信正直，公正客观地开展工作，还有助于国家网信部门等有关部门构建高质量水准的个人信息保护合规审计专业机构推荐目录，提高整体性的合规审计质量，从而提高我国的个人信息保护水平，打造个人信息主体可信任的个人信息处理生态环境。

---

① 中国发改委：《“东数西算”工程系列解读之一丨“东数西算”工程 助力我国全面推进算力基础设施化》，https://www.ndrc.gov.cn/xxgk/jd/jd/202203/t20220317_1319467.html，2022 年 12 月 18 日访问。

②《瞭望》新闻周刊：《“东数西算”堵点透视》，https://lw.news.cn/2024-01/15/c_1310760146.htm，2023 年 1 月 23 日访问。

第四节 热点聚焦

一、数据出境监管兼顾经济发展的动态平衡

自 2022 年以来陆续出台的《数据出境安全评估办法》《数据出境安全评估申报指南（第一版）》《个人信息出境标准合同规定》《网络安全标准实践指南——个人信息跨境处理活动安全认证规范》等，为我国数据出境制度构建了一个基本的框架。在此基础上，2023 年，中国延续了既有国家数据出境监管细则的动态探索机制，但同时也根据经济发展及行业实践情况，对各项制度的实际落地进行了微调，以求达到数据出境安全与社会经济发展的平衡。

（一）以安全促发展：有望实现数据跨境流动精细化管理

自 2022 年以来，我国数据出境安全监管体系对数据出境安全评估、个人信息保护安全认证以及个人信息出境标准合同备案三大路径进行了进一步细化。但在整体落地的过程中，企业面临的总体合规义务较为繁重，耗费了较多的时间及人力成本，并由此向网信部门反映了诸多落实合规义务过程中的难题。为了进一步回应企业关切，高效推动企业数据出境义务的履行，网信部门等监管部门不断探索数据跨境流动监管体系的细化措施。2023 年 7 月，国务院发布了《关于进一步优化外商投资环境 加大吸引外商投资力度的意见》，要求政府“探索便利化的数据跨境流动安全管理机制”“为符合条件的外商投资企业建立绿色通道，高效开展重要数据和个人信息出境安全评估，促进数据安全有序自由流动”。同时，还鼓励北京、天津、上海等地区试点创建“可自由流动的一般数据清单”。[①]

2023 年 9 月 28 日，国家互联网信息办公室发布《规范和促进数据跨境流动规定（征求意见稿）》（以下简称《数据跨境新规征求意见稿》），通过该征求意见稿，我国数据出境监管体系进一步迈向更加成熟和精细的方向。整体而言，《数据跨境新规征求意见稿》对现有数据出境监管机制提出了两大类豁免情形：第一类豁免适用于数据出境传输的所有监管机制，而第二类豁免仅适用于数据出境安全评估义务。

---

① 国务院：《国务院关于进一步优化外商投资环境加大吸引外商投资力度的意见》，https://www.gov.cn/zhengce/content/202308/content_6898048.htm，2024 年 1 月 25 日访问。

就豁免数据出境监管机制的情形而言，《数据跨境新规征求意见稿》从数据处理活动、数据类型以及数据数量三个维度分别提出了不再适用个人信息出境标准合同备案、个人信息保护认证以及数据出境安全评估的具体情形。

1. 依数据处理活动豁免，具体包含以下几方面

（1）为订立、履行个人作为一方当事人的合同所必需，如跨境购物、跨境汇款、机票酒店预订、签证办理等，必须向境外提供个人信息的；

（2）按照依法制定的劳动规章制度和依法签订的集体合同实施人力资源管理，必须向境外提供内部员工个人信息的；

（3）紧急情况下为保护自然人的生命健康和财产安全等，必须向境外提供个人信息的。

2. 依数据类型豁免，具体包含以下几方面

自由贸易试验区可自行制定本自贸区需要纳入数据出境安全评估、个人信息出境标准合同、个人信息保护认证管理范围的数据清单（以下简称负面清单），报经省级网络安全和信息化委员会批准后，报国家网信部门备案。负面清单外数据出境，可以不申报数据出境安全评估、订立个人信息出境标准合同、通过个人信息保护认证。

3. 依数据数量豁免，具体包含以下几方面

预计一年内向境外提供不满 1 万人个人信息的，不需要申报数据出境安全评估、订立个人信息出境标准合同、通过个人信息保护认证。但是，基于个人同意向境外提供个人信息的，应当取得个人信息主体同意。

就不适用数据出境安全评估机制的情形而言，《数据跨境新规征求意见稿》主要对出境的个人信息数量进行了修订：

根据现行规定，需要开展数据出境安全评估对应的出境个人信息数量为 10 万人一般个人信息、1 万人敏感个人信息，而《数据跨境新规征求意见稿》对上述出境个人信息规模进一步作出调整，即“预计一年内向境外提供 1 万人以上、不满 100 万人个人信息，与境外接收方订立个人信息出境标准合同并向省级网信部门备案或者通过个人信息保护认证的，可以不申报数据出境安全评估；向境外提供 100 万人以上个人信息的，应当申报数据出境安全评估”。

前述变化回应了实践中不少企业的疑问，因为相较于订立个人信息出境标准合同并备案与个人信息保护认证机制而言，数据出境安全评估申报工作可能为企业带来的合规成本更加繁冗，而随着近期外资营商环境的欣欣向荣，跨国

企业重视中国市场，国际贸易量日趋增加，简化特定场景下个人信息出境义务履行程度有助于中国企业快速发展国际市场份额。此外，对于出境的个人信息数量的时间节点，征求意见稿目前仍仅规定为“一年内”，但如何计算一年内这一时间节点，仍有待网信部门通过正式通过稿或答记者问等形式予以澄清。

需要注意的是，现行规定与《数据跨境新规征求意见稿》中关于数据出境安全评估要求的豁免，仅涉及个人信息的出境场景，而不涉及重要数据出境场景。由于重要数据一旦遭到篡改、破坏、泄露或者非法获取、非法利用，可能危害国家安全、公共利益。因此，如数据处理者掌握重要数据，符合数据出境安全申报条件，仍需要遵照《数据出境安全评估办法》等相关规定履行申报义务。

此外，虽然《数据跨境新规征求意见稿》标志着网信部门拟对特定数据跨境活动面向监管部门应履行的合规义务进行了流程上的豁免，但这并不等同于对企业整体数据出境合规义务的豁免。一方面，特定情形下无须申报数据出境安全评估、订立个人信息出境标准合同或通过个人信息保护认证，不代表相关个人信息处理者无须履行《个人信息保护法》就个人信息跨境传输设置的其他合规义务。另一方面，特定情形下无须申报数据出境安全评估，不代表相关个人信息处理者无须履行任何数据出境监管流程。数据跨境新规征求意见稿仅是基于对特定场景（或以涉及的个人信息主体数量为维度，或以个人信息出境的合法性基础为维度等）数据出境现实风险的掌握以及社会经济的现阶段发展对数据出境监管机制的具体适用情形进行了动态调整，待其正式稿出台后，我国数据出境安全监管体系有望能够根据社会经济发展的客观情况进一步实现精细化管理。

（二）以创新促发展：探索粤港澳大湾区数据流动新机制

如前文所述，2023 年 6 月，国家网信办与香港特区政府创新科技及工业局签署《关于促进粤港澳大湾区数据跨境流动的合作备忘录》；2023 年 12 月 13 日，国家网信办、香港创新科技及工业局发布公告，公布了《粤港澳大湾区（内地、香港）个人信息跨境流动标准合同实施指引》（以下简称《实施指引》），自发布之日起生效。至此，《合作备忘录》关于粤港澳大湾区（内地、香港）的数据跨境流动创新制度将正式逐步落地。

根据香港特别行政区政府资讯科技总监办公室官网[①]，《合作备忘录》属于

① 中华人民共和国香港特别行政区政府：《促进粤港澳大湾区数据跨境流动》，https://www.ogcio.gov.hk/sc/our_work/business/cross-boundary_data_flow/index.html，2024 年 1 月 25 日访问。

政策性突破，具备标志性的意义。具体而言，在国家数据跨境安全管理的整体制度下，推动内地数据在大湾区内安全有序流通，有助于大湾区内相关企业极大程度降低自身的跨境数据流动合规成本，促进区内相关跨境服务的提供，便民利商。

作为一项数据跨境传输方面的特殊制度安排，从效力上来看，《实施指引》仍然属于自愿性质，应当归属于企业经营自主权保留的范围。《实施指引》第2条第1款中规定，粤港澳大湾区内的个人信息处理者及接收方可以按照本实施指引要求，通过订立标准合同的方式进行粤港澳大湾区内内地和香港之间的个人信息跨境流动，但并不影响内地《个人信息保护法》和香港特别行政区《个人资料（私隐）条例》的效力和执行。此外，粤港澳大湾区内的个人信息处理者仍然可以继续选择已有的数据出境安全制度框架的三大合规路径。

首先，从《实施指引》的适用主体来看，根据《实施指引》第2条第2款的规定，个人信息处理者及接收方应注册于（适用于组织）/位于（适用于个人）粤港澳大湾区内地部分，即广东省广州市、深圳市、珠海市、佛山市、惠州市、东莞市、中山市、江门市、肇庆市，或者香港特别行政区。

其次，从《实施指引》的适用范围和情形来看，相比于《个人信息出境标准合同办法》，此次指引中并未明确就跨境数据的数量和时间区间予以特殊限制。同时参考香港政府资讯科技总监办公室公布的《粤港澳大湾区数据跨境流动便利措施简介会简报》内容①中，将“豁免个人信息流动数量上的限制”单独作为简化合规安排方面的第一项，也可以体现个人信息出境数量已不是《实施指引》所限制适用的情形。

当然，为了规避优惠政策滥用造成的风险，《实施指引》和相关说明均强调，依照《实施指引》通过订立标准合同跨境提供个人信息的，不得向大湾区以外的组织、个人提供，也即禁止出境后再向大湾区以外地区转移的情形。此外，本次《实施指引》仍然对齐《标准合同办法》，仅适用于在粤港澳大湾区内地和香港两地之间就个人信息跨境传输的情形，不包括“重要数据”的跨境提供活动。

再次，通过《实施指引》订立标准合同的个人信息跨境路径，应符合事前评估、事中合同签署和事后备案要求。具体而言，第一，在签订标准合同之前，

① 粤港澳大湾区数据跨境流动便利措施简介会：https://www.ogcio.gov.hk/sc/our_work/business/cross-boundary_data_flow/doc/20231213_CBDF_Brief_materials.pdf，2024年1月25日访问。

开展个人信息保护影响评估。相比于《个人信息出境标准合同办法》关于个人信息保护影响评估的要求，《实施指引》中对评估要点进行了简化，将原本在个人信息保护影响评估中要求的："（1）出境个人信息的规模、范围、种类、敏感程度；（2）个人信息出境后遭到篡改、破坏、泄露、丢失、非法利用等的风险；（3）当地个人信息保护政策和法规对合同履行的影响"等内容进行了省略。第二，签订标准合同。粤港澳大湾区个人信息处理者与接收方应当严格按照《实施指引》的附件订立标准合同，合同生效后才可以开展个人信息跨境提供（活动）。第三，标准合同生效后履行备案手续。个人信息处理者及接收方应在标准合同生效之日起 10 个工作日内按照属地向广东省互联网信息办公室或者香港特别行政区政府资讯科技总监办公室进行标准合同备案。相比之下，《个人信息出境标准合同办法》只规定了个人信息处理者的备案义务，但《实施指引》规定"接收方"也应当履行备案义务。

最后，《实施指引》中标准合同内容与《个人信息出境标准合同办法》的标准合同，两者条款中所包含的基本合同要素是一致的。而在切实减轻合同磋商负担、缓解尤其是香港合同方作为境外接收方时的合规压力方面，依据《实施指引》签订的标准合同作出了更进一步的调整。例如，接收方无需履行原有标准合同中个人信息境外接收方应当允许个人信息处理者对必要的数据文件和文档进行查阅，以及应当"按照相关法律法规要求直接或者通过个人信息处理者向监管机构提供相关记录文件"等义务，在保证香港个人资料私隐专员公署在香港依照《个人资料（私隐）条例》正常开展个人资料保护和监督管理的同时，也有效降低了香港企业在商业合作上针对所接收来自粤港澳大湾区内地个人信息时的合规顾虑。

此外，《实施指引》对备案需要提供的材料要求也做出微调，相较于《个人信息出境标准合同办法》，不需要提交"个人信息保护影响评估报告"，从而进一步为企业减少一定的合规成本。

《实施指引》的发布，对于个人信息跨境而言，是数据跨境流动创新的一次重大创新，且在发布即实施的政策向导下具有利好的现实意义。对于符合《实施指引》适用条件和范围的个人信息处理者及接收方，尤其是粤港澳大湾区的内地及香港两地企业而言，可以根据《实施指引》调整数据跨境合规策略，根据官方释明或指导申请合同备案或者报名先行先试，必要时积极寻求主管部门或者专业第三方机构的支持，以优化企业个人信息处理过程中基于业务需要跨境提供个人信息的合规运营模式及效率。

二、数据监管由中央向地方深入

数据已经成为当今时代的新型生产要素，如何确保数据的安全、合规与高效利用，成为各国政府面临的共同挑战。在这一背景下，我国从国家层面出发，通过制定《网络安全法》《数据安全法》和《个人信息保护法》等一系列法律法规，构建了数据监管的基本制度框架，形成了相对完善的顶层设计，明确了数据安全的基本要求，也为数据交易、数据出境等重要领域设定了较为明确的基础规范和标准。与此同时，地方立法机关和地方政府也积极响应，根据本地实际情况和发展需求，制定了一系列地方性法规和规章。这些法规和规章在数据安全、数据交易、数据出境、政务数据管理等领域进行了有益的立法探索。一方面，地方立法能够结合本地经济发展特征，制定更加符合实际的数据监管措施，不仅有利于规范和促进数据治理，还能更好地回应各地不同的经济发展需求和社会治理需求。另一方面，地方立法还能为中央层面的数据监管提供有益的补充和完善。通过地方立法的实践探索，可以为国家层面的数据监管积累宝贵的经验，推动数据监管制度的不断完善和发展，最终形成数据监管方面由中央监管向地方监管过渡的趋势。

例如，在数据出境方面，2023 年 2 月 22 日公布的《个人信息出境标准合同办法》规定，个人信息出境标准合同备案监管由省级网信办负责，北京市、浙江省等省市已发布当地个人信息出境标准合同备案指引，为企业开展个人信息出境标准合同备案工作提供有序指引。数据跨境新规征求意见稿则赋予了省级网信部门更多授权，即适用个人信息出境标准合同备案的情形增加，而适用数据出境安全评估的情形缩减，最终效果是由省级网信部门负责的个人信息标准合同备案的比例提升。此外，关于自贸区负面清单的批准和监管责任也划归至省级监管部门，国家网信部门仅就自贸区负面清单进行备案。前述变化的原因在于，随着申报主体数量和出境场景的不断增加，仅依靠中央监管难以满足实际需求。依据自身职权，省级网信部门加入数据出境监管路径有助于形成更加灵活和高效的监管体系，即中央层面在数据出境监管中发挥着统筹和指导作用，负责制定总体的监管框架和政策方向，而地方监管则根据中央的指导和本地实际情况，制定更加具体和细致的数据出境监管措施，从而更好地适应数据出境的复杂性和多样性，提高监管的针对性和有效性。

在数字经济迅速发展的背景下，地方监管在数据要素发展领域的作用愈发凸显，成为确保数据资源有效利用、促进数字经济健康发展的关键抓手。例如，2023 年以来，地方版“数据二十条”先后出台，各地因地制宜探索数据基础制度和监管模式，形成一批先行先试的数据制度、政策和标准。其中，北京市发布《关于更好发挥数据要素作用进一步加快发展数字经济的实施意见》，从数据产权、流通交易、收益分配、安全治理等方面提出了 23 条数据基础制度的总体要求。[①]上海市发布《立足数字经济新赛道推动数据要素产业创新发展行动方案（2023—2025 年）》，在加强数据产品新供给、激发场景应用新需求、发展数商新业态等方面构建上海市数据要素产业发展蓝图。

加强数据要素领域的地方监管是推动经济实现高质量发展的重要抓手，需要从多方面入手，加强地方与中央监管体系的上下衔接，推动和完善地方数据管理机制建设，形成全国数据领域“一盘棋、一张网”的上下联动布局，从而更好地服务于地方数字经济发展，发挥数据要素乘数效应迭代的价值优势，为经济高质量发展注入新的活力。

总体而言，我国数据监管领域已经形成了国家层面和地方层面相结合的法律法规体系，呈现出从中央监管向地方监管过渡的监管趋势。这种趋势不仅有利于规范和促进数据治理，还能更好地回应各地不同的发展需求和社会治理需求，推动数据资源的安全、合规与高效利用。但各地大数据机构设置和职能范围不一，需要中央加强统筹协调，引领地方数据监管体制逐步完善成熟。

三、数据安全领域监管体系进一步细化

在数据领域，我国已经逐步形成了从中央到地方全方位、多层次的数据法律监管体系，涵盖数据安全、个人信息保护、数据交易等多个领域。从数据安全领域的监管政策出台来看，我国的数据安全监管正在逐步走向细化和深化。在《网络安全法》和《数据安全法》等上位法的基础上，相关部门进一步明确了行政处罚措施的具体裁量情形和适用规则。这些细化措施不仅增强了法律的可操作性和针对性，还有助于提高监管水平和效率。

为了规范网信部门的行政执法程序，《网信部门行政执法程序规定》于 2023 年 6 月 1 日正式实施。这一规定为网信部门开展数据安全执法活动提供了明确

---

① 北京市人民政府：《关于更好发挥数据要素作用进一步加快发展数字经济的实施意见》，https://www.beijing.gov.cn/zhengce/zhengcefagui/202307/t20230719_3165748.html，2024 年 1 月 26 日访问。

的法规依据，确保了执法活动的合法性和规范性。同时，它也强化了数据主体的权益保护，为数据安全和个人信息保护筑起了一道坚实的法律屏障。在工信部层面，《工业和信息化行政处罚程序规定》经过审议并于 2023 年 4 月公布，自 9 月 1 日起正式施行。对于涉及数据安全的行政处罚事项，该规定强调了统一监管尺度的重要性，以确保行政处罚决定的公正性和合理性。

作为行业主管部门，工信部在法律授权范围内不断完善行政管理职权，通过制定《工业和信息化部行政执法事项清单（2022 年版）》和《工业和信息化领域数据安全行政处罚裁量指引（试行）（征求意见稿）》（以下简称《裁量指引》），对涉及数据安全的行政处罚事项进行了更为详细和具体的裁量基准规定。2023 年工信部发布的《裁量指引》，共计 5 章 26 个条款，包含总则、裁量管辖、处罚情形、裁量规则、附则和具体的裁量基准附件，就 14 项涉及数据安全的行政处罚事项进一步细化了裁量基准。《裁量指引》旨在指导行业数据安全监管部门在行使行政处罚权时保持统一的裁量尺度，推动数据安全行政处罚工作的制度化和规范化，传达出了官方“以裁量基准释明法律责任”的积极信号。通过公开征求意见，《裁量指引》有望为数据安全领域的执法活动提供更加明确和具体的指导，这对于提升工信领域市场主体的数据安全监管风险的可预期性和稳定性有着切实意义。

2023 年 10 月 9 日，工业和信息化部网络安全管理局研究起草了《工业和信息化领域数据安全风险评估实施细则（试行）（征求意见稿）》，该实施细则确定了部省两级数据安全风险评估工作体系，细化了重要数据和核心数据处理者的评估义务，明确了行业主管部门监督管理评估活动的机制流程。具体而言，明确了评估的范围、管理职责、风险评估原则、评估对象和内容，并对评估机制提出了具体要求，包括评估的期限、方式和报告的提交等。此外，细则还对评估报告的审核、评估机构的认定和监管等做了规定。

数据安全领域监管规则的细化和明晰化对于企业而言具有重要意义。它有助于企业更准确地识别和厘清自身面临的数据安全风险，更好地开展内部风险排查和整改工作，采取有效的防范措施来避免数据泄露、滥用等安全问题，防止数据“阿喀琉斯之踵”隐患，提高企业开展数据安全合规的实际效益。

展望未来，网络安全与数据合规领域的执法活动将呈现出场景化、精细化、常态化的趋势。从 2023 年度网络安全与数据合规领域的处罚案例来看，监管机构的处罚措施主要以警告、通报批评、责令改正为主。然而，随着执法频次的增加、执法层级的下沉以及执法精细化的趋势，我们预测，未来网络安全与数据合规领域的执法活动将更加严格和细致。这意味着监管机构将根据不同行业和场景的特点制定更具针对性的监管措施，同时加强对企业合规情况的监督检查和评估。因此，企业需要密切关注监管政策的变化和趋势，及时调整和完善自身的合规管理体系以应对日益严峻的监管环境。

第五节　展望与建议

2023 年 12 月 11 日至 12 日，中央经济工作会议在北京召开。其中，习近平总书记表示在统筹发展和安全的基础上，提出必须坚持“高质量发展和高水平安全良性互动，以高质量发展促进高水平安全，以高水平安全保障高质量发展”。数字经济发展是数字时代经济发展的重要组成，发展与安全的平衡永远是动态的和场景化的，有必要制定灵活的动态监管调整机制，依据最新经济和社会发展形势，在保持顶层监管机制基本不变的情况下对具体抓手、适用条件等内容进行因时制宜地更新。

一、发展基于最新实践的网络空间和数据治理的动态监管机制

如前所述，数据跨境流动不仅是中国在维护数据安全方面的重要议题，也是数字经济全球化的关键环节。自《数据安全法》起，我国即确立了“数据安全、自由流动”原则。在此基础上，2022 年至 2023 年上半年，国家网信办陆续制定、出台《数据出境安全评估办法》《个人信息出境标准合同办法》，就重要数据及符合一定阈值的个人信息出境活动设置了前提条件，或需完成数据出境安全评估申报，或需履行个人信息出境标准合同备案。根据各地网信部门公开披露的信息，已有汽车、消费品、医疗、跨境电商等多领域企业向中央网信办完成了数据出境安全评估。随着经济的发展、对个人信息保护的认识、全球个人信息保护规则的建立健全以及促进数据跨境有序流动以发展数字经济的美好愿景，在明确安全评估、个人信息出境标准合同备案以及个人信息保护认证三大数据出境机制的顶层设计基础上，伴随数据出境监管实践的深入，国家网信部门也逐渐对数据出境监管体系的具体规则进行动态调整，以平衡数据跨境流动与国家安全、公共利益和个人信息权益之间的关系。无论是前文已详细介绍的《规范和促进数据跨境流动规定（征求意见稿）》需完全申报或完成个人信

息标准合同备案的豁免情形，还是国务院印发的关于《全面对接国际高标准经贸规则推进中国（上海）自由贸易试验区高水平制度型开放总体方案》提出的率先实施高标准数字贸易规则的计划，均能体现我国的数据出境监管规则并非一成不变的，而是基于实践现状动态调整。

风险社会，风险无处不在，且可能随时发生变化。除了数据跨境规则的动态调整，基于网络世界和数据治理的不确定性，中国监管体系的动态调整此后还将体现在网络空间和数据治理的各行各业，且这种动态调整既可能使得相关义务履行主体所需承担的义务程度降低，也可能使得相关主体承担更重的负担。例如，为了深刻打击治理电信网络诈骗犯罪工作，促进互联网行业规范健康发展，工业和信息化部于 2023 年 7 月 21 日发布《关于开展移动互联网应用程序备案工作的通知》，组织开展 APP 的备案工作，未履行备案手续的，不得从事 APP 互联网信息服务。

二、加强中央与地方、不同主管部门之间在立法和实际执法过程中的协同合作

网信部门作为我国《网络安全法》《数据安全法》《个人信息保护法》所规定的权力机构，有权依据相关法律、行政法规等的规定就被监管对象的违法违规行为采取警告、罚款等处罚。基于此，有必要加强包含网信部门在内的中央和地方各部门在立法与实际执法过程中的协作，确保《个人信息保护法》《生成式人工智能服务管理暂行办法》等网络安全、数据合规以及人工智能等相关法律法规的有效、协调遵循。

具体而言，一方面，国家网信办作为立法机构，将就“三驾马车”中的基本规则制定更为详细、具体的实施规则，例如国家网信办针对《个人信息保护法》确立的合规审计要求制定了《个人信息保护合规审计管理办法（征求意见稿）》，就人脸识别信息的收集处理制定了《人脸识别技术应用安全管理规定（试行）》。另一方面，国家网信办和地方网信办作为独立的主管和执法部门，将就相关规范所确立的面向网信部门的申报、备案等监管报备工作进行答复，并对实践中存在合规差距的数据处理者等义务主体进行处罚。例如，在数据出境安全评估申报当中，申报材料首先由个人信息处理者所在地地方网信办接收，经地方网信办初步预审，相关材料提交至国家网信办，由国家网信办对申报的数据出境安全评估作出最终结论。此外，由于各行业领域的业务活动均可能涉及

个人信息处理如金融业务领域，相关行业主管部门也有必要加强与网信部门的协调共治。

而为了确保《数据安全法》《个人信息保护法》等相关法律法规在实践中能够有效遵循，地方各地网信部门、网信部门与其他不同行业主管部门之间可通过发布典型案例、跨部门交流会或座谈会等形式，充分沟通各级各部门就数据处理及个人信息保护所引发的实践难题，厘清相同或类似合规风险对应的解决方案，并在必要时开展跨部门协同执法工作。此外，网信部门与各行业主管部门的充分沟通还有助于网信部门在立法时结合各领域的差异化现状及特殊需求，为各行业开展数据治理和个人信息保护工作预留相对充分的空间。

三、人工智能产业立法取得实质性进展

作为新一轮科技革命和产业变革的关键通用性技术，人工智能对经济发展、国家安全和战略竞争有着重要意义。虽然世界各国就人工智能技术的态度不一，但为了应对以 ChatGPT 为代表的生成式人工智能在世界范围广泛流行而引发的数据利用、个人信息保护以及知识产权保护等相关问题，中欧美等国家均积极制定规制人工智能技术应用的政策纲领、法案规则等。

纵观世界各地，如前所述，历经三天的“马拉松”会议，欧盟于 2023 年 12 月就《人工智能法案》达成临时协议，并在技术工作完成后向成员国代表提交相关文本以供批准。美国则在总统层面发布了第一个正式人工智能命令即《关于安全、可靠和值得信赖的人工智能的行政命令》（Executive Order on Safe, Secure, and Trustworthy Artificial Intelligence）。2023 年 3 月，英国发布《促进创新的人工智能监管方法》（A Pro-Innovation Approach to AI Regulation），提出其基于五项原则的人工智能监管方法。此外，2023 年 11 月 1 日至 2 日，包括中国在内的 28 个国家和欧盟参加了在英国布莱切利召开的首届全球人工智能安全峰会，并达成了世界首个人工智能协议：《布莱切利宣言》。我们理解，世界各国加强了彼此间就人工智能治理的协同交流，有助于构建最低限度人工智能治理的共同标准。

回到中国，在 ChatGPT 等域外大模型兴起的同时，中国人工智能产业也在蓬勃发展，百度、阿里等互联网企业积极研发大模型，并以大模型为基础，优化算法，为用户提供诸如文本生成、图片生成等生成式人工智能服务。而为了快速应对企业提供生成式人工智能服务过程中可能造成的个人权益及社会公共

利益的负面影响（诸如未经用户授权而使用用户个人信息开展算法训练、利用生成式人工智能算法炮制虚假新闻而干扰社会正常秩序），中国以“小切口法”为切入点，在尚未就全行业人工智能的应用场景、实践风险等开展充分、全面的调研前，结合社会重点关注的生成式人工智能应用的具体场景和目的，以算法备案、安全评估等现有监管机制为抓手，适时制定某一特定人工智能应用的单独规范即《生成式人工智能服务管理暂行办法》，体现出我国在“敏捷治理”过程中的努力，有助于我国监管部门迅速回应算法及人工智能在特定领域引发的社会问题。在《生成式人工智能服务管理暂行办法》就现阶段面向中国境内公众提供生成文本、音频等服务的生成式人工智能服务及其提供者进行规制的基础上，一方面，中国加快构建作为顶层设计的综合性人工智能立法的节奏，明确将人工智能法草案《国务院 2023 年度立法工作计划》列入预备提请全国人大常委会审议的立法范畴。另一方面，国家市场监督管理总局等监管部门或标准制定机构还陆续制定《人工智能 面向机器学习的数据标注规程（GB/T 42755—2023）》等国家标准、《网络安全标准实践指南——生成式人工智能服务内容标识方法》等技术标准，为相关企业履行《生成式人工智能服务管理暂行办法》、构建内部合规体系提出更为明确的指引。此外，如前所述，中国也正积极参与全球人工智能治理工作，提出《全球人工智能治理倡议》等中国方案，输出中国智慧。

第三章　国际化营商环境

第一节　大　事　记

一、十三部委联合发文部署优化招标投标领域营商环境工作

2023 年 2 月 7 日，发展和改革委员会发布《国家发展改革委等部门关于完善招标投标交易担保制度进一步降低招标投标交易成本的通知》（发改法规〔2023〕27 号），对 13 个部委联合发文部署优化招标投标领域营商环境工作进行全面介绍。文件指出，为优化招标投标领域营商环境、完善招标投标交易担保制度和进一步降低招标投标交易成本，对各方要求如下：一、严格规范招标投标交易担保行为；二、全面推广保函（保险）；三、规范保证金收取和退还；四、清理历史沉淀保证金；五、鼓励减免政府投资项目投标保证金；六、鼓励实行差异化缴纳投标保证金；七、加快完善招标投标交易担保服务体系。

二、首届中国数字营商环境高峰论坛成功召开

2023 年 2 月 16 日，以“数字营商环境创新”为主题的“首届中国数字营商环境高峰论坛”在京召开，论坛旨在汇聚深化“放管服”改革共识，探讨数字经济时代优化营商环境的新趋势、新动能，展示营商环境创新实践的新模式、新成果，推动营商环境提升优化，塑造中国式现代化的数字经济竞争新优势。论坛还发布了《中国数字赋能营商环境创新改革实践报告 2022》《中国数字赋能营商环境创新改革实践报告河北卷 2022》等系列成果，为全国复制推广提供经验和借鉴。

三、世界银行营商环境新项目名称由 BEE 转为 B-Ready

2023 年 3 月 31 日，世界银行官方网站正式确定用于取代《营商环境报告》（Doing Business Report，DB）的新项目名称为 Business Ready（B-READY）。此前，世界银行用于取代 DB 的新项目名称一直未确定，Business Enabling

Environment（BEE）为临时项目名称。B-READY 项目概念说明（即 BEE 概念说明）确定了项目目标、范围和方法，包括对所涵盖指标及其动机的描述、数据收集方法、试点阶段的推出、地理覆盖范围和总体时间表。概念说明参考了公众咨询过程中收到的反馈、世界银行集团同事的广泛评论、与世界银行集团执行董事会的磋商以及 B-READY 团队进行的进一步研究。

四、知识产权权威报告发布以营造国际一流营商环境

2023 年 4 月 26 日是第 23 个世界知识产权日。26 日上午，国家质量强国建设协调推进领导小组办公室发布《中国打击侵权假冒工作年度报告（2022）》，国家市场监督管理总局、最高人民法院、中宣部、海关总署有关负责人在国新办发布会上介绍了中国打击侵权假冒工作的措施与成效。国家市场监督管理总局副局长甘霖介绍，中国高度重视外商投资企业知识产权保护，大力维护外商投资企业合法权益，对在中国注册的企业一视同仁，以优质服务更好营造公平竞争的市场环境。

五、国内首个数字营商环境团体标准正式立项

2023 年 5 月 12 日，《数字营商环境评价标准》团体标准正式获批立项，该标准有望成为国内数字营商环境领域首个团体标准。当前，以数据为关键资源要素的数字经济正成为推动经济社会发展的新动能，世界各国尤其是发达国家竞相将数字经济作为抢抓新一轮科技革命和产业变革新机遇的战略重点。在 2020 年和 2021 年的亚太经合组织会议上，强调要“倡导优化数字营商环境，激发市场主体活力，释放数字经济潜力，为亚太经济复苏注入新动力”“努力构建开放、公平、非歧视的数字营商环境”，为我国开展数字营商环境提出明确指引。为此，中国信息协会营商环境专业委员会牵头组织制定《数字营商环境评价标准》，旨在呼应数字经济发展的大势所趋，顺应“数字中国”战略要求，在世界银行新版营商环境评价主要思路的基础上，结合《优化营商环境条例》核心内容，综合考量国内外相关体系，遵循国际可比、国内特色原则，坚持问题导向，结合我国各地实践经验和实际情况，为数字营商环境发展提供改革导向和指引。

六、国务院常务会议研究优化营商环境工作

2023 年 6 月 2 日，国务院总理李强主持召开国务院常务会议，听取优化营商环境工作进展及下一步重点举措汇报。会议指出，今年以来我国经济运行实现良好开局，但经济恢复的基础尚不稳固，要把打造市场化、法治化、国际化营商环境摆在重要位置，进一步稳定社会预期，提振发展信心，激发市场活力，推动经济运行持续回升向好。要坚持问题导向，聚焦企业反映的突出问题，从企业实际需求出发，在放宽市场准入、促进公平竞争、保护知识产权、建设统一大市场等方面，分批次加快推出针对性强、含金量高的政策措施，并通过深化营商环境重点领域改革，切实增强政策有效性。要着力强化服务意识，加大政策落实力度，打通政策落实堵点，确保政策落到实处，让企业有更多实实在在的获得感。

七、国家发改委发文要求完善政府诚信履约机制，优化民营经济发展环境

2023 年 8 月 5 日，国家发展改革委印发实施《关于完善政府诚信履约机制优化民营经济发展环境的通知》（发改财金〔2023〕1103 号），旨在深入贯彻《中共中央、国务院关于促进民营经济发展壮大的意见》关于“完善政府诚信履约机制，建立健全政务失信记录和惩戒制度”的有关要求，深入推进政府诚信建设，为民营经济发展创造良好环境。

八、中共中央、国务院发文强调优化涉台营商环境

2023 年 9 月 12 日，中共中央、国务院印发《关于支持福建探索海峡两岸融合发展新路 建设两岸融合发展示范区的意见》，提出优化涉台营商环境。支持福建省打造国际一流营商环境，引导台胞台企共同建设市场化、法治化、便利化营商环境。制定促进闽台融合放宽市场准入特别措施的意见。鼓励福建自由贸易试验区扩大对台先行先试。支持对台小额贸易创新发展。建设两岸标准共通服务平台，鼓励两岸产学研企共同制定行业共通标准，探索建立台企资质评估及认证体系。完善台胞台企权益保障协调联动机制，建立健全政企沟通渠道，推动在闽台商台企量增质升。

九、商务部称中欧双方承诺为对方提供公平、非歧视的营商环境

2023 年 9 月 25 日，商务部新闻发言人就 9 月 25 日召开的第十次中欧经贸高层对话有关情况答记者问。该发言人表示，双方认为，当前世界正在经历深刻的历史之变，全球经济复苏动力不足。在此背景下，中欧坚持对话与合作，促进共同发展繁荣，具有特殊意义。今年是中欧建立全面战略伙伴关系 20 周年，双方愿共同努力，认真落实好习近平主席与欧洲理事会主席米歇尔和欧盟委员会主席冯德莱恩会谈会见达成的重要共识，推动中欧务实合作健康稳定发展，为世界经济繁荣发展注入更多信心，并为第二十四次中欧领导人会晤做好经贸领域的准备。双方承诺保持双向开放，为对方企业提供公平、非歧视的营商环境。中方愿与欧方定期召开中欧经贸混委会，充分利用中欧贸易投资政策对话、中欧经贸工作组等对话机制，加强中国商务部与欧委会贸易总司的交流。

第二节　综 合 分 析

一、我国国际化营商环境由全方位优化到垂直领域精细化优化

自 2019 年国家主席习近平在第二届中国国际进口博览会开幕式上明确提出，中国将“不断完善市场化、法治化、国际化的营商环境”以来，党的十九届五中全会提出“持续优化市场化法治化国际化营商环境”的要求，为我国持续优化营商环境，全面深化改革，构建高水平社会主义市场经济体制指明了方向。近年来，我国营商环境的优化呈现出全方面优化到重点领域、精细优化的发展趋势。各城市最初以《优化营商环境条例》为上位法依据，对本地营商环境进行地方性立法，同时对相应政务服务予以优化。2023 年我国第一批六个营商环境试点城市以跨境金融服务、跨境电子商务等领域为切入口，着力优化该城市的国际化营商环境。

（一）跨境金融服务的营商环境建设——以北京市为例的分析

以北京为例，2023 年 11 月，国务院批复同意了北京市政府和商务部实施《支持北京深化国家服务业扩大开放综合示范区建设工作方案》，[①]推进服务业重点领域深化改革扩大开放，探索新兴业态规则规范。该文件突出强调了在金融

① 国函〔2023〕130 号，下文简称为《工作方案》。

服务行业领域，对境外金融机构、境外金融机构的投资者、跨境金融服务提供者提交的要件完整且符合法定形式的金融业务相关申请，金融管理部门应按照内外一致原则受理，这体现了对于外国资本、投资者和国内资本、投资者秉持的一视同仁、内外一致的原则。此举措有利于提高透明度，更清晰地了解审批和监管的基准，减少不确定性，有助于促进金融市场的稳定；有利于促进公平竞争，维护市场秩序；有利于降低监管成本，金融管理部门不需要针对境内和境外金融机构采取不同的标准和流程，从而提高了监管的效率，降低了监管的成本；有利于吸引外资和提升国际竞争力，提高国家的国际竞争力。对境外金融机构采用相同的规则，可以增加外资的流入，促进金融市场的国际化，使得国家在全球金融体系中更具吸引力。

同时为了推动北京开启“后首都时代前所未有的最大尺度的对外开放”，《工作方案》特别强调要“允许境外符合条件的个人从事证券投资咨询、期货交易咨询业务。动态完善境外职业资格证书认可清单，健全配套支持政策。依法依规探索推进京港澳专业服务机构共建合作，建立港澳专业人士来京对接服务机制。引进高品质国际会展，积极申办国际组织年会和会展活动，打造一批有国际影响力的会展品牌，建设国际会展之都”。

在优化金融服务模式和管理手段方面，《工作方案》提到“积极推进北交所对外开放工作”，以及“允许真实合规、与外国投资者投资相关的所有资金依法依规自由汇入、汇出且无迟延”。积极推进北交所对外开放工作有助于促进金融市场国际化，吸引更多外国投资者参与，提升市场活力。北交所对外开放将引入更多国际资金和投资者，加强我国资本市场与国际市场的融合，提高金融体系的全球竞争力。允许真实合规、与外国投资者投资相关的所有资金依法依规自由汇入、汇出且无迟延，将降低跨境投资的资金流动障碍，增强国际投资者信心。这一政策有助于创造更加便捷和透明的投资环境，吸引更多外国资金流入我国市场，促进金融市场的健康发展，为经济增长提供强大的资金支持，进一步深化我国与国际金融市场的合作，共享全球金融发展红利。

在优化贸易投资制度安排上，《工作方案》提到“梳理调整与外商投资准入等负面清单不相适应的地方性法规”。这有助于降低外商投资的法律风险，提高投资者信心，促进本地产业发展，推动法律体系协调性提升，降低企业运营成本，加强地方政府服务水平，进一步吸引国际资本流入，为全球投资者提供更为友好和可预测的法治环境，推动我国经济的高质量发展。

在提升资金跨境流动方面，《工作方案》提到“推进跨境融资便利化试点。深化本外币合一银行结算账户体系试点，持续扩大参与银行范围。扩大跨国公司本外币一体化资金池业务试点，探索优化额度管理，提升资金池效能。支持区内企业进口支付的人民币在境外直接购汇后支付给境外出口商。探索扩大以境外机构境内结算账户（人民币 NRA 账户）发放境外人民币贷款和开展境内证券投资业务的适用范围”以及“研究外商投资企业再投资免于外汇登记”。此举将显著提升资金跨境流动效率，降低企业融资成本，为企业提供更便捷、灵活的融资工具。支持人民币在境外购汇后支付给境外出口商，以及扩大境外机构在境内进行人民币贷款和证券投资业务的适用范围，有助于拓宽跨境支付和投资渠道，促进国际贸易合作，提升企业全球业务的融资灵活性。此外，研究外商投资企业再投资免于外汇登记的措施将减轻企业再投资的外汇管理负担，鼓励外商在我国市场进行更多的再投资，助力吸引更多外资流入国内市场。

在人才全流程服务管理模式上，《工作方案》指出要“便利引进人才签证办理，为短期来华科研等提供签证便利。为持有居留许可的外籍专家入出境提供通关便利。允许在京外商投资企业内部调动专家的随行家属享有与该专家相同的停居留期限。对拟在京筹建分公司或子公司的外国企业相关高级管理人员，签发 2 年以内有效的签证或居留许可，且允许随行家属享有与其相同的停居留期限”且“在全市范围推广外国人工作许可、工作类居留许可‘一口受理、并联审批’”。这个方案旨在优化人才引进政策，提供更便捷的签证和居留服务，有助于吸引更多国际高层次人才和专家来华工作和研究。通过简化签证流程、为短期科研等提供签证便利，以及提供通关便利和随行家属福利，将创造更具吸引力的工作环境，促进外国企业在京投资和发展。推广“一口受理、并联审批”，进一步提高了外国人工作许可和居留许可的办理效率，有助于降低人才引进过程中的行政成本，促进高层次人才流动，为城市经济发展提供强大的人才支持。

上述系列政策的实施将有助于推动金融、专业服务和会展领域的国际化发展。允许境外个人从事证券和期货业务，动态完善职业资格认可机制，将吸引更多国际专业人才，提升我国金融服务水平。同时，与京港澳专业服务机构合作，建立对接服务机制，有助于拓展专业服务领域，促进合作共赢。引进高品质国际会展，积极争取国际组织年会，打造国际会展品牌，将加强北京在全球会展领域的影响力，助力城市成为国际会展之都，促进经济多元化和国际交流。

（二）跨境电子商务的营商环境建设——以杭州市、上海市为例的分析

作为电子商务发展的引领性城市，杭州市在充分发挥本地电子商务经济优势的基础上于 2023 年 1 月出台《杭州市人民政府关于加快推进跨境电子商务高质量发展的实施意见》。[①]《实施意见》从跨境电子商务主体培育、品牌培育、仓储物流建设、人才培育、服务生态建设等五大方面，完善了扶持的重点、力度、方式，鼓励跨境电商品牌出海，做大做强跨境电商规模。后于 2023 年 9 月发布《杭州市人民政府关于全力打造营商环境最优市赋能经济高质量发展的实施意见》，[②]以习近平新时代中国特色社会主义思想为指导，以推动经济高质量发展为主题，以企业需求为导向，坚持市场化、法治化、国际化、数字化原则，对标国际国内先进标准和最佳实践，推进营商环境重点领域改革攻坚，优化创新制度供给和服务模式，将杭州打造成为办事效率最高、服务水平最优、要素保障最强、法治氛围最浓、社会满意度最好的全国营商环境最优城市。

杭州市的国际化营商环境优化在本年度中侧重鼓励跨境电商出海，并围绕跨境电商做出一系列营商环境的优化举措。首先，市政府积极鼓励企业建设“独立站”，并对开设独立站的企业和跨境电子商务交易平台给予资金扶持，鼓励企业建设独立站推动了电子商务的发展，为企业提供了更自主、灵活的线上销售渠道，有助于拓展市场份额，提高国际竞争力。其次，对建设独立站的企业和跨境电子商务交易平台提供资金扶持，有助于降低企业创新和发展的财务压力，激发了企业的创业热情。此举还可以促进产业升级和技术创新，为城市经济提供更多活力。最重要的是，这种支持措施有助于形成更加活跃、多元的商业生态系统，吸引更多国际企业和投资者参与，推动本地产业的国际化进程。最后，为跨境电商品牌培育“保驾护航”。杭州市政府从境外商标注册、国际认证、境外专利授权、品牌全球推广等四方面，鼓励跨境电商企业使用自主品牌开展业务。

通过鼓励企业运用跨境出海，杭州市政府上述举措在国际化营商环境优化过程中创造了更为创新、活跃的氛围，为城市的品牌化跨境电商高质量发展提供了有益借鉴，增强了我国在全球商业竞争中的地位，助力实现城市经济的高质量发展。

无独有偶，上海市通过创建“丝路电商”进一步优化本地的国际化营商环

---

① 杭政办函〔2023〕9 号，下文简称为《实施意见》。

② 杭政函〔2023〕88 号，下文简称为《意见》。

境。2023 年 10 月，国务院印发《关于在上海市创建“丝路电商”合作先行区方案的批复》，原则同意《关于在上海市创建“丝路电商”合作先行区的方案》。①

《方案》在扩大商务领域方面，要求“拓展国际数据服务”“实施高标准贸易便利化措施”“推动电子单证国际标准应用”“探索数字身份和电子认证跨境互操作”“扩大跨境电商进口”“促进跨境电商出口创新发展”“推动‘丝路电商’跨境人民币结算”。这不仅提高了贸易效率和便利度，降低了商业交易风险，还拓宽了市场的边界，促使国际企业更愿意在该市场投资和开展业务。这一系列政策助力国际化营商环境，吸引更多国际合作，促进经济创新与发展，为城市走向国际舞台注入了新的活力，提升了城市在全球商业竞争中的地位。

上海通过建立“中心功能区”“辐射引领区”“跨境电商全球集散分拨中心”、完善和壮大“丝路电商”基础设施和企业、打造国际人才集聚地，营造先试先行的环境。上海市这一系列措施通过构建多层次、多元化的商业功能区域，不仅提高了城市的经济集聚和辐射带动能力，也为不同规模和类型的企业提供了更为专业和便捷的发展平台。跨境电商全球集散分拨中心的设立将促进国际贸易的畅通，提高物流效率，加强城市在全球供应链中的地位。同时，完善“丝路电商”基础设施和企业将推动国际贸易合作，提升城市的国际声誉。打造国际人才集聚地有助于吸引全球优秀人才，提升城市的国际竞争力，推动科技创新和经济转型。这些举措共同为上海市打造更加开放、便利、创新的国际化营商环境奠定了坚实基础。

在促进国际合作方面，《方案》提出要开展“丝路电商”的智库交流、数字技术应用推广、研修交流、区域合作、国际服务体系等等。通过这些活动，积极促进国际化营商环境的提升。智库交流促使经验分享，数字技术应用推广提高商务效率，研修交流促进专业素养，区域合作强化共同发展，国际服务体系构建全球合作网络。这些措施共同推动了“丝路电商”生态系统的建设，拓宽了市场边界，提高了跨境合作的效率，增进了参与方的商业信任。此举不仅有助于促进国际贸易，推动数字化创新，也为打造更加开放、互通有无的国际商业环境奠定了坚实基础，为“丝路电商”参与国家和地区的经济繁荣创造了有力支持。

---

① 国函〔2023〕115 号，下文简称为《方案》。

二、以法治化为核心的国际化营商环境不断予以完善

习近平总书记在中央全面依法治国委员会第二次会议上提出，“法治是最好的营商环境”。法治是推进高质量发展与优化营商环境的重要手段，也是最根本和最稳定的保障。将优化营商环境全面纳入法治化轨道，对于当前深刻转变政府职能，持续优化营商环境具有重要意义。我国国际化营商环境在不断优化过程中，一直秉持以法治化为核心的优化路径，这也回应了法治与营商环境的密切关系。

我国《优化营商环境条例》第 69 条第 2 款规定，禁止“制定或者实施政策措施不依法平等对待各类市场主体”。商务部发布《外商投资企业投诉工作办法》表明要及时有效处理外商投资企业投诉，来保护外商投资企业合法权益，从而持续优化外商投资环境。[①]通过对我国各省主要城市（省会城市）及营商环境试点城市的官方网站及相应部门网站的网络检索，笔者发现我国各省会城市及营商环境试点城市在《外商投资企业投诉工作办法》的文件指导下，基本建立外商投资企业线下投诉机构，外商投资企业投诉反馈便利度提升，能够给予外商投资一定的保障。但各地区仍存在一定差距：天津、上海、重庆、济南、福州、长沙这 6 个城市均提供了外商投资企业在线投诉的政务服务。与此形成鲜明对比的是，哈尔滨、太原、大连 3 个城市并未积极响应《外商投资企业投诉工作办法》，外商投资企业投诉的工作流程和管理机制不明确。

在地方立法方面，北京及时跟进《外商投资企业投诉工作办法》的规定，出台《北京市外商投资企业投诉工作管理办法（修订）》完善了外商投资企业投诉的具体规则。[②]北京市在相关管理办法的修订中丰富了投诉人范围，明确了投诉受理事项，建立了外商投资企业投诉工作部际联席会议制度和投诉信息报送制度，使得有关投诉材料、受理、程序、处理方式等工作规则更加清晰，并通过明确救济途径、保障当事人程序性权利和加强对商业秘密的保护来更有力地保障外商投资企业的权利。[③]北京市商务局还积极制定《北京市关于进一步加强稳外资工作的若干措施》，力图从政策宣传解读、规范性文件吸收外商投资企业建议、认真履行政府承诺方面深入落实外商投资法律法规，并从知识产权保护

---

① 参见《外商投资企业投诉工作办法》，商务部令〔2020〕第 3 号，2020 年 8 月 25 日发布。

②《北京市外商投资企业投诉工作管理办法（修订）》，京商函字〔2021〕1056 号，2021 年 9 月 24 日发布。

③ 参见颜萎、李旸：《关于〈北京市外商投资企业投诉工作管理办法（修订）〉修改要点解读》，载君泽君律师事务所 2021 年 10 月 18 日，http://www.junzejun.com/Publications/0939431a92612b-8.html。

工作、外商投资企业参与标准化工作、外商投资企业公平参与政府采购、完善外商投资事中事后监管体系等多方面推进工作，不断强化外商投资企业权益保护。[①]天津市商务局也为了工作衔接，及时修订完善了《天津市外商投资权益保护工作联席会议制度》，[②]并积极召开外商投资权益保护工作联席会议，了解本市外商投资权益保护和外商投资企业投诉工作的开展情况。[③]天津市商务局还对区域内外商投资企业权益保护政策措施要点，如知识产权、政府采购、企业投诉等政策措施进行了汇总，制成《天津市外商投资企业政策要点汇编（2021年版）》，方便外商投资企业进行查阅。[④]南京市则积极组织全市外商投资企业投诉工作机构参加全省外商投资企业投诉工作业务培训，进一步加强外商投资企业投诉工作的队伍建设，提高工作人员业务水平与工作效率。[⑤]

在政务服务方面，线下投诉机构的建设基本完善，但只有少量城市提供线上投诉服务。大部分城市采取了政府服务网站承载外商投资企业投诉服务的模式，该模式高度集成了城市的政务服务，方便市场主体寻找。而上海建立独立网页的优势则在于便利查询到相关法律法规、各区投诉中心的电话以及相关资讯动态。外商投资企业协会模式较难直接检索到相关服务，但和独立网页一样，能够承载更多关于外商投资的政策、服务等指引内容。福州市依托12345平台，丰富了外商投资企业投诉的渠道和12345服务热线的服务内容，该网站还提供电话热线、APP、短信、QQ、微信、微博、邮件、传真这些多样化的受理方式，做到了多渠道便民便企。江西政务服务网南昌市项下建立有外商投资举报协调处理的服务，但仅提供了该服务的办理信息流程、受理条件等办理指南，不提供在线办理服务，数字政府建设还不够完善。而沈阳市虽然建有外商投资企业协会的网站，但网站未及时更新维护，目前在网页的投诉协调部分提供的法律依据还是商务部于2006年发布但目前已经失效的《商务部外商投资企业投诉工

---

① 参见《北京市关于进一步加强稳外资工作的若干措施》，京商资发字〔2021〕14号，2021年12月9日发布。

②《天津市外商投资权益保护工作联席会议制度》，津商外管〔2020〕13号，2021年1月6日发布。

③ 参见《我市召开外商投资权益保护工作联席会议》，载天津市人民政府，http://www.tj.gov.cn/sy/zwdt/bmdt/202204/t20220421_5862881.html。

④ 参见《天津市外商投资企业政策要点汇编》，载天津政务网，http://shangwuju.tj.gov.cn/zwgk/zcfg_48995/wstz/bs_49001/202112/t20211214_574946.html。

⑤ 参见《我市组织参加全省外商投资企业投诉工作业务培训》，载南京市商务局，http://swj.nanjing.gov.cn/ztzl/swzl/zsyz/202107/t20210702_3025384.html。

作暂行办法》，需要及时改进。[①]

第三节 热点聚焦

国际化营商环境的优化过程中，贸易环境是各城市关注的重点领域。如杭州市的《实施意见》提出要“提高进出口通关效率”“优化跨境贸易监管服务”“打造内外联通循环通道”。提高进出口通关效率有助于降低贸易成本，加速货物流通，提升企业的竞争力。优化跨境贸易监管服务则通过简化审批程序、提高监管的科学性，为企业提供更高效、透明的服务，增强了国际贸易的便捷性和可预测性。打造内外联通循环通道促进了国际贸易和物流的顺畅流动，不仅通过拓宽货物通道，降低物流成本，提高了城市作为国际贸易中心的地位，还有助于形成更加紧密的国际供应链和价值链，推动城市与国际市场的深度融合。这些举措的整体效应在于提升了国际化营商环境的核心竞争力。加快通关流程、提高监管服务质量，使企业更加愿意在该地区投资和开展业务，吸引了更多国际企业进驻，加强了城市的国际市场地位。同时，顺畅的物流通道为国际贸易创造了更加便捷的条件，激发了经济活力，为城市可持续发展注入了强劲动力。因此，这一系列政策对于提高城市国际化营商环境的吸引力、优化贸易体制结构、推动城市经济的创新和升级，具有重要而积极的意义。

此外《上海市加强集成创新持续优化营商环境行动方案》在跨境贸易方面，提出持续推广“提前申报”“两步申报”，进一步优化货物通关模式。鼓励船公司和港口企业等开展无纸化换单。依托国际贸易“单一窗口”促进航空物流作业协同和提升通关效率。扩大实施进口商品第三方采信检验模式。提前和分阶段的申报流程有助于提高通关的效率，降低物流成本，为企业提供更为便捷的贸易环境。其次，推动船公司和港口企业等实施无纸化换单，不仅减少了繁琐的纸质手续，还提高了信息传递的速度和准确性，有助于加快货物流通速度，提高物流效率。借助国际贸易“单一窗口”促进协同作业，可以实现更高水平的信息共享，减少信息孤岛，提高作业协同度，从而加速通关流程。最后，扩大实施第三方采信检验模式，有助于提高对商品质量的信任度，减少重复性检

---

①《商务部外商投资企业投诉工作暂行办法》，商务部令〔2006〕第2号，2006年9月1日发布；沈阳市外商投资企业协会网址：http://www.syaefi.org.cn/about/index.php?lang=cn&menuid=151。

验，降低企业运营成本，进一步提升国家的整体商业环境。这些举措共同构建了更为便利、高效、透明的贸易和物流环境，为国际化营商环境的优化和提升做出了积极贡献。

《海南省 2023 年营商环境制度集成创新重点任务》推行“免证办”和“一件事一次办”主题，减轻企业和个人的办事负担，提高了办事效率，有助于提升整体营商环境的友好程度。构建“项目直通车”服务机制，实现审批流程精简，为投资项目提供更便捷的审批通道，有助于吸引更多国际投资。这些举措不仅提升了政府服务效能，也使得企业在办理手续、审批流程上更加高效便捷。这将为海南省建设更具国际竞争力的营商环境创造更为有利的条件，吸引更多国际投资者和企业前来投资兴业，推动海南在国际舞台上的经济发展取得更大突破。由此可见，国际贸易是经济增长的关键驱动力，在促进技术创新、质量升级、产业转型等方面发挥着重要作用。

国际贸易是经济增长的关键驱动力，在促进技术创新、质量升级、产业转型等方面发挥着重要作用。世界银行新《宜商环境项目概念说明书》在国际贸易领域确立三个指标：跨境货物贸易和电子商务的监管质量，促进跨境货物贸易便利度的公共服务质量，进出口货物和电子商务的便利度。[①]相较于《营商环境报告》侧重于遵守贸易法规的难易程度，《宜商环境项目概念说明书》指标范围包括国际贸易监管框架、政府公共服务质量、数字技术和环境可持续发展等跨领域主题。本次数字营商环境评估延续《宜商环境项目概念说明书》对国际贸易便利度的关注，重点评估各城市通关程序便利度、通关时间成本和中介服务质量。

一、评估指标构成

本次评估的“贸易通关便利化”一级指标之下设置两项二级指标，分别为“通关程序”“通关成本”。三项三级指标通过考察分析各地市政府通关模式“两步申报”“两段准入”、时间成本、降低中介服务收费等具体信息，从不同角度反映被评估城市在数字经济时代优化营商环境、促进贸易便利化情况（见表 3－1）。

① The World Bank: *Pre-Concept Note Business Enabling Environment (BEE)*, p.26-30(2022).

表 3-1 贸易通关便利化

一级指标	二级指标	三级指标
贸易通关便利化（3.0 分）	（一）通关程序（1.0 分）	1. 通关模式“两步申报”“两段准入”（1.0 分）
	（二）通关成本（2.0 分）	2. 时间成本（1.0 分）
		3. 降低中介服务收费（1.0 分）

二、设置依据、评估标准及评估分析

在该一级指标评估中，笔者所依据的材料与数据来源主要为被评估城市的市政府网站、海关网站、信用中国网站、网络搜索引擎关键词查询四种。通过相关方式未能检测到相关内容的，则视为未落实该项工作或该项服务，各三级指标的评估方法及赋分标准如下。

1. 通关模式“两步申报”“两段准入”（1.0 分）

【设置依据】

海关总署印发以“两步申报、两轮驱动、两段准入、两类通关、两区优化”为主要内容的《海关全面深化业务改革 2020 框架方案》，要求持续深化全国通关一体化改革，建设新时代中国特色社会主义新海关，不断提升海关制度创新和治理能力建设水平。①

通关模式“两步申报”“两段准入”这一指标所考察的内容是地方政府能否主动、灵活地适应国际贸易特点和企业安全便利通关需要。其设置目的在于督促地方政府进一步推进通关便利化，持续优化口岸营商环境，促进外贸稳定发展。

【评估方法】

赋分值为 1 分，具体的观测方法为通过对被评估城市政府网站、海关网站、国际贸易单一窗口进行检索，搜索“两步申报”“两段准入”相关政策文件的公布情况，同时结合网络搜索引擎搜寻相关政策执行情况进行分析。

【评分标准】

本项指标满分为 1 分，实施通关模式“两步申报”“两段准入”，赋 0.8 分；相关政策文件有效落实，赋 0.2 分。

① 《海关全面深化业务改革 2020 框架方案》，署综发〔2019〕第 59 号，2019 年 3 月 15 日发布。

【评估分析】

本项评估下，所有36个被评估城市平均值为0.95分，相较于2022年的0.93分，有较大提升。通过重点考察通关模式“两步申报”“两段准入”工作实施情况，具体结果如下（见表3-2）。

表3-2　通关模式“两步申报”“两段准入”得分分布

得分（分）	1	0.8
城市（个）	27	9

（1）得1分的城市有西宁、长春、大连等27个城市，所占比例为75%。获得满分的城市充分发挥国际贸易“单一窗口”全链条覆盖优势，大力推行“提前申报”，优化进口“两步申报”通关模式，完善“两段准入”持续推进通关提速改革。其中进步明显的有西宁、长春、南京和乌鲁木齐。

（2）得0.8分的有沈阳、南京等9个城市，所占比例为25%。这些城市响应国家优化营商环境政策，较好地推行“两步申报”“两段准入”改革措施，但政策文件公布不完善，仅在促进外贸平稳发展等综合性文件中概略性地提及有关工作。

【典型事例】

通过此项三级指标的观测，笔者发现当前被评估城市的“两步申报”“两段准入”改革措施推行工作总体上情况良好，相较2022年36个城市中有22个城市得分为满分，2023年有27个城市得满分，其中西宁、长春等城市进步较大。西宁海关积极响应国家优化营商环境、促进外贸便利化号召，发布《推出20条措施促进跨境贸易便利化》开展“两步申报”“提前申报”“两段准入”政策宣传与业务指导，推动通关监管模式改革，提升海关通关效率。[①]同时，2023年7月，长春海关出台18条措施优化营商环境，在推进跨境贸易便利化方面，长春海关进一步深化通关便利化改革，优化通关作业流程，推动“智能通关”，加大改革政策宣传推介力度，引导企业积极应用“提前申报、两步申报、两段准入”便捷通关模式，持续巩固压缩整体通关时间工作成效，提升企业应用平台的获得感。[②]

①《西宁海关推出20条措施促进跨境贸易便利化》，西宁海关官网，http://xining.customs.gov.cn/xining_customs/533857/533858/5144075/index.html。

②《长春海关：出台 18 条措施助企用好支持政策》，信用长春网，https://credit.changchun.gov.cn/creditchangchun/contents/105/98011.html。

2. 通关时间成本（1.0 分）

【设置依据】

国务院《优化口岸营商环境促进跨境贸易便利化工作方案》（国发〔2018〕37 号）要求，将各省（自治区、直辖市）整体通关时间和成本纳入全国营商环境评价体系，科学设定评价指标和方法，初步建立常态化评价机制。①企业在遵守贸易程序时承担的时间成本将会限制其进入全球市场的能力，对贸易构成重大障碍。整体通关时间是评估国际贸易便利化的重要指标，减少通关时间更是我国进一步优化营商环境、促进跨境贸易便利、推动"放管服"改革的重要举措。国务院 2023 年发布的《国务院印发关于在有条件的自由贸易试验区和自由贸易港试点对接国际高标准推进制度型开放若干措施的通知》（国发〔2023〕9 号）也主要体现在两个"进一步"。首先，进一步提高通关时间透明度。其次，进一步降低通关成本。②

"通关时间成本"这一指标的设置能够准确评估地方政府在提升通关便利化水平、推动企业降低成本、提高效率等方面所发挥的积极作用。

【评估方法】

赋分值为 1 分，具体的观测方法为通过检索对被评估城市的政府网站、海关网站，同时通过网络公开搜索引擎进行检索有关新闻报道，对减少通关时间的实际成效进行统计分析。

【评分标准】

本项指标满分为 1 分，出台措施助推跨境贸易便利化及减少通关时间，赋 0.8 分；持续更新海关关区的通关时限和平均通关时间，赋 0.2 分。

【评估分析】

本项评估下，所有 36 个被评估城市平均值为 0.82 分，满分为 1 分。通过重点考察各城市通关时间成本情况，具体结果如下（见表 3–3）。

（1）得 1 分的城市有北京、成都、武汉等 3 个城市，所占比例为 8.3%。获得满分的城市在海关网站定时公开每月的口岸通关时间及关区工作时限，并采

①《优化口岸营商环境促进跨境贸易便利化工作方案》（国发〔2018〕37 号），http://www.gov.cn/zhengce/content/2018-10/19/content_5332590.htm，最后访问时间 2023 年 9 月 1 日。

②《国务院印发关于在有条件的自由贸易试验区和自由贸易港试点对接国际高标准推进制度型开放若干措施的通知》（国发〔2023〕9 号），https://www.gov.cn/zhengce/content/202306/content_6889026.htm，最后访问时间 2023 年 9 月 1 日。

取有力措施极大地压缩了企业通关时间。

表 3－3　通关时间成本得分分布

得分（分）	1	0.8
城市（个）	3	33

（2）得 0.8 分的有上海、长春等 33 个城市，所占比例为 91.7%。这些城市海关网站就口岸通关时限以及申报企业通关时间的年度情况进行通告，在通报和减少通关时间方面表现良好且具有一定创新性，但通关时间公告间隔时间过长，缺乏时效性。

削减通关时间将为优化营商环境与促进外贸进出口增长奠定坚实基础，根据数据统计，各评估城市均较好完成压缩通关时间的任务，但在通关时间公开工作方面，大部分城市存在运用互联网技术定期更新通关时间落实不足问题，未充分发挥数字经济优势，企业也不能准确预估自己产品通关时间，造成一定信息阻碍，与促进跨境贸易便利化工作目标不符。

【典型事例】

通过此项三级指标的观测，笔者发现，当前被评估城市均圆满完成国务院《优化口岸营商环境促进跨境贸易便利化工作方案》（国发〔2018〕37 号）中“到 2021 年底整体通关时间比 2017 年压缩一半”的要求，在减少通关时间方面总体上表现良好。[①]以宁波为例，宁波海关为优化营商环境，助推进出口货物快捷通关，推出持续深化跨境贸易便利化的 20 条便利措施。在申报环节，利用“两步申报＋提前申报”的通关模式，只要申报 6 位商品编码、商品名称等 9 项要素，货物抵港前就被快速审单放行，“甬 e 通”平台已实现数据自动采集、单证智能生成，报关资料智能识别准确率达 99%，单票报关单制作时间缩短到 1 分钟；在查验环节，采取“集中审像＋智能审图”模式，海关通过收集口岸常见进出口商品图像，依托大数据、云计算和人工智能技术，可对机检图像快速作出查验结论；在物流环节，持续推进进口货物“船边直提”、出口货物“抵港直装”、水水联运中转“离港确认”模式试点工作，提升港口物流运转效能。[②]但

①《优化口岸营商环境促进跨境贸易便利化工作方案》（国发〔2018〕37 号），http://www.gov.cn/zhengce/content/2018-10/19/content_5332590.htm，最后访问时间 2023 年 9 月 1 日。

②《最新数据显示，宁波进出口通关时效领先长三角沿海地区 九成通关时间是如何“挤”掉的？》，宁波日报，http://www.cceeccic.org/112278777.html。

是，和 2022 年评估结果相似，被评估城市中的大部分城市在海关网站未及时公布月度口岸通关时间，只是在《年度海关工作总结》中通报全年进出口整体通关时间或仅公布口岸通关时限，只有武汉、成都和北京在海关网站定时公开每月的口岸通关时间及关区工作时限。

3. 降低中介服务收费（1.0 分）

【设置依据】

国务院《优化口岸营商环境促进跨境贸易便利化工作方案》（国发〔2018〕37 号）要求清理取消不合理的经营服务性收费和中介代理项目收费，降低企业通关成本，减轻企业负担，进一步降低进出口环节费用。①

中介服务费用占据企业口岸通关成本的一部分，推进口岸中介服务收费规范化、降低中介服务收费是贯彻落实优化营商环境工作决策部署的重要途径。因此，设置“降低中介服务收费”这一指标是检验各地海关通关便利化水平的应有之义。

【评估方法】

赋分值为 1 分，具体的评估方法为通过检索对被评估城市的政府网站、海关网站，搜索是否落实公布口岸收费清单、降低中介服务收费等有关工作，同时以网络公开搜索引擎搜寻有关行动的资料补充辅证。

【评分标准】

本项指标满分为 1 分，公示口岸收费目录清单，赋 0.5 分；通过发布法规、政策、办法等官方文件有效规范通关中介市场，赋 0.3 分；创新精简中介代理收费项目，赋 0.2 分。

【评估分析】

本项评估下，36 个被评估城市平均得分为 0.72 分。通过检索各地政府网站、海关网站、网络公开搜索引擎查询相关信息，评估结果如下（见表 3-4）。

表 3-4 降低中介服务收费得分分布

得分（分）	1	0.8	0.5
城市（个）	8	13	15

①《优化口岸营商环境促进跨境贸易便利化工作方案》（国发〔2018〕37 号），http://www.gov.cn/zhengce/content/2018-10/19/content_5332590.htm，最后访问时间 2023 年 9 月 1 日。

（1）得 1 分的有重庆、杭州、昆明等 8 个城市，所占比例为 22.2%。

（2）得 0.8 分的有天津、济南、西安等 13 个城市，所占比例为 36.1%。

（3）得 0.5 分的有天津、济南、西安等 15 个城市，所占比例为 41.7%。

得 0.8 分城市的问题在于这些城市尽管公布了清理规范口岸中介收费的有关工作方案，要求提高港口和中介企业运行效率，规范中介企业运行，但其工作方案缺乏专门实施细则。得 0.5 分的城市仅公布口岸收费清单，其他信息公开程度较低，在政府网站未检索到这些城市有效降低中介服务收费的政策文件、执法实践及有关新闻报道。

【典型事例】

通过此项三级指标的观测，笔者发现获得满分的各城市根据各地具体情况积极推进口岸中介服务收费规范，并采取强有力措施精简中介代理收费项目、规范中介代理机构行为，推动跨境贸易中介服务向专业化、市场化、透明化方向发展。厦门出台《厦门港口对标先进工作方案》《厦门口岸降本增效工作方案》《厦门市提升跨境贸易便利化实施方案》《厦门口岸提高通关效率工作方案》等系统性工作方案和办法，从提效、降费、促便利三方面持续跟踪落实，推动口岸管理数字化、智慧化、便利化，形成“政府主动降费、市场阳光收费、行业协同规费、信用红利护航、监管创新便利、智慧服务提效”的实践经验。强化政府监管规范市场性收费，率先在国际贸易“单一窗口”上线口岸收费公示模块发布厦门口岸“全流程阳光服务”收费清单，降低口岸中介服务收费。[①]《湖北省外贸进出口降成本工作方案》规范报关行业收费。支持湖北省报关协会发挥行业协会作用，制定常规报关费用最高限价并向社会公开。在湖北国际贸易数字化平台上新建报关服务应用，引导湖北报关企业全部入驻平台。加强相关措施宣传推介工作，提升知晓度和普惠性。加强收费引导，鼓励进出口各环节收费主体合理调整收费标准，合力降低进出口通关成本。[②]安徽省出台《安徽省人民政府关于印发安徽省口岸建设发展行动方案（2022—2025 年）的通知》，要求建立市场监管、发展改革、商务、交通运输等部门参加的收费监督机制，依法查处进出口环节存在的违法违规收费行为，依法调查处理口岸经营活动中

① 《厦门市推行跨境贸易集成化改革》，福建省发展和改革委员会官网，http://fgw.fujian.gov.cn/ztzl/fjys/dxjy/202112/t20211230_5804809.htm。

② 《湖北省外贸进出口降成本工作方案》，鄂政办函〔2023〕16 号，2023 年 7 月 16 日发布。

的涉嫌垄断行为，加大对进出口中介环节治理力度，降低跨境贸易合规成本。①

第四节　结论与展望

2023 年度国际化营商环境报告在全面梳理各地方立法、政务服务改革的基础上，从实践角度出发，参照世界银行最新版《宜商环境手册》对我国 36 个城市的国际化营商环境中的贸易通关便利化进行全面测评。本次评估总分为 3 分，被评估的 36 个城市的平均得分为 2.49 分，共有 17 个城市在平均分之上，占到被评估城市总数的 47%；19 个城市在平均分之下，占到被评估城市的 53%。本项评估中得分最高为 3 分，得分最低为 2.1 分，体现了一定的区分度。

本项一级指标共包含四个三级指标，其中第 1 项通关模式“两步申报”“两段准入”、第 2 项时间成本、第 3 项降低中介服务收费总分各为 1 分。各三级指标的得分情况如下。

（1）通关模式“两步申报”“两段准入”，平均分 0.95 分，得分率 100%。

（2）时间成本，平均分 0.817 分，得分率 81.7%。

（3）降低中介服务收费，平均分 0.719 分，得分率 71.9%。

其中，在所有三级指标中得分最高的子项目为通关模式“两步申报”“两段准入”，平均得分为 1 分，表明被评估城市政府或省份在建立通关模式“两步申报”“两段准入”方面落实较好，基本做到了全面且准确，并且按照各地具体情况逐步提高应用效率；得分差距较大的子项目为“降低中介服务收费”，平均得分率为 71.9%，较明显地反映了有些地方政府在降低中介服务收费上高效有力，而有的地方政府仍然存在重视不足、进展缓慢的问题。

笔者将根据评估数据及各城市对照情况对目前各城市推进贸易通关便利化工作取得的成就和存在的问题进行梳理，并给出相应的改进建议。

一、取得的成就

1. 稳步推进“两步申报”“两段准入”通关模式

“两步申报”“两段准入”通关模式是立足推进高水平开放、服务高质量发展的必然举措，有利于推进跨境贸易全链条全流程便利化水平不断提升，降低

① 《安徽省人民政府关于印发安徽省口岸建设发展行动方案（2022—2025 年）的通知》，皖政秘〔2022〕211 号，2022 年 11 月 7 日发布。

企业通关时间和金钱成本，进而实现提升跨境贸易便利化水平，优化口岸营商环境的目标。2022 年以来，各地政府积极响应，根据各地通关实际情况，出台深化跨境贸易便利化的具体措施。海口海关为促进海南自由贸易港外贸保稳提质，在洋浦港深入推进进口货物“船边直提”和出口货物“抵港直装”，稳步推进“两步申报”“两段准入”等海关通关改革，实现海南全岛“两步申报”口岸、商品、业务流程全覆盖，进一步提高通关效率。

2. 压缩整体通关时间成效显著

整体通关时间是评估国际贸易便利化的重要指标，减少通关时间更是我国进一步优化营商环境，促进跨境贸易便利，推动“放管服”改革的重要举措。2023 年 3 月 5 日，国务院总理李克强在政府工作报告指出，推进通关便利化，进口、出口通关时间分别压减 67%和 92%，进出口环节合规成本明显下降。关税总水平从 9.8%降至 7.4%。[①]截至 2023 年上半年，在一系列贸易便利化举措推动下，我国货物通关效率不断提高。进口商品整体通关时间从 2017 年的 4 天左右，压缩到现在不到 1 天半；出口货物整体通关时间从 2017 年的 12 个小时左右，压缩到现在约 1.2 个小时。与此同时，我国关税总水平为 7.4%，低于 9.8%的入世承诺。[②]

3. 落实口岸收费目录清单公示工作

为规范我国各口岸经营服务单位收费行为，进一步优化口岸营商环境，海关总署督促各地落实口岸收费目录清单公示制度，被评估城市均在国际贸易“单一窗口”及海关网站公布口岸收费目录清单，定期更新收费项目、服务内容、收费标准。此外，各地政府积极响应国家关于口岸通关降费增效的要求，开展规范口岸收费清单公示和收费监管的专项活动。首先，各地政府要求各口岸通关中介企业对收费目录清单进行动态管理，收费变化情况及时报送政府有关部门，保证信息的同步更新。其次，口岸通关中介服务机构被要求严格遵守相关法律法规和政策，规范自身价格收费，降低过高收费，取消一切不必要收费，营造规范有序收费环境。

---

①《政府工作报告》，国务院官网，https://www.gov.cn/zhengce/content/2022-09/15/content_5709962.htm。

②《经济大家谈：政策组合拳继续加力 我国外贸稳中提质显韧性》，人民网，http://finance.people.com.cn/n1/2023/0717/c1004-40037561.html。

二、存在的问题

1.“两步申报”“两段准入”信息公开不全面的问题仍然存在

“两步申报”“两步准入”作为促进贸易便利化信息化申报及监管试点，应当首先做好信息公开工作，使通关企业和公众能够通过单一窗口、海关网站、窗口等多渠道更好地掌握工作的具体流程及实施情况。然而，笔者发现，一些城市政府网站和海关网站仅仅向公众汇报了“两步申报”和“两段准入”的工作目标以及取得的成绩，但却未提供关于设计方案、工作流程、制度保障以及工作的持续性情况等关键信息。

令人遗憾的是，这一问题在2023年的评估过程中仍未得到解决，各地政府依旧未意识到完善“两步申报”“两段准入”相关信息公示制度的重要性，未能全面考虑信息公开的多方位需求，进而导致相关信息公开的表面化、形式化和不透明。这一问题的延续反映出部分地方政府信息化思维较低，公开意识薄弱，经常性忽略“两步申报”“两步准入”工作实施情况的信息公开，限制了公众的知情权和监督权、阻碍了“两步申报”“两段准入”模式的深层次推进。

2. 通关时间更新工作城市间差异较大

定期及时更新通关时间是海关部门职责所在，也是促进贸易便利化、推动外贸经济发展的重点要求。国务院《优化口岸营商环境促进跨境贸易便利化工作方案》（国发〔2018〕37号）要求，各地政府应建立口岸通关时效评估机制，加强对整体通关时间的统计分析，每月通报各省（自治区、直辖市）整体通关时间。开展口岸整体通关时效第三方评估，适时向社会公布评估结果。[①]在评估过程中，笔者发现各地政府在落实上述国务院有关通报整体通关时间的要求方面存在较大差异。在更新速度方面，表现较好的城市或省份每月或每季度公布口岸通关平均时间；表现较差的城市或省份更新频率缓慢，甚至是以年为单位。在更新形式方面，表现较好的城市会专门发布上月的口岸平均通关时间，以方便企业预估自身通关所需时间，提高通关效率；而表现较差的城市将通关时间放置在《海关年度工作报告》中不显眼部分，不便于公众查询、不利于企业实时掌握通关时间，合理安排货物出入境。此外，在评估过程中不难发现部分城市的海关网站虽然公布了通关时间，但公布内容十分敷衍，只是以“去年本海

① 《优化口岸营商环境促进跨境贸易便利化工作方案》（国发〔2018〕37号），http://www.gov.cn/zhengce/content/2018-10/19/content_5332590.htm，最后访问时间2023年9月1日。

关口岸平均通关时间为××小时”一句话简单带过，并没有达到每月通报各省（自治区、直辖市）整体通关时间的要求。

3. 降低中介服务收费实际执行效果亟待加强

在当前整治规范口岸收费的大背景下，通关中介服务领域依然存在不足之处。首先，本次评估发现部分城市仅限于提供口岸收费清单，而未提供必要的政策文件、制度保障，以及专项活动的相关内容，可能导致企业和公众对通关中介服务的理解不足，缺乏全面的政策背景信息。其次，仅有部分城市在优化营商环境文件中提出应重视降低通关中介服务收费事项并提出具体实施内容及开展相应工作，多数城市的报告内容相对泛泛，缺乏具体的实施细节和行动计划，这种情况可能使得政策的执行不够明确，难以实际有效地降低中介服务收费。

三、改进的建议

1. 持续推广“两步申报”“两步准入”流程模式，进一步提升进出口货物通关效率

针对 2022 年、2023 年均存在的“两步申报”“两步准入”信息公开不全面问题，地方政府首要任务是认识到全面、详细、精准公布“两步申报”“两步准入”具体流程和制度保障的重要性，为满足进出口贸易量的不断增加和以更高水平对外开放推动我国高质量发展的新要求，海关总署陆续颁布《关于全面推广“两步申报”改革的公告》（海关总署公告 2019 年第 216 号）、《关于分段实施准入监管加快口岸验放的公告》等一系列文件，以有效降低企业在口岸通关中的经济成本和时间成本以及提高通关效率。其次，地方政府应主动运用数字技术，提高“两步申报”“两步准入”服务精确化、智慧化程度。一方面要充分利用数字技术提升现有通关模式的效率，推进“数字通关”建设，实现政务的标准化、制度化、程序化。另一方面，海关还应加快与民航、港口、铁路等行业机构合作对接，为市场主体提供全程“一站式”通关信息服务。

2. 完善通关公示制度，减少企业整体通关时间和综合费用

控制企业口岸通关经济成本和时间成本是持续提升通关便利化水平的重要体现，各地政府应多措并举，以减少企业的通关时间和综合费用。第一，在各口岸现场、国际贸易“单一窗口”公布口岸每月整体通关时间、口岸收费清单、服务内容，推动口岸通关相关信息动态更新，提升口岸通关公示系统的透明度。

第二，推进“智慧口岸”建设，提高口岸通关全流程智能化、无纸化水平，各地政府应通过国际贸易“单一窗口”，实现网上办理、数据共享、一单通关，进一步提升跨境贸易便利化服务水平。第三，按照口岸提效降费减证行动计划要求，结合当地技术实力，引入多部门协同机制，勇于创新探索减少通关时间的有效方法。例如，上海市持续深化进口货物“船边直提”和出口货物“抵港直装”作业模式试点。在浦东国际机场探索试点机坪“直装”“直提”创新模式。①北京市则拓展近年来港口通关改革做法，推进首都国际机场、大兴国际机场通关便利化，采取阳光价格、阳光服务、阳光效率等方式，有效压缩了企业进出口整体通关时间和综合费用。②

3. 深化通关中介收费改革，降低中介服务收费

2023 年 4 月 27 日，海关总署组织召开 2023 年促进跨境贸易便利化专项行动部署动员会，会议强调要进一步规范和降低进出口环节合规费用，持续落实《清理规范海运口岸收费行动方案》，加强进出口环节收费价格监督检查。各城市应时刻巩固清理规范口岸收费成果，不断提高口岸收费的规范化、透明化水平，督促口岸中介单位进一步清理精简收费项目，明确收费名称和服务内容，制定常规报关费用最高限价并向社会公开。各地政府还应结合本地区实际情况，加快出台口岸通关中介领域政策文件，为切实有效降低通关中介收费、规范中介行为提供严密政策保障和制度支持。同时，各地政府应在数字化平台上新建报关服务应用，实现中介服务收费项目、费用和依据的数字化与透明化，最大限度减少企业通关的中介服务成本。

---

① 《上海口岸 2023 年深化跨境贸易营商环境改革若干措施》，沪商自贸〔2023〕132 号，2023 年 6 月 15 日发布。

② 《我们这五年丨下硬功夫、持续推进 北京营商环境改革再上新台阶》，北京市人民政府官网，https://www.beijing.gov.cn/ywdt/gzdt/202206/t20220620_2746887.html。

第二编　对外交往法治编

第四章　对外交往法治发展

第一节　大　事　记

一、习近平主席出席金砖国家领导人第十五次会晤

当地时间2023年8月23日上午，金砖国家领导人第十五次会晤在约翰内斯堡杉藤会议中心举行。习近平主席发表题为《团结协作谋发展　勇于担当促和平》的重要讲话。习近平指出，当前世界正在经历大调整、大分化、大重组。金砖国家是塑造国际格局的重要力量。金砖国家一直是独立自主外交政策的倡导者、践行者，在重大国际问题上坚持从事情本身的是非曲直出发，说公道话、办公道事，不拿原则做交易，不屈从外部压力，不做别国的附庸。①

二、习近平出席亚太经合组织第三十次领导人非正式会议

2023年11月17日，亚太经合组织第三十次领导人非正式会议在美国旧金山举行。习近平主席出席会议并发表题为《坚守初心　团结合作　携手共促亚太高质量增长》的重要讲话。习近平指出，亚太经合组织建立领导人定期会议机制以来，始终走在全球开放发展的前沿，有力促进了区域贸易和投资自由化便利化、经济技术发展、物资人员流动，创造了举世瞩目的“亚太奇迹”。中美元首在旧金山会议期间会晤，在政治外交、人文交流、全球治理、军事安全等领域达成了多项共识，为世界经济的稳定注入信心。②

① 外交部：《习近平出席金砖国家领导人第十五次会晤并发表重要讲话》，https://www.mfa.gov.cn/zyxw/202308/t20230824_11131013.shtml，2023年12月20日访问。

② 外交部：《习近平出席亚太经合组织第三十次领导人非正式会议并发表重要讲话》，https://www.mfa.gov.cn/zyxw/202311/t20231118_11182944.shtml，2023年12月20日访问。

三、中国—中亚峰会在西安召开

2023 年 5 月 18 日至 19 日，中国—中亚峰会在陕西省西安市举行，这是中国同中亚五国建交 31 年来首次以实体形式举办峰会，也是中国—中亚机制建立 3 年来的首次峰会。哈萨克斯坦总统托卡耶夫、塔吉克斯坦总统拉赫蒙、吉尔吉斯斯坦总统扎帕罗夫、乌兹别克斯坦总统米尔济约耶夫、土库曼斯坦总统别尔德穆哈梅多夫出席峰会。此次峰会对中国—中亚机制进行了立柱架梁和全面布局，正式建立外交、经贸、海关等部长级会晤机制。同时，宣布将升级双边投资协定，支持跨里海国际运输走廊建设，推进中吉乌铁路项目，建立中国—中亚能源发展伙伴关系，并向中亚国家提供总额 260 亿元人民币的融资支持和无偿援助；哈萨克斯坦成为首个同中国互免签证的中亚国家。[①]

四、上海合作组织成员国元首理事会第二十三次会议召开

2023 年 7 月 4 日下午，国家主席习近平在北京以视频方式出席上海合作组织成员国元首理事会第二十三次会议并发表题为《牢记初心使命 坚持团结协作 实现更大发展》的重要讲话。习近平指出，自人类命运共同体理念提出后，十年来得到国际社会广泛认同和支持，正在从理念转化为行动、从愿景转变为现实。在这个过程中，上海合作组织走在时代前列，秉持人类命运共同体理念，弘扬“上海精神”，构建上海合作组织命运共同体。[②]

五、李强出席二十国集团领导人视频峰会

2023 年 11 月 22 日晚，国务院总理李强在北京出席二十国集团领导人视频峰会并发表讲话。李强表示，二十国集团领导人新德里峰会宣言发出了坚持团结合作、共同应对全球性危机的时代声音。我们要继续坚持发展优先，把发展合作置于突出位置，加快实现世界经济的强劲、可持续、平衡和包容增长，反对把发展问题泛政治化、泛安全化。要更加紧密协调配合，重振多边主义，继续加强宏观政策合作，在世界贸易组织、国际货币基金组织等改革中更多照顾

---

① 季晓莉：《中国—中亚峰会为地区繁荣发展注入新动力》，https://www.ndrc.gov.cn/wsdwhfz/202306/t20230602_1357181.html，2023 年 12 月 20 日访问。

② 外交部：《习近平出席上海合作组织成员国元首理事会第二十三次会议并发表重要讲话》，https://www.mfa.gov.cn/zyxw/202307/t20230704_11107725.shtml，2023 年 12 月 20 日访问。

发展中国家关切。[①]

六、中国推动沙特、伊朗和谈恢复外交关系

为响应习近平主席关于中国支持沙特阿拉伯王国同伊朗伊斯兰共和国发展睦邻友好关系的积极倡议，根据习近平主席与沙特、伊朗两国领导人就中国承办和支持沙伊两国举行会谈所达成的共识，沙伊双方为了在兄弟关系框架下通过对话和外交方式解决双方分歧，以恪守《联合国宪章》《伊斯兰合作组织宪章》的宗旨和原则以及国际规章和惯例，沙特国务大臣、内阁成员、国家安全顾问穆萨伊德·本·穆罕默德·艾班和伊朗最高国家安全委员会秘书阿里·沙姆哈尼分别率领沙特和伊朗代表团于 2023 年 3 月 6 日至 10 日在北京举行会谈。

沙特、伊朗和中国宣布，沙特和伊朗达成一份协议，包括同意恢复双方外交关系，在至多两个月内重开双方使馆和代表机构；强调尊重各国主权，不干涉别国内政；双方同意两国外长举行会晤，启动上述工作，安排互派大使，并探讨加强双边关系。[②]

七、中华人民共和国和俄罗斯联邦关于深化新时代全面战略协作伙伴关系的联合声明

应俄罗斯联邦总统普京邀请，中华人民共和国主席习近平于 2023 年 3 月 20 日至 22 日对俄罗斯联邦进行国事访问。两国元首在莫斯科举行会谈。习近平主席还同俄罗斯联邦政府总理米舒斯京举行会见。

在双方不懈努力下，中俄新时代全面战略协作伙伴关系达到历史最高水平并持续向前发展。双方重申遵循 2001 年 7 月 16 日签署的《中华人民共和国和俄罗斯联邦睦邻友好合作条约》、2021 年 6 月 28 日发表的《中华人民共和国和俄罗斯联邦关于〈中俄睦邻友好合作条约〉签署 20 周年的联合声明》和 2022 年 2 月 4 日发表的《中华人民共和国和俄罗斯联邦关于新时代国际关系和全球可持续发展的联合声明》确定的原则和精神发展双边关系。

---

① 外交部：《李强出席二十国集团领导人视频峰会并发表讲话》，https://www.mfa.gov.cn/zyxw/202311/t20231123_11185454.shtml，2023 年 12 月 20 日访问。

② 外交部：《中华人民共和国、沙特阿拉伯王国、伊朗伊斯兰共和国三方联合声明》，https://www.mfa.gov.cn/zyxw/202303/t20230310_11039137.shtml，2023 年 12 月 20 日访问。

双方指出，中俄关系不是类似冷战时期的军事政治同盟，而是超越该种国家关系模式，具有不结盟、不对抗、不针对第三国的性质。中俄关系成熟、稳定、自主、坚韧，经受住了新冠疫情和国际风云变幻的考验，不受外部影响，展示出生机活力。①

八、中国外交部发布《关于政治解决乌克兰危机的中国立场》

2023 年 2 月 24 日，中国外交部发布《关于政治解决乌克兰危机的中国立场》文件，从各国主权，摒弃冷战思维，停火止战，启动和谈，解决人道危机，保护平民和战俘，维护核电站安全，减少战略风险，保障粮食外运，停止单边制裁，确保产业链供应链稳定和推动战后重建共 12 个方面阐述了中国在政治解决乌克兰危机方面的立场。②

九、中美两国发表关于加强合作应对气候危机的阳光之乡声明

2023 年 11 月 15 日，中美两国发表了《关于加强合作应对气候危机的阳光之乡声明》，双方承诺致力于有效实施巴黎协定及其决定，包括格拉斯哥气候协议和沙姆沙伊赫实施计划。两国决定启动“21 世纪 20 年代强化气候行动工作组”，重点加强以下几方面的工作：能源转型、甲烷和其他非二氧化碳温室气体排放、循环经济和资源利用效率、地方合作、扭转森林减少、温室气体和大气污染物减排协同，以及 2035 国家自主贡献。③

十、世界知名伊斯兰宗教人士和学者代表团访问新疆维吾尔自治区

2023 年 1 月 8 日至 11 日，应新疆维吾尔自治区人民政府邀请，世界穆斯林社区理事会主席、国际反暴力极端主义示范中心主席阿里率领来自阿联酋、沙特阿拉伯、埃及、波黑、塞尔维亚、突尼斯等 14 个国家的世界知名伊斯兰宗教人士和学者代表团访问新疆。

阿里高度赞赏新疆维吾尔自治区在反恐和去极端化、全面脱贫等方面取得

---

① 外交部：《中华人民共和国和俄罗斯联邦关于深化新时代全面战略协作伙伴关系的联合声明》，https://www.mfa.gov.cn/zyxw/202303/t20230322_11046188.shtml，2023 年 12 月 20 日访问。

② 人民网：《中国外交部发布〈关于政治解决乌克兰危机的中国立场〉》，http://world.people.com.cn/n1/2023/0225/c1002-32630926.html，2023 年 12 月 20 日访问。

③ 中央电视台：《中美两国发表关于加强合作应对气候危机的阳光之乡声明》，2023 年 11 月 15 日，https://news.cnr.cn/native/gd/sz/20231115/t20231115_526486685.shtml，2024 年 3 月 12 日访问。

的巨大成就，表示中华文明和伊斯兰文明有友好交往的传统，代表团愿努力推进中国和伊斯兰世界深化合作，在涉华核心利益问题上发出客观公正声音，积极传播良好的中国形象；愿同中方加强宗教领域交流，帮助信教群众增强国家认同，共同打击恐怖主义、消除极端思想。①

十一、外交部就美方宣称击落中国无人飞艇发表声明

2023 年 2 月 5 日，中方对美方使用武力袭击民用无人飞艇表示强烈不满和抗议。中方经核查后已多次告知美方，该飞艇属民用性质，因不可抗力进入美国，完全是意外情况。中方明确要求美方以冷静、专业、克制方式妥善处理。美国防部发言人也表示，该气球不会对地面人员构成军事和人身威胁。在此情况下，美方执意动用武力，明显反应过度，严重违反国际惯例。②

十二、中国制定多部重要涉外立法

《中华人民共和国对外关系法》（以下简称《对外关系法》）于 2023 年 6 月 28 日由第十四届全国人大常务委员会第三次会议表决通过，并于 2023 年 7 月 1 日起施行。《对外关系法》是新中国成立以来第一部集中阐述我国对外工作大政方针、原则立场和制度体系，对我国发展对外关系作出总体规定的基础性法律。制定《对外关系法》是深入贯彻习近平新时代中国特色社会主义思想特别是习近平外交思想和习近平法治思想，全面落实党的二十大精神，坚持全面依法治国，坚持统筹推进国内法治和涉外法治，加快形成系统完备的涉外法律体系，提高对外工作法治化水平的重要成果，也是加快涉外法治工作整体布局，增强涉外立法系统性、协同性的重大举措，还是我国阐述国际秩序观念与国际法律政策的重大行动。《对外关系法》的颁布是我国全面依法治国尤其涉外法治体系建设的重要里程碑，也为其他国家对外关系立法提供了重要借鉴。③

《中华人民共和国外国国家豁免法》于 2023 年 9 月 1 日由十四届全国人大常委会第五次会议表决通过，自 2024 年 1 月 1 日起施行。《外国国家豁免法》

---

① 外交部：《世界知名伊斯兰宗教人士和学者代表团访问新疆维吾尔自治区》，https://www.mfa.gov.cn/web/wjdt_674879/sjxw_674887/202301/t20230111_11005850.shtml，2023 年 12 月 20 日访问。

② 外交部：《外交部就美方宣称击落中国无人飞艇发表声明》，https://www.mfa.gov.cn/zyxw/202302/t20230205_11019861.shtml，2023 年 12 月 20 日访问。

③ 蔡从燕：《从“四个理解”探索《对外关系法》的意义》，https://www.cssn.cn/gjgc/mhgj/202311/t20231117_5697249.shtml，2023 年 12 月 20 日访问。

确立了我国的外国国家豁免制度，授权我国法院在特定情形下管辖以外国国家为被告的民事案件。这是我国统筹推进国内法治和涉外法治的又一里程碑。①

《中华人民共和国领事保护与协助条例》（本段简称《条例》）于 2023 年 6 月 29 日国务院第九次常务会议通过，自 2023 年 9 月 1 日起施行。这是当代中国第一部关于领事保护与协助工作的专门立法，回应了新形势对领事保护与协助工作提出的新要求，具有重要的时代意义。《条例》经长时间酝酿和反复论证，吸纳了中国领事保护与协助工作多年摸索的宝贵经验。《条例》明确了领事保护与协助各参与方的职责分工及在国外中国公民、法人、非法人组织寻求领事保护与协助时的权利与义务，对预防性领事保护及为领事保护与协助工作提供保障等也作出了相应的规定，内容丰富，亮点颇多。②

第二节　综合分析

党的十八大以来，在推进新时代中国特色社会主义事业的伟大征程中，对外工作取得历史性成就、实现历史性变革。2023 年，我国继续在习近平外交思想的指引下，推进中国特色大国外交，在纷繁复杂的国际形势下，展示中国特色外交的成绩，为维护世界和平和稳定作出贡献。

一、坚持元首外交战略引领，在国际事务中日益发挥重要和建设性作用

（一）大国关系

随着中国的国际地位的提升，中国日益成为国际关系中最受瞩目的国家之一，对于国际关系的格局发挥着举足轻重的作用，习近平主席作为中国的国家元首，他的外交活动对国际事务产生了引领性和建设性的作用。

2023 年 3 月，习近平主席访问了俄罗斯，中俄元首进行了长时间真挚友好、富有成果的会谈交流，擘画中俄关系发展蓝图。2023 年 11 月习近平主席应邀赴美举行中美元首旧金山会晤，就事关中美关系的战略性、全局性、方向性问

① 马新民：《我国出台外国国家豁免法——涉外法治建设的里程碑》，http://world.people.com.cn/n1/2023/0904/c1002-40069726.html，2023 年 12 月 20 日访问。

② 司法部：《〈中华人民共和国领事保护与协助条例〉的意义和亮点》，https://www.moj.gov.cn/pub/sfbgw/zcjd/202307/t20230714_482645.html，2023 年 12 月 20 日访问。

题以及事关世界和平与发展的重大问题交换意见，推动中美关系稳下来、好起来。2023 年 4 月，习近平主席会见法国总统马克龙，12 月会见欧盟领导人冯德莱恩，就中法、中欧关系以及共同关心的国际地区问题深入交换意见，达成重要共识。

中国的大国外交体现了全面运筹各方关系，推动构建和平共处、总体稳定、均衡发展的大国关系格局的中国智慧。开始于 2022 年 2 月 24 日的乌克兰危机在 2023 年持续，在这种不稳定的情况下，2023 年 10 月 7 日又发生了以色列遭到哈马斯武装打击的事件，这些事件背后具有长期历史的复杂而深刻的矛盾，叠加现实中平民流离失所及被残忍杀害的惊人画面，进一步撕裂着国际社会。在这种是非扑朔迷离的背景下，中国对和平解决争端的坚持和倡导对于稳定国际局势非常重要，防止了因发生一边倒的情况而产生的对危机或事件中某一方的不公平。

2023 年，国际社会比以往任何时候都需要一个稳定的中美关系，习近平主席同大国领导人的友好交往，是充满挑战和信用受损的大国关系中的定海神针，向世界传达了无论国际局势如何变化，中国始终站在和平和正义的一边。中美两国元首面对面深度交流，就树立彼此正确认知、妥善管控分歧、推进对话合作等突出问题提出了指导性意见。中国与欧盟、俄罗斯等大国的友好交往，平衡了大国之间的国际关系，有利于国际事务朝着公正的方向发展，对于大国之间交往的国际习惯法的形成贡献了中国智慧。

（二）周边关系

中国在周边外交中坚持以邻为善、以邻为伴，坚持睦邻、安邻、富邻，突出亲、诚、惠、容的理念。2023 年 1 月，习近平主席会见了菲律宾总统马科斯，两国元首共同见证签署有关“一带一路”、农渔业、基础设施、金融、海关、电子商务、旅游等合作文件。

2023 年 5 月和 10 月，哈萨克斯坦总统托卡耶夫两次访华并分别出席中国—中亚峰会和第三届“一带一路”国际合作高峰论坛，创下中哈关系史上的新纪录。两国在中哈合作委员会下设立了农业合作分委员会，中哈两国互免签证协定也正式落地生效，极大便利两国人员和经贸往来。

2023 年 12 月 12 日，习近平总书记访问了越南，受到越南领导人和人民的热烈欢迎。习近平总书记擘画了中越共同体新愿景，提出双方要把双边关系引领好，把务实合作推进好，把问题分歧管控好。

（三）多边关系

2023 年 5 月，习近平主席在西安主持了中国—中亚峰会，各方宣布构建更加紧密的中国—中亚命运共同体。8 月，在约翰内斯堡，习近平主席出席了金砖国家领导人第十五次会晤，推动金砖扩员迈出历史性步伐，阿根廷、埃及、埃塞俄比亚、伊朗、沙特阿拉伯、阿联酋获邀成为金砖组织的新成员，其中，伊朗和沙特阿拉伯共同加入金砖国家，显示了金砖组织的吸引力和包容性。本次金砖国家会议还收到二十多个国家加入金砖组织的申请。

7 月 4 日，习近平主席参加了上海合作组织成员国元首理事会第二十三次会议，并发表了重要的讲话。本次会议接受伊朗为上合组织成员国，同时签署了白俄罗斯加入上合组织义务的备忘录，再次彰显了上合组织越来越受到欢迎，在国际事务中逐渐发挥重要作用。

10 月，在北京，习近平主席在第三届“一带一路”国际合作高峰论坛上宣布中国支持高质量共建“一带一路”八项行动，助力发展中国家加快迈向现代化，来自 140 多个国家、30 多个国际组织的代表参加了此次高峰论坛。

2023 年 10 月 26 日，上海合作组织成员国政府首脑（总理）理事会第二十二次会议在比什凯克举行，各成员国表示将根据《上海合作组织宪章》原则，继续加强政策沟通、安全合作、贸易畅通、资金融通、民心相通。

习近平主席的元首外交彰显了我国外交鲜明的中国特色、中国风格、中国气派，为我国树立了自信自立、胸怀天下、开放包容的大国形象。

二、彰显了我国外交鲜明的中国特色和中国风格，树立了自信自立、胸怀天下、开放包容的大国形象

首先，2023 年，中国积极参与全球治理，引领国际体系和秩序的变革。中国通过深度参与国际组织的改革，依循国际法治轨道重塑国际组织的秩序。在 WTO，中国是最坚定的多边贸易秩序的维护者，牵头并与各成员共同完成了《促进发展的投资便利化协定》的谈判，是该协议能够通过的关键力量，彰显了中国在 WTO 部分议题上的领导力。该协议是全球首个多边投资协定，将有助于提升全球投资监管政策的稳定性和可预期性，进一步提振全球投资者信心，推动全球投资稳定增长。

此外，在世界百年未有之大变局下，全球治理体系改革与完善的紧迫性进一步提升，中国作为安理会常任理事国和《联合国宪章》的坚定的维护者，在

联合国改革中具有不容置疑的决定权，中国在维护联合国权威和未来的国际法律秩序中再次成为中坚力量。

其次，在重大国际问题上，始终坚持独立自主地做出是非判断，始终站在和平和正义的一边，展示了中国外交的特色和风格。2023 年 10 月 7 日，以色列突然遭到哈马斯武装的大规模攻击，以色列随后宣布对哈马斯武装控制的加沙地带展开军事行动。在联合国安理会讨论巴以冲突的会议上，中国政府一直呼吁冲突各方停火、和谈，防止人道主义灾难的发生。巴以冲突后安理会通过的第一份决议，即为 11 月 15 日作出的要求在加沙地带实现人道主义暂停的决议；在安理会于 12 月 22 日召开的会议上，中方投赞成票、美俄弃权通过了关于加沙人道问题的第 2720 号决议，要求采取紧急行动，扩大对加沙的人道援助，并为可持续地停止敌对行动创造条件。

最后，中国推动高质量共建“一带一路”，搭建了世界上范围最广、规模最大的国际合作平台。随着共建“一带一路”倡议走深走实，“一带一路”所产生的综合效益也逐渐显示出来，这个倡议的实施，不但给有关的参与国带去了经济的发展和民生的改善，而且对于传播中国的发展理念和中国标准都起到了很大的推动作用，中国人民与“一带一路”沿线国家之间的民心相通逐步扩大，中国产品、服务、品牌和理念得到更多接受和欢迎。

第三节　热点聚焦

一、国际海洋法法庭咨询意见

全球应对气候变化谈判进展缓慢，成效甚微，应对气候变化出现了司法化的趋势。[①]近年来，除了诸多在国际、国内司法机构提起的涉及气候变化的诉讼案件之外，寻求司法机构发布涉及气候变化咨询意见，以澄清国际气候法的规则，成了一种新的努力。截至目前世界范围内共有 5 起涉及气候变化的咨询意见案件（见表 4－1），其中 4 起发生在国际或区域司法机构，1 起发生在国内司法机构。[②]就目前正在进行的案件来看，小岛屿国家气候变化和国际法委员会

① 边永民：《气候变化诉讼的法律依据辨析》，载《太平洋学报》2023 年第 3 期，第 103 页。

② See Advisory Opinions, https://climatecasechart.com/non-us-case-category/advisory-opinions/, last visited on 5 January 2024.

（Commission of Small Island States on Climate Change and International Law，COSIS）在国际海洋法法庭（以下简称“法庭”）提起的咨询意见案（以下简称“国际海洋法法庭气候变化咨询意见案”）已经完成了提交书面意见与口头程序。

表 4－1　涉及气候变化咨询意见案件情况简表

案件名称	时间	提起方	受理机构	咨询问题
国家应对气候变化义务的咨询意见	2023	联合国大会（A/77/L.58）	国际法院	特别考虑到《联合国宪章》《公民及政治权利国际公约》《经济、社会、文化权利国际公约》《联合国气候变化框架公约》《巴黎协定》《联合国海洋法公约》中的尽责义务及《世界人权宣言》中承认的权利、防止对环境造成重大损害的原则以及保护和保全海洋环境的义务： （a）根据国际法，各国有哪些义务确保保护气候系统和环境的其他部分，使各国公民及子孙后代免受温室气体人为排放的影响？ （b）根据这些义务，如果国家的作为和不作为对气候系统和环境的其他部分造成了重大损害，对这些国家的法律后果是什么？ （c）由于其地理环境和发展水平而受到气候变化不利影响的损害或特别影响或特别易受其不利影响的国家，尤其包括小岛屿发展中国家？ （d）受气候变化不利影响的当代人和后代人？
国家应对气候危机义务范围的咨询意见	2023	智利、哥伦比亚	美洲人权法院	1. 根据《巴黎协定》和全球气温上升不超过 1.5 度的科学共识，国家对极端和频发气候影响的预防义务的范围。同样，申请人询问各国应采取哪些行动来应对气候影响造成的损害，以及应采取哪些有区别的措施来保护脆弱社区。具体而言，哥伦比亚和智利请求法院提及有关监管、监测、环境影响评估、应急计划和缓解可能使气候紧急情况恶化的活动的行动。 2. 根据人权和科学标准，重点关注国家在气候紧急情况下保护生命权的义务。在此，请求国要求法院就人权和环境方面的实质性和程序性义务的范围发表意见。 3. 澄清各国在保护儿童和后代免受气候变化影响的权利方面的不同义务。在此，哥伦比亚和智利提及《美洲人权公约》第 1、4、5、11 和 19 条，并询问儿童诉诸司法的权利的性质和范围，以提出司法行动，防止气候变化的潜在破坏性影响。 4. 澄清国家为充分保护和赔偿受气候紧急情况影响的权利而提供司法行动的义务的性质。同

续表

案件名称	时间	提起方	受理机构	咨询问题
国家应对气候危机义务范围的咨询意见	2023	智利、哥伦比亚	美洲人权法院	样，申请人询问是否有必要履行就某些活动的气候后果进行磋商的义务。 5. 根据《美洲人权公约》和《埃斯卡苏协定》对环境维护者的保护，各国在气候紧急情况下保护环境维护者时，特别是土著人民和妇女，承担的保护生态系统所应遵守的义务。 6. 各国合作应对该地区气候变化的情况，特别是澄清该地区各国之间共同和有区别的义务。在此，这些问题强调有必要制定指导方针，通过考虑公平和气候正义原则，明确各国在保障赔偿措施方面的作用。此外，申请人还询问了他们为应对该地区气候影响引发和加剧的移民问题所采取的行动。
小岛屿国家气候变化和国际法委员会提起的咨询意见	2022	小岛屿国家气候变化和国际法委员会	国际海洋法法庭	根据《联合国海洋法公约》第十二部分，缔约国的具体义务是什么： （a）防止、减少和控制对海洋环境的污染，以应对气候变化造成或可能造成的有害影响，包括人为温室气体排放到大气中造成的海洋变暖、海平面上升和海洋酸化？ （b）保护和保全海洋环境，应对气候变化的影响，包括海洋变暖、海平面上升和海洋酸化？
中美人权法院解释《美洲人权公约》第1（1）条、第4（1）条、第5（1）条的咨询意见	2016	哥伦比亚	美洲人权法院	1. 根据《美洲人权公约》第1（1）条，一个人即使不在缔约国领土内，但在累积满足以下四个条件的具体情况下，是否应被视为受该国管辖？ （1）该人居住或处于该国加入的以条约为基础的环境保护制度所划定和保护的区域内；（2）上述以条约为基础的制度确立了一个职能管辖区，如《保护和开发大加勒比区域海洋环境公约》所确立的职能管辖区；（3）在这一职能管辖范围内，缔约国有义务防止、减少和控制污染，这是一系列一般和（或）具体义务的结果；（4）在特定公约保护的区域内，由于环境受到损害或有环境损害的危险，而且可以归咎于缔约国，无论是公约还是《美洲人权公约》，当事人的人权受到侵犯或威胁。 2. 一个缔约国的行为和措施，无论是作为和（或）不作为，可能对构成另一缔约国沿海和（或）岛屿居民的生活环境和基本生计来源的海洋环境造成严重损害，这些行为和措施是否符合与《美洲人权公约》第1（1）条相关联的第4（1）条和第5（1）条规定的义务？或任何其他永久性规定？

续表

案件名称	时间	提起方	受理机构	咨询问题
中美人权法院解释《美洲人权公约》第1（1）条、第4（1）条、第5（1）条的咨询意见	2016	哥伦比亚	美洲人权法院	3.《美洲人权公约》第4（1）条和第5（1）条规定了尊重和确保权利与自由的义务，我们是否应将这些规定解释为《美洲人权公约》缔约国有义务尊重国际环境法的规定，以防止可能限制或使人无法切实享受生命权和人格完整权的环境损害，以及履行这一义务的方法之一是在受国际法保护的地区进行环境影响评估，并在受影响的国家之间开展合作？如果适用，在大加勒比地区进行环境影响评估时应考虑哪些一般参数，其最基本的内容是什么？
厄瓜多尔与秘鲁间的条约是否符合厄瓜多尔宪法的咨询意见	2013	厄瓜多尔	厄瓜多尔宪法法院	厄瓜多尔与秘鲁签订的关于气候变化、保护生物多样性和环境发展的合作协定是否符合厄瓜多尔宪法？

（一）国际海洋法法庭咨询意见案基本情况回顾

近些年来，气候变化对小岛屿国家的影响引起了国际社会的广泛重视。太平洋和加勒比海小岛屿国家近年推行的政治和外交议程中，这一点尤为明显。[①]2021年8月，太平洋岛屿论坛18个成员国通过了《气候变化所致海平面上升背景下的保护海域宣言》，宣布根据1982年《联合国海洋法公约》（以下简称《公约》），各国需保持基线和海洋区域的稳定性。[②]2021年11月，在《联合国气候变化框架公约》第26次缔约方会议期间，安提瓜和巴布达与图瓦卢签署了成立小岛屿国家气候变化和国际法委员会（COSIS）的协定。随后，帕劳、纽埃、瓦努阿图、圣卢西亚先后加入，且该协定向小岛屿联盟国家开放。[③]

根据COSIS协定第1（3）条，COSIS的任务是促进和推动有关气候变化的

① Donald R. Rothwell, Climate Change, Small Island States, and the Law of the Sea: The ITLOS Advisory Opinion Request, https://www.asil.org/insights/volume/27/issue/5, last visited on 4 January 2024.

② Pacific Islands Forum, Declaration on Preserving Maritime Zones in the Face of Climate Change-related Sea-Level Rise, https://www.forumsec.org/2021/08/11/declaration-on-preserving-maritime-zones-in-the-face-of-climate-change-related-sea-level-rise/.

③ About COSIS, http://www.cosis-ccil.org/about, last visited on 4 January 2024.

国际法规则和原则的定义、实施和逐步发展，包括但不限于各国在保护和保全海洋环境方面的义务及其对违反这些义务的国际不法行为所造成损害的责任。且第2（2）条规定了小岛屿国家委员会有权依据《国际海洋法法庭规约》第21条及《国际海洋法法庭规则》第138条请求国际海洋法法庭就1982年《联合国海洋法公约》相关的任何法律问题发布咨询意见。

2022年12月12日，COSIS向联合国海洋法法庭请求发布咨询意见，问题涉及根据《联合国海洋法公约》第十二部分，缔约国的具体义务是否包括：（a）防止、减少和控制对海洋环境的污染，以应对气候变化造成或可能造成的有害影响，包括人为温室气体排放到大气中造成的海洋变暖、海平面上升和海洋酸化？（b）保护和保全海洋环境，应对气候变化的影响，包括海洋变暖、海平面上升和海洋酸化？法庭于2022年12月16日发布第2022/4号命令受理该案，将其列为第31号案。

国际海洋法法庭气候变化咨询意见案引起了国际社会的广泛关注，共有31个国家提交了书面意见，8个国际组织受邀提交书面意见，在提交书面意见截止日期之后又有3个国家和1个国际组织提交意见（见表4-2）。随后在2023年6月30日法庭发布了第2023/4号意见，定于2023年9月11日进行该案的口头程序。2023年9月15日，外交部条法司司长马新民代表中国在该案口头程序中进行陈述，阐述中国关于管辖权和有关国际气候变化法以及国际海洋法问题的立场和主张。这是中国首次参与国际海洋法法庭口头程序，也是中国继参与国际法院科索沃咨询意见案口头程序之后又一重要国际司法实践。[①]

表4-2 国际海洋法法庭气候变化咨询意见案书面意见提交情况简表

《公约》缔约国（31个）	国际组织（8个）	逾期提交缔约国（3个）及国际组织（1个）
民主刚果共和国、波兰、新西兰、日本、挪威、德国、意大利、中国、欧盟、莫桑比克、澳大利亚、毛里求斯、印度尼西亚、拉脱维亚、新加坡、韩国、埃及、法国、智利、孟加拉国、瑙鲁、伯利兹、葡萄牙、加拿大、危地马拉、英国、荷兰、塞拉利昂、密克罗尼西亚、吉布提	联合国（UN）、国际自然保护联盟（IUCN）、国际海事组织（IMO）、小岛屿国家气候变化与国际法委员会（COSIS）、太平洋社区（SPC）、联合国环境署（UNEP）、非洲联盟（AU）、国际海底管理局（ISA）	卢旺达、越南、印度、联合国粮农组织（FAO）

① 外交部：《中国首次参与国际海洋法法庭口头程序》，https://www.mfa.gov.cn/wjdt_674879/sjxw_674887/202309/t20230919_11145012.shtml，2024年1月5日访问。

（二）中国对国际海洋法法庭气候变化咨询意见案的意见

中国于2023年6月15日向国际海洋法法庭提交了书面意见。在序言部分，中国表明了对小岛屿国家应对气候变化关切的理解，肯定了小岛屿国家为应对气候变化所作的努力。中国的书面意见分为两个部分，第一部分阐释了法庭（全庭）不具有咨询管辖权，第二部分阐述了中国应对气候变化的政策、立场和主张，以及加强气候与海洋治理协同的相关措施。

1. 法庭（全庭）没有咨询管辖权的论证

国际司法机构的权限由相应的组织文件授予，就法庭而言，其权限是由《公约》以及《国际海洋法法庭规约》（以下简称《规约》）和《公约》附件六中的相关规定授予。根据《规约》第1条之规定，法庭依据《公约》及《规约》成立并履行其职能，因而需要结合《公约》及《规约》的相关条文以检验法庭（全庭）是否具有咨询管辖权。

2.《公约》第288条及《规约》第21条均未向法庭（全庭）咨询管辖权提供法律依据

确定法庭管辖权的核心条款是《公约》第288条。第288（1）条规定，“第287条所述法院或法庭对根据本部分提交给它的有关本公约的解释或适用的任何争端具有管辖权”。第288（2）条规定：“第287条所述法院或法庭对根据与本公约宗旨有关的国际协定提交给它的有关该协定的解释或适用的任何争端也具有管辖权”。这些规定载于《公约》第十五部分“争端之解决”第二节“具有约束力裁决之强制程序”，仅涉及与《公约》的解释或适用有关的争端，以及与《公约》宗旨有关的国际协定的解释或适用有关的争端。咨询程序是就法律问题向某些机构提供咨询意见的程序，它不处理争端，它的决定也没有拘束力。因此，《公约》第288条规定的管辖权显然不包括咨询管辖权。[①]

《规约》第21条是法庭管辖权的另一个重要法律依据。该条规定，“法庭的管辖权包括依照本公约向其提出的一切争端和一切申请，以及赋予法庭管辖权的任何其他协定所具体规定的一切事项”。在第21号案件中，根据对“事项”（matters）一词的广义理解，法庭认定，“第21条和赋予法庭管辖权的‘其他协定’是相互关联的，构成法庭咨询管辖权的实质性法律依据”。事实上，《规约》第21条中的“事项”（matters）一词并不包括咨询意见，因此不能作为法庭全

① Written Statement of the People's Republic of China, Case No.31, Request for An Advisory Opinion Submitted by the Commission of Small Island States on Climate Change and International Law, 15 June 2023, para. 7.

庭的咨询管辖权的法律依据；“其他协定”与第 21 条的结合也不能作为任何咨询管辖权的依据。法庭的解释难以令人信服。[①]

3. “事项”（matters）一词不包括咨询意见

《规约》第 21 条并没有授予法庭全庭咨询管辖权。事实上，法庭在第 21 号案件中澄清说，“‘任何其他赋予法庭管辖权的协定具体规定的一切事项’本身并不确立法庭的咨询管辖权”。[②]然而，法庭在另一个场合认为，“所有‘事项’（法文为 toutes les fois que cela）不应被解释为只包括‘争端’，因为如果是这样的话，《规约》第 21 条就只需使用‘争端’一词”。因此，它必须不仅仅指“争端”。如果“任何其他赋予……管辖权的协定”具体规定了咨询意见，则“事项”（matters）必须包括咨询意见。

除对《规约》第 21 条的分析之外，中国书面意见中还就“事项”（matters）之通常含义作了分析。“事项”（matters）通常是指属事管辖权（*ratione materiae*）的对象，而不是权限或其他类型，因此不能解释为包括咨询意见。[③]同时《国际法院规约》第 36（1）条中同样提及“事项”（matters），但其明显不包括咨询意见。[④]

4. 其他协定和《规约》第 21 条并不构成法庭咨询管辖权的依据

在第 21 号案件中，法庭认为“当‘其他协定’赋予法庭咨询管辖权时，法庭就有权对‘其他协定’具体规定的‘所有事项’行使这种管辖权”。《规约》第 21 条和赋予法庭管辖权的“其他协定”是相互关联的，并构成法庭咨询管辖权的实质性法律依据。[⑤]法庭的观点并不能让人信服。《规约》第 21 条中的“事项”（matters）并不能解释为包括咨询意见在内。因此，第 21 条中的“其他协定”就不能赋予法庭咨询管辖权，因为它所依赖的是“事项”，而其并不包括咨询意见。

---

① Id., paras. 8 – 9.

② Request for Advisory Opinion submitted by the Sub-Regional Fisheries Commission, Advisory Opinion, 2 April 2015, ITLOS Reports 2015, para. 58.

③ Written Statement of the People's Republic of China, Case No.31, Request for An Advisory Opinion Submitted by the Commission of Small Island States on Climate Change and International Law, 15 June 2023, para. 12.

④ Massimo Lando, The Advisory Jurisdiction of the International Tribunal of the Law of the Sea: Comments on the Request for an Advisory Opinion Submitted by the Sub-Regional Fisheries Commission, 29 Leiden Journal of International Law 2016, 451.

⑤ Request for Advisory Opinion submitted by the Sub-Regional Fisheries Commission, Advisory Opinion, 2 April 2015, ITLOS Reports 2015, para. 58.

5. 法庭不能根据“默示权力”确立咨询管辖权

《公约》及《规约》并不包含赋予法庭咨询管辖权的条款，法庭不能基于“默示权力”（implied powers）确立起咨询管辖权。国际司法机构的“默示权力”不包括咨询管辖权。在1949年执行联合国职务时所受损害的赔偿咨询意见案中，国际法院认为“默示权力”是国际组织文件中无明文规定的，但“因对其履行职责至关重要而以必然模式方式赋予的权力”。[①]在核武器咨询意见案中，国际法院进一步澄清国际组织的“默示权力”是为实现其目标而拥有的“附属权力”。[②]“默示权力”的行使必须限于行使司法机构现有职能的基本需要，这些权力不能用来扩大国际组织的权限。

除以上几个方面的论证外，中国书面意见中也分析了《公约》第159条与第191条仅仅赋予法庭海底分庭以咨询管辖权。并且，《国际海洋法法庭规则》第138条超出了《公约》及《规约》的授权，不能赋予法庭以咨询管辖权。[③]

（三）中国参与国际海洋法法庭气候变化咨询意见案的意义

中国首次参与国际海洋法法庭口头程序，是中国继参与国际法院科索沃咨询意见案口头程序之后又一重要国际司法实践，对新兴经济体国家应对气候变化发挥了引领作用。作为发展中国家的重要代表，中国声音对法庭客观、平衡、理性了解各方诉求发挥了不可替代的作用，再次证明了“世界需要中国声音和方案”。[④]

第一，《联合国气候变化框架公约》在处理气候变化及其对海洋的不利影响问题上处于基础和首要地位。人为温室气体排放对海洋环境的有害影响是气候变化法问题，同时还涉及海洋法问题。随着《巴黎协定》实施细则谈判的完成，全球气候治理的重点转向了《巴黎协定》的落实和检测，《联合国气候变化框架公约》下多边气候治理主渠道进入低潮期，如将本身是气候变化问题的人为温室气体排放纳入海洋法问题之中，将进一步加剧气候变化议题的泛化与碎片

---

① Reparation for Injuries Suffered in the Service of the United Nations, Advisory Opinion, ICJ Reports 1949, p. 182.

② Legality of the Use by a State of Nuclear Weapons in Armed Conflict, Advisory Opinion, ICJ Reports 1996, p. 79.

③ Written Statement of the People's Republic of China, Case No.31, Request for An Advisory Opinion Submitted by the Commission of Small Island States on Climate Change and International Law, 15 June 2023, paras. 22–25.

④ 赵阳，吴琼：《中国首次参与国际海洋法法庭口头程序 访外交部条约法律司司长马新民》，载《法制日报》2023年10月16日第06版。

化。[①]《联合国气候变化框架公约》依然是目前参与国家最多、政治地位最高、合作机制最成熟的气候治理平台，《巴黎协定》体现了最大的包容性。[②]中国应当以负责任的大国形象积极参与国际气候治理，维护《联合国气候变化框架公约》主渠道地位。人为温室气体排放引起的海洋环境变化从本质上仍然是气候变化问题，不应当另起炉灶将其视为海洋法问题。

第二，《公约》在保护保全海洋环境免受气候变化不利影响方面发挥辅助作用。解释和适用《公约》应与《联合国气候变化框架公约》体系保持一致，人为温室气体排放对海洋的影响自成一类，不应将其定性为“海洋环境污染”，气候变化问题所具有的特殊性决定了其不能适用《公约》有关国家责任制度。[③]国家责任制度在应对气候变化问题上面临诸多困境，如原告资格、因果关系、赔偿等。[④]《公约》下缔约国保护海洋环境的义务有助于提高国家减少温室气体排放防止海洋环境恶化的意识，但是由人为温室气体排放所致气候变化问题究其根本仍然需要借助于《联合国气候变化框架公约》所形成的气候变化法来解决。

二、中国斡旋沙特阿拉伯和伊朗复交

2023 年 3 月，断交七年多的沙特阿拉伯和伊朗在中国的斡旋下，决定恢复外交关系，这一外交成果受到世界各国的关注和称赞。

（一）沙特阿拉伯和伊朗关系追溯

虽然沙特阿拉伯和伊朗都是信奉伊斯兰教的国家，但由于其所信奉的伊斯兰教的派别不同，两国在很多重大的国际问题上立场不一，两国的关系自半个世纪前就一直比较紧张，并不止一次断交。

1. 半个世纪以来的矛盾

1979 年，伊朗伊斯兰革命推翻了沙阿政权，建立了一个什叶派的神权政体，与沙特阿拉伯的逊尼派王室形成了对立。同年，伊朗支持的什叶派激进分子在

① 胡彬、董文娟：《全球气候治理新动向与中国应对》，载《国际问题研究》2023 年第 6 期，第 89 页。

② 同上，第 95 页。

③ 赵阳、吴琼：《中国首次参与国际海洋法法庭口头程序 访外交部条约法律司司长马新民》，载《法制日报》2023 年 10 月 16 日第 06 版。

④ 龚微：《国际海洋法法庭对气候变化国家义务的咨询意见：依据、效力与可能影响》，载《太平洋学报》2023 年第 9 期，第 79 页。

麦加发动了一场对大清真寺的袭击，导致数百人死亡，引发了沙特阿拉伯的强烈反应。

1980 年，伊拉克入侵伊朗，引发了长达 8 年的两伊战争。沙特阿拉伯支持伊拉克，提供了大量的财政和军事援助，试图遏制伊朗的影响力。战争期间，两国的外交关系降至最低点，双方互相指责对方支持恐怖主义和破坏地区稳定。

1987 年，伊朗朝圣者在麦加进行反美和反沙特的示威，遭到沙特安全部队的镇压，造成数百人死亡。伊朗对此表示愤怒，煽动了对沙特使馆和领事馆的袭击，导致两国断绝了外交关系。

1991 年，海湾战争爆发，沙特阿拉伯允许美国和其他盟国在其领土上部署军队，以从科威特驱逐伊拉克。伊朗对此表示反对，认为这是对伊斯兰世界的侵犯。战争结束后，两国在联合国的斡旋下恢复了外交关系，但仍然存在深刻的不信任和敌意。

2003 年，美国发动了伊拉克战争，推翻了萨达姆·侯赛因的政权，导致伊拉克陷入了动荡和分裂。沙特阿拉伯和伊朗在伊拉克的内政中争夺影响力，支持不同的派别和武装组织，加剧了两国的对抗。

2011 年，“阿拉伯之春”运动席卷了中东和北非地区，导致多个国家的政权更迭或动摇。沙特阿拉伯和伊朗在叙利亚、也门、巴林和黎巴嫩等国家的冲突中支持不同的政治力量，加剧了地区的动荡和暴力。

2015 年，伊朗和六国（美国，英国，法国，俄罗斯，中国和德国）达成了伊朗核协议，限制了伊朗的核活动，换取了对伊朗的经济制裁的解除。沙特阿拉伯对此表示担忧，认为这会增强伊朗的地区地位和野心，威胁到沙特阿拉伯的安全和利益。

2. 2016 年正式断交

沙特阿拉伯和伊朗之间的紧张关系在 2016 年达到了一个新的高点。2016 年 1 月 2 日，沙特宣布处决了 47 名犯有恐怖主义罪行的囚犯，其中包括知名什叶派宗教人士尼米尔。这一事件引发了伊朗的强烈反应，伊朗示威者随后冲击并焚烧了沙特驻伊朗的大使馆。沙特外交大臣朱拜尔随后宣布，沙特与伊朗断绝外交关系，并责令伊朗外交人员 48 小时内离境。此后，两国之间的关系进入了冰点。

从国际法的角度来看，国家之间断绝外交关系是一种极端的外交手段，通常是在严重的双边争端或冲突之后采取的。国际法原则上尊重国家的主权和平等，每个国家都有权决定是否与其他国家建立或维持外交关系。然而，国际法也强调国家之间应通过和平手段解决争端，并鼓励国家之间的对话与合作。

在国际法的框架下，沙特和伊朗之间的断交行为是合法的。然而，这种断交行为可能对地区的稳定与和平产生不利影响。国际社会通常鼓励各国通过外交途径来缓和紧张关系，并寻求持久的解决方案，以确保地区的长期和平与繁荣。

（二）中国斡旋沙特和伊朗

中国在斡旋沙特和伊朗恢复外交关系方面发挥了重要作用。2023 年 3 月 10 日，沙特阿拉伯和伊朗以及中国在北京发表三方联合声明，宣布两国同意恢复外交关系，并计划在两个月内重开双方的使馆和代表机构。[①]

中国之所以能够成功斡旋，主要得益于以下两点：

第一，中国在沙特和伊朗的矛盾上的中立立场和良好信誉。中国外交部发言人强调，中国在中东没有私利，尊重中东国家的主权，反对地缘政治竞争，不会填补所谓的“真空”或搞排他小圈子。[②]中国的这一立场使其成为沙特和伊朗双方都可以接受的调停者。

第二，中国和沙特及伊朗均保持了良好的合作关系，双方对中国都非常信任。长期以来，中国和沙特在政治、经济、安全、文化等领域开展了广泛而深入的合作，为双方和地区的和平稳定和繁荣发展做出了积极贡献。中国和沙特在能源领域需求互补，发展了密切的合作关系。沙特是全球重要的石油生产和出口国家之一，而中国是重要的石油进口国；同时，沙特中长期希望发展新能源，而中国又是全球主要的风电和光伏组件制造和出口国家。双方在能源领域的合作，不仅可以满足中国对能源的需求，还能促进沙特的新能源产业发展，实现双方的共同利益。延布炼油厂项目便是中沙能源合作的典范。[③]在基础设施领域，中国对沙特数字基础设施建设项目的参与主要聚焦 5G 设施、数据中心以及智慧城市项目。中国在数字基础设施领域的技术实力与产业效能可助力沙特的数字基础设施升级，进而推动其数字经济的发展。[④]在贸易领域，自 2001

---

① 新华社：《中华人民共和国、沙特阿拉伯王国、伊朗伊斯兰共和国三方联合声明》，载人民网，http://world.people.com.cn/n1/2023/0310/c1002-32641634.html，2024 年 1 月 11 日访问。

②《外交部发言人就沙特和伊朗北京对话答记者问》，载外交部，https://www.mfa.gov.cn/fyrbt_673021/202303/t20230311_11039283.shtml，2024 年 1 月 11 日访问。

③ 参见罗怀伟：《中沙不断深化能源领域合作》，载《经济日报》2022 年 12 月 9 日。

④ 参见信息安全与通信保密杂志社：《中沙数字基础设施合作的动力、重点与前景》，载安全内参，https://www.secrss.com/articles/62020，2024 年 1 月 11 日访问。

年以来，沙特一直是中国在中东地区最大的贸易伙伴。2013 年起，中国成为沙特第一大贸易伙伴。2022 年，中沙双边贸易额达 1 160.4 亿美元。[①]此外，中国和沙特在网络安全方面的合作也在不断深化，中国在维护网络安全方面具有丰富经验。

中国和伊朗也保持了长期的友好合作。2023 年 7 月 4 日，上海合作组织成员国元首理事会第二十三次会议正式接受伊朗为成员国，使得上海合作组织成员国增至 9 个。[②]上合组织成员国作为《不扩散核武器条约》（NPT）的缔约国，主张全面平衡推动落实条约各项宗旨和原则，巩固全球核不扩散体系。[③]伊朗的加入有助于该组织在核不扩散和地区安全方面发挥更大作用，同时也为伊朗提供了一个与其他成员国就核问题进行对话和合作的平台。

此外，中国和伊朗在“一带一路”倡议下的合作也十分广泛。2023 年，中国政府与伊朗政府签署了加强中欧班列过境伊朗合作的谅解备忘录。[④]此外，中国和伊朗在农业、工业、矿业、可再生能源、教育、文化等领域也有深入的合作。例如，在农业方面，中国愿帮助伊朗提升粮食安全和综合农业生产力，双方同意共建现代化农业联合实验室、开展农业技术合作示范项目。[⑤]在能源合作方面，双方同意落实好中伊《关于加强工业、矿业产能与投资合作的谅解备忘录》，并合作增加伊朗可再生能源在全国能源体系中的占比，特别是提升伊朗光伏发电能力。[⑥]在教育和文化合作领域，双方扩大了在卫生、技术和科学领域全方位合作。

在世界百年未有之大变局的背景下，中东政治生态正在发生深刻变化。[⑦]美国在中东的战略收缩以及中国与中东国家关系的日益密切，为中国斡旋提供了

---

① 《沙特企业期待与中国市场共赢》，载《经济日报》2023 年 9 月 27 日，http://www.chinaarabcf.org/zagx/rwjl/202309/t20230927_11151163.htm，2024 年 1 月 11 日访问。

② 《伊朗正式成为上海合作组织成员国》，载新华社，http://www.news.cn/world/2023－07/04/c_1129732658.htm，2024 年 1 月 11 日访问。

③ 同上注。

④ 《第三届“一带一路”国际合作高峰论坛务实合作项目清单》，载外交部，https://www.mfa.gov.cn/zyxw/202310/t20231018_11163412.shtml，2024 年 1 月 11 日访问。

⑤ 《中华人民共和国和伊朗伊斯兰共和国联合声明》，载外交部，https://www.mfa.gov.cn/web/ziliao_674904/1179_674909/202302/t20230216_11025836.shtml，2024 年 1 月 11 日访问。

⑥ 同上注。

⑦ 辛俭强：《局势趋稳“向东行”——2023 年中东形势前瞻》，载新华网，http://www.news.cn/world/2023-01/05/c_1129258122.htm，2024 年 1 月 11 日访问。

机会。沙特和伊朗都希望改善外交环境，以便专注于经济发展，这也为双方恢复外交关系创造了条件。

中国的斡旋行动不仅是对中东和平的贡献，也可能激励中国未来在中东采取更加积极主动的政策，助力中东和平与稳定，推动中国的中东外交进入新时代。中国在促成沙特和伊朗恢复外交关系的过程中，也展示了中国的大国担当以及在国际舞台上的影响力和外交能力。

（三）中国斡旋沙特和伊朗复交的意义

1. 什么是斡旋

通常来讲，斡旋是指一个或多个中立的第三方参与到争端双方之间，促使关系对立的国家自行通过协商、谈判的方式解决争端的活动。斡旋是和平解决国际争端的方法之一。在斡旋过程中，斡旋者作为第三方会提供自己的建议或转达各方意见，为争端当事国提供有利于他们接触和谈判的便利条件，以帮助争端双方更好地理解彼此的立场和利益，从而找到更全面和持久的解决方案。但斡旋者并不直接参加争端国家之间的谈判，他们的作用主要是促成争议双方直接沟通，帮助争端双方找到可以接受的解决方案，从而增加解决争端的可能性。

在沙特和伊朗之间已经断交的情况下，两国之间已经没有了直接沟通的正式的官方渠道，即使两国有冰释前嫌的意愿，也需要了解对方的意愿和条件。如果没有第三方斡旋，断交的国家复交是很难的。而这种斡旋又不是任何一个国家都可以完成的，通常只有双方都共同信任的国家或者个人（例如国际组织官员或政治活动家）才会被接受为斡旋人。那些在两国历史的冲突事件中曾经偏袒任何一方的国家，通常都不会被接受为斡旋人。

2. 中国的斡旋展示了中国在中东和平建设中的力量

2023 年 3 月 10 日，当沙特阿拉伯、伊朗和中国发表三方联合声明，宣布沙特和伊朗恢复外交关系后，举世瞩目，这是历史上中国第一次斡旋中东国家的争端并取得成功。中东历来是欧美大国的博弈场。随着中国实施共建“一带一路”倡议和推动构建人类命运共同体，中国在中东的活动增加。中国在中东没有历史上的殖民利益或欠债，与中东各国均无历史纠葛，这使得我国可以采取有异于欧美的、完全中立的外交政策，真正为了地区的和平和繁荣而践行自己的外交政策。

中东是人类文明的起源地之一，历史源远流长，国家之间的宗教和政治利益纠纷错综复杂；同时，中东拥有世界上最丰富的石油储备，交通地位十分重要，成为欧美国家争相控制的地区之一。但很多欧洲国家在中东有过占领或者战争史，欧洲国家与中东国家的主流宗教通常不同，这使得欧美与中东国家是很难实现充分信任的，其中美国与伊朗之间的矛盾就非常有代表性。在伊朗长期受西方制裁的背景下，中国与伊朗保持正常的友好交往，尊重伊朗的主权和领土完整，不干涉伊朗内部事务，也不支持任何外部势力对伊朗进行干预或制裁，中国成为平衡中东地区大国博弈的重要力量之一。

中国斡旋沙特和伊朗复交，向世界展示了中国已成为重要的中东地区和平建设力量。

3. 中国的成功斡旋受到国际社会一致赞扬

在中国的成功斡旋下，沙特和伊朗两个邻国握手言和，这一重要的迈向和平友好的行动，得到了国际社会的一致赞扬。如果邻国之间不仅仅是有分歧，甚至没有正式的外交关系，这不但对两国的和平发展构成一个隐患，甚至对地区的和平稳定也是不确定因素。没有外交关系的国家之间，不但政治交往受阻，经贸和人民往来也多有不便。沙特和伊朗均是中东地区有影响力的大国，这两个国家的复交，不但使两个国家之间的关系正常化，还带动分别与这两个国家交往密切的其他国家调整外交关系，朝着和平友好的方向发展，这对于整个中东地区而言，都意义重大。美国、英国和法国等多家主流媒体都盛赞中国的这一外交成果，联合国秘书长也通过其发言人表示欢迎沙特和伊朗恢复外交关系，并感谢中国促成两国之间的对话。

中国促成伊朗和沙特复交，再次彰显了中国的负责任大国形象。中国是国际和平的积极建设者。

第四节　展望与建议

一、展望

（一）涉外法治全面走深走实

2023 年 11 月 27 日，习近平总书记在中共中央政治局第十次集体学习时强调，加强涉外法制建设，营造有利法治条件和外部环境。加强涉外法治建设既是以中国式现代化全面推进强国建设、民族复兴伟业的长远所需，也是推进高水平对外开放、应对外部风险挑战的当务之急。各级政府部门都要积极响应习近平总书记的指示，在各自的领域和管理范围内加强涉外法治建设。如果说涉外法治原来主要是中央政府领导和主管的工作，现在，这项工作已经全面铺开，特别是，地方政府也积极加入涉外法治的建设之中。

2023年，我国制定了《对外关系法》《外国国家豁免法》，修改了《反间谍法》和《民事诉讼法》涉外编。2024年，我国将继续推进制度型的涉外法制，为涉外法治提供法律依据。

一些涉外经济活动比较多的省市开始加强地方性的涉外法治立法，虽然地方性的涉外法规的立法工作在过去早就开展过，但在习近平总书记关于加强涉外法制建设的讲话发表后，多个省市的涉外法制工作进入加速期，2024年有望见证一批与涉外法制相关的地方性立法，特别是地方性经贸法和知识产权保护法。地方性涉外立法的出台，有助于国家的改革开放政策真正落地，以及对外斗争藩篱的扎紧。

（二）政治外交博弈司法化进一步加剧

当前，大国博弈和全球治理复杂联动，政治协商越发难以取得共识。在这种情况下，一些国家把本应该通过政治途径解决的问题，诉诸司法机构，企图通过司法机构的释法，代替进展缓慢的政治协商，强行树立一部分国际法规则，其中非常典型的就是联合国海洋法法庭和国际法院分别受理的气候变化咨询意见案。

气候变化的发生有非常复杂的历史和现实原因，发展中国家与发达国家在此问题上一直在积极磋商，也取得了不少成果，但一些受气候变化影响严重的小岛屿国家，对政治磋商所取得的成果并不满意，意图寻求在《联合国海洋法公约》或其他国际法框架下获得有利于小岛屿国家的、同时限制排放国排放的司法解释。这些司法活动架空了同时进行的政治磋商，将国家之间复杂的利益博弈交由代表性有限的法官决定，对于国际法治可能产生不利影响。

政治外交博弈司法化的一个积极方面是有助于国际法规则的澄清。国际社会签订了很多国际条约，它们是国际法的重要组成部分。同时，这些条约在签订时，受谈判期间各国利益的博弈影响，并没有在所有的问题上都达成清晰的一致意见，一些条约约文具有明显的妥协特征，甚至当初的起草者为了不让一两个有争议的条文阻碍整个条约的通过，故意将某些条文写成模棱两可的样子，使不同的利益方都可以做与自己的立场不相矛盾的解释。这样做的好处是条约终于可以通过，在某个领域内，条约凝聚了各国之间最大的共识；它的弊端是，在条约具体适用中，成员国之间是很可能产生分歧的，当然即使是那些原本就高度共识的条文，在适用中也是可能产生不同理解的。例如《联合国海洋法公约》的谈判是从20世纪70年代就开始了，当时并没有“气候变化是一种对稳定的生态系统的威胁”这种概念，当年谈判的海洋环境污染，主要针对的是船舶油污和垃圾倾倒等。现在如果要援引《联合国海洋法公约》来规范国家控制气候变化的义务，这显然是当年的条约起草者所无法预料到的。所以，司法机构在这些问题上阐释它们对条约法的解释，虽不能代替条约的修订，也不能产生具有普遍拘束力的决议，但至少提供了一种比较有司法权威的解释，这样的努力也能间接推动政治谈判的进展。如果我们不想听数额有限的法官来宣布规则，那另外的选择就是积极地通过政治谈判来书写规则。

二、建议：积极主动全面参与国际法治

（一）参与条约立法

习近平总书记指示我们，要统筹国内法治和国际法治。中国现在已经成为国际法治中的重要力量，特别是在代表广大发展中国家利益上，中国成为平衡国际关系、维护公平正义、抵制美国霸凌的最重要力量之一。

中国全程参加了历时19年谈判，在2023年通过的《国家管辖范围以外区域海洋生物多样性协定》，该协定是各方利益妥协的产物，总体务实平衡，有利于促进海洋环境保护和资源养护。[①]中国今后还将继续积极参加外空和国际海底资源开发、塑料污染防治、大流行病公约的谈判，以及气候变化治理、打击国际犯罪和保护人权等一系列国际立法活动，确保从立法上平等公正地保护发达国家和发展中国家的利益，考虑各利害关系方的合理关切，为建设人类命运共同体打下国际法规则基础。

国际条约的谈判和起草，绝不仅仅是法律文书的撰写，它是对国家之间未来的权利义务的划定，是最重要的国际法治活动。例如，世界卫生组织正在起草和谈判的“预防、防范和应对大流行病国际协议”，将决定我们应如何为下一场流行病的暴发做好准备，如何监测、通报疫情的发生，如何合作应对、阻断传播、救治病患，以及如何推动守约等，内容将涉及病原体获取与惠益分享、

① 马新民：《当前国际法形势与我国外交条法工作》，2023年5月27日中国国际法学会年会开幕式主旨报告。

技术转让、药品知识产权保护、供应链和物流网络等多个领域。世界卫生组织希望可以在 2024 年上半年完成该公约的谈判，该公约生效后将建立缔约国大会，并将加强世界公共卫生体系。

再如计划在 2024 年内完成的《国际塑料污染防治公约》也与我国密切相关。我国作为塑料生产、消费和出口大国，该公约可能建立塑料“全生命周期”治理模式，对塑料生产、消费、使用、末端处置等各阶段均予以管理，甚至可能向前延伸到塑料的生产原料。虽然公约的谈判尚未最终完成，但减少塑料使用和消费的大趋势不可逆转。我国应该提早做宣传，包括鼓励塑料替代、降解、再利用技术的研发，鼓励塑料替代品的开发、生产和使用，减少向环境中排放废塑料等，公约的缔结和生效将影响包括化工、塑料制品、包装、农业、建筑、零售和日用品等生产或使用塑料的企业，同时，减少塑料污染的行动也孕育着新的商机，先入手的企业不但会减少塑料污染治理的阻力，而且有望在未来的减塑行动中赢得第一步。

（二）继续通过“一带一路”倡议，展示中华法律文明

2023 年，“一带一路”倡议进入了第十年，高质量共建“一带一路”建设的成效开始集中展现，中国的朋友圈越做越大，中国智慧和中国方案受到五洲四海的欢迎。中国的“一带一路”倡议不但是一个经济建设项目，给沿线当地的老百姓带去民生的改善，它还产生了其他积极效果。

首先，“一带一路”倡议展示了中华法律文明。“一带一路”投资都是在外国国家进行的，很多项目也适用了东道国法律或者其他外国法。但是，在与东道国或东道国公司交往的过程中，也有部分项目适用了中国法，或者双方同意通过中国的司法或者仲裁机构解决纠纷，这些选择向国际社会展示了中华法律文明，一些“一带一路”国家的专家还主动参加中国法律培训，了解中国法制。

其次，“一带一路”项目极大地拓展了中国标准在国际上的应用。以华为公司的 5G 标准为例，在同意接受华为 5G 通讯服务的国家，华为的 5G 标准得到广泛采纳。此外，在发电、输电、大型工程建设方面，在公平竞争、环境保护、劳工保护等事项上，也有大量的中国标准被外国业主接受，提升并扩大了中国标准的公信力和适用范围。

最后，通过“一带一路”项目，宣传中国法治文化。中国投资者认真履约、诚实守信，主动为业主利益着想，及时提供项目有关服务等实践，向东道国人

民和世界宣传了通过和谐合作共促发展的理念，这有别于西方国家公司有时选择对抗方式，甚至单方制裁来解决争议的实践。中国的法治文化更加契合广大发展中国家社区利害关系方对国际投资法不十分了解，国际诉讼或仲裁技能有限的现实，虽然我们也有一些项目遭遇了东道国政府或商业伙伴没有完全履约的情况，但我们很少通过诉讼东道国政府的方式解决纠纷，我们在实践中采取了更加灵活的纠纷解决方式，向国际社会展示了中华法律文化的魅力。

第五章　反制裁、出口管制法治发展

第一节　大　事　记

一、反制裁方面

1. 通过了《对外关系法》含有反制裁相关内容

2023 年 6 月 28 日，第十四届全国人大常委会表决通过了《对外关系法》，自 2023 年 7 月 1 日起施行。①该法第 4 章就对外关系的法律制度作了系统性设计，并在制裁和反制领域规定了第 33 条、第 35 条。

2.《民事诉讼法（2023 修正）》关于外国法院判决的承认与执行条款

2023 年 9 月 1 日，全国人大常委会发布《民事诉讼法（2023 修正）》，自 2024 年 1 月 1 日起施行。②新增第 300 条，规定人民法院经审查认定外国法院判决“违反中华人民共和国法律的基本原则或者损害国家主权、安全、社会公共利益”的，裁定不予承认和执行。

3. 针对“台独”顽固分子萧美琴实施惩戒措施

2023 年 4 月 7 日，中共中央台办发言人授权宣布对“台独”顽固分子萧美琴实施制裁。③“台独”顽固分子萧美琴挟洋自重，“倚美谋独”，蓄意挑动两岸对立对抗，肆意破坏台海和平稳定，进一步暴露其冥顽不化的谋“独”本性。大陆方面决定对萧美琴实施进一步制裁，严禁萧及家属进入大陆和香港、澳门特别行政区，禁止其金主和关联企业与大陆组织、个人合作，并采取其他一切必要的惩戒措施，依法终身追责。

4. 关于对美国哈德逊研究所、里根图书馆及其负责人采取反制措施的决定

2023 年 4 月 7 日，外交部发布关于对美国哈德逊研究所、里根图书馆及其负责人采取反制措施的决定。美方不顾中方反复交涉和坚决反对，执意允许台

---

① http://www.npc.gov.cn/npc/c2/c30834/202306/t20230628_430341.html.

② http://www.npc.gov.cn/c2/c30834/202309/t20230901_431419.html.

③ http://www.gwytb.gov.cn/m/news/202304/t20230407_12524424.htm.

湾地区领导人蔡英文于2023年3月29日至31日和4月4日至6日“过境”窜美从事政治活动。美国哈德逊研究所、里根图书馆为蔡英文在美从事“台独”分裂活动提供平台和便利，严重违反一个中国原则和中美三个联合公报规定，严重损害中方主权和领土完整。依据《中华人民共和国反外国制裁法》第4条、第5条、第6条、第15条规定，中方决定对美国哈德逊研究所、里根图书馆及其负责人等后附《反制清单》列明的机构和个人采取以下反制措施：一、对哈德逊研究所、里根图书馆等2家机构：严格限制我国境内的高校、机构等组织和个人与其进行有关交易、交流、合作等活动。二、对哈德逊研究所董事会主席萨拉·斯特恩、所长约翰·瓦特斯，负责里根图书馆日常维护的里根基金会前执行主任约翰·希布斯奇、首席行政官乔安妮·德雷克等4名个人：（一）冻结在我国境内的动产、不动产和其他各类财产；（二）禁止我国境内的组织、个人与其进行有关交易、合作等活动；（三）对其本人不予签发签证、不准入境。①

5. 对美国反华议员迈克·麦考尔采取反制措施

2023年4月13日，外交部发布关于对美国反华议员迈克·麦考尔采取反制措施的决定。美国得克萨斯州共和党联邦众议员迈克·麦考尔（Michael McCaul）近年来频繁采取干涉中国内政、损害中方利益的言行，并于近期率团窜访中国台湾地区，严重违反一个中国原则和中美三个联合公报规定，严重损害中国主权和领土完整，向“台独”分裂势力发出严重错误信号。依据《中华人民共和国反外国制裁法》第3条、第4条、第6条、第15条规定，中方决定对麦考尔采取以下反制措施：一、冻结在我国境内的动产、不动产和其他各类财产；二、禁止我国境内的组织、个人与其进行有关交易、合作等活动；三、对其本人不予签发签证、不准入境。外交部“反制裁清单和措施”决定。②

6. 对美国相关售台武器公司进行制裁

外交部发言人表示，美国政府不顾中方坚决反对，执意向中国台湾地区提供武器，严重违反一个中国原则和中美三个联合公报规定，严重违背国际法和国际关系基本准则，严重损害中国主权和安全利益，在武装台湾的错误、危险道路上越走越远。美国洛克希德·马丁公司密苏里州圣路易斯市分公司作为主

① https://www.fmprc.gov.cn/web/wjb_673085/zfxxgk_674865/gknrlb/fzcqdcs/202304/t20230407_11055802.shtml.

② https://www.fmprc.gov.cn/web/wjb_673085/zfxxgk_674865/gknrlb/fzcqdcs/202304/t20230413_11058780.shtml.

承包商直接参与8月24日美售台武器，诺斯罗普·格鲁曼公司多次参与美售台武器。根据《中华人民共和国反外国制裁法》，中方决定对上述两家美国军工企业实施制裁。①

7. 对美国涉疆年度人权报告相关公司进行制裁

外交部发言人表示，美方再次炮制散布涉疆虚假叙事，以所谓新疆人权问题为借口对中方官员和企业实施非法制裁，严重干涉中国内政，严重违反国际法和国际关系基本准则，严重抹黑中方形象，严重损害中方有关官员和企业的合法权益。中方对此坚决反对、予以强烈谴责，已向美方提出严正交涉。根据《中华人民共和国反外国制裁法》，中方将对长期搜集涉疆敏感信息、为美方涉疆非法制裁提供“依据”的美国情报数据公司卡隆（Kharon）等1家机构，对卡隆公司调查主任许勐（Edmund Xu）、前美高等国防研究中心研究员尼科尔·莫格雷特（Nicole Morgret）等2人采取反制措施：禁止上述2人入境中国（包括内地和香港、澳门特区），冻结上述公司和个人在中国境内的动产、不动产和其他各类财产，禁止中国境内的组织、个人与其进行有关交易、合作等活动。②

8. 依据《不可靠实体清单规定》对美国售台武器公司进行制裁

2023年2月16日，为维护国家主权、安全和发展利益，商务部安全与管制局发布《不可靠实体清单工作机制公告〔2023〕1号》，决定将参与对台军售的洛克希德·马丁公司（Lockheed Martin Corporation）、雷神导弹与防务公司（Raytheon Missiles & Defense）列入不可靠实体清单，并对其采取下列五项制裁措施：（一）禁止上述企业从事与中国有关的进出口活动；（二）禁止上述企业在中国境内新增投资；（三）禁止上述企业高级管理人员入境；（四）不批准并取消上述企业高级管理人员在中国境内工作许可、停留以及居留资格；（五）对上述企业分别处以罚款，金额为《不可靠实体清单规定》实施以来该实体对台军售合同金额的两倍。上述企业应当自本公告公布之日起15日内，按照相关法律法规办理缴款。若逾期不履行本决定，不可靠实体清单工作机制将依法采取加处罚款等措施。③

---

① https://www.mfa.gov.cn/web/wjdt_674879/fyrbt_674889/202309/t20230915_11143550.shtml.

② https://www.mfa.gov.cn/web/wjdt_674879/fyrbt_674889/202312/t20231226_11213135.shtml.

③ http://aqygzj.mofcom.gov.cn/article/zcgz/gzgf/202302/20230203391289.shtml.

9. 执行相关安理会制裁决议

2023 年，外交部共发布 13 份执行安理会制裁决议的通知，涉及“伊斯兰国”和基地组织、也门、伊拉克、南苏丹、中非、马里、海地黑帮、刚果、利比亚、武装团体沙巴布、索马里等制裁项目。[①]

二、出口管制方面

1. 进一步做好两用物项出口管制工作

2023 年 2 月 12 日，商务部安全与管制局发布《关于进一步做好两用物项出口管制工作的通知》，自即日起施行。[②]

2. 推动在部分自由贸易试验区开展两用物项出口管制相关试点工作

2023 年 8 月 20 日商务部发布《关于在部分自由贸易试验区开展两用物项出口管制相关试点工作的通知》，自 2023 年 9 月 1 日起施行。[③]

3. 国务院发布修订后的《商用密码管理条例》

2023 年 5 月 24 日，国务院发布修订后的《商用密码管理条例》，自 2023 年 7 月 1 日起施行。本次修订是该条例自 1999 年颁布实施以来的首次修订，与《中华人民共和国密码法》和《出口管制法》的相关规定衔接，进一步完善了商用密码出口管制要求。[④]

4. 将镓、锗纳入出口管制

自 2023 年 8 月 1 日起，将特定镓、锗相关物项纳入两用物项出口管制清单。[⑤]

5. 将无人机相关物项纳入出口管制

自 2023 年 9 月 1 日起，将部分无人机专用发动机、重要载荷、无线电通信设备和民用反无人机系统等无人机相关物项纳入两用物项出口管制清单。[⑥]

6. 将石墨相关物项纳入出口管制

自 2023 年 12 月 1 日起，将此前实施临时管制的高纯度（纯度＞99.9%）、高强度（抗折强度＞30MPa）、高密度（密度＞1.73 克/立方厘米）的人造石墨材

---

① https://www.mfa.gov.cn/web/wjb_673085/zfxxgk_674865/gknrlb/jytz/.

② http://aqygzj.mofcom.gov.cn/article/zcgz/gzgf/202302/20230203384654.shtml.

③ http://aqygzj.mofcom.gov.cn/article/zcgz/gzgf/202309/20230903438283.shtml.

④ https://www.gov.cn/govweb/gongbao/2023/issue_10506/202306/content_6885266.html，2024 年 1 月 1 日访问。

⑤ http://m.mofcom.gov.cn/article/zcfb/zcdwmy/202307/20230703419666.shtml.

⑥ http://www.mofcom.gov.cn/swfgzc/article.shtml?id=20230703424598.

料及其制品，以及天然鳞片石墨及其制品（包含球化石墨、膨胀石墨等）等石墨相关物项纳入两用物项出口管制清单。①

7. 对特定指标的消费级无人机实施临时出口管制

自2023年9月1日起，对满足特定指标的消费级无人机实施为期2年的临时出口管制，并禁止其他未列入管制的所有民用无人机出口用于大规模杀伤性武器扩散、恐怖主义活动或者军事目的。②

8. 取消对低敏感石墨物项的临时管制

自2023年12月1日起，取消对炉用碳电极等5种主要用于钢铁、冶金、化工等国民经济基础工业的低敏感石墨物项的临时管制。③

9. 发布新的《禁限目录》

2023年12月21日，商务部会同科技部修订发布《中国禁止出口限制出口技术目录》（以下简称《禁限目录》），自即日起施行。④

10. 发布新的《两用目录》

2023年12月29日，中国商务部和海关总署发布2024年度《两用物项和技术进出口许可证管理目录》（以下简称《两用目录》），自2024年1月1日起实施。⑤

11. 推进国际合作和对话

2023年8月，中国商务部部长王文涛在北京与美国商务部部长雷蒙多举行会谈，双方宣布启动中美出口管制信息交流机制。⑥ 2023年9月，中欧双方在第十次中欧经贸高层对话中同意建立出口管制领域对话机制，就出口管制政策和实践开展沟通对话。⑦ 2023年11月，商务部部长王文涛在美国旧金山会见日本经济产业大臣西村康稔，双方同意建立中日出口管制对话机制。⑧ 2023年12月4日，中韩双方在中韩自由贸易协定第五次联委会会议中就建立双边出口管制对话机制和建立产供链热线交换意见并达成共识。⑨

① http://www.mofcom.gov.cn/swfgzc/article.shtml?id=20231003447368.

② http://www.mofcom.gov.cn/swfgzc/article.shtml?id=20230703424616.

③ http://www.mofcom.gov.cn/swfgzc/article.shtml?id=20231003447368.

④ http://fms.mofcom.gov.cn/article/a/ae/202312/20231203462079.shtml.

⑤ http://www.mofcom.gov.cn/article/zcfb/zczxzc/202312/20231203463916.shtml.

⑥ http://www.mofcom.gov.cn/article/xwfb/xwbldhd/202308/20230803436346.shtml.

⑦ http://file.mofcom.gov.cn/article/syxwfb/202309/20230903443098.shtml.

⑧ http://www.mofcom.gov.cn/article/xwfb/xwbldhd/202311/20231103454111.shtml.

⑨ http://www.mofcom.gov.cn/article/xwfb/xwbldhd/202312/20231203458294.shtml.

第二节 综合分析

一、反制裁方面

（一）立法进展分析

1.《对外关系法》关于制裁和采取反制措施的条款

2023年6月28日，第十四届全国人大常委会表决通过了《对外关系法》，自2023年7月1日起施行。该法第4章就对外关系的法律制度作了系统性设计，并在制裁和反制领域规定了两个重要条款。

第一，《对外关系法》第33条对反制措施作出了原则性规定和授权，即中国有权对于违反国际法和国际关系基本准则，危害中国主权、安全、发展利益的行为采取相应的反制和限制措施；国务院及其部门制定必要的行政法规、部门规章，建立相应工作制度和机制，加强部门协同配合，确定和实施有关反制和限制措施。

第二，《对外关系法》第35条对中国执行联合国安理会的制裁程序以及境内组织、个人的相关义务作出了明确规定，为联合国安理会制裁决议的遵守和执行提供了法律依据。根据《对外关系法》第35条，国家采取措施执行联合国安理会根据《联合国宪章》第7章作出的具有约束力的制裁决议和相关措施；外交部通知并公告前述制裁决议和措施的执行；国家有关部门和省、自治区、直辖市人民政府在各自职权范围内采取措施予以执行；中国境内的组织和个人应当遵守外交部公告和各部门、各地区有关措施，不得从事违反上述制裁决议和措施的行为。

2.《民事诉讼法（2023修正）》关于外国法院判决的承认与执行条款

2023年9月1日，第十四届全国人大常委会发布《民事诉讼法（2023修正）》，自2024年1月1日起施行。该修正案新增第300条，规定人民法院经审查认定外国法院判决“违反中华人民共和国法律的基本原则或者损害国家主权、安全、社会公共利益”的，裁定不予承认和执行。这与《阻断外国法律与措施不当域外适用办法》（以下简称《阻断办法》）[①]中关于经工作机制评估，商务部可以就

---

① http://www.mofcom.gov.cn/dl/file/20211203230837.pdf.

存在不当域外适用情形的外国法律与措施（包括外国法院判决）发布“不得承认、不得执行、不得遵守”的禁令相呼应，将为法院不予承认和执行有关外国法院判决提供明确法律依据。

（二）执法实践分析

1. 继续强力实施反制措施和惩戒措施

2023 年，我国外交部依据《反外国制裁法》共宣布采取 4 轮反制措施，对相关个人和实体采取禁止交易、冻结资产、禁止个人入境等制裁措施。制裁原因包括：允许台湾地区领导人蔡英文“过境”窜美；美国议员率团窜台，且频繁采取干涉中国内政、损害中方利益的言行；美国对台军售；长期搜集涉疆敏感信息、为美国涉疆非法制裁提供“依据”等。此外，国台办、中共中央台办在 2023 年 4 月针对“台独”顽固分子萧美琴实施了惩戒措施。

2.《不可靠实体清单规定》出现首次执法实践

2023 年 2 月 16 日，为维护国家主权、安全和发展利益，商务部安全与管制局发布《不可靠实体清单工作机制公告〔2023〕1 号》，决定将参与对台军售的洛克希德·马丁公司（Lockheed Martin Corporation）、雷神导弹与防务公司（Raytheon Missiles & Defense）列入不可靠实体清单。这是自《不可靠实体清单规定》于 2020 年公布施行以来，我国首次启用不可靠实体清单工作机制，制裁针对的行为属《不可靠实体清单规定》第 2 条第 1 项规定的“危害国家主权、安全和发展利益”的行为。该执法实践对已经、正在或者即将开展《不可靠实体清单规定》规制行为的外国实体具有警示作用，此类外国实体应当对其行为及潜在后果进行审慎评估，以避免被列入《不可靠实体清单》。同时商务部强调，《不可靠实体清单规定》的适用范围是严格限定的，针对的是极个别违法的外国实体，不会随意扩大范围，广大外商投资企业无须过度担心。

3. 对安理会制裁决议的执行显现尊重国际义务

2023 年，外交部共发布 13 份执行安理会制裁决议的通知，通知内容涵盖制裁名单更新、安理会通过制裁决议、制裁授权延期、制裁措施延期、解除安理会制裁、制裁措施到期终止等事项。外交部在通知中要求各有关单位应采取相应措施执行安理会制裁决议，重大政策性问题应及时会商外交部。

二、出口管制方面

（一）立法进展分析

2023 年 5 月 24 日，国务院发布修订后的《商用密码管理条例》，自 2023 年 7 月 1 日起施行。本次修订是该条例自 1999 年颁布实施以来的首次修订，与《中华人民共和国密码法》和《出口管制法》的相关规定衔接，进一步完善了商用密码出口管制要求。

在出口管制方面，本次修订有三点值得特别留意。第一，商用密码出口管制的适用范围由所有的商用密码产品限缩为涉及国家安全、社会公共利益或者中国承担国际义务的商用密码，大众消费类产品所采用的商用密码不实行出口管制制度。第二，商用密码的出口管制要求由“批准制”转变为“清单制”。以往商用密码产品出口需要报经国家密码管理部门批准的要求被取消；相应地，涉及国家安全、社会公共利益或者中国承担国际义务的商用密码将被纳入商用密码出口管制清单，出口这些商用密码需要向商务部申请出口许可，由商务部会同国家密码管理部门审查、决定。第三，无论是出口、过境、转运、通运，还是再出口被列入出口管制清单的商用密码，均需要申请出口许可。

（二）清单和目录调整分析

1. 核、军品和两用物项清单调整

2023 年中国就两用物项采取出口管制措施的四点倾向。

第一，物项是否用于军事用途或军事目的是中国对其采取出口管制措施的重要原因。商务部负责人每次就其管制措施发言时，均表示被管制物项可能用于军事目的或军事用途。例如，商务部表示，高性能的无人机具有一定军用属性，部分高规格高性能的民用无人机转用军事风险不断上升，因此中国作为无人机主要生产国和出口国，在充分评估论证的基础上，决定适度扩大对无人机的出口管制。①

第二，中国对两用物项采取管制措施时会着重考虑两点因素：（1）对国家安全和利益的影响；（2）对中国履行防扩散等国际义务的影响。例如，商务部发言人束珏婷在例行新闻发布会上表示，2023 年针对特定石墨的管制措施是为了中国“履行防扩散国际义务，以及维护国家安全和利益的需要”。②这也与商

① http://www.mofcom.gov.cn/article/xwfb/xwfyrth/202307/20230703424756.shtml.

② http://www.mofcom.gov.cn/xwfbh/20231130.shtml.

务部 2022 年公布的《两用物项出口管制条例（征求意见稿）》第 13 条相呼应。该条规定，中国制定和调整两用物项清单应当采取适当方式征求意见，并开展必要的产业调查和评价，考虑对国家安全和利益的影响，以及对履行防扩散等国际义务的影响。①

第三，中国对某些两用物项（例如镓、锗相关物项）采取的管制措施，是在复杂的地缘政治环境和全球战略性新兴产业竞争背景下的必要举措，在客观上具有反击有关国家对华滥用出口管制措施的效果。

第四，中国就两用物项采取管制措施仍然秉持审慎、适度的态度，并适时调整。例如，商务部 2023 年取消了此前对炉用碳电极等 5 种主要用于钢铁、冶金、化工等国民经济基础工业的低敏感石墨物项的临时管制。②

2. 两用物项和技术进出口许可证管理目录调整

2023 年 12 月 29 日，中国商务部和海关总署发布 2024 年度《两用目录》，自 2024 年 1 月 1 日起实施。相较上一年度的目录，2024 年度《两用目录》主要有以下三个方面的调整。

第一，2023 年新增的管制物项（如前文所述）被纳入《两用目录》。其中，无人机相关物项被列入“部分两用物项和技术”；镓、锗相关物项和石墨相关物项被列入“特殊两用物项和技术”；无人机被列入“临时管制无人机”。具体内容请见表 5－1。

表 5－1　2024 年度《两用目录》新增物项一览表

物项类别	管制类别	目录序号	物项名称
无人机相关物项	部分两用物项和技术	4	航空发动机
		5	红外成像设备
		6	合成孔径雷达（SAR）
		7	用于目标指示的激光器
		8	无线电通信设备
		9	反无人机电子干扰设备
		10	高功率激光器

① http://tfs.mofcom.gov.cn/article/as/202204/20220403306817.shtml.

② http://www.mofcom.gov.cn/swfgzc/article.shtml?id=20231003447368.

续表

物项类别	管制类别	目录序号	物项名称
镓、锗相关物项	特殊两用物项和技术	12	金属镓（单质）
		13	氮化镓（包括但不限于晶片、粉末、碎料等形态）
		14	氧化镓（包括但不限于多晶、单晶、晶片、外延片、粉末、碎料等形态）
		15	磷化镓（包括但不限于多晶、单晶、晶片、外延片等形态）
		16	砷化镓（包括但不限于多晶、单晶、晶片、外延片、粉末、碎料等形态）
		17	铟镓砷
		18	硒化镓（包括但不限于多晶、单晶、晶片、外延片、粉末、碎料等形态）
		19	锑化镓（包括但不限于多晶、单晶、晶片、外延片、粉末、碎料等形态）
		20	金属锗（单质，包括但不限于晶体、粉末、碎料等形态）
		21	区熔锗锭
		22	磷锗锌（包括但不限于晶体、粉末、碎料等形态）
		23	锗外延生长衬底
		24	二氧化锗
		25	四氯化锗
石墨相关物项	特殊两用物项和技术	26	人造石墨材料及其制品
		27	天然鳞片石墨及其制品（包含球化石墨、膨胀石墨等）
无人机	临时管制无人机	1	无人驾驶航空飞行器

第二，2023 年取消临时管制的物项从《两用目录》中被移除，即前文所述炉用碳电极等 5 种主要用于钢铁、冶金、化工等国民经济基础工业的低敏感石墨物项，这些物项此前被列入“核两用品及相关技术出口管制清单所列物项和技术——（七）临时管制物项”项下。具体内容请见表 5－2。

表 5－2　2024 年度《两用目录》移除物项一览表

管制类别	目录序号	物项名称
核两用品及相关技术出口管制清单所列物项和技术——（七）临时管制物项	198	其他以石墨或其他碳为基料的制品［呈糊状、块状、板状的制品（包括半制品）］
	199	非电器用的石墨或其他碳精制品
	200	炉用碳电极
	201	其他碳电极（不论是否带金属）
	202	灯碳棒、电池碳棒及其他石墨制品（不论是否带金属）

第三，《两用目录》依照海关税则对 6 个管制物项的海关税号进行了相应更新（详见表 5－3）。除海关税号外，这些物项的名称、描述、所属管制范围均无变化。和以往类似，《两用目录》中多次重申："《两用物项和技术进出口许可证管理目录》中商品范围以商品名称及描述为准，海关商品编号仅供通关申报参考。"

表 5－3　2024 年度《两用目录》物项海关税号更新情况一览表

管制类别	目录序号	商品名称	海关税号（更新前）	海关税号（更新后）
监控化学品管理条例名录所列物项	34	二烷（甲、乙、正丙或异丙）氨基乙基－2－氯及相应质子化盐	2921196000	除 2－（N，N－二异丙基氨基）氯乙烷盐酸盐（别称：N，N－二异丙基氨基乙基－2－氯盐酸盐、2－（N，N－二异丙基）－氯乙烷胺盐酸盐）海关税号为 2921140000 外，其余均为： 2921120000 2921130000 2921196000
	35	二烷（甲、乙、正丙或异丙）氨基乙－2－醇及相应质子化盐 例外：二甲氨基乙醇及相应质子化盐二乙氨基乙醇及相应质子化盐	2922192900	2922180000 2922192900
	39	二烷（甲、乙、正丙或异丙）氨基乙－2－硫醇及相应质子化盐	2930909024	2930600000 2930909024

续表

管制类别	目录序号	商品名称	海关税号（更新前）	海关税号（更新后）
导弹及相关物项和技术出口管制清单所列物项和技术	9	小型和燃烧效率高的轻型涡轮风扇发动机	8411111000	8411111090
	10	小型和燃烧效率高的轻型涡轮风扇发动机	8411121000	8411121090
易制毒化学品（一）	41	邻氯苯基环戊酮	2914399014	2914790017

3. 禁止出口限制出口技术目录调整

2023年12月21日，商务部会同科技部修订发布《中国禁止出口限制出口技术目录》（以下简称《禁限目录》），自即日起施行。此次修订是自《禁限目录》2008年、2020年2次修订以来进行的第3次修订。修订后，《禁限目录》涵盖的技术条目由164项压缩至134项，其中禁止出口技术条目24项，限制出口技术条目110项。

具体而言，相较2020年目录，本次修订共新增4项技术条目，其中包括1项禁止出口的技术条目（即用于人的细胞克隆和基因编辑技术），以及农作物杂交优势利用技术、散料装卸输送技术、激光雷达系统等3项限制类技术条目。同时，本次修订对37项技术条目的控制要点和技术参数进行了修改，涉及中药材资源及生产等6项禁止出口的技术条目，以及经济作物栽培繁育技术、有色金属冶金技术、大型高速风洞设计建设技术等31项限制出口的技术条目。此外，34项技术条目于本次修订中被删除，包括绿色植物生产调节剂制造技术等6项禁止出口的技术条目，以及医用诊断器械及设备制造技术、目标特征提取及识别技术等28项限制出口的技术条目。此次《禁限目录》修订既涉及了农业、林业、饮料制造业、铁路船舶运输、纺织业等传统行业，亦涉及了有色金属、医药制造、稀土、无人机、先进计算、量子密码等重要新兴产业。

相较商务部和科技部于2022年12月公布的征求意见稿，《禁限目录》无新增技术条目，删除了光伏硅片制备技术、医用诊断器械及设备制造技术、CRISPR基因编辑技术、合成生物学技术、目标特征提取及识别技术等5项技术条目（均为限制出口类技术），并修改了用于人的细胞克隆和基因编辑技术、生物技术药物生产技术、激光雷达系统等9项技术条目的技术名称和控制要点（其中包括

1 项禁止出口类技术和 8 项限制出口类技术）。这反映出商务部和科技部采纳了产业界在征求意见期间提出的一些意见建议。

总体而言，《禁限目录》基本延续了 2022 年征求意见稿针对稀土、航天、无人机、核电、先进计算机、医药制造、生物研究等重点新兴领域相关技术所做的新增或加强管控的修订，以维护中国在这些领域的技术优势。同时，《禁限目录》对一些成熟技术的管控有所放宽，以鼓励国内企业对外扩张，促进国际投资贸易合作。例如，征求意见稿拟新增光伏硅片制备技术为限制出口类技术，这项技术目前在我国已经比较成熟，最终在《禁限目录》中被删除。此外，《禁限目录》对特定技术的控制要点予以优化，使其描述更加准确科学。例如，《禁限目录》对“信息处理技术”多个控制要点进行了限缩或细化，在征求意见稿的基础上在“激光雷达系统”技术的控制要点中增加了技术指标。

（三）推进出口管制工作部署分析

2023 年 2 月 12 日，商务部安全与管制局发布《关于进一步做好两用物项出口管制工作的通知》，自即日起施行。这是自《出口管制法》2020 年 12 月生效以来商务部第一次全面部署全国两用物项出口管制工作，彰显了商务部及全国商务系统自 2023 年起将更加全面深入地实施《出口管制法》（包括开展执法活动）。该通知针对各省级政府商务主管部门提出了工作要求，涵盖两用物项出口管制工作的指导思想、管制范围、许可程序、合规制度、便利合规贸易、查处违法行为和贯彻落实等七个方面。

2023 年 8 月 20 日，商务部安全与管制局发布《关于在部分自由贸易试验区开展两用物项出口管制相关试点工作的通知》，自 2023 年 9 月 1 日起施行。该通知的主要内容是，在天津市、河北省、上海市、江苏省、福建省、山东省、广东省、海南省的自由贸易试验区推行通用许可改革试点，全面提升自贸试验区两用物项出口管制水平，试验效果好的新办法新举措后续将形成可复制可推广的制度创新成果，并在出口管制条例和有关规章的制修订中予以体现。该试点工作的具体内容是：针对部分化学品、航空零部件、石墨类临时管制物项等两用物项，在试点自贸试验区内进一步推行实施通用许可，优化通用许可适用条件，视情况授予较长通用许可有效期限。

上述两则通知对于企业了解主管部门未来一段时期的工作思路和重点、做好企业自身合规工作具有重要意义。对企业而言，以下几点值得特别留意：第一，商务部及各省商务主管部门将推动企业建立内部合规制度作为重要工作任务，相关企业应当将建立或完善内部合规机制提上重要工作议程。第二，商务部大力推行通用许可等便利措施，企业应当依法充分利用这些便利措施。第三，商务部及各省商务主管部门欢迎企业就物项识别、许可申请等提出咨询，企业应善于使用咨询机制。第四，商务部将开展更多的常态化执法检查和专项执法行动，相关企业应当开展自查自纠并在必要时主动披露，以争取从轻、减轻处罚。

此外，2023 年 9 月，商务部在河北雄安新区召开全国出口管制工作会议，以总结近年出口管制工作，并部署下一步重点工作内容。[①]该工作会议进一步显示了中国将在未来重点推进出口管制工作的趋势。

（四）出口管制执法实践分析

行政执法方面，2023 年，商务部未公布出口管制行政执法或处罚案例，出口管制相关的行政处罚决定均由海关作出。经在海关总署、部分直属海关网站（北京、天津、上海、广州、深圳、南京等）以及威科先行等数据库进行不完全检索，2023 年 1 月至 12 月至少新增了 32 起出口管制相关行政处罚案件，其中 21 起涉及两用物项和技术的出口，11 起涉及军品出口。这些案件具有以下特点。

第一，在处罚依据上，《出口管制法》和海关法律法规并存，但依据《出口管制法》进行处罚的海关增多，案件数量也增多。2021 年，全国仅有 1 个海关（天津新港海关）依据《出口管制法》进行执法。而在 2023 年新增的 32 起案件中，有 16 起案件援引了《出口管制法》作为处罚依据，处罚决定由天津新港海关、天津滨海机场海关、北京西城海关、深圳蛇口海关等多个海关作出（见图 5-1）。其余 16 起案件的法律依据包括：《海关行政处罚实施条例》（大部分案件依据第 15 条，个别案件依据第 7 条、第 9 条、第 32 条）、《海关法》第 82 条（个别案件还依据第 86 条、第 24 条）、《行政处罚法》第 32 条和《行政处罚实施条例》第 14 条。援引《出口管制法》作为处罚依据的 16 起案件中，14 起案件涉及两用物项和技术的出口，2 起涉及军品出口。援引其他法律法规作为处罚依据的 16 起案件中，7 起涉及两用物项和技术的出口，9 起涉及军品出口。

① http://www.mofcom.gov.cn/article/syxwfb/202309/20230903437345.shtml.

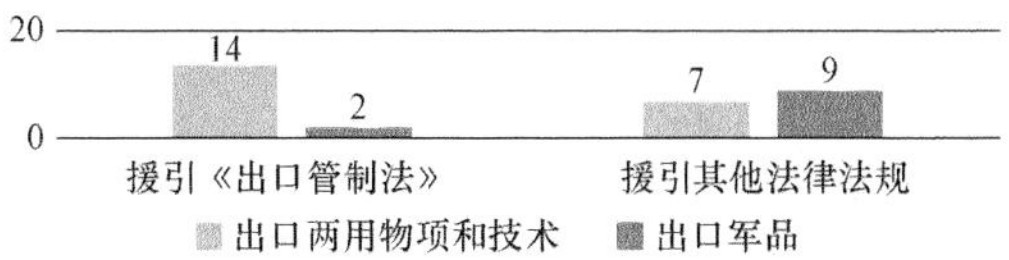

图 5-1　2023 年出口管制相关行政处罚案例（共 32 例）

第二，依据《出口管制法》处罚的违法行为均被定性为《出口管制法》第 34 条第 1 项的“未经许可擅自出口管制物项”。在此之外，《出口管制法》第 33 条至第 38 条还规定了未取得相关管制物项的出口经营资格、超出许可范围出口等 8 种出口管制违法行为。随着执法的铺开，涉及其他 8 种行为的处罚案例可能陆续出现。

第三，依据《出口管制法》受到处罚的绝大多数为出口经营者，极个别为货运代理商，尚无金融机构、报关、第三方电子商务平台等服务提供者受到处罚。在 2023 年新增的 32 起案件中，被处罚的 31 家企业（其中 2 家企业被处罚 2 次，另有 1 份处罚决定中有 2 家企业被处罚）中有 30 家为出口经营者，仅有 1 家为货运代理公司（见连关缉查字〔2023〕0054 号）。在连关缉查字〔2023〕0054 号案中，某国际货运代理公司明知纯碱出口至缅甸需要两用物项和技术出口许可证，却在没有该许可证的情况下，作为货运代理商分别配合两家出口经营者采用将目的港伪报为新加坡的方式从连云港口岸将 63 吨和 210 吨纯碱走私出口至缅甸仰光。[①]在受到处罚的 30 家出口经营者中，有 9 家是生产制造型企业，有 18 家是贸易公司/进出口公司，有 2 家是物流企业，有 1 家是工程承包企业。此外，就企业的所有制性质而言，在 31 家受到处罚的企业中，国有企业（中石油下属企业）有 1 家，民营企业有 30 家，目前暂无外商投资企业和上市公司受到处罚。

第四，人造石墨是出口管制违法行为高发的物项，归类错误可能是重要原因。2021 年的首批 7 份处罚决定书中，有 6 起案件中违规出口的是石墨。在 2023 年新增的 32 起案件中，有 10 起涉及违规出口石墨的处罚案例。除少量案件属于“明知故犯”外，多数案件似乎是出口经营者未能对产品进行正确归类，“无意”地将人造石墨申报为石墨石油焦、煅烧石油焦、增碳剂等不受出口管制的物项。

---

① http://gec.customs.gov.cn/nanjing_customs/zfxxgk58/lshgzwgk8/4511691/4511696/4511698/4511700/4853500/index.html.

第五，2023 年对出口管制违法行为的处罚力度有所加大。2021 年的首批 7 起案件中，罚款额最高的为 11 万元，最低的为 1 万元，且均远低于申报的货物价值（大约为八分之一）。而 2023 年的案件中，最高处罚金额为 90.8 万元，且多起案件的罚款金额超过涉案的货物价值。

第六，海关对于“明知故犯”的行为人处罚较重。例如，深州某化工公司因存在制作虚假报关单据、伪报出口货物最终目的国等“明知故犯”的行为，被塘沽海关罚款人民币 50 万元，罚款金额远高于绝大多数案例。[①]相较于“明知故犯”，仅仅因归类错误引发的行政处罚金额则要低得多。以涉案货物均为石墨的案例为例，津新港关缉查字〔2023〕5 号案中，出口经营者“明知故犯”并采取伪报品名的方式出口人造石墨，罚款金额为 36 万元人民币（涉案金额为 36 720 美元），[②]而在同一海关查处的另一起涉案金额更高（102 600 美元）的案件（津新港关缉违字〔2023〕224 号）中罚款金额仅为 17.3 万元人民币。[③]

第七，获得减轻处罚的案件比例较高。2023 年依据《出口管制法》判罚的 16 起案件中，有 13 起案件的涉事企业被予以减轻处罚。《出口管制法》第 34 条规定的罚款下限为 50 万元，上限为违法经营额的 10 倍。依据《出口管制法》判罚的 16 起案件中，罚款额低于 50 万元的有 13 起（其中最低的仅为 200 元），13 份处罚决定书均援引《行政处罚法》第 32 条（有的进一步明确为该条的第 1 项或第 5 项）予以减轻处罚，即在法定的罚款幅度之下确定罚款金额。从决定书中难以知悉对 13 起案件的涉事企业减轻处罚的具体事实基础。抛开个案的具体事实不论，从依据《出口管制法》判罚案件的罚款金额来看，海关对于出口管制违法行为尤其是初次违法且危害后果不严重的违法行为，可能一般会倾向于从轻或减轻处罚。

第八，依据《出口管制法》判罚的 16 起案件，均未被判处没收违法所得。《出口管制法》第 34 条规定，对未经许可出口管制物项的行为，除罚款外还应当没收违法所得。《行政处罚法》第 28 条第 2 款也有一般性的规定：“当事人有违法所得，除依法应当退赔的外，应当予以没收。违法所得是指实施违法行为所取得的款项。”不过，从 16 份处罚决定书披露的有限信息难以确认海关未没收违法所得的原因。

---

① http://tianjin.customs.gov.cn/tianjin_customs/zfxxgkzl/2956245/2956411/427918/427920/5143271/index.html.

② http://tianjin.customs.gov.cn/tianjin_customs/zfxxgkzl/2956245/2956411/427918/427920/5193736/index.html.

③ http://tianjin.customs.gov.cn/tianjin_customs/zfxxgkzl/2956245/2956411/427918/427920/5020567/index.html.

第九，违法行为超过两年的，不再处罚。《行政处罚法》第 36 条规定，违法行为自发生之日起，两年内未被发现的，不再给予行政处罚；涉及公民生命健康安全、金融安全且有危害后果的，上述期限延长至 5 年。违法行为有连续或者继续状态的，处罚期限从行为终了之日起计算。京关中缉违字〔2023〕0016 号案中，某石油工程建设公司在 2019 年 10 月至 2022 年 1 月期间进行过 10 票出口申报，均涉嫌未经许可擅自出口两用物项，其中 5 票的申报日期距离被海关发现之日已逾两年。因此，北京西城海关根据《行政处罚法》第 36 条之规定，决定对超过期限的 5 票出口申报不再予以行政处罚。

第十，除企业外，个人也有可能受到行政处罚。在 2023 年新增的 32 起案例中，有 3 起案例对参与出口管制违法活动的个人予以行政处罚。例如，在连关缉查字〔2023〕0052 号案中，某化工公司的负责人明知纯碱出口至缅甸需要两用物项和技术出口许可证，在没有该许可证的情况下，为非法牟利，策划、组织该公司采用将目的港伪报为新加坡的方式从连云港口岸将一票纯碱走私出口至缅甸仰光。连云港海关对其科处 1 万元的罚款。[①]在连关缉查字〔2023〕5 号案中，某贸易公司的法定代表人和业务员为将一批纯碱销往缅甸牟利，通谋采用伪报最终目的国、指运港的方式规避《两用物项和技术出口许可证》的管理，将之走私出口。连云港海关对其分别予以警告并科处 1 万元的罚款。[②]目前，海关行政处罚针对的个人均为“明知故犯”的行为人，尚未检索到个人因疏忽大意或过失而受到行政处罚的案例。

第三节　展望与建议

一、展望

（一）反制裁方面

在美国等继续对中国采取制裁措施的背景下，预计中国在 2024 年将继续采取反制措施，《反外国制裁法》下的反制裁清单和措施的公布和实施或将进一步

① http://gec.customs.gov.cn/nanjing_customs/zfxxgk58/lshgzwgk8/4511691/4511696/4511698/4511700/4853482/index.html.

② http://nanjing.customs.gov.cn/nanjing_customs/zfxxgk58/lshgzwgk8/4511691/4511696/4511698/4511700/5319703/index.html.

规范化，不可靠实体清单中有可能新增其他对台军售的外国实体或者对中国企业“断供”的外国实体，是否会发布《阻断办法》下的首份禁令值得期待。司法层面上，或将出现援引《反外国制裁法》第12条第2款索赔的案例或者在违约之诉中援引《反外国制裁法》第12条第1款主张合同中的有关免责条款无效的案例，人民法院在个案中如何裁判以及最高人民法院是否会出台相关指导性文件，值得密切关注。

（二）出口管制方面

就两用物项出口管制而言，预期：《两用物项出口管制条例》有望在2024年正式颁布实施；统一设置管制编码的两用物项管制清单有可能发布，商务部和海关总署将适时新增或调整临时管制措施；随着商务部深入开展常态化执法检查和专项执法行动，相关处罚案例可能会公开，且更多的海关将依照《出口管制法》对出口管制违法行为予以行政处罚；商务部将继续推动企业内部合规机制建设，并试点开展合规机制评价工作。

就技术出口而言，我们预期：商务部将按照国办函〔2023〕7号的要求，推动出台优化技术进出口管理流程尤其是对跨国企业集团内部技术跨境转移给予便利化安排的具体措施，[①]并将“探索简化出口许可和合同登记程序，提供‘常见问题解答’等更多公共服务产品，指导企业做好合规工作”。[②]

二、相关建议

随着中国反制裁、出口管制实践的发展，国内外企业大多高度关注中国出口管制和制裁立法和执法，并在不同程度上采取行动以加强出口管制和制裁合规。建议相关企业：

第一，抓紧建立或完善出口管制合规体系。在全面评估风险的基础上，参照中国商务部发布的指南，拟订或更新出口管制政策，设立或健全合规组织架构，建立和持续维护本企业的受管制物项数据库和禁限出口技术数据库，在研发、采购、销售、物流、人事、财务等相关部门建立并实施内部控制流程，更新合规条款模板，面向全员和重点岗位开展不同深度的培训，培育良好的合规文化，开展定期审计等。外商投资企业应当在境外总部推行的合规体系基础上，依据中国法律要求进行适应性改造。

---

① https://www.gov.cn/zhengce/content/2023－01/18/content_5737692.htm.

② http://www.mofcom.gov.cn/article/xwfb/xwsjfzr/202312/20231203462273.shtml.

第二，在已有的主要适应外国制裁要求的制裁合规体系中加入中国制裁和反制合规的内容。将中国反制裁清单、不可靠实体清单等纳入筛查系统。研究人民法院及境外法院有关制裁和反制的诉讼案例，作为起草或修改交易文件（如陈述和保证条款、不可抗力条款、违约责任条款、争议解决条款）的参考，并妥善处理因为中外制裁和反制而引起的诉讼或仲裁案件，或者运用中国反制立法维护正当权益。在此过程中，需要精准理解中外法律的要求，识别中外法律是否存在真正的冲突，在此基础上合理管控风险。

第三，其他建议。充分利用通用许可等便利措施，便利合规贸易。善于利用咨询机制，以便对物项归类作出准确认定。遇到规则不明确的问题，加强向主管部门的汇报请示。积极开展自查，发现违法行为的应采取补救措施并考虑主动披露，以争取从轻、减轻处罚。

第三编　涉外经济法治编

第六章　对外贸易法治发展

第一节　大　事　记

一、中共中央政治局就世界贸易组织规则与世界贸易组织改革进行第八次集体学习，习近平总书记作重要讲话

2023 年 9 月 27 日，中共中央政治局就世界贸易组织规则与世界贸易组织改革进行第八次集体学习。中共中央总书记习近平在主持学习时强调，世界贸易组织是多边主义的重要支柱，是全球经济治理的重要舞台。对世界贸易组织进行必要改革是普遍共识、大势所趋。我们要从更好统筹国内国际两个大局、更好统筹发展和安全的高度，深刻认识参与世界贸易组织改革的重要性和紧迫性，以更加积极的历史担当和创造精神，全面参与世界贸易组织改革和国际经贸规则调整，以高水平对外开放促进深层次改革、高质量发展。①

二、国务院出台系列重要文件，对接国际高标准经贸规则稳妥推进

2023 年 6 月 29 日，国务院印发《关于在有条件的自由贸易试验区和自由贸易港试点对接国际高标准推进制度型开放若干措施》国发〔2023〕9 号文（以下简称《若干措施》），②率先在上海、广东、天津、福建、北京等具备条件的 5 个自由贸易试验区和海南自由贸易港，试点对接相关国际高标准经贸规则。《若干措施》试点实施 1 年后，将由商务部组织开展评估，将试验效果好、风险可控的试点措施复制推广至更大范围进行压力测试，不断推进高水平对外开放。③

---

① 习近平在中共中央政治局第八次集体学习时强调：积极参与世界贸易组织改革 提高驾驭高水平对外开放能力，https://www.gov.cn/yaowen/liebiao/202309/content_6906628.htm，2023 年 12 月 30 日最后访问。

② 国务院印发关于在有条件的自由贸易试验区和自由贸易港试点对接国际高标准推进制度型开放若干措施的通知，https://www.gov.cn/zhengce/content/202306/content_6889026.htm，2023 年 12 月 30 日最后访问。

③ 对接国际高标准经贸规则迈出新步伐，https://www.gov.cn/zhengce/202307/content_6889650.htm，2023 年 12 月 30 日最后访问。

2023 年 12 月 7 日，国务院发布《全面对接国际高标准经贸规则推进中国（上海）自由贸易试验区高水平制度型开放总体方案》国发〔2023〕23 号文（以下简称《总体方案》）。[①]相关对接国际高标准经贸规则的措施借鉴了《全面与进步跨太平洋伙伴关系协定》（CPTPP）等高水平经贸协定中的条款，结合相关自贸试验区的实际情况，提出了一系列开放和改革举措，为推进我国高水平制度型开放助力。

三、全国人大常委会发布《关税法》等法律草案，对外贸易立法迈出新步伐

2023 年 12 月 29 日，全国人大常委会法制工作委员会发布 7 件法律草案公开征求意见，其中包括《关税法（草案）》和《国境卫生检疫法（修订草案）》。[②]制定《关税法》是我国对外贸易立法体系的重要新进展。该法提升了我国关税法律体系的完整性和系统性。同时，在国际形势复杂多变的背景下，《关税法》不仅确保了中国的关税制度与国际经贸规则相一致，有利于推进高水平对外开放，同时，也为必要的贸易反制提供法律依据，有助于维护国家主权和利益。与过往修订相比，《国境卫生检疫法》此次修订草案的亮点主要在扩大监管病种、调整检疫对象、强化国境卫生检疫工作的保障措施、完善应急处置措施、强化法律责任以及加强国际合作等方面。

四、央地共同发力，服务贸易开放进入新阶段

2023 年 1 月，商务部根据国务院之前的批复，印发沈阳、南京、杭州、武汉、广州、成都开展服务业扩大开放综合试点的总体方案。2023 年 11 月，国务院发布《支持北京深化国家服务业扩大开放综合示范区建设工作方案》。该方案被称为北京国家服务业扩大开放综合示范区的 2.0 方案。目前，我国已经宣布制造业外资准入限制将要清零，与此同时，跨境服务贸易负面清单管理制度正在被逐步引入。服务贸易开放正在成为我国对外开放的重点与难点。

---

① 中国政府网，https://www.gov.cn/zhengce/zhengceku/202312/content_6918914.htm，2023 年 12 月 30 日最后访问。

② 中国人大网，http://www.npc.gov.cn/flcaw/?ivk_sa=1024609w，2023 年 12 月 30 日最后访问。

五、我国签署一系列自由贸易协定，自贸区提升战略取得新进展

2023 年，中国完成了与厄瓜多尔、尼加拉瓜、塞尔维亚的自由贸易协定谈判并签署协定，完成了与新加坡的进一步升级自由贸易协定谈判并签署了议定书。中国—洪都拉斯自贸谈判正式启动。2024 年 1 月 1 日，中国—尼加拉瓜自由贸易协定完成双方国内批准程序开始生效。中国—尼加拉瓜自贸协定是中国第一个作出跨境服务贸易负面清单承诺的自贸协定。中新进一步升级自贸协定也包含了跨境服务贸易负面清单承诺。至此，中国已经签署了 22 个自贸协定，拥有 29 个自贸伙伴。中国对外贸易中被零关税自贸协定覆盖的比例已经超过 40%。2023 年 6 月 2 日，《区域全面经济伙伴关系协定》（RCEP）对菲律宾正式生效，使得该协定得以在所有 15 个成员中生效。另外，中国—海合会自贸谈判已经恢复，中日韩自贸谈判也有望恢复。党的十九届五中全会在审议的“十四五”规划中提出了自由贸易区提升战略，其中确定的以周边为重点、面向全球建立高标准自贸区网络的目标正在逐步实现。

六、我国积极推动世贸组织规则谈判，相关议题取得重要进展

2023 年 6 月 27 日，中国商务部部长王文涛向世贸组织总干事伊维拉递交了中国对世贸组织《渔业补贴协定》的接受书。《渔业补贴协定》是世贸组织首个主要旨在实现环境可持续发展目标的协定，于 2022 年 6 月世贸组织第 12 届部长级会议（MC12）上达成。中国正式接受该协定是积极落实世贸组织第 12 届部长级会议成果的重要举措，为该协定的正式生效作出了重要贡献。2023 年 7 月 6 日，中国牵头和一些发展中国家共同发起的 110 多个成员参加的世贸组织《促进发展的投资便利化协定》文本谈判在日内瓦完成。“投资便利化”是第一个由中国在世贸组织设置并发起的多边议题，目的是落实 2016 年 G20 杭州峰会达成的《全球投资指导原则》。[①]2023 年 12 月世贸组织总理事会上，约 120 个世贸组织成员宣布该协定最终文本已经完成法律校审，并呼吁全体成员尽快履行必要程序将该协定纳入世贸组织法律框架。预计还有近 10 个世贸组织成员即将加入该协定。2023 年 12 月 20 日，在瑞士日内瓦举行的 2023 年最后一轮谈判结束后，WTO 电子商务联合声明倡议成员宣布就数字贸易便利化、开放的

---

① 商务部世贸司负责人解读世贸组织投资便利化协定谈判成果，http://www.mofcom.gov.cn/article/xwfb/xwsjfzr/202307/20230703420570.shtml，2023 年 12 月 30 日最后访问。

数字环境以及商业和消费者信任等三大领域的数字贸易规则达成实质性成果。另外，谈判仍有电子传输免关税、发展、电子支付、使用加密技术的信息通讯技术产品以及电信服务等问题尚待达成共识。本次宣布实质性完成部分议题谈判旨在锁定谈判成果，以期在2024年及时完成所有谈判。

七、我国与发达国家的对外经贸关系在曲折中发展

美国拜登政府以“拜登经济学”“新华盛顿共识”等概念描绘其国内国际经济政策，其中强调的产业政策与其盟友政策相结合，具有明显的歧视性。在认识到全球贸易相互依赖的现实难以改变的情况下，美国及其盟友继续以“去风险”为名采取对华出口管制和进口限制。2023年，美国实体清单、特别指定国民名单、涉疆法案实体清单中的中国实体都在继续增加。美日荷达成协议共同对华进行半导体限制。美国针对人工智能、量子计算和集成电路推出了新的对华投资限制措施。面对各种管制限制和制裁措施，中方也进行了必要反制。

在经贸关系日趋复杂的背景下，美国财政部长和商务部长先后访华，双方在商务、财政、金融等领域重新建立双边沟通渠道。2023年11月，中美两国领导人在旧金山举行会晤，双方达成了一系列共识，为稳定双边经贸关系和管控分歧起到了关键作用。2023年12月，欧洲领导人访华参加中欧峰会，取得了一系列务实成果。中日韩外长会议在时隔四年后再次举行。中澳经贸关系有所回暖，在1996年至2020年期间连续不断每年对华进行反倾销反补贴调查之后，近3年澳大利亚对华没有发起新的贸易救济调查。中方对澳大利亚大麦贸易救济措施已经取消，对澳大利亚葡萄酒的贸易救济措施正在复审程序中。中澳双方海关AEO互认安排于2023年12月14日正式实施。

八、我国首次发布《美国履行世贸组织规则义务情况报告》

2023年8月11日，中国商务部首次发布《美国履行世贸组织规则义务情况报告》。报告梳理美国履行世贸组织规则义务概况并作总体评价，表达对美破坏多边贸易体制、实施单边贸易霸凌、操纵产业政策双重标准、扰乱全球产业链供应链等政策措施的关注。报告全文85页，涵盖关税和非关税壁垒，产业补贴，农业补贴，贸易救济，标准、技术法规和合格评定程序，服务贸易，知识

产权，出口管制与经济制裁，投资审查政策，购买美国货，国际经贸合作中的歧视性安排等 11 个方面对美国政策措施的具体关注。[①]

商务部世贸司负责人表示，中国商务部发布《美国履行世贸组织规则义务情况报告》，是基于美国履行世贸组织规则义务的客观情况，表达对其相关政策措施的关注，维护世贸组织重事实、讲规则的优良传统。中方愿借此机会呼吁美方及时纠正错误言行，切实遵守世贸组织规则和自身承诺，积极维护多边贸易体制的权威性、完整性和有效性。中方将一如既往地与各方密切沟通并紧密合作，全面深入参与世贸组织改革，共同努力推动多边贸易体制在全球经济治理中发挥更大作用。

第二节 综 合 分 析

一、我国的贸易救济法律体系与执法机制

在法律层面上，我国的贸易救济制度由《对外贸易法》规定，相关章节为第 7 章、第 8 章。在行政法规层面上，《反倾销条例》《反补贴条例》和《保障措施条例》对我国的贸易救济制度进行了规定。为配合《反倾销条例》《反补贴条例》《保障措施条例》的实施，商务部（原外经贸部或国家经贸委）先后制定了 26 项部门规章。

此外，2023 年 7 月 1 日施行的《对外关系法》第 33 条规定，对于违反国际法和国际关系基本准则的、危害我国主权、安全和发展利益的行为，我国有权采取相应反制和限制措施；国务院及其部门制定必要的行政法规、部门规章，建立相应工作制度和机制，加强部门协同配合，确定和实施有关反制和限制措

① 我国首次发布《美国履行世贸组织规则义务情况报告》，http://m.news.cn/2023－08/11/c_ 1129799434.htm，2023 年 12 月 30 日最后访问。报告指出，美国作为被世贸组织成员发起争端解决最多的成员，不仅选择性执行世贸组织裁决，还执意阻挠上诉机构成员遴选并导致其陷入“瘫痪”，是“多边贸易体制破坏者”。美国长期以“国家安全”“人权”和“强制技术转让”等为由，对其他成员采取单边措施，任意加征关税，滥用贸易救济，并利用其在经贸领域的优势地位胁迫其他成员服从美国的外交政策和无理要求，是“单边主义霸凌行径实施者”。美国大规模实施排他性、歧视性的补贴扶持政策，利用出口管制等手段限制其他成员产业发展，是“产业政策双重标准操纵者”。美国挑动“脱钩”“断链”，试图以单边关税措施倒逼产业链回迁，以巨额补贴手段建立以美国为中心的产业链供应链，以所谓“价值观”为基础推动近岸友岸外包，是“全球产业链供应链扰乱者”。

施。这一规定为在对外贸易领域实施相应的反制和限制措施确立了新的法律依据。

贸易救济工作现由商务部贸易救济调查局主管。[①]经过 20 多年的发展，我国贸易救济执法机制不断健全完善，形成了由国内产业或行业协会为申请主体，以商务部为调查主管机关主体，地方商务主管部门、中介组织相协调的工作机制。国务院关税税则委员会根据商务部的建议，决定反倾销税、反补贴税和保障措施关税的征收，并由海关负责执行。

二、我国贸易救济措施实践评述

（一）贸易救济措施的数量

从数量上看，我国对外采取的贸易救济措施与其他世界主要经济体相比数量较少，体现了我国在采取贸易救济措施方面持较为谨慎和温和的立场。自 1997 年我国发起第一起反倾销调查至 2023 年期间，中国对其他国家（地区）发起反倾销调查 294 次，对外发起反补贴调查 17 次，发起保障措施调查共 2 次。中国是世界第一大出口国和第二大进口国，但对外发起的贸易救济调查数量在 G20 成员中仅位列第 8。从数据来看，中国采取的对外贸易救济措施并没有随着中国的进出口贸易量的增长而呈正比增长（见表 6-1）。

反观同期其他国家（地区）对中国发起的贸易救济调查数量，中国长期以来是其他国家和地区贸易救济措施的最大对象国。1995 年至 2003 年间，中国被发起反倾销调查 1 588 次，被发起反补贴调查 205 次，占全球发起的反倾销、反补贴调查总量的 37.8%，在 G20 成员中位列第 1（见表 6-2）。

表 6-1　1995—2023 年部分 G20 成员发起贸易救济调查数量对比

序号	国家（地区）	反倾销	反补贴	保障措施	总数
1	印度	1 146	32	48	1 226
2	美国	891	319	13	1 223
3	欧盟	548	92	15	655

① 2014 年 4 月，商务部原公平贸易局职能与原产业损害调查局的产业损害调查与裁定工作职责合并，组建贸易救济调查局。

续表

序号	国家（地区）	反倾销	反补贴	保障措施	总数
4	巴西	442	15	4	461
5	阿根廷	424	3	6	433
6	澳大利亚	378	41	4	423
7	加拿大	280	80	4	364
8	中国	294	17	2	313
9	南非	254	13	9	276
10	土耳其	241	3	28	272
11	墨西哥	178	6	2	186
12	印度尼西亚	148	0	38	186
13	韩国	170		4	174
14	俄罗斯	61	1	7	69
15	沙特阿拉伯	24		4	28
16	日本	17	1	1	19
17	英国（脱欧后）	2	2	0	4
总数		5 498	625	189	6 312

表 6-2 1995—2023 年部分 G20 成员被发起贸易救济调查的数量对比

序号	国家（地区）	反倾销	反补贴	总数
1	中国	1 588	205	1 793
2	韩国	490	33	523
3	印度	275	103	378
4	美国	319	24	343
5	印度尼西亚	246	32	278
6	日本	241		241
7	俄罗斯	197	9	206
8	巴西	171	13	184
9	欧盟	145	15	160
10	土耳其	129	28	157
11	墨西哥	92	3	95
12	南非	85	8	93

续表

序号	国家（地区）	反倾销	反补贴	总数
13	加拿大	54	14	68
14	阿根廷	52	12	64
15	沙特阿拉伯	54	2	56
16	英国	54	1	55
17	澳大利亚	38	4	42
总计		4 230	506	4 736

（注：上述数据统计截至 2023 年 6 月 30 日）①

（二）贸易救济措施的实施期限

中国贸易救济措施实践中，经复审实施期限延长的比例较高。在 1997 年至 2023 年间中国对外发起的贸易救济调查案件中，除 55 件裁定无措施结案和部分案件正在调查外，其他 264 起案件均采取贸易救济措施。在 160 件经历日落复审的案件中，131 件裁定延长贸易救济措施的实施期限。部分案件经两次或 3 次日落复审后仍决定继续实施贸易救济措施，措施实施期限长达 10 余年。

（三）贸易救济措施的对象国（地区）

1995 年至 2023 年，对比我国贸易救济的对象国（地区）和对我国发起贸易救济调查的国家（地区），排名前 10 的国家（地区）中仅有美国、欧盟和印度存在重合（见表 6-3、表 6-4）。从贸易量上看，我国贸易救济调查的对象国（地区）均为我国的主要进口来源地，且以欧美日韩等发达国家为主。其中美国是我国贸易救济的首要对象国，也是对我国采取贸易救济措施最多的国家。从时间上看，我国对美国发起贸易救济调查的 3 个高峰分别是 2001 年我国加入 WTO 初期，2008 年全球金融危机期间和 2018 年至 2019 年美国挑起中美贸易摩擦初始阶段。

表 6-3　对中国发起贸易救济调查的国家（地区）

序号	发起国（地区）	反倾销	反补贴	总数
1	美国	192	108	300
2	印度	289	0	289

① 数据来源：https://www.wto.org/english/tratop_e/scm_e/scm_e.htm；https://www.wto.org/english/tratop_e/safeg_e/safeg_e.htm；https://www.wto.org/english/tratop_e/adp_e/adp_e.htm，2023 年 12 月 30 日最后访问。

续表

序号	发起国（地区）	反倾销	反补贴	总数
3	欧盟	150	17	167
4	阿根廷	139	0	139
5	巴西	105	3	108
6	土耳其	84	2	86
7	澳大利亚	64	21	85
8	加拿大	49	29	78
9	墨西哥	67	1	68
10	哥伦比亚	56	0	56

表 6-4 中国发起贸易救济调查的对象国（地区）

序号	对象国（地区）	反倾销	反补贴	总数
1	美国	57	10	67
2	日本	53	0	53
3	韩国	42	0	42
4	欧盟	31	3	34
5	中国台湾	20	0	20
6	印度	12	2	14
7	俄罗斯	11	0	11
8	马来西亚	9	0	9
9	新加坡	9	0	9
10	泰国	9	0	9

（四）贸易救济措施针对的行业

我国对外贸易救济呈现明显的行业集中性特征。在我国对外发起的贸易救济措施中，排名前 3 的行业为化学原料和制品工业（包括塑料及橡胶制品）、造纸工业和钢铁工业，化学原料和制品工业（包括塑料及橡胶制品）占贸易救济案件总数的 69.2%。[①]从世界范围内来看，与全球贸易救济调查主要针对的产业

① 数据来源于中国贸易救济信息网 http://cacs.mofcom.gov.cn/，2023 年 12 月 30 日最后访问。

高度重合。从化工行业的涉案产品在产业链中的位置来看，绝大部分属于中间产品，且广泛应用于国计民生，不公平贸易产生的损害很容易传导到下游产业。

三、外国对华贸易救济措施中的法律问题与中国应对

中国在 WTO 争端解决机制下就其他成员对中国采取的贸易救济措施提起的案件共 16 起，[①]其中 12 起案件进入了专家组程序。[②]在这些涉及对华贸易救济措施的案件中，典型的法律问题是认定公共机构（public body）、市场经济地位问题和计算倾销幅度的归零法（zeroing）。

（一）公共机构的认定

围绕公共机构认定问题的涉及对华贸易救济措施的案件主要有 DS379 案和 DS437 案件。《补贴与反补贴协定》（以下简称“SCM 协定”）中的“公共机构”的认定问题是 WTO 补贴和反补贴实践中长期存在争议的问题。对于该词的定义将关系到国有企业是否构成 SCM 协定中适格的补贴主体。在 DS379 案中，中国认为美国对于 4 项中国出口的产品征收的肯定性反倾销和反补贴税违反了《1994 年关税与贸易总协定》（以下简称“GATT1994”）、SCM 协定的部分条款和《中国加入世界贸易组织议定书》（以下简称《中国入世议定书》）第 15 条。在美国商务部对于中国产品采取的双反措施中，提供原材料的国有企业和提供贷款的国有商业银行被美国商务部认定为“公共机构”。

与“公共机构”的定义这一问题相关的条款是 SCM 协定第 1 条第 1 项 a1 目的规定。专家组认为，该条款中的“公共机构”的含义是“任何由政府所控制的实体”；最后，专家组认为美国商务部将本案的国有企业和国有商业银行认定为公共机构并不违反 SCM 协定第 1 条第 1 项 a1 目的规定。[③]上诉机构则推翻了专家组的这一观点，认为“公共机构”是“拥有、行使或被赋予政府权力的实体”[④]，并最终认定美国商务部将提供原材料的国有企业认定为“公共机构”

---

① 分别是 DS252、DS368、DS379、DS397、DS405、DS422、DS437、DS449、DS452、DS471、DS515、DS516、DS544、DS562、DS563、DS603。

② 分别是 DS252、DS379、DS397、DS405、DS422、DS437、DS449、DS471、DS516、DS562、DS544、DS603。

③ WTO Panel Report, United States—Definitive Anti—dumping and Countervailing Duties on Certain Products from China, WT/DS379/R, p.280.

④ WTO Appellate Body Report, United States—Definitive Anti—dumping and Countervailing Duties on Certain Products from China, WT/DS379/AB/R, adopted 25 March 2011(hereinafter“WT/DS379/AB/R”)，p.122.

违反了 SCM 协定第 1 条第 1 项 a1 目，而美国商务部将国有商业银行认定为“公共机构”并不违反该条款。[①]上诉机构在 DS379 案中采用的界定“公共机构”的方法被学界称为“政府权力标准”或“政府权力说”。

在 DS437 一案中，争议措施为美国商务部 2007 年至 2012 年对中国热敏纸等产品的 17 起反补贴调查案的初步裁决或最终裁决。美国商务部在其中 14 起调查案中，将中国的国有企业认定为“公共机构”。专家组和上诉机构基本上沿用了“政府权力说”。

（二）中国的市场经济地位

围绕中国的市场经济地位和对中国出口的产品在计算正常价值时使用替代国标准的问题产生于《中国入世议定书》第 15 条 a 款和 d 款。根据 a 款的规定，WTO 成员对进口自中国的产品进行反倾销调查的价格比较时，可以使用非基于中国国内价格或成本进行严格比较的方法。而根据 d 款规定，若中国根据 WTO 进口成员的国内法证实其是一个市场经济体，则（a）项的规定即应终止；（a）款（ii）项的规定应在加入之日后 15 年终止；如中国根据该 WTO 进口成员的国内法证实一特定产业或部门具备市场经济条件，则 a 款中的非市场经济条款不得再对该产业或部门适用。在第 15 条 d 款规定的日期（2016 年 12 月 11 日）过后，美国、欧盟、日本先后表示中国不会自动获得市场经济地位。中国随后对欧盟的反倾销条例和美国相关的反倾销规定分别在 WTO 提起诉讼（分别是 DS516 案和 DS515 案）。

在 DS516 案中，中国在磋商申请书中指出，中国认为欧盟当时的反倾销条例[②]中针对中国产品反倾销调查中对于“非市场经济”国家确定正常价值的有关规定违反了 WTO《反倾销协定》第 2.1、2.2 条和 GATT 1994 第 1.1、6.1 条。[③]根据条例第 7 条 a 款和 b 的规定，中国受欧盟反倾销调查的出口生产商若不能证明在生产和销售涉案产品的过程中存在占主导地位的市场经济条件，那么在计算正常价格时应以一个“市场经济第三国”的价格或结构价值为基准。[④]欧盟议会于 2017 年 12 月 19 日的《反倾销调查新方法修正案》中取消

① WT/DS379/AB/R, p.225.

② Regulation (EU) 2016/1036 of the European Parliament and of the Council of 8 June 2016 on protection against dumped imports from countries not members of the European Union (codification).

③ European Union-Measures Related to Price Comparison Methodologies, Request for Consultations by China, WT/DS516/1; G/L/1170; G/ADP/D116/1.

④ European Union-Measures Related to Price Comparison Methodologies, Request for Consultations by China, WT/DS516/1; G/L/1170; G/ADP/D116/1.

了“非市场经济国家名单”，也不再规定把中国作为“非市场经济国家”的法律假设，但引入了“市场严重扭曲”的概念和标准：在所谓的“市场严重扭曲”情形下，可以不使用出口国的价格或成本，而选择使用第三国或国际市场价格或成本来确定是否存在倾销。[①]中方认为，“欧盟反倾销调查新方法缺乏世贸组织规则依据，增加了法律适用的不确定性，将对世贸组织反倾销法律体系造成严重破坏”。[②]美国向 DS516 案专家组提交的一份书面法律解释提出，进口成员拒绝非市场经济条件下的国内价格或成本用于倾销比较的权利直接源于 WTO 反倾销规则的原则条款——GATT 1994 第 6.1 条和《反倾销协定》第 2 条。

而在 DS515 案中，中国认为美国的关税法、美国商务部的相关规定以及决定中将中国认定为“非市场经济国家”违反了 WTO《反倾销协定》第 2.1、2.2、9.2、18.1、18.4 条和 GATT 1994 第 1 条第 1 款、第 6 条第 1 和第 2 款。[③]不过该案并没有进入专家组程序。

（三）中国面临的挑战与应对

1.“公共机构”问题与中国面临的挑战

DS379 案的上诉机构曾指出，可以从是否有“有意义的控制”（meaningful control）来考察一个实体是否被赋予了政府权力。美国则在其反补贴实践中利用了这一缺口，试图将界定“公共机构”的标准转移到“政府控制说”。[④]在印度诉美国“对印度特定热轧碳钢板产品的反补贴措施案”（DS436 号案）中，印度认为，美国商务部基于印度政府持有的对案涉国有企业的股权而裁定其为“公共机构”违反了 SCM 协定第 1 条第 1 项 a1 目。美国认为公共机构是指被政府控制，以至于政府能将其资源当作政府自己的资源来使用的实体。中国作为第三方，要求上诉机构坚持在 DS379 号案中确立的标准，强调仅在特定情况下，“有意义的控制”可作为政府权力的证据，而不能等同于赋予或实施政府权力。上诉机构认为，专家组将“公共机构”界定为“被政府有意义地控制的任何实体”是对 SCM 协定第 1 条第 1 项 a1 目作了错误的实质解释，并且上诉机构还

---

① 肖冰：《论 WTO 倾销价格可比方法的规则逻辑及其适用——以 DS516“美国释义”为线索》，载《国际经济法学刊》2020 年第 2 期，第 9－27 页。

② 中华人民共和国商务部：《商务部新闻发言人就欧洲议会通过反倾销调查新方法修正案发表谈话》，http://www.mofcom.gov.cn/article/ae/ag/201711/20171102671544.shtml，2023 年 12 月 8 日最后访问。

③ United States-Measures Related to Price Comparison Methodologies-Request for Consultations by China, WT/DS515/1; G/L/1169; G/ADP/D115/1.

④ 陈卫东：《中美围绕国有企业的补贴提供者身份之争：以 WTO 相关案例为重点》，载《当代法学》2017 年第 3 期。

特别区分了作为实质性法律标准的“赋予政府权力”和作为证据性标准的“有意义的控制”。上诉机构还指出，判断特定行为是否为公共机构，“必须通过评估该实体的核心特征以及其与政府的关系”，而且“必须着重于与该实体是否被赋予或实施政府权力的问题相关的证据”。简言之，“有意义的控制”作为证据性标准而言仍需要进行个案判断。此外，上诉机构否定了通过政府所有权、董事会的任命的形式特征来认定“公共机构”的路径，但是上诉机构并没有释明在其他何种进一步的证据支持下可以认定“公共机构”。[①]因此，美国仍有可能继续试探“公共机构”规则的底线。同时，若触及对“政府权力”一词的含义进行解释将可能涉及政治问题。此外，在《全面与进步跨太平洋伙伴关系协定》（CPTPP）中设立的国有企业专章，明确将国有企业规定为“非商业援助”的主体。在美墨加协定中也有相似的条款。这些条款虽然不是解释 SCM 协定的上下文，但是反映出了一些成员国对于公共机构问题改革的趋势。

虽然中国在区域贸易协定的公共机构问题上有被围堵之势，但是这同时也是中国的契机。美国在推行贸易逆全球化的同时也将其与主要贸易国家的关系推远，中国如果借此机会进一步深化国内改革，同时对标高标准的区域国际经贸规则（如 CPTPP），那么中国有机会在规则制定上发挥更多主动权。

2. 市场经济地位问题的现状与中国面临的挑战

2019 年的 5 月 7 日，中国申请暂停 DS516 案的专家组程序。同年 6 月 14 日，专家组同意了中国的申请，该案的专家组程序暂停。中国暂停 DS516 案专家组程序的原因可能是中国想要与欧盟在临时上诉仲裁机制上保持合作，且中欧受价格竞争的影响下降，虽然欧盟在实践中仍然采取了对中国的歧视性做法，但是反倾销不再是欧盟针对中国的主要贸易救济措施。[②]然而，中美欧围绕中国的市场经济地位以及针对中国出口产品进行反倾销调查时应使用的计算标准的争议并未停息。中国加入世界贸易组织满 15 周年并不意味着中国自动取得市场经济地位，也不意味着 2016 年后对华反倾销计算倾销幅度将按照中国国内价格计算正常价值，WTO 成员在采取外部基准计算倾销幅度上仍然享有较大的自由

① 陈卫东：《中美围绕国有企业的补贴提供者身份之争：以 WTO 相关案例为重点》，载《当代法学》2017 年第 3 期。

② 屠新泉、于泓：《中国的市场经济地位与 WTO 的未来》，载《经济研究参考》2021 年第 6 期，第 13－22 和第 40 页。

裁量权。[1]欧盟的“市场扭曲”概念、美国在 WTO 提出的关于市场导向的提案以及美欧日针对补贴问题的联合声明表明西方在“市场经济条件”这一问题上有共同利益，而美国尤其希望通过处理“非市场经济体制”问题来针对中国的经济体制。[2]

四、与贸易救济有关的国际经贸规则谈判

（一）中国关于贸易救济多边规则的改革建议

2019 年 5 月，中国正式向世贸组织递交了《中国关于世贸组织改革的建议文件》，其中就完善贸易救济领域相关规则的问题和表现、目标和任务进行了阐述，并提出了如下改革建议：第一，恢复不可诉补贴并扩大范围。第二，澄清并加严反倾销价格比较相关规则，改进日落复审规则，探索反规避统一规则。第三，澄清和改进补贴认定、补贴利益确定、可获得事实等补贴和反补贴相关规则，防止反补贴措施滥用。第四，改进反倾销反补贴调查透明度和正当程序，加强效果和合规性评估。第五，给予发展中成员、中小企业和公共利益更多考虑。[3]中国的改革建议一方面期望通过恢复研发补贴和落后地区补贴等不可诉补贴以确保包括中国在内的发展中国家的必要的发展空间，另一方面基于长期作为贸易救济措施最大目标国的关切，希望通过对贸易救济规则的完善，防止贸易救济措施滥用损害中国在多边贸易体制下本应享有的非歧视待遇。

在反倾销规则领域，我国的核心诉求是不公正的价格计算方法的适用，限制反倾销措施实施的期限，并补足多边贸易规则中反规避条款的空白。基于《中国入世议定书》第 15 条（a）项，部分 WTO 成员方在反倾销调查中长期对中国适用替代国方法计算出中国产品正常价值。首先，即使在第 15 条（d）项规定的终止期限届满后，部分国家仍拒绝承认中国的市场经济国家地位，或转而认定中国存在特殊市场状况从而继续适用替代国方法。[4]其次，目前的《反倾销协定》第 11 条虽然规定了形式上的日落条款，但实质上不仅规定经复审可再延

---

① 林惠玲：《美国对华产品反补贴调查外部基准适用问题述评》，载《经济问题》2019 年第 4 期，第 98－105 页。

② 屠新泉、于泓：《中国的市场经济地位与 WTO 的未来》，载《经济研究参考》2021 年第 6 期，第 13－22 和第 40 页。

③ See WTO, China's Proposal on the WTO Reform, Communication China, WT/GC/W/773, 13 May 2019.

④ 王永杰：《〈反倾销协定〉中的特殊市场状况规则研究》，载《浙江理工大学学报（社会科学版）》2023 年第 5 期，第 601－609 页。

长5年，而且在如何认定是否存在继续实施反倾销措施的条件和程序上未作统一规定，形成了充满贸易保护色彩的“日不落”。[①]最后，为应对其他成员对中国实施的贸易救济措施，中国不少企业转向第三方转口、加工来改变企业的原产地，此种行为招致了频繁的反规避调查，[②]但目前并无针对反规避领域的统一规则。

在反补贴规则领域，中国在反补贴领域的改革建议几乎与美国的主张针锋相对。[③]恢复并扩大不可诉补贴规则改变了目前SCM协定下对补贴和反补贴权利义务的分配，增加了出口方成员进行产业补贴的权利空间。SCM协定现有规则的缺失和模糊，给部分成员不加区别地扩张SCM协定下“公共机构”的范围，滥用“外部基准”标准认定补贴利益等滥用反补贴措施的行为提供了空间，破坏了SCM补贴下补贴权利和义务的平衡，[④]中国的改革建议旨在修复这种权利平衡。

特殊与差别待遇领域议题的分歧体现在两个方面，一是发展中国家认定规则的缺失，二是特殊与差别待遇有效实施的问题。[⑤]中国的发展中国家地位受到挑战之际，中国更要加快推进“精确、有效、可操作”的特殊与差别待遇规则谈判。[⑥]

上述改革建议是中国坚定支持以世贸组织为核心的多边贸易体制，积极推动贸易投资自由化便利化、全力支持发展中国家融入多边贸易体制、坚决反对单边主义和保护主义的政策目标的体现，[⑦]也是对欧美国家提出的改革方案的回应。

① 徐妍：《反倾销税日落复审制度比较研究》，载《比较法研究》2009年第4期，第100–110页。

② 参见高扬、查贵勇：《2022年境外对华反规避调查趋势及典型案例评析》，载《中国海关》2023年第4期，第48–50页。

③ 参见：都亳：《WTO产业补贴规则的改革与中国应对》，载《武大国际法评论》2022年第3期，第65–67页。

④ 丁如：《世界贸易组织补贴与反补贴规则的平衡机制及其改革》，载《经贸法律评论》2023年第3期，第59–78页。

⑤ 漆彤、范睿：《WTO改革背景下发展中国家待遇问题》，载《武大国际法评论》2019年第1期，第93–108页。

⑥ 张向晨大使在2020年10月总理事会上的发言，at http://www.mofcom.gov.cn/article/i/dxfw/nbgz/202010/20201003008211.shtml，最后访问日期为2023年12月8日。

⑦ 参见国务院新闻办公室：《中国与世界贸易组织》白皮书，2018年6月28日电，athttps://www.gov.cn/zhengce/2018-06/28/content_5301884.htm，最后访问日期为2023年12月8日。

（二）中国积极参与 FTA 贸易救济规则谈判

中国推动 WTO 多边规则谈判改革的同时，也积极推动有益于自身的诸边、双边和区域贸易协定谈判。在中国参与的已经谈判完成的规则中，个别协定在内部排除适用贸易救济规则，[①]部分协定只是简单重申了 WTO 的贸易救济规则，[②]还有部分协定创新性地规定了更加严格的贸易救济规则，这类规则一定程度上也反映了中国对多边规则改革的立场。

第一，澄清并加严反倾销价格比较相关规则。为扭转不利的价格比较方法，中国在部分双边自由贸易协定中排除了替代国方法的适用。《中国—韩国自由贸易协定》第 7.7 条规定："缔约双方确认在反倾销调查计算倾销幅度时不使用第三国替代价值的方法，包括在确定正常价值和出口价格时不使用替代价格或替代成本。"[③]《中国—格鲁吉亚自由贸易协定》第 7 章第 1 节第 1 条第 3 款同样规定："任一缔约方在反倾销调查中计算倾销幅度时，不得为确定正常价值使用基于第三国的替代价格的方法。"[④]《中国—东盟全面经济合作框架协议货物贸易协议》第 14 条声明"东盟十国中的每一个成员国均承认中国的市场经济地位"，不适用《中国入世议定书》第 15 条"确定补贴和倾销时的价格可比性"及《中国加入世贸组织工作组报告书》第 242 段。

由于《反倾销协定》规定的模糊性，在 WTO 争端解决机构多次裁决归零法违反 WTO 义务后，美国仍然坚持使用目标倾销的计算方法，将不可避免地损害我国的贸易利益。[⑤]《区域全面经济伙伴关系协定》（RCEP）第 7 章第 13 条首次在自贸协定中明确规定禁止归零。

第二，改进反倾销调查透明度和正当程序。在反倾销调查的透明度和正当程序方面，包括 RCEP、《中国—澳大利亚自由贸易协定》在内的自贸协定均提出了更高的透明度要求，对披露的形式、披露期限、披露内容等提出更高要求，

---

① 在中国已经签署的区域贸易协定中，仅有中国内地与香港、澳门分别签署的《关于建立更紧密经贸关系的安排》（CEPA）在内部贸易中取消了反倾销反补贴措施。

② 包括《中华人民共和国政府与东南亚国家联盟成员国政府全面经济合作框架协议货物贸易协议》《中国—毛里求斯自由贸易协定》《中国—巴基斯坦自由贸易协定》《中国—智利自由贸易协定》中的反倾销、反补贴措施。

③ 中国自由贸易区服务网：《中国—韩国自由贸易协定》第 7 章贸易救济，http://fta.mofcom.gov.cn/korea/annex/xdwb_07_cn.pdf，最后访问日期为 2023 年 12 月 8 日。

④ 中国自由贸易区服务网：《中国—格鲁吉亚自由贸易协定》第 7 章贸易救济，http://fta.mofcom.gov.cn/georgia/annex/gljy_08_cn.pdf，最后访问日期为 2023 年 12 月 8 日。

⑤ 肖军、李丹虹：《WTO 目标倾销规则视野下的归零法问题——评韩国洗衣机案》，载《武大国际法评论》2017 年第 4 期，第 140－152 页。

对通报、磋商和调查程序作出更明确的规定。

第三，在反补贴规则方面，一定程度上反映了中国澄清和改进补贴规则、防止反补贴措施滥用、加强反补贴调查透明度，以及考虑发展中成员的改革要求。例如，《中国—东盟全面经济合作框架协议货物贸易协议》第 14 条规定不适用包括使用“外部基准”计算补贴价格的《中国入世议定书》第 15 条。

第四，在保障措施方面，中国参加的自贸协定尚未出现取消保障措施的情况。多数自贸协定在 WTO 保障措施规则上增加了限制性规定，包括增加约束条件、加强效果评估和缩短实施期限等，部分自贸协定还设定了特殊的双边/过渡性保障措施，这些双边/过渡性保障措施对保障措施的实施条件和期限要求更为严格，并规定了更高的磋商和补偿义务；中国与新加坡、新西兰签署的自贸协定中明确规定，根据 WTO 规则采取全球保障措施时可排除缔约方的进口产品；RCEP 还规定了不得对最不发达国家缔约方的原产货物实施临时措施或过渡性保障措施。

第三节 热点聚焦

一、深刻认识参与世界贸易组织改革的重要性和紧迫性

由于 WTO 争端解决机制停摆、个别成员采取的单边主义和滥用安全例外条款的措施动摇了 WTO 体制赖以建立的“非歧视原则”，世界贸易组织面临着前所未有的生存危机，改革已成为各方共识。虽然当前各主要成员均承认以 WTO 为核心的多边贸易体系的重要性，但各方对于 WTO 改革的立场和意见不尽相同。[①]中国于 2018 年 11 月发布《中国关于世贸组织改革的立场文件》，在坚持多边贸易体制、旗帜鲜明地反对保护主义的基础上阐述了中国对世贸组织改革的三个基本原则和五点主张。[②]以该立场文件为基础，2019 年 5 月，中国

① 参见“WTO 改革：机遇与挑战”课题组：《客观认识 WTO 当前困境以战略思维推进 WTO 改革》，载《行政管理改革》2021 年第 7 期，第 19－29 页。

② 中华人民共和国商务部：《中国关于世贸组织改革的立场文件》，http://www.mofcom.gov.cn/article/jiguanzx/201812/20181202817611.shtml，最后访问 2023 年 12 月 8 日。三个基本原则是：维护以“非歧视”为重点的多边贸易体制的核心价值、保障发展中成员的发展利益、协商一致的决策机制；五点主张包括：维护多边贸易体制的主渠道地位、优先处理危及世贸组织生存的关键问题、解决贸易规则的公平问题并回应时代需要、保证发展中成员的特殊与差别待遇、尊重成员各自的发展模式。

正式向世贸组织递交了《中国关于世贸组织改革的建议文件》，该文件阐述了中国对世贸组织改革的总体立场。[①]

2023 年 9 月 27 日，中共中央政治局就世界贸易组织规则与世界贸易组织改革进行集体学习，习近平总书记作重要讲话。这是党和国家领导人对 WTO 改革问题中国方案所作出的最全面、最深刻和最完整的论述，是指导我们全面参与世界贸易组织改革和国际经贸规则调整的工作总方针和根本遵循。

第一，关于 WTO 的意义和作用。习近平总书记指出，世贸组织是多边主义的重要支柱，是全球经济治理的重要舞台。关于如何认识 WTO 改革的意义和作用，习近平总书记指出，对世界贸易组织进行必要改革是普遍共识、大势所趋。我们要从更好统筹国内国际两个大局、更好统筹发展和安全的高度，深刻认识参与世界贸易组织改革的重要性和紧迫性，以更加积极的历史担当和创造精神，全面参与世界贸易组织改革和国际经贸规则调整，以高水平对外开放促进深层次改革、高质量发展。

第二，关于中国加入 WTO 的意义，习近平总书记指出，加入世界贸易组织是我国对外开放的里程碑。短短 20 余年间，我国货物贸易总额增长了 11 倍，成为全球第一货物贸易大国、140 多个国家和地区的主要贸易伙伴，对全球经济增长的年均贡献率近 30%。事实表明，我国加入世界贸易组织不仅加快了自身发展，也惠及全球，这个重大决策是完全正确的。

第三，关于中国与 WTO 的关系，习近平总书记指出，我国同世界贸易组织的关系发生了历史性变化，从国际经贸规则的被动接受者和主动接轨者，逐步成长为重要参与者。

第四，关于如何参与 WTO 改革，习近平总书记指出，参与世界贸易组织改革，要坚定维护以世界贸易组织为核心的多边贸易体制权威性和有效性，积极推动恢复世界贸易组织争端解决机制正常运转。要坚定站在历史正确一边，坚持经济全球化大方向，旗帜鲜明主张自由贸易和真正的多边主义，反对单边主义、保护主义，反对将经贸问题政治化、武器化、泛安全化，推动建设开放型世界经济。

第五，关于下一步的工作任务，习近平总书记指出，要秉持人类命运共同

① 总体立场包括：（1）维护非歧视和开放的多边贸易体制，维护世界贸易的稳定性和可预测性的环境；（2）维护发展中国家的发展利益；（3）维护协商一致的决策机制。

体理念，完善细化全面深入参与世界贸易组织改革的中国方案。坚决维护包括我国在内的广大发展中国家的合法权益。

第六，关于 WTO 改革与改革开放的互动关系，习近平总书记指出，以开放促改革、促发展是我国现代化建设不断取得新成就的重要法宝。要继续做好自身改革这篇大文章，既扩大开放之门，又将改革之路走稳。要更加主动对接高标准国际经贸规则，稳步扩大规则、规制、管理、标准等制度型开放，加快打造对外开放新高地，建设更高水平开放型经济新体制，加快构建新发展格局。要积极营造市场化、法治化、国际化一流营商环境，以推动加入《全面与进步跨太平洋伙伴关系协定》和《数字经济伙伴关系协定》为契机，进一步激发进口潜力、放宽市场准入、推动多边和双边合作深入发展，增强对外资的吸引力。要加快建设贸易强国，升级货物贸易，创新服务贸易，发展数字贸易，以数字化绿色化为方向，进一步提升国际分工地位，向全球价值链中高端迈进。同时，要注意维护国家经济安全。

第七，关于工作方法和能力构建，习近平总书记指出，要练就驾驭高水平对外开放的过硬本领。大兴调查研究，总结用好我国开放发展的成功经验，加强对开放工作的战略性、系统性、前瞻性谋划，把国际经贸领域的新情况新问题摸准吃透，做到心中有数、手中有策、行动有力。提高运用国际规则维护我国发展权益能力，加快打造一支政治过硬、本领高强、作风优良的高水平专业化对外开放工作队伍。统筹开放与安全，在斗争中维护安全、增进权益，谋求合作、争取共赢。

二、稳妥推进对接国际高标准经贸规则

（一）《若干措施》出台的背景与意义

2023 年 6 月 29 日，国务院印发《关于在有条件的自由贸易试验区和自由贸易港试点对接国际高标准推进制度型开放若干措施》（以下简称《若干措施》），[①]率先在上海、广东、天津、福建、北京等具备条件的 5 个自由贸易试验区和海南自由贸易港，试点对接相关国际高标准经贸规则。《若干措施》旨在更好地服务加快构建新发展格局，着力推动高质量发展，在有条件的自由贸易试验区和自由贸易港聚焦若干重点领域试点对接国际高标准经贸规则，统筹开放和安全，

① 国务院印发《关于在有条件的自由贸易试验区和自由贸易港试点对接国际高标准推进制度型开放若干措施》的通知，https://www.gov.cn/zhengce/content/202306/content_6889026.htm，2023 年 12 月 30 日最后访问。

构建与高水平制度型开放相衔接的制度体系和监管模式。

国际高标准经贸规则可以理解为高标准贸易与投资规则，高标准往往同WTO规则相比较，即标准高于WTO规则，如更低的约束关税水平、更长的知识产权保护年限、WTO规则之外的新规则和新议题、更强的约束性和可执行性等，常常出现于区域贸易协定（优惠贸易协定）中。高标准规则往往意味着更大范围、更宽领域和更深层次的全面开放，具有推动现有的国际经贸规则向更加自由化和便利化方向发展的效果。

此次在有条件的自贸试验区和自由贸易港实施的试点措施，是我国推进国家治理体系和治理能力现代化，实现国际法治与国内法治对接的重要举措，也是主动对接高标准经贸协定开展的先行先试。2020年，我国正式加入了《区域全面经济伙伴关系协定》（RCEP）。①此后，我国先后于2021年9月和11月正式申请加入《全面与进步跨太平洋伙伴关系协定》（CPTPP）和《数字经济伙伴关系协定》（DEPA）。②其中，CPTPP以其强约束力、高制约性，代表着高标准的自由贸易，而DEPA则为当今国际数字贸易制定了标准和规范。

（二）《若干措施》的具体条文解读

《若干措施》主要涵盖6个领域，共33项措施。六大领域包括：推动货物贸易创新发展（12项措施）；推动服务贸易自由便利（4项措施）；便利商务人员临时入境（2项措施）；促进数字贸易健康发展（2项措施）；加大优化营商环境力度（8项措施）；健全完善风险防控制度（5项措施）。

在货物贸易方面，《若干措施》在再制造产品进口管理、船舶和航空器出境维修免关税、暂时进入货物的关税调整、通关便利化、原产地证书处理、海关预裁定展期、认可境外合格评定机构、技术设备进口便利化、葡萄酒进口标签灵活性这几个方面开展探索。此类措施有利于提升贸易效率、降低企业成本，丰富消费者选择，助力经营主体持续享惠。

在服务贸易方面，CPTPP第10章提出了“跨境服务贸易”的定义，第12

---

①《区域全面经济伙伴关系协定》（RCEP）于2022年1月1日正式生效，https://www.gov.cn/xinwen/2022-01/01/content_5665942.htm，2023年11月10日最后访问。

② 中方正式提出申请加入《全面与进步跨太平洋伙伴关系协定》（CPTPP），https://www.gov.cn/xinwen/2021-09/16/content_5637879.htm，2023年11月10日最后访问。

中方正式提出申请加入《数字经济伙伴关系协定》（DEPA），http://www.mofcom.gov.cn/article/syxwfb/202111/20211103213288.shtml，2023年11月10日最后访问。截至本报告撰写时，两个协定的相关谈判进程处于积极推进的状态。

章“金融服务”、第 13 章“电信服务”以及第 14 章“电子商务”则讨论了服务贸易涉及的具体问题。在服务贸易的市场准入方面，CPTPP 采用负面清单模式，并在服务业领域实行准入前国民待遇。在服务贸易的国内规制方面，CPTPP 大体上遵循了 GATS 关于国内规制的基本框架，主要在监管透明度提升和行政程序优化等方面有更高的要求。目前，我国在自由贸易试验区以及海南自由贸易港实施了跨境服务贸易特别管理措施（负面清单），是对接国际高标准的重要举措。[①]《若干措施》在服务贸易议题上的措施主要落在金融服务上，具体集中于金融机构可以开展的业务类型、金融管理部门处理提供金融服务的申请、试点地区购买境外金融服务等问题。关于金融服务，CPTPP 还对金融负面清单、跨境转移和支付开放程度、国际金融纠纷争端解决机制也有相应的要求，这些问题在《若干措施》中尚未体现。

在商务人员临时入境方面，CPTPP 设置了第 11 章以专章的形式对此问题进行了讨论，重点加强了缔约方对于商业临时访客的入境申请的程序规范和信息透明度，用以为商务人员在出入境方面提供便利。《若干措施》也对外商投资企业内部调动专家的随行配偶和家属设置了与该专家相同的入境和临时停留期限，并对拟在试点地区筹建分公司或子公司的外国企业相关高级管理人员入境停留有效期放宽至 2 年。

在数字贸易方面，CPTPP 第 14 章鼓励信息共享与跨境数据流动，对无纸化贸易和信息共享提出了要求。《若干措施》则侧重于软件源代码和线上消费者权益的保护，尚未提及数据跨境流动及共享的具体方案。

在营商环境方面，《若干措施》对接国际高标准经贸规则，聚焦资金自由流动、知识产权、竞争政策、政府采购、环境保护等领域。措施保障与外国投资者相关的资金转移的自由和及时性，以更高的透明度、更强有力的知识产权保护，共同作用于营造更加公平、透明和高效的商业环境。

在风险风控方面，《若干措施》提出要建立重大风险识别和预防制度、完善安全评估机制、强化风险防范措施、落实风险防控责任、加强全方位监管。这些措施强调了在推进制度型开放试点任务的同时，必须坚持安全与开放并重的

---

① 海南自由贸易港跨境服务贸易特别管理措施（负面清单）（2021 年版），https://www.gov.cn/zhengce/zhengceku/2021－07/26/content_5627279.htm，2023 年 11 月 10 日最后访问。
自由贸易试验区外商投资准入特别管理措施（负面清单）（2021 年版），https://www.ndrc.gov.cn/xxgk/zcfb/fzggwl/202112/P020211227540530036342.pdf，2023 年 11 月 10 日最后访问。

原则，提高风险防控能力，确保国家的核心利益和生态环境安全。商务部将发挥统筹协调作用，推动部门和地方间的高效协作，确保改革试点工作的顺利实施。

（三）《总体方案》体现的新突破

2023 年 12 月 7 日，国务院印发了《全面对接国际高标准经贸规则推进中国（上海）自由贸易试验区高水平制度型开放总体方案》（以下简称《总体方案》）。《总体方案》旨在更好统筹国内国际两个大局，统筹发展和安全，全面对接国际高标准经贸规则，稳步扩大规则、规制、管理、标准等制度型开放，在上海自贸试验区规划范围内，率先构建与高标准经贸规则相衔接的制度体系和监管模式，为全面深化改革和扩大开放探索新路径、积累新经验。[①]《总体方案》主要涵盖 7 个领域，共 80 项措施。七大领域包括：加快服务贸易扩大开放（8 项措施）；提升货物贸易自由化便利化水平（15 项措施）；率先实施高标准数字贸易规则（15 项措施）；加强知识产权保护（8 项措施）；推进政府采购领域改革（15 项措施）；推动相关“边境后”管理制度改革（13 项措施）；加强风险防控体系建设（6 项措施）。

《总体方案》在《若干措施》的基础上，细化、增加了许多具体措施。例如，在货物贸易方面，《总体方案》增加了商用密码产品管理、海关监管执法等内容；在服务贸易方面，除了聚焦金融服务外，还对电信服务作出了相应的规定；在数字贸易规则方面，填补了《若干措施》在数据跨境流动、数字技术应用、数据开放共享和治理方面的空白；《若干措施》中隶属于营商环境项下的知识产权保护和政府采购领域改革都单独成为方案讨论的问题。除此之外，《总体方案》还着重讨论了推动相关“边境后”管理制度改革的新问题，将贸易改革不再局限于出入境过程中，而是延伸到边境后的市场治理中，特别是国有企业改革、劳动者权益保护和环境保护等问题。这既是更加贴近 CPTPP 为代表的高标准经贸规则的体现，也是我国在积极推进加入 CPTPP 谈判中可能面临的难点和重点问题。

对接国际高标准、推进制度型开放，是积极参与、引领全球经济治理制度的重要举措，是树立负责任大国形象的必经途径。《若干措施》和《总体方案》

① 国务院关于印发《全面对接国际高标准经贸规则推进中国（上海）自由贸易试验区高水平制度型开放总体方案》的通知，https://www.gov.cn/zhengce/content/202312/content_6918913.htm，2023 年 11 月 10 日最后访问。

为加快政府职能转变、积极探索管理模式创新、促进贸易和投资便利化指明了重点和方向，从而推动制度型开放。这不仅将提升中国自身的开放水平和国际竞争力，也有利于加强国际合作和贸易，推动全球经济的健康发展。此外，这些措施预计将吸引更多外国投资，促进国内经济多元化发展，进而为中国及其贸易伙伴创造更多机遇。

三、《关税法（草案）》评述

十四届全国人大常委会第六次会议对《中华人民共和国关税法（草案）》[以下简称《关税法（草案）》] 进行了审议。2023 年 12 月 29 日，全国人大常委会将《关税法（草案）》予以公布，并向社会公开征求意见。

（一）制定《关税法》的重大意义

制定《关税法》既是对我国对外贸易立法体系的进一步完善，为国内外经济主体提供更加明确和稳定的法律环境，也是中国积极参与全球经济治理、遵守国际规则的体现，有助于增强中国在国际贸易体系中的话语权和影响力。《关税法》的制定是关税制度规范化和透明化的体现，也为我国对外贸易政策提供了法律依据。

从国内角度来看，《关税法》的制定完善了国内立法，提升了我国关税法律体系的完整性和系统性。在此之前，我国关于关税的相关制度和规则主要由《进出口关税条例》（以下简称《关税条例》）、《海关进出口税则》（以下简称《进出口税则》）以及《海关法》中与关税相关的内容规定，并分散于《海关进出口货物征税管理办法》等部门规章中。2023 年，海关总署组织起草了《海关法（修订草案）》，《海关法（修订草案）》删除了现行《海关法》关于关税的专章，而随着《关税法》的出台，《关税条例》也将同时废止。可见从立法意图来说，《关税法》将对现有的规则制度进行整合。《关税法》将涵盖现行《海关法》中关于关税方面的规定内容，直接在该法中搭建关税制度的基本框架和基本原则，而有关关税的征收和缴纳等方面的具体规定也将从《关税条例》集中到《关税法》。从《关税条例》到《关税法》也是法律位阶的提升，通过法律形式明确规定了关税征收的原则、程序、纳税人的权利和义务等，增强了关税管理的规范性和透明性。

从国际角度来看，在国际政治经济形势复杂多变的背景下，《关税法》不仅确保了中国的关税制度与国际贸易规则的一致性，还将为中国的对外贸易政策提供法律依据，以应对国内外经济发展的新挑战。关税法的立法目的是推进高水平对外开放，维护国家主权和利益，促进对外贸易，维护进出口秩序，规范关税的征收和缴纳。通过税则归类、原产地的认定等监管方式，《关税法》将规范进出口行为，维护进出口秩序；同时，《关税法》还规范了关税税率的调整机制，从法律层面上通过报复性关税等关税征收方式，将有效应对他国影响正常贸易的措施，为我国的贸易政策提供法律依据。

简言之，《关税法》将与《海关法》《对外贸易法》等法律一起，构成更为完整和系统的对外贸易法律体系。这不仅有助于提高政策的稳定性和预测性，使得企业和个人能够在更加明确和稳定的法律环境中进行经济活动，也有助于维护公平竞争的国际贸易环境、增强中国在国际贸易体系中的地位和影响力。

（二）《关税法（草案）》的基本内容

《关税法（草案）》分为 7 个章节，共 70 条，详细地规定了中国关税征收和管理的基本框架、原则、方法以及相关法律责任，全面反映了中国在新时期对外贸易和经济开放中的关税政策方向。

第 1 章“总则”明确了《关税法》的基本原则和目标，规定了关税征收的主体、义务主体和征税对象。具体而言，《关税法》制定的目的在于推进高水平对外开放、维护国家主权和利益、促进对外贸易、维护进出口秩序，并规范关税的征收和缴纳。《关税法》规定关税的征收由海关行使，关税工作坚持中国共产党的领导，关税的税目、税率等规则依照《进出口税则》执行。该章还明确了进口货物的收货人、出口货物的发货人等为关税的纳税人，以及负有代扣代缴义务的单位和个人为扣缴义务人。

第 2 章“税目和税率”详细介绍了关税税目的组成和适用规则，包括关税税率的设置（如最惠国税率、协定税率、特惠税率、普通税率及出口税率等），并说明了关税配额税率的适用条件。此外，第 2 章还规定了税率的调整机制，包括对进出口货物实行暂定税率的条件、期限和实施方式，以及原产地规则与关税适用的关系。值得一提的是，第 2 章对于税率调整、反倾销税、反补贴税、保障措施关税的征收以及对等原则采取的措施进行了详细规定，这将为我国的对外贸易政策提供有力的法律武器。

第 3 章“应纳税额”着重于关税的计征方式，规定了包括从价计征、从量计征和复合计征的方法，并详细说明了计税价格的确定方法，如基于成交价格及相关费用。同时，对于成交价格不符合规定条件或无法确定的情况，海关将采取一系列方法来估定计税价格，保证关税征收的公平性和准确性。本章还涉及了商品归类的规则和标准，以及海关在必要时对计税价格、商品归类和原产地进行确定的权力。相较于国家间层面的待遇，本章适用于海关日常的关税征收工作，明确的关税计征方式为国内外经济主体计算应纳税额提供更实用的法律指引。

第 4 章“税收优惠和特殊情形关税征收”列出了免征、减征关税的具体情况，包括国务院规定的免征额度内货物、无商业价值的广告品和货样等。此外，还包含了因维护国家利益、促进对外交往等原因可决定的减免关税措施，以及特殊情形下关税征收的规定，例如保税货物、暂时进出境货物的关税征收规则。

第 5 章“征收管理”是对关税管理模式的规定，围绕关税征收管理的实施、纳税人和扣缴义务人的申报纳税程序、税款的缴纳期限和方式进行详细阐述。包括海关对纳税人的征税事项有异议的处理方式、税款和滞纳金的加收规则，以及在特定情况下对纳税人、扣缴义务人采取的强制措施。第五章是海关治理能力现代化的体现，其“放管分离”的货物流通模式，电子化的单据流通模式，极大提高了营商便利。

第 6 章“法律责任”规定了纳税人、扣缴义务人、担保人和报关企业等违反关税法的不同情形、在不同情形下的处罚措施、上述主体对海关确定的征税事项有异议的救济途径。除此之外，该章还对公职人员滥用职权、玩忽职守、徇私舞弊等行为规定了责任。

第 7 章“附则”对《关税法》的施行日期进行了规定，并明确了与《海南自由贸易港法》和《船舶吨税法》的适用关系范围，以及从事免税商品零售业务的审批规定。此外，该章规定《关税条例》自《关税法》施行即废止。

（三）《关税法（草案）》的特色与亮点

从《关税法（草案）》的内容不难看出，该草案除了整合现有的关税规则之外，还针对我国法治建设的发展和国际形势的变化，相应地提供了更为明确、操作性更强的指引。

第一，该草案规定了更为灵活的关税税目和税率。除了现行《关税条例》中的最惠国税率、协定税率、特惠税率、普通税率、暂定税率和出口税率之外，该草案设置了更具体、明确的适用情形和变化情形。如第 8 条加入了出口货物配额管理的规定，为灵活调整我国产业结构，在必要时保护国内产业和市场的能力做准备。如第 15 条关于依据对等原则采取关税措施的规定，将为应对不履行最惠国待遇条款和关税优惠条款的不公平贸易提供法律依据。

第二，该草案对关税的义务主体、计征方式、征税对象进行了细化。在总则部分，草案将扣缴义务人定义为责任主体，不仅与我国其他税收法规保持了一致，同时也反映了对关税征收实务的深入总结。同样，第 3 章规定的复合计征方式也是来源于实践中的经验积累。第四章新增的特殊情形，例如保税货物复运出境和内销的情形等，适应了《关税条例》出现的货运新模式。由于《关税条例》的原有规定未能全面覆盖新兴情况，草案引入了《海关进出口货物征税管理办法》的相关规定，以适应新时代贸易发展的需求。

第三，草案规定了更高效的管理模式和更明晰的责任制度。草案第 5 章“征收管理”的规定顺应了对外新业态、新模式的发展需要，是“放管服”改革的重要表现。通过更科学的报税流程和信息管理系统，将从时间、成本两个方面减轻相关责任主体的负担，有效提升贸易的便利化水平。与此同时，明确征税纳税过程中的责任主体和违法情形，提供便利的同时同样监管严格，有力打击违法行为。

四、《国境卫生检疫法（修订草案）》评述

（一）修订背景

《国境卫生检疫法（修订草案）》是为了加强国境卫生检疫工作，防止传染病由境外传入或者由境内传出，防范公共卫生风险，保障人体健康和生命安全而制定的。1987 年，《国境卫生检疫法》首次施行，其目的是防止传染病由国外传入或者由国内传出，实施国境卫生检疫，保护人体健康。这一法律的实施，可以说是我国在跨境公共卫生安全领域迈出的重要一步。然而，随着时代发展和经济全球化进程加快，我国口岸数量众多，对外人员和货物来往愈加频繁，跨境公共卫生问题的严重性和复杂性在不断提高。因此，我国对于国境卫生检疫工作的重视程度也在相应提高，对于防范公共卫生风险，保护人民群众的健康和生命安全的决心也在不断加强。《国境卫生检疫法（修订草案）》就是我国在这个领域作出的最新努力，旨在进一步健全完善国境卫生检疫相关制度机制，适应社会环境变化和跨境卫生防控的需要，更好地保护人民群众的健康和生命安全。

长期以来，作为我国应对全球公共卫生风险中的一项重要法律工具，《国境卫生检疫法》的实施在防止传染病跨境传播和保障人体健康、生命安全方面发挥了关键作用。然而，在实践过程中，这部法律也暴露出了一些问题，特别是在面对新型传染病的威胁和挑战时，难以适应实践发展变化的实际需求。例如，旧法对于口岸重大传染病疫情的应急处置措施和机制并不完善，这在一定程度上限制了相关主体在紧急情况下的应对能力。这就要求我们在建立和改进应急处置机制上投入更多的精力和资源。此外，旧法的公共卫生能力建设仍需进一步加强，包括调整检疫对象、完善检疫程序以及加强疫情监控等等，以便能够更有效地应对公共卫生危机。因此，修订《国境卫生检疫法》十分必要，通过进一步完善相关制度机制，能够更有效地筑牢口岸检疫防线，更好地保障人民健康和公共安全。

（二）修订内容

本次修订的总体思路主要包括四个方面：一是坚持统筹兼顾，完善国境卫生检疫制度，严格决策程序，减少对经贸活动的影响；二是突出问题导向，总结检疫法实施情况，补短板，完善常态化制度和应急处置措施；三是准确把握定位，规定基本措施和程序，授权充分，细化技术问题；四是注重制度衔接，协调与相关法律和国际卫生条例的一致性。在此指引下，提请此次全国人大常委会会议审议的《国境卫生检疫法（修订草案）》主要作出五方面修改：一是坚持党对国境卫生检疫工作的领导；二是进一步完善国境卫生检疫常态化制度，包括检疫查验、传染病监测以及卫生监督等等；三是完善重大传染病疫情口岸应急处置措施，增加“应急处置”一章（第5章），明确规定口岸传染病应急处置措施，包括集中检验和医学观察进境人员，指定口岸，临时关闭或暂停口岸功能，禁止特定货物进出境等；四是强化国境卫生检疫保障措施，增加“保障措施”一章（第6章）；五是完善有关法律责任的规定，细化了应予处罚的违法情形，丰富了处罚手段，加大了处罚力度。

自1987年施行以来，现行《国境卫生检疫法》曾经历了三次修订，分别在2007年、2009年和2018年。与过往历次修订相比，此次修订草案的亮点主要在扩大监管病种、调整检疫对象、强化国境卫生检疫工作的保障措施、完善应急处置措施、强化法律责任以及加强国际合作等方面。具体来说：

第一，扩大监管病种。随着《国际卫生条例（2005）》将调整范围由检疫传染病扩大至公共卫生危险，修订草案对此进行了相应的调整。修订草案取消了检疫传染病和监测传染病的概念，明确口岸监测的传染病应当包括“检疫传染病和需要在口岸采取相应卫生检疫措施的其他传染病”。这不仅是为了弥补现行《国境卫生检疫法》的不足，更是为了应对全球公共卫生危机，更好地履行我国在《国际卫生条例》项下承担的义务，随时应对可能出现的新传染病的暴发流行。

第二，调整检疫对象。目前，《国境卫生检疫法》规定的检疫对象仅限制在出入境人员、交通工具、运输设备以及可能传播检疫传染病的行李、货物、邮包等物品范围内。《国境卫生检疫法（修订草案）》将检疫对象扩大到“进境出境的人员、交通运输工具，集装箱等运输设备、货物、物品及其外包装”，并特别规定“享有外交、领事特权与豁免等相关待遇的人员，以及享有外交、领事特权与豁免等相关待遇的机构和人员的物品进境出境，在不影响其依法享有特权与豁免的前提下，应当依法接受检疫查验”，以适应跨境传染病防控需要。这一规定旨在确保所有可能的疫情输入途径都能得到有效的控制，同时也尊重了相关人员和机构的特权与豁免权。这一修改有助于更全面地进行检疫，防止可能的疫情输入。

第三，强化国境卫生检疫工作的保障措施。《国境卫生检疫法（修订草案）》新增“保障措施”作为专门一章，对口岸公共卫生能力建设规划的制定和实施，国境卫生检疫经费保障和基础设施建设，国境卫生检疫领域科学研究、技术创新和信息化建设，以及加强国境卫生检疫队伍建设等作了明确规定。国境卫生检疫工作涉及人民健康和公共安全，应当有足够的财力和物力保障，才能使防止传染病跨境传播落到实处。在制定和实施口岸公共卫生能力建设规划的过程中，我们需要关注公共卫生资源的合理分配，包括人员、设施、技术和经费等等。国境卫生检疫经费保障和基础设施建设是保证能够有效进行卫生检疫工作的基础。足够的经费投入、良好的设施条件以及专业的卫生检疫队伍是保障卫生检疫工作的顺利进行的必备要件。此外，本次草案修订还规定了在国境卫生检疫领域进行科学研究、技术创新和信息化建设的相关要求。根据《国境卫生检疫法（修订草案）》第41条的规定：“国家鼓励、支持国境卫生检疫领域的科学研究、技术创新和信息化建设，推动新技术、新设备、新产品和信息化成果的应用，提高国境卫生检疫工作的技术和信息化水平。”可见，科学研究、技术创新和信息化建设也是提升卫生检疫工作效能的重要途径。例如，信息化技术可以实现检疫数据的快速收集、分析和传递，大大提高国境卫生检疫工作效率。

第四，完善应急处置措施。《国境卫生检疫法（修订草案）》专设“应急处置”一章，与旧法相比，修订草案对应急处置措施的规定更加全面、具体。首先，《国境卫生检疫法（修订草案）》明确了国务院在国境口岸应急处置中的领导职责，以及海关总署、国务院卫生健康主管部门、国务院疾病预防控制部门以及口岸所在地县级以上地方人民政府等相关政府部门的协作机制。其次，《国境卫生检疫法（修订草案）》还规定了相关部门可以根据重大传染病疫情应急处置需要采取的必要控制措施，包括集中实施采样检验、医学观察等措施，指定进境出境口岸，临时关闭口岸或者暂停口岸部分功能，临时封锁有关国境，禁止特定货物、物品进境出境以及其他必要的措施。此外，根据重大传染病疫情应急处置需要，国务院有关部门还可以采取减少进境出境航班、要求境外人员接受检测、限制特定国家或地区的外国人进境等措施。最后，《国境卫生检疫法（修订草案）》规定了相关部门在采取上述措施时，应当事先公布有关信息，并根据实际情况，及时调整或者解除相关措施。这一条款的设立，体现了《国境卫生检疫法（修订草案）》对于疫情防控工作的灵活性、及时性以及信息公开和透明度的重视，使得相关部门在面对不断变化的疫情形势时，能够及时调整应对措施，以适应实际情况。这不仅有利于提高疫情防控工作的效率和效果，也有助于增强公众对于疫情防控工作的理解和信任，从而更好地配合疫情防控工作。

第五，强化法律责任。现行《国境卫生检疫法》施行以来，社会形势各个方面已经发生了重大改变。目前国境卫生检疫工作面临的违法行为、违法情形不断增加，但是现行的法律法规规定处罚种类单一，处罚力度不足。《国境卫生检疫法（修订草案）》将相关法律责任进一步细化，以强化相关主体的法律责任，同时丰富了处罚手段，加大了处罚力度，以加强卫生检疫的法律约束和法治保障。例如，《国境卫生检疫法（修订草案）》第 51 条规定了对违反法律规定的行为的处罚措施，在《国境卫生检疫法》第 22 条基础上，视不同违法情况对不同违法行为进行分类处理。根据该条规定：“违反本法规定，构成违反治安管理行为的，由公安机关依法给予治安管理处罚；构成犯罪的，依法追究刑事责任。”这一规定旨在对违反《国境卫生检疫法》的行为进行有效处罚：对于违反治安管理行为的处罚，这一规定明确了公安机关的法律责任，强调了公安机关在维护国境卫生检疫秩序中的重要职责；对于构成犯罪的行为，追究刑事责任的规定体现了对严重违法行为的严厉打击。

第六，加强国际合作。一直以来，我国不断致力于在国境卫生检疫领域中加强国际合作，与其他国家和国际组织共同应对跨境传染病的挑战，以更好地保障我国公民健康，同时也为全球卫生安全作出贡献。为此，《国境卫生检疫法（修订草案）》第 8 条明确规定："国家加强与其他国家或者地区以及世界卫生组织等有关国际组织在国境卫生检疫领域的交流合作。"第 3 章"传染病监测"也多次强调国际合作的重要性。例如，第 24 条规定："海关总署会同国务院疾病预防控制部门建立跨境传播传染病监测制度，制定口岸传染病监测规划和方案。海关总署在国际公共卫生合作框架下，完善传染病监测网络布局，加强对境外传染病疫情的监测。"由此，海关总署应与国务院疾病预防控制部门联手，建立跨境传染病监测制度，并制定了口岸传染病的监测规划和方案，不断完善传染病监测网络的布局，以加强对境外传染病疫情的监测。此外，《国境卫生检疫法（修订草案）》第 27 条还规定："海关总署、国务院卫生健康主管部门、国务院疾病预防控制部门应当依据职责互相通报传染病相关信息，并根据我国缔结或者参加的国境卫生检疫国际条约，依据职责与有关国家或者地区、国际组织互相通报传染病相关信息。"《国境卫生检疫法》第 5 条第 2 款仅规定"中华人民共和国与外国之间的传染病疫情通报，由国务院卫生行政部门会同有关部门办理"。相较于原有规定，此次修订更为具体化，更为明确，更具操作性，有助于更好地落实各部门的职责，提高我国对传染病疫情的防控能力。同时，这也是我国在全球卫生安全合作中，积极履行责任、贡献力量的重要体现。

（三）简要评论

如前所述，修订《国境卫生检疫法》是为了进一步健全和完善我国国境卫生检疫相关制度机制，以更好地保障人民健康和公共安全。《国境卫生检疫法（修订草案）》的提出，突出体现了我国在公共卫生领域的法律制度建设与时俱进，特别是在传染病跨境传播的风险日益增加的情况下，我国对国境卫生检疫工作的重视和加强。本次《国境卫生检疫法》的修订将对我国国境卫生检疫相关制度机制完善和国境卫生检疫工作产生重大影响。

首先，这将强化国境卫生检疫工作，有效预防传染病的跨境传播，确保人民的健康和生命安全。其次，《国境卫生检疫法》的修订将通过优化国境卫生检疫制度措施，构建防控传染病跨境传播的坚实防线，提升相关制度措施的科学性和精准性，严谨决策重大措施程序，尽量减少对经贸活动等的影响。特别是在全球化背景下，疫情的暴发和传播往往会对国际贸易和国际人员往来产生重大影响，需要有强有力的国境卫生检疫制度和措施予以应对。此外，《国境卫生检疫法》的修订还将通过弥补短板、强化弱项、堵塞漏洞，进一步优化国境卫生检疫常态化制度。这是一个长远的目标，需要建立一个完善的制度体系，以应对各种可能出现的问题和挑战。这包括优化检疫程序，提高检疫效率，加强检疫设施建设，提高检疫人员的专业素质，等等，以确保国境卫生检疫工作的高效运行，从而更好地保护我国公民的健康和安全。

简言之，《国境卫生检疫法》的修订不仅有利于加强国境卫生检疫工作，保障我国公民健康和生命安全，也会对我国的经济发展和国际贸易产生积极影响。这将推动我国的国境卫生检疫制度不断完善和发展，构筑起防止传染病跨境传播的坚固防线，使其更加适应全球化的挑战。

本次修订旨在增强相关制度措施的科学性和精准性，同时尽可能减少对经贸活动的影响，对技术层面的操作问题并未作过多规定，留待制定相关配套规定时进一步细化。一方面，虽然修订草案的总体思路是尽可能减少对经贸活动等的影响，但具体如何实现这一目标，以及这一目标与防止传染病跨境传播的目标之间如何平衡，仍然是需要进一步探讨的问题。另一方面，草案未对技术层面的操作问题作过多规定，等待制定相关配套规定时进一步明确。这可能会引发关于如何制定和实施这些配套规定的争议。我们需要在国境卫生检疫相关配套制度中明确各方的责任和相应的权利，以确保各方在应对可能出现的卫生事故时有明确的指导和行动路线。尽管新增的应急处置和保障措施章节是一个积极的改进，但在实施过程中可能还需要进一步细化和完善。例如，在实际操作中，如何准确判断疫情形势，以及如何及时、准确地公布信息，这依赖于相关部门的判断和执行，需要明确各方在检疫过程中的责任和角色，以确保各方能够有效协同工作。此外，还需要吸取应对新冠疫情的经验教训，考虑如何在应急处置过程中保护个人隐私和权益，以及疫情防控措施的公正、公平和透明度。未来，《国境卫生检疫法》的修订还需要广泛听取各方意见和建议，尤其是那些在国境卫生检疫一线工作的专业人员和机构，以确保修订后的法律能够更好地服务于实践，提升国境卫生检疫工作的效果。

总之，为适应全球化趋势和应对复杂多变的国际卫生环境，《国境卫生检疫法（修订草案）》在很大程度上增强了现行《国境卫生检疫法》的科学性、精准性和可操作性。它是我国在卫生检疫领域的最新修法计划，是为了完善国境卫生检疫相关制度机制，适应社会环境变化和跨境卫生防控需要作出的重要尝试，旨在适应社会环境变化和跨境卫生防控的需要，有效预防、控制传染病的发生与流行，更好地保护人民群众的健康和生命安全，防范和化解公共卫生风险，维护国家安全和社会稳定。

第四节　展望与建议

一、对接国际高标准经贸规则对法治建设提出了更高要求

当前全球化进程在曲折中前进，逆全球化对整个国际贸易体系的冲击持续加大。我国统筹发展和安全，加快构建新发展格局，是对经济全球化的有力维护。其中一个重要的实践就是推进制度型开放，精准对接国际高标准经贸规则，不断提升对外开放的竞争能力和管理水平，向规则落地要红利，为经济高质量发展注入新动力。[①]习近平总书记在主持中央政治局第八次集体学习时强调，“要更加主动对接高标准国际经贸规则，稳步扩大规则、规制、管理、标准等制度型开放，加快打造对外开放新高地，建设更高水平开放型经济新体制”。2023年6月27日，国务院总理李强在天津出席世界经济论坛全球企业家对话会，同企业家代表座谈交流时表示，我们将对接高标准国际经贸规则，稳步扩大制度型开放，加快营造市场化、法治化、国际化一流营商环境，更好支持各类企业发展。[②]

对接国际高标准经贸规则，积极推动制度创新，深入推进高水平制度型开放，是党中央、国务院赋予自贸试验区、自由贸易港的重大使命。正如商务部部长助理陈春江所言，《若干措施》充分发挥自贸试验区和自由贸易港的改革开放综合试验平台作用，聚焦货物贸易、服务贸易、商务人员临时入境、数字贸易、营商环境、风险防控等6个方面，提出试点政策措施和风险防控举措，将

① https://www.ndrc.gov.cn/wsdwhfz/202308/t20230814_1359810.html.

② https://www.gov.cn/yaowen/liebiao/202306/content_6888679.htm.

为全面深化改革扩大开放探索路径，为推动加入高标准经贸协定提供实践支撑。我国正积极推动加入《全面与进步跨太平洋伙伴关系协定》（CPTPP）和《数字经济伙伴关系协定》（DEPA）等高标准经贸协定，相关规则的要求与我国改革开放面临的重点问题契合度较高。在有条件的自贸试验区、自由贸易港主动对接开展试点，在规则、规制、管理、标准等方面率先与国际接轨，构建与国际高标准经贸规则相衔接的制度体系和监管模式，将为我国参与国际经贸规则制定积累有利条件。①

国际高标准经贸规则相比传统的经贸规则而言，自由化和便利化要求更高，涵盖领域更广，不仅涉及商品和要素流动型开放，还涉及规则等制度型开放。这在根本上与我国更大范围、更宽领域和更深层次的全面开放要求是一致的。对接国际高标准经贸规则存在诸多难点，主要在于如何统筹发展和安全，处理好开放与安全的关系；如何坚持自身的发展道路，处理好中国特色与国际规则之间的关系。具体而言，目前我国在一些领域存在对接的困难。例如，国有企业的透明度要求和禁止非商业援助要求与我国现有的国有企业管理体制存在差距。劳工的工会组织权要求与我国现有工会体制存在差距。我国目前的数字经济法规尚不健全，数据自由流动规则和服务器本地化要求实现难度较大。现有对跨境服务贸易的管理体制尚难以全面满足禁止当地存在要求的规则。商用密码、医疗器械、农业化学品和医药研发数据保护等领域的国际高标准规则与我国现有管理体制也有冲突。②

二、加快对接国际高标准经贸规则的总体思路

纵观我国整体法治布局，为了能够早日实现与国际高标准经贸规则的对接、实现制度型开放，国内范围的自我开放与国际层面的对外开放应齐头并行。

首先，在国内自我开放方面，在有条件的自贸试验区、自由贸易港主动对接国际高标准经贸规则，促进高水平对外开放。③从 2013 年起至今，自由贸易

① 对接国际高标准经贸规则迈出新步伐，https://www.gov.cn/zhengce/202307/content_6889650.htm，2023 年 12 月 30 日最后访问。

② 崔凡：《国际高标准经贸规则的发展趋势与对接内容》载《人民论坛·学术前沿》2022 年第 1 期。

③ http://chinawto.mofcom.gov.cn/article/br/bs/202203/20220303286443.shtml.

试验区的建设遍及了上海、广东、天津、福建、辽宁、浙江、河南、湖北、重庆、四川、陕西等多个省市，形成了“1+3+7”的中西协调、海陆统筹的高水平对外开放新格局。21个自由贸易试验区开设了自由贸易账户，进行了商事制度改革，主动实施准入前国民待遇加负面清单的外资管理制度等，十年来累计向全国复制推广302项制度创新成果，以不到千分之四的国土面积，贡献了全国18%的外商投资和进出口总额，成为新时代改革开放新高地。除此之外，我国还设立边境（跨境）经济合作区、综合改革示范区、“丝路电商”合作先行区等特殊经济区。落地实施先进规则、规范规制、现代管理、高水平标准、基本原则等进行制度型开放试点，以及劳工、环境、社会和治理等领域的压力测试。

2023年6月29日，官方公布了《国务院印发关于在有条件的自由贸易试验区和自由贸易港试点对接国际高标准推进制度型开放若干措施的通知》（国发〔2023〕9号），开宗明义提出，稳步扩大规则、规制、管理、标准等制度型开放。聚焦若干重点领域试点对接国际高标准经贸规则，构建与高水平制度型开放相衔接的制度体系和监管模式。《若干措施》的标题突出了“对接国际高标准、扩大制度型开放”，在正文也进行了相应的强调。《若干措施》率先在上海、广东、天津、福建、北京等五个具备条件的自贸试验区和海南自由贸易港开展试点，为进一步对接国际高标准经贸规则提供坚实政策保障，对持续总结成功经验、稳步推进高水平对外开放具有重要现实意义。①

其次，在国际对外开放层面，探索先行先试国际高标准经贸规则。我国申请加入CPTPP和DEPA，彰显主动对接国际高标准经贸规则的决心。CPTPP是全球最高标准的多边自贸协定，是国际高标准经贸规则的代表。加入CPTPP要求国内经贸规则与CPTPP规则一致。然而，目前我国经贸规则与CPTPP规则之间存在一定差距，要对标CPTPP进行经济体制改革需要持续付出努力。DEPA是全球首个涵盖数字经济问题的专项协定，是高标准国际数字规则。我国作为数字贸易大国，应当在数字贸易规则的建构中承担重要角色，增强数字经济话语权，但对接DEPA规则同样面临较大难度。对此，要坚持渐进式的开放思维

① https://www.sohu.com/a/739648558_122905.

和以点带面的改革方式，积极发挥自贸试验区和自由贸易港“压力测试实验室”的作用，率先对标 CPTPP 和 DEPA 高水平经贸规则开展高水平压力测试，为国家层面评估 CPTPP 和 DEPA 作出贡献。

三、加快对接国际高标准法治工作的具体建议

推动与国际高标准经贸规则精准对接，整个过程是方法论和实践论的有效统一，着眼长远的同时要立足当下，在试点的过程中把规则、管理统筹起来，加快构建与高水平对外开放相适应的综合管理体系。为了通过对接高标准经贸规则稳步推进高水平对外开放，我们应该做好以下几方面的工作。

第一，认真履行我国已经缔结和参加的国际较高标准的经贸协定，全面落实相关规则和我国承诺。比如 RCEP 的各类规则和我国承诺已经被具体分解为 701 项的约束性义务，每项义务都有落实部门。特别是为了履行好这些义务，海关以及其他相关部门的不少规章制度需要立改废，相关信息系统也需要升级，这些目前已经基本落实到位，相应的税则转版工作也已经完成。另外，有关部门还梳理了 170 项非约束性的鼓励类义务，同样分章列出，分解落实到各个负责部门研究，作为改善营商环境和深化改革的参考。

第二，针对申请加入 CPTPP 和 DEPA 的谈判开展研究。围绕申请加入 CPTPP 和 DEPA 以及其他国际经贸谈判，应该分议题组织研究，梳理国内法律法规规章等和相关国际规则的差距，拟定谈判方案和国内改革措施。各地也可以自行对标 CPTPP、DEPA 等协定的规定，通过研究寻找适合自身情况的规则，根据自身权限，或主动采取措施对标，或向中央或者上级部门争取先行先试的授权。在系统集成中兼顾个性化需求，已经成为当前对接国际高标准经贸规则的重要着力点。特别是鼓励数字贸易的相关政策，强调维护消费者权益保护制度，也是对当前该领域发展过程中衍生的各类诉求的有效回应。

第三，通过落实 RCEP 较高标准规则和试点对接 CPTPP 等高标准规则，推动改革开放以及高质量发展，充分抓牢自由贸易区“破冰器”。目前，商务部与其他相关部门正在准备，将适时共同出台《关于高质量实施 RCEP 的指导意见》。对于高水平开放压力测试，有关部门正在制定相关方案。国内不少地区组织了

对 RCEP 影响以及 CPTPP、《中欧投资协定（草案）》等高标准规则的研究工作，有些结合本地本部门情况研究制定了通过对接 RCEP 等规则促进改革开放和高质量发展的文件。例如，广西推出了《广西加快对接 RCEP 经贸新规则若干措施》。云南、山东等地也出台了类似文件。《横琴粤澳深度合作区建设总体方案》《全面深化前海深港现代服务业合作区改革开放方案》等文件也在一定程度上体现了高标准经贸规则的要求。尤其是今年《若干措施》的出台，自贸区先试先行、破冰我国高标准经贸规则制定进程进入全新阶段。从前期政策实践看，小切口进行试验并根据实施情况动态进行调整和推广，确保了经贸规则对接的稳健性。比如《若干措施》相关政策率先在上海、广东、天津、福建、北京自由贸易试验区和海南自由贸易港进行试点，充分体现了政策之“稳”。这些地方在前期推进制度型开放的实践过程中积累了丰富的经验，对进一步优化细化政策传导路径、检验实施效果具有关键作用，从这个角度看，也充分体现了“进”的要求。随着海南自贸港建设、上海自贸试验区建设的推进，国际高标准经贸规则将得到更多的体现。

第四，对接国际高标准经贸规则，还要坚持总结评估，在反复测试中检验政策执行效果，形成从执行到反馈的闭环管理。对接经贸规则需要持续对政策效果进行观察和总结，及时调度政策执行情况，坚持问题导向，优化实施方式，研究建立风险防范机制。比如，在健全安全评估机制方面，需要对全部政策执行情况进行动态了解，形成政策执行、反馈、效果分析评价的闭环管理。有了这一过程，安全评估机制就能发挥更大作用，可以及时识别一些潜在的风险，确保经贸规则的对接过程平稳有序。这种评估参与力量应该是多元化的，发挥多渠道评估的作用，对提升评估的精准性也是有帮助的。例如，根据 RCEP 贸易救济章节的过渡性保障措施规则以及世贸组织的保障措施协议，密切跟踪 RCEP 实施后对我国相关产业的影响，防止相关产业受到过度冲击。在试点高标准经贸规则时，要严格把握生态与环境标准，保障生态安全。对于从境外向境内提供跨境服务贸易的提供商，要探索有效的监管办法，通过注册要求、管资金、管人员、管内容等多种方式开展对跨境服务贸易的有效监管。

第五，对接国际高标准经贸规则，也离不开人才队伍的建设。从各国实践来看，制度型开放的深入很大程度上也是人才综合实力的竞争。懂管理、懂外语、懂业务的复合型人才，是对接高标准经贸规则中不可或缺的力量。要持续优化人才培养环境，强化国际交流和相关业务培训，为各类人才发挥作用创造便利化条件，发挥好经营主体在人才培养过程中的关键作用，助力打造一支高水平的人才队伍。从大趋势来看，精准对接国际高标准经贸规则是推动实现高水平对外开放的必经之路，走稳这条路，除了完善政策保障和机制，把人培养好，有利当前，更利长远，也是一个需要常抓不懈的重点任务。[①]

① https://www.ndrc.gov.cn/wsdwhfz/202308/t20230814_1359810.html.

第七章　涉外投资法治发展

第一节　大　事　记

一、《关于进一步鼓励外商投资设立研发中心的若干措施》发布[①]

2023 年 1 月 11 日，国务院办公厅转发商务部、科技部《关于进一步鼓励外商投资设立研发中心的若干措施》（以下简称《鼓励外商投资设立研发中心的若干措施》）。《鼓励外商投资设立研发中心的若干措施》指出，外资研发中心是我国科技创新体系的重要组成部分，为加快实施创新驱动发展战略，扩大国际科技交流合作，要加大对外商投资在华设立研发中心开展科技研发创新活动的支持力度，更好发挥其服务构建新发展格局、推动高质量发展的积极作用。《鼓励外商投资设立研发中心的若干措施》主要包括以下措施：一是支持开展科技创新。优化科技创新服务，鼓励开展基础研究，促进产学研协同创新，支持设立开放式创新平台，完善科技创新金融支持，畅通参与政府项目渠道。二是提高研发便利度。支持研发数据依法跨境流动，优化知识产权对外转让和技术进出口管理流程，优化科研物资通关和监管流程，支持对外资研发中心出于研发目的暂时进境的研发专用关键设备、测试用车辆等按规定延长复运出境期限。三是鼓励引进海外人才。允许以团队为单位，为海外人才在华长期居留、永久居留提供便利，优化办理工作许可流程，鼓励海外人才申报专业人才职称，加强海外人才奖励资助，推动海外人才跨境资金收付便利化。四是提升知识产权保护水平。加快完善商业秘密保护规则体系，加强知识产权保护中心建设，提高知识产权执法水平，全面落实知识产权侵权惩罚性赔偿制度，加大行政裁决执行力度。《鼓励外商投资设立研发中心的若干措施》要求，商务部、科技部会同各有关部门和单位按照职责分工加强组织保障，强化协同配合，做好政

① 商务部、科技部《关于进一步鼓励外商投资设立研发中心的若干措施》，http://dk.mofcom.gov.cn/article/zcb/202304/20230403404140.shtml.
国务院办公厅转发商务部、科技部《关于进一步鼓励外商投资设立研发中心的若干措施》，http://www.mofcom.gov.cn/article/xwfb/xwrcxw/202301/20230103379837.shtml.

策宣讲，及时制定配套政策，确保相关措施落地见效。各地要结合实际，优化管理和服务，推动相关措施落实落细，确保符合条件的外资研发中心依法享受各项支持政策。

二、WTO《促进发展的投资便利化协定》谈判成功结束①

2023 年 7 月 6 日，世贸组织投资便利化谈判召开大使级会议。会上，谈判联合协调人智利驻世贸组织大使博萨和韩国驻世贸组织副代表朴正城发表声明，宣布《促进发展的投资便利化协定》（以下简称《投资便利化协定》）文本谈判成功结束。该协定共包括范围和总则、透明度、简化和加快行政程序、国内监管一致性和跨境合作、特殊和差别待遇、可持续投资及机构安排 7 个章节 45 个条款，其主体纪律主要包括提高投资措施的透明度和可预见性、简化和加快行政审批程序、促进可持续投资等。《投资便利化协定》是全球首个多边投资协定，将有助于提升全球投资监管政策的稳定性和可预期性，进一步提振全球投资者信心，推动全球投资稳定增长。同时，该谈判成果有利于弥合南北发展不平衡问题。《投资便利化协定》谈判由发展中成员发起，获得超过三分之二的世贸组织成员支持，发展中成员贡献了超过 70%的案文提案。根据谈判成果安排，《投资便利化协定》将为有需求的发展中成员提供相应技术援助，帮助其提升履行协定能力，优化营商环境，促进可持续发展。

三、《关于进一步优化外商投资环境　加大吸引外商投资力度的意见》发布②

2023 年 8 月 13 日，国务院印发《关于进一步优化外商投资环境　加大吸引外商投资力度的意见》，要求更好统筹国内国际两个大局，营造市场化、法治化、国际化一流营商环境，充分发挥我国超大规模市场优势，更大力度、更加有效吸引和利用外商投资，为推进高水平对外开放、全面建设社会主义现代化国家作出贡献。《关于进一步优化外商投资环境　加大吸引外商投资力度的意见》主要包括以下内容：一是提高利用外资质量。加大重点领域引进外资力度，

① 商务部有关负责人解读世贸组织投资便利化协定谈判成果，https://www.gov.cn/govweb/zhengce/202307/content_6890493.htm。

② 国务院《关进一步优化外商投资环境　加大吸引外商投资力度的意见》，https://www.gov.cn/zhengce/zhengceku/202308/content_6898049.htm。

发挥服务业扩大开放综合试点示范引领带动作用，拓宽吸引外资渠道，支持外商投资企业梯度转移，完善外资项目建设推进机制。二是保障外商投资企业国民待遇。保障依法参与政府采购活动，支持依法平等参与标准制定工作，确保平等享受支持政策。三是持续加强外商投资保护。健全外商投资权益保护机制，强化知识产权行政保护，加大知识产权行政执法力度，规范涉外经贸政策法规制定。四是提高投资运营便利化水平。优化外商投资企业外籍员工停居留政策，探索便利化的数据跨境流动安全管理机制，统筹优化涉外商投资企业执法检查，完善外商投资企业服务保障。五是加大财税支持力度。强化外商投资促进资金保障，鼓励外商投资企业境内再投资，落实外商投资企业相关税收优惠政策，支持外商投资企业投资国家鼓励发展领域。六是完善外商投资促进方式。健全引资工作机制，便利境外投资促进工作，拓展外商投资促进渠道，优化外商投资促进评价。

四、《北京市外商投资条例》（草案征求意见稿）发布[①]

2023 年 9 月，《北京市外商投资条例》（草案征求意见稿）发布，公开征集意见时间为：2023 年 9 月 20 日至 10 月 19 日。北京市为了促进外商投资，规范外商投资管理，保护外商投资合法权益，推动首都开放型经济高质量发展，根据《外商投资法》《外商投资法实施条例》等法律法规，结合北京市实际，北京市商务局牵头起草了《北京市外商投资条例》（草案征求意见稿）。《〈北京市外商投资条例〉（草案征求意见稿）起草说明》中指出，开展外商投资立法工作是深入贯彻落实党中央扩大对外开放、促进外商投资制度型开放的重要举措；是以法治推进更高水平对外开放，推动首都开放型经济建设和改革开放发展的必然选择。通过立法推动投资促进、保护和管理等方面的制度建设，营造更加透明、稳定、可预期的法治环境，是进一步推动本市利用外资高质量发展的现实需要。《北京市外商投资条例》（草案征求意见稿）共设总则、投资准入、投资促进、投资保护、投资管理、投资便利、投资服务、法律责任、附则等 9 章 44 条。

① 关于对《北京市外商投资条例》（草案征求意见稿）公开征集意见的公告，https://www.beijing.gov.cn/hudong/gfxwjzj/zjxx/202309/t20230920_3263225.html。

五、《2022 年度中国对外直接投资统计公报》发布[①]

2023 年 9 月 28 日，商务部、国家统计局和国家外汇管理局联合发布《2022 年度中国对外直接投资统计公报》（以下简称《统计公报》）。《统计公报》分中国对外直接投资综述、中国对外直接投资流量存量、中国对世界主要经济体的直接投资、对外直接投资者构成、对外直接投资企业构成、附表等六部分，全面反映 2022 年中国对外直接投资情况。2022 年中国对外直接投资主要呈现以下特点：一是对外投资规模保持世界前列。二是境外企业覆盖全球超过 80%的国家和地区。三是投资领域广泛。四是地方企业对外投资持续活跃。五是互利共赢助力经济发展。

六、《中国（新疆）自由贸易试验区总体方案》发布[②]

2023 年 10 月 31 日国务院印发《中国（新疆）自由贸易试验区总体方案》的通知。《中国（新疆）自由贸易试验区总体方案》围绕战略定位和发展目标，提出了打造一流营商环境、提升贸易便利化水平、做大做强传统优势产业、强化与周边国家经贸合作等 25 个方面的具体举措，努力建成营商环境优良、投资贸易便利、优势产业集聚、要素资源共享、管理协同高效、辐射带动作用突出的高标准高质量自由贸易园区。其中，第二项“主要任务和措施”是“深化投资领域改革”，具体包括两个方面：一是推动投资自由化便利化。健全外商投资服务保障机制，切实保障外商投资企业依法公平参与政府采购、招投标、标准制定等事项，支持符合条件的企业平等享受产业和区域发展政策。鼓励设立外资研发中心，在研发费用、专职研发人员数量、购置设备等方面降低准入门槛。支持采取“平台+园区”“机构+企业”的共享开放合作发展模式，建设国别产业合作园区。二是提升对外投资合作水平。构建对外投资政策促进、服务保障和风险防控体系，建设企业“走出去”窗口和综合服务平台。鼓励支持自贸试验区内企业通过合资、合作、并购、参股等多种方式，对中亚等周边共建“一带一路”国家在能源资源、新材料、特色医药、农产品种植等领域开展对外投

① 商务部、国家统计局和国家外汇管理局联合发布《2022 年度中国对外直接投资统计公报》，http://africanunion.mofcom.gov.cn/article/ztdy/202309/20230903443873.shtml，2023 年 11 月 18 日访问。

② 国务院关于印发《中国（新疆）自由贸易试验区总体方案》的通知，https://www.gov.cn/zhengce/content/202310/content_6912936.htm.
商务部召开新疆自贸试验区总体方案专题新闻发布会，http://www.mofcom.gov.cn/article/zwgk/gkzcjd/202311/20231103452465.shtml.

资，与国内产业衔接、产能互补、协同发展。完善对外投资管理，提升非金融类境外投资的便利化水平。

七、商务部办公厅《关于请做好内外资不合理 差别待遇专项清理工作的函》发布①

2023 年 11 月 8 日商务部办公厅《关于请做好内外资不合理 差别待遇专项清理工作的函》（以下简称《工作函》）发布。《工作函》指出为深入贯彻落实党中央、国务院部署，严格落实外商投资法，常态化推进外资领域法治建设，根据有关工作要求，由商务部组织对含有内外资不合理差别待遇内容的规定及措施进行专项清理。以“按照有关要求，进一步深入清理可能存在的歧视外资企业的法规文件、政策措施，为外资企业营造更加公平的市场竞争环境，稳定外商在华长期投资的预期和信心，更加积极有效利用外资服务构建新发展格局”为目标，在各地区人民政府、各部门出台的现行有效的法规、规章、规范性文件、其他政策措施、各地区人民政府、各部门直属事业单位、业务主管社会团体制定的与经营主体相关的各类措施中进行清理。

第二节 综合分析

一、外商投资环境的进一步优化

2023 年外商投资法治发展的主要特点是外商投资环境的进一步优化，表现在两个方面：一是国家层面的外商投资环境建设；二是地方层面的外商投资环境建设。

（一）国家层面的外商投资环境建设

在国家层面，首先出台针对科技领域外商投资鼓励政策，鼓励外商在国内设立研发中心，其次由海关总署牵头，联合多个部门促进口岸数字化转型，最后国务院发布《关于进一步优化外商投资环境 加大吸引外商投资力度的意见》，从六个方面营造国际化一流营商环境，更加有效吸引和利用外资。

2023 年 1 月 11 日，商务部、科技部发布《关于进一步鼓励外商投资设立

① 商务部办公厅关于请做好内外资不合理 差别待遇专项清理工作的函，http://www.mofcom.gov.cn/article/zcfb/zcwgtz/202311/20231103452139.shtml，2023 年 11 月 29 日访问。

研发中心的若干措施》，进一步优化国内营商环境，扩大国际科技交流合作，加大对外商投资在华设立研发中心开展科技研发创新活动的支持力度。[①]文件中提出要落实支持科技创新税收政策，支持外资研发中心依法使用大型科研仪器、国家重大科技计划项目的科技报告和相关数据，支持外商投资设立开放式创新平台类研发中心，完善科技创新金融支持，畅通参与政府项目渠道。促进研发便利化，支持研发数据依法跨境流动，优化知识产权对外转让和技术进出口管理流程，优化科研物资通关和监管流程。鼓励引进海外人才，提高海外人才在华工作便利度，鼓励海外人才申报专业人才职称，加强海外人才奖励资助，推动海外人才跨境资金收付便利化。

2023 年 4 月 29 日，海关总署会同国家发展改革委、财政部、交通运输部、商务部、市场监管总局，部署动员在北京、天津、上海、重庆等 12 个省份 17 个城市集中开展为期 5 个月的 2023 年促进跨境贸易便利化专项行动。[②]此次行动是要促进口岸数字化转型，提升跨境通关物流链供应链安全畅通，规范和降低进出口环节合规费用，全力营造市场化、法治化、国际化一流口岸营商环境。

积极吸引和利用外商投资，是推进高水平对外开放、构建开放型经济新体制的重要内容。2023 年 8 月 13 日，国务院发布《关于进一步优化外商投资环境　加大吸引外商投资力度的意见》，从六个方面提出要营造市场化、法治化、国际化一流营商环境，充分发挥我国超大规模市场优势，更大力度、更加有效吸引和利用外商投资。[③]文件中明确提出要保障外商投资企业国民待遇，开展保障经营主体公平参与政府采购活动专项检查，依法查处对外商投资企业实行差别待遇等违法违规行为，适时通报典型案例。要持续加强外商投资保护，健全外商投资权益保护机制，完善国际投资争端应对工作机制，压实主体责任，强化争端预防，妥善处理国际投资争端，制定各类涉外经贸政策措施应注重增强透明度和可预期性，依法听取外商投资企业意见，新出台政策措施应合理设置过渡期。要求探索便利化的数据跨境流动安全管理机制，落实网络安全法、数据法、个人信息保护法等要求，为符合条件的外商投资企业建立绿色通道，促

① 国务院办公厅转发商务部科技部关于进一步鼓励外商投资设立研发中心若干措施的通知，http://www.mofcom.gov.cn/article/zcfb/zcwg/202305/20230503410325.shtml，2023 年 12 月 30 日访问。

② 扩容至 17 个城市　六部门部署 2023 年促进跨境贸易便利化专项行动，http://www.customs.gov.cn//customs/xwfb34/mtjj35/5004835/index.html，2023 年 12 月 30 日访问。

③ 国务院关于进一步优化外商投资环境　加大吸引外商投资力度的意见，https://www.gov.cn/zhengce/zhengceku/202308/content_6898049.htm，2023 年 12 月 30 日访问。

进数据安全有序自由流动。加大财税支持力度，落实外国投资者境内取得利润再投资暂不征收预提所得税，辅导帮助外籍个人按照国家有关规定享受住房补贴、语言训练费、子女教育费等津补贴免税优惠政策，帮助外资研发中心享受支持科技创新进口税收政策和采购国产设备增值税退税政策。

（二）地方层面的外商投资环境建设

在国务院发布《关于进一步优化外商投资环境　加大吸引外商投资力度的意见》之后，各个省市也分别出台地方性外商投资环境优化的措施，结合各地方特色产业和地方优势，加大吸引外资力度。

1. 提供资金奖励支持

2023 年 10 月 10 日，云南省发布《云南省鼓励外商投资奖励办法》。2023 年 11 月 7 日，山西省发布《山西省加大吸引外商投资力度若干措施》。2023 年 11 月 20 日，沈阳市发布《沈阳市进一步优化外商投资环境加大吸引外商投资力度若干措施》。这三个文件都提出对于在其辖区内完成登记注册的外商投资企业，根据其实际到资金额，按比例进行奖励。对于规模在 5 000 万以上的跨国企业若在其辖区内设立区域性总部或总部性机构，按照比例给予奖励。其中沈阳市的投资奖励办法中特别指出对于外商投资在沈阳设立研发中心，一次性给予 50 万元人民币开办补助，新设立外资研发中心研发人员超过 100 人的，一次性给予 200 万元人民币开办补助。

2. 细化落实吸引外资措施

2023 年 10 月 19 日，山东省发布《山东省进一步优化外商投资环境更大力度吸引和利用外资的若干措施》[①]，将国务院《关于进一步优化外商投资环境　加大吸引外商投资力度的意见》中措施的具体实施落实到省内各单位，并且结合地方实际情况，大力促进外商投资企业依法在山东开展境外已上市细胞和基因治疗药品临床试验投资，对已上市境外生产药品转移至山东生产的药品上市注册申请实施创新、快捷、常规“三通道”审批，进一步优化审评审批流程，加强对医药集中采购领域知识产权保护，鼓励外资医药企业在山东投资。2023 年 11 月 7 日，山西省发布《山西省加大吸引外商投资力度若干措施》，该文件明确要求利用外资促进能源革命建设，支持外商投资企业同省内创新平台和科研机构开展合作，加强能源生产、能源传输、能源消费关键技术攻关。支持外商

① 山东省人民政府关于印发《山东省进一步优化外商投资环境　更大力度吸引和利用外资的若干措施》的通知，http://www.shandong.gov.cn/art/2023/10/23/art_267492_60308.html，2023 年 12 月 30 日访问。

投资企业积极参与现代煤化工示范基地建设，鼓励省内钢铁、焦化企业与国际先进技术企业加大整合力度，助力构建开放型现代产业体系，支持外商投资企业参与新能源和清洁能源项目，支持外商投资企业参与友好矿区建设，支持外商投资企业开展节能减碳合作，支持外商投资企业以先进适用技术，助力 5G、物联网、人工智能、大数据、工业互联网等新一代技术在煤炭产业的推广应用。[①]

3. 建立投资者保护机制

深圳市第七届人民代表大会常务委员会第二十一次会议通过《深圳经济特区前海深港现代服务业合作区投资者保护条例》，于 2023 年 12 月 1 日起正式施行。[②]《深圳经济特区前海深港现代服务业合作区投资者保护条例》在现行有关法律法规基础上，对市场主体反映强烈的知识产权保护、政府采购、投诉举报处理等问题进行细化规定。保障企业合法经营权，明确不予实施行政强制措施的具体情形，加强政府采购管理；完善纠纷化解机制，加强法律服务体系建设，建设前海深港国际法务区，支持境内和境外律师事务所在前海开展联营；支持前海法院探索吸收符合条件的港澳调解组织作为特邀调解组织，对其出具的调解协议依当事人申请依法予以司法确认；明确前海法院牵头推进域外法查明与适用机制改革，强化域外法查明和适用在保护跨境商业投资主体合法权益中的应用。

二、境外投资法治的主要发展

2023 年境外投资法治的发展主要体现在“一带一路”高质量建设、数字经济、企业金融管理三个方面。“一带一路”高质量建设强调投资的高水平开放的落实；数字经济强调构建良好数字投资环境和加强对数字基础设施的投资；企业金融管理强调扩大人民币跨境使用范围和跨境融资便利化的促进。

（一）高质量共建“一带一路”

2023 年是共建“一带一路”十周年，习近平主席在第三届“一带一路”国际合作高峰论坛开幕式上发表《建设开放包容、互联互通、共同发展的世界》[③]

---

① 山西省人民政府关于印发《山西省加大吸引外商投资力度若干措施》的通知，https://www.shanxi.gov.cn/zfxxgk/zfxxgkzl/fdzdgknr/lzyj/szfwj/202311/t20231125_9432820.shtml?#，2023 年 12 月 30 日访问。

②《深圳经济特区前海深港现代服务业合作区投资者保护条例》，http://www.szrd.gov.cn//v2/zx/szfg/content/post_1112293.html，2023 年 12 月 30 日访问。

③ 习近平主席在第三届“一带一路”国际合作高峰论坛开幕式上的主旨演讲，https://www.gov.cn/yaowen/liebiao/202310/content_6909882.htm，2023 年 12 月 31 日访问。

主旨演讲，强调推动共建“一带一路”进入高质量发展的新阶段，并提出高质量共建“一带一路”八项行动，深入推进投资高水平开放是其中的亮点。

在推进投资高水平开放方面，2023 年中国与 16 个国家和地区发表联合声明，在第三届“一带一路”合作高峰论坛上与不同国家和地区达成 42 项合作文件。[①]这些声明和文件都表明中国与相关国家地区在“一带一路”框架下，深化高质量投资合作，拓展投资贸易领域，保持投资政策对话沟通。反映了中国积极完善多双边合作机制，推动建设更多贸易畅通、投资合作、服务贸易等双边经贸合作机制，落实商签投资保护协定，促进政策沟通和战略对接。

中国对外投资继续保持良好势头。商务部发布的数据显示，2023 年 1 月至 2023 年 11 月，我国全行业对外直接投资 9 541.7 亿元人民币，同比增长 8.2%。其中，我国境内投资者共对全球 154 个国家和地区的 7 149 家境外企业进行了非金融类直接投资，累计投资 8 145.4 亿元人民币，同比增长 18.4%。[②]其中，我国企业在“一带一路”共建国家非金融类直接投资 2 011.7 亿元人民币，同比增长 26.8%。[③]

（二）数字经济赋能对外投资

2023 年 7 月 5 日，商务部印发《关于进一步优化外商投资环境 加大吸引外商投资力度的意见》提出以优质投资环境护航外商投资，支持数字经济等领域外商投资企业与各类职业院校、职业培训机构开展职业教育和培训，为数字贸易发展营造更加优化的投资与营商环境。

2023 年 10 月 18 日，商务部发布《数字经济和绿色发展国际经贸合作框架倡议》（以下简称《倡议》）。《倡议》以挖掘数字经济和绿色发展潜能、加强贸易投资合作为主题，着力促进各方加强政策交流协调，着力共同应对数字鸿沟和绿色壁垒挑战，着力更好分享数字和绿色发展红利，着力形成合力寻求合作最大公约数。[④]《倡议》从 4 个方面提出 34 项具体任务举措，其中涉及数字经济投资的主要有两项：一是营造良好的数字经济投资环境。鼓励发展和培育开放、透明、包容的数字经济政策，开展数字经济发展战略、数字立法监管实践、

① 第三届“一带一路”国际合作高峰论坛多边合作成果文件清单，https://www.mfa.gov.cn/zyxw/202310/t20231018_11163409.shtml，2023 年 12 月 31 日访问。

② 商务部：2023 年 1－11 月我国全行业对外直接投资简明统计，http://www.mofcom.gov.cn/article/tongjiziliao/dgzz/202312/20231203462796.shtml，2024 年 1 月 13 日访问。

③ 商务部：2023 年 1－11 月我国对“一带一路”共建国家投资合作情况，http://www.mofcom.gov.cn/article/tongjiziliao/dgzz/202312/20231203462799.shtml，2024 年 1 月 13 日访问。

④ 商务部国际司负责人就《数字经济和绿色发展国际经贸合作框架倡议》答记者问，https://www.gov.cn/lianbo/bumen/202310/content_6910499.htm，2023 年 12 月 30 日访问。

政策和规则标准的交流对接，分享各自参与贸易协定和多双边经贸合作的经验做法，为促进政府、工商界和学术界的交流活动搭建平台，合力构建开放、包容、公平、公正、非歧视的数字经济发展环境，促进数字经济的平等参与和使用，以缩小数字鸿沟。鼓励各方减少、消除或防止不必要的贸易壁垒，以释放数字经济的活力。二是加强对数字基础设施的投资。推动城市间地方合作，促进数字互联互通，缩小数字鸿沟，让数字经济发展成果造福人民。支持包括中小微企业在内的各类企业积极参与传统基础设施数字化、网络化、智能化升级改造，鼓励完善宽带网络、互联网等通信网络基础设施，数据中心、云计算等算力基础设施，以及人工智能、5G 网络、数字医疗、智慧城市等智慧基础设施，分享最佳实践和探索标准互认的交流合作，为技术传播、企业对接、商业模式分享等搭建平台，共同营造良好投资环境。《倡议》展现了中国在《数字经济伙伴关系协定》（DEPA）框架下接纳高标准国际规则的决心与能力，鼓励参加方在遵守国内法律法规的前提下推进无纸贸易发展，支持使用电子提单、电子发票、电子仓单等电子化单据及相关贸易数字化平台。这些措施回应了 DEPA 关于无纸化贸易、电子支付、电子发票等要求。

2023 年 10 月 18 日，中国同“一带一路”相关国家发布《“一带一路”数字经济国际合作北京倡议》①，从基础设施、产业转型、数字能力、合作机制等方面，提出“加强数字互联互通，建设数字丝绸之路”等 20 项共识。其中涉及数字经济投资的主要是促进数字技术领域的投资。推动各类金融机构、多边开发机构等投资数字技术基础设施和应用，引导私营部门资本，包括商业股权投资基金以及社会基金向数字经济领域投资。鼓励数字企业和金融机构依据当地法律法规开展投资信息交流，鼓励在数字技术领域相互投资。

（三）对外投资企业金融管理制度

2023 年，对外投资企业金融管理规则发展侧重于为对外投资企业提供支持，指导企业防范融资风险、收汇和投资风险，推动投资自由化便利化。支持扩大人民币跨境使用、做科学投资决策防范对外投资风险和跨境融资便利化是其中的重点。

1. 2023 年 1 月 11 日，商务部、中国人民银行联合印发《关于进一步支持

① 《“一带一路”数字经济国际合作北京倡议》，https://www.mfa.gov.cn/zyxw/202310/P020231019680044766978.pdf，2023 年 12 月 31 日访问。

外经贸企业扩大人民币跨境使用　促进贸易投资便利化的通知》[①]（本段简称《通知》）。《通知》指出应促进更高水平投资便利化，支持与周边国家（地区）、RCEP区域内贸易投资人民币结算，更好满足企业跨境投融资需求，完善综合金融服务，鼓励银行境内外联动开展境外人民币贷款业务，按照商业原则降低人民币融资成本，支持对外投资、对外承包工程企业参与“一带一路”建设，鼓励对有实际需求且符合条件的境外项目和企业优先采用人民币贷款，加大对企业人民币跨境贸易投资的出口信用保险和海外投资险承保力度，支持企业投保或续保时以人民币作为收付币种。

2. 2023年11月15日，第六届中国国际进口博览会跨境投资高质量发展圆桌会上，商务部对外投资和经济合作司、中国对外承包工程商会共同发布了第三版《境外中资企业机构和人员安全管理指南》[②]。《境外中资企业机构和人员安全管理指南》强调境外中资企业机构作为社会主体，应在新安全格局引领下，提高对外投资决策的科学性，增强跨境经营的风险意识与合规意识，审慎选择目标国家或地区，一手抓发展机遇，一手抓完善境外安全风险管理体系。《境外中资企业机构和人员安全管理指南》新增“保险保障”章节，指导企业将保险保障作为抵御风险和转移风险的重要手段，在开展项目前，结合项目所在国家和地区不同的安全风险、项目阶段等因素，制定分类管理的保险保障计划框架，如针对人员管理购买健康类保险，对于工程管理购买建筑工程险和运营期财产险。

3. 2023年12月8日，国家外汇管理局发布《关于进一步深化改革促进跨境贸易投资便利化的通知》（本段简称《通知》）。《通知》从主体范围、试点地区、试点额度等方面对企业跨境融资便利化政策进行了升级。强调放宽境外直接投资（ODI）前期费用规模限制。取消境内企业境外直接投资前期费用累计汇出额不超过等值300万美元的限制，但累计汇出额不得超过中方拟投资总额的15%。该措施旨在便利市场经营主体合规办理跨境贸易和投融资业务，有效激发市场活力，更好地服务实体经济高质量发展。

---

① 商务部　中国人民银行联合印发《关于进一步支持外经贸企业扩大人民币跨境使用　促进贸易投资便利化的通知》，http://www.mofcom.gov.cn/article/syxwfb/202301/20230103378668.shtml，2023年12月31日访问。

② 商务部：第三版《境外中资企业机构和人员安全管理指南》发布，http://www.mofcom.gov.cn/article/zwjg/zwsq/zwsqmd/202311/20231103455982.shtml，2024年1月13日访问。

三、国际投资条约的签署与谈判进展

（一）国际投资条约的签署

2023 年签署的国际投资条约主要包括五个：一是《中华人民共和国政府和厄瓜多尔共和国政府自由贸易协定》（以下简称《中厄自贸协定》）；二是《中华人民共和国政府和尼加拉瓜共和国政府自由贸易协定》（以下简称《中尼自贸协定》）；三是《中华人民共和国政府和塞尔维亚共和国政府自由贸易协定》（以下简称《中塞自贸协定》）；四是《中华人民共和国政府和新加坡共和国政府关于进一步升级〈自由贸易协定〉的议定书》（以下简称《中国—新加坡升级议定书》）；五是《中华人民共和国政府和安哥拉共和国政府关于促进和相互保护投资的协定》（以下简称《中安投资协定》）。从这五个条约的规则内容来看，侧重于投资促进并主动对接高水平经贸规则，在数字经济、环境保护等新议题上达成共识。

1.《中厄自贸协定》的投资促进和纳入高水平经贸规则

中国与厄瓜多尔自贸协定的谈判于 2022 年 2 月启动，经过一年的高效磋商，2023 年 2 月宣布结束。中厄双方通过自贸协定将实现高水平相互开放，为企业创造更加优惠、便利、透明、稳定的营商环境，进一步激发两国贸易投资合作潜力，推动中厄经贸合作全方位提质升级，促进双边贸易持续、稳定、多元化发展，不断增进两国人民和企业福祉。[①]目前双方正在履行各自国内的法律审批程序，协定生效时间尚未确定。《中厄自贸协定》包括序言和 17 个章节，既包括投资促进和投资便利化等措施，并且在电子商务这一新兴领域达成共识，体现了主动对接高水平经贸规则的共识。

中厄双方以为两国企业创造更加优惠、便利、透明、稳定的营商环境为目标，在投资促进与投资便利化方面深化合作，主要包括分享交流投资信息、提高投资环境的透明度、简化申请核准程序等内容，同时还纳入了环境措施、企业社会责任等可持续发展条款。在竞争领域，双方在承认竞争执法独立性的基础上，就执法原则、透明度、执法合作、通报、磋商、信息交换、技术合作、消费者保护等内容达成一致，目的是通过加强交流合作创造良好的营商环境，促进两国企业贸易投资往来。在实施高水平开放的同时，协定还在贸易救济方面作出了相关安排，为市场开放设置了“安全阀”。

① 中国与厄瓜多尔签署自贸协定，http://fta.mofcom.gov.cn/article/chinaecuador/chinaecuadornews/202305/53914_1.html，2023 年 12 月 30 日访问。

2.《中尼自贸协定》的投资促进和纳入高水平经贸规则

中尼两国于 2022 年 7 月启动自贸协定谈判，在一年时间内完成了谈判。通过自贸协定，两国在货物贸易、服务贸易和投资市场准入等领域将实现高水平相互开放。协定各领域案文规则充分体现了现代化、高水平和包容性。[①]目前，中尼双方均已完成各自生效程序，根据协定有关规定，协定于 2024 年 1 月 1 日正式生效。

在投资促进方面，双方都作出了更高水平的市场开放承诺，尼方在中方重点关注的制造业、建筑工程、电力运输、海洋运输等领域作出较高水平的开放承诺。中方也在入世承诺基础上，对尼方进一步开放商业服务、环境保护、银行保险、批发零售、海洋运输等广泛领域；并且在第十章“商务人员临时入境”中，对于商务人员的往来作出了较高水平的承诺，并首次允许商务人员的父母随行居留，针对性解决了企业人员“走出去”的后顾之忧。[②]

3.《中塞自贸协定》的投资促进和纳入高水平经贸规则

2023 年 10 月 17 日，在中国国家主席习近平和塞尔维亚总统武契奇的共同见证下，中国商务部部长王文涛与塞尔维亚国内和对外贸易部部长莫米洛维奇，分别代表本国政府签署《中华人民共和国政府和塞尔维亚共和国政府自由贸易协定》。《中塞自贸协定》谈判于 2023 年 4 月启动，9 月底实质性完成。中塞双方通过自贸协定将实现高水平相互开放，为双边经贸合作建立新的制度性安排，为两国企业创造更加优惠、便利、透明、稳定的营商环境，为推动高质量共建“一带一路”和深化中塞全面战略伙伴关系注入新动能。[③]

在协定中，双方在投资促进和投资便利化方面开展合作，包括分享交流投资信息、提高投资环境的透明度、简化申请核准程序等。同时，也将根据世贸组织《服务贸易总协定》规定，努力实现服务贸易的逐步自由化和市场开放，以期在双方之间达成服务贸易自由化协定。[④]

---

① 中国与尼加拉瓜正式签署自贸协定，http://fta.mofcom.gov.cn/article/chinanicaragua/chinanicaraguaxwfb/202308/54458_1.html，2023 年 12 月 30 日访问。

② 商务部国际司负责人谈中国—尼加拉瓜自由贸易协定正式生效有关情况，http://fta.mofcom.gov.cn/article/chinanicaragua/chinanicaraguaxwfb/202312/55000_1.html，2023 年 12 月 30 日访问。

③ 中国与塞尔维亚签署自由贸易协定，http://fta.mofcom.gov.cn/article/chinaserbia/chinaserbiaxwfb/202311/54840_1.html，2023 年 12 月 30 日访问。

④ 商务部国际司负责人解读中国—塞尔维亚自贸协定，http://fta.mofcom.gov.cn/article/chinaserbia/chinaserbiaxwfb/202311/54841_1.html，2023 年 12 月 30 日访问。

4.《中国—新加坡升级议定书》的投资促进和纳入高水平经贸规则

2023年4月，中新双方宣布实质性完成两国自贸协定进一步升级谈判。本次进一步升级对标CPTPP等国际高标准经贸协定，以负面清单模式作出跨境服务贸易和投资领域的开放承诺，将为双方投资者和服务提供者提供更广阔的市场空间，提升贸易投资政策透明度，并进一步拓展新兴领域互利合作。①

《中国—新加坡升级议定书》进一步扩大投资等领域的市场开放：确立负面清单管理制度，除负面清单列出的禁止或限制性领域外，对方企业可从事其他所有服务贸易和投资活动享受与本国国民相同的待遇，双方不再设置其他任何障碍；创造更广阔的市场空间，新方取消了在建筑服务、专业工程等领域对于专业人员持股比例和控制权等方面的限制，并且在环境保护、海运等多个中方重点关注的领域作出了高水平开放承诺；提高开放确定性，除部分需保留政策灵活性的领域（列于保留及不符措施减让表清单二），双方对服务贸易和投资领域作出了“棘轮”承诺（列于保留及不符措施减让表清单一）。“棘轮”承诺要求，双方将现行法律法规及限制性措施列入负面清单，未来相关领域如出台新的法律法规，不能施加更多限制，且如果相关领域新的法律法规作出了更开放的规定，则开放措施自动成为协定约束性承诺的一部分。可以说，“棘轮”承诺是规则和制度的重要创新，双方通过“棘轮”承诺彼此“开放的大门将越开越大”，相互提升服务贸易和投资准入的确定性，极大增强两国企业扩大贸易投资往来的信心；提供更高的政策透明度，除部分需保留政策灵活性的领域（保留及不符措施减让表清单二），负面清单列出影响双方服务和投资领域的全部限制性措施。双方服务提供者和投资者可在负面清单中获得相关信息，最大程度地解决两国企业对彼此政策措施不熟悉、不了解的痛点，有力提升两国营商环境水平；双方还在议定书中推动新兴领域合作。在电信服务方面，双方承诺在频谱、号码分配、使用、转售，公共电信网络接入和互联互通，携号转网等方面给予非歧视待遇，将有力促进两国信息技术产业创新融合发展。

5.《中安投资协定》的投资促进和纳入高水平经贸规则

2023年12月6日，中国商务部部长王文涛与安哥拉外交部部长泰特·安东尼奥，分别代表本国政府在京签署《中华人民共和国政府和安哥拉共和国政

① 商务部国际司负责人解读中新自由贸易协定进一步升级议定书，http://fta.mofcom.gov.cn/article/chinasingaporeupgrade/chinasingaporeupgradenews/202312/54905_1.html，2023年12月30日访问。

府关于促进和相互保护投资的协定》。[①]《中安投资协定》对双方投资保护义务和争端解决机制进行了规定，是一份互惠互利、高质量的投资协定，协定的签署有望进一步增强双方投资者信心，为两国企业创造更加稳定、便利、透明的营商环境，为两国战略伙伴关系蓬勃发展持续注入动力。

（二）国际投资条约的谈判进展

2023 年国际投资条约的谈判进展主要包括两个方面：一是由中国牵头的《投资便利化协定》文本谈判顺利结束；二是现行自由贸易协定的基础上，通过“升级后续谈判”方式继续推动深化投资规则。

1.《投资便利化协定》文本谈判结束

2023 年 7 月 6 日，世贸组织投资便利化谈判召开大使级会议。会上，谈判联合协调人智利驻世贸组织大使博萨和韩国驻世贸组织副代表朴正城发表声明，宣布《投资便利化协定》文本谈判成功结束。投资便利化议题是中国在世贸组织设置并发起的，该议题谈判旨在增强参加方投资政策透明度，简化投资审批程序，加强投资领域国际合作，进一步提升全球投资便利化水平，推动全球投资更加顺畅流动。2020 年正式进入案文谈判阶段，经过近 3 年的密集磋商，各方已就所有议题达成一致。[②]

该协定共包括范围和总则、透明度、简化和加快行政程序、国内监管一致性和跨境合作、特殊和差别待遇、可持续投资及机构安排等 7 个章节 45 个条款，其主体纪律主要包括提高投资措施的透明度和可预见性、简化和加快行政审批程序、促进可持续投资等。关于投资措施透明度章节，该章核心纪律包括公布投资审批所需的程序、要求、材料和费用，建立“单一窗口”公布信息；不得对提供信息的行为进行收费；提前公布拟实施的措施并为利益相关方提供评论的机会，在相关措施公布和实施之间预留合理时间；公布投资相关人员入境所需的程序、要求、材料和费用；向世贸组织通报现有和拟制定的影响投资的措施。关于简化和加快行政程序章节，该章主要规定，投资监管措施应当合理、客观、公正，批准程序不应不合理地延误投资活动；为投资项目申请预留合理的时间，提供处理审批的时间表，利用“单一窗口”受理申请；对于完整的投

① 中国—安哥拉投资保护协定在京签署，http://www.mofcom.gov.cn/article/syxwfb/202312/20231203458662.shtml，2024 年 3 月 19 日访问。

② 商务部世贸司负责人解读世贸组织投资便利化协定谈判成果，http://www.mofcom.gov.cn/article/xwfb/xwsjfzr/202307/20230703420570.shtml，2023 年 12 月 30 日访问。

资申请应在合理时间内处理，对于不完整的申请要告知其如何补充完整，如果驳回申请应告知申请人理由并给予其再次申请的机会；审批费用要合理、透明且有法律法规依据；审批机关要与申请人保持独立；为投资者提供维护自身权利的司法和行政的救济渠道，定期审查投资措施是否有效实现政策目标。关于促进可持续投资章节，该章主要规定投资者负责任商业行为和反腐败措施。在负责任商业行为方面，为推动可持续发展，鼓励成员根据其法律规定，要求其境内的投资者和企业将国际公认的负责任商业行为原则、标准和指南，如《联合国商业和人权指导原则》等，纳入其商业行为和内部决策；鼓励投资者和企业根据国际公认的负责任商业行为原则、标准和指南，与所在地居民、当地社区等保持接触和对话；认可投资者和企业通过尽职调查识别和解决其运营、供应链和其他商业关系中出现的负面影响的重要性；加强负责任商业行为经验分享交流。在反腐败措施方面，规则要求成员按照其国内法律和国际承诺，就本协定相关的投资行为适用反腐败措施；认可透明度、可靠性、完整性对制定反腐败政策的重要性，在采取影响投资的措施时保持透明度，避免利益冲突和腐败行为。

2. 自由贸易协定的升级和后续谈判

2023年10月25日至29日，中国—东盟自贸区3.0版第四轮谈判在印度尼西亚万隆举行。中国与东盟十国主管部门和东盟秘书处官员出席会议。双方积极落实中国—东盟领导人会议共识，推动在本轮谈判中就经济技术合作章节达成一致，并深入推进数字经济、绿色经济、供应链互联互通、货物贸易、投资、中小微企业、卫生与植物卫生措施、海关程序与贸易便利化、标准技术法规与合格评定程序、竞争和消费者保护、法律与机制事务等领域磋商，进一步扩大经贸领域相互开放，拓展新兴领域互利务实合作。[①]2023年12月11日至12日，中国—洪都拉斯自贸协定第三轮谈判在洪首都特古西加尔巴举行。双方围绕货物贸易、服务贸易、投资、规则等领域开展全面深入磋商，取得积极进展。其间，双方实质性完成中洪自贸协定早期收获安排谈判。[②]

---

① 中国—东盟自贸区 3.0 版第四轮谈判在印尼万隆举行，http://www.mofcom.gov.cn/article/xwfb/xwrcxw/202311/20231103450417.shtml，2023年12月30日访问。

② 中国—洪都拉斯自贸协定第三轮谈判在特古西加尔巴举行，http://www.mofcom.gov.cn/article/syxwfb/202312/20231203460427.shtml，2023年12月30日访问。

第三节　热 点 聚 焦

一、《投资便利化协定》及其贯彻落实

（一）《投资便利化协定》的内容

2023 年 7 月 6 日，参与促进发展的投资便利化（Investment Facilitation for Development，简称 IFD）谈判的世界贸易组织成员宣布，经过不同发展水平的 110 多个代表团历时 3 年的紧张谈判，《投资便利化协定》的文本谈判成功结束。[①]作为全球首个多边投资协定，《投资便利化协定》对提升全球投资监管政策的稳定性和可预期性，提振全球投资者信心，推动全球投资稳定增长具有重要作用。因此，有必要对《投资便利化协定》的内容作详细说明。

《投资便利化协定》共 7 个章节 45 个条款。第 1 节“范围和一般原则”明确排除市场准入、投资保护、投资者与国家间争端解决等内容，并设立“防火墙”条款，以免除其他国际投资协定（International Investment Agreements，简称 IIAS）的干扰；第 2 节“提高投资措施的透明度”、第 3 节“简化和加快行政程序”和第 6 节“促进可持续投资”是该协定的核心章节；此外，该协定还分别于第 4 节、第 5 节、第 7 节规定了加强国内监管一致性与跨境合作、特殊和差别待遇、体制安排和最后条款等内容。

1. 提高投资措施的透明度

该章节的核心纪律包括，一是公布投资审批、投资相关人员入境所需的程序、要求、材料和费用，建立“单一窗口”公布信息；二是提前公布拟实施的措施并为利益相关方提供评论的机会，在相关措施公布和实施之间预留合理时间；三是向世贸组织通报现有和拟制定的影响投资的措施。

2. 简化和加快行政程序

该章的主要规定有，一是投资监管措施应当遵循合理、客观、公正的原则，批准程序不得不合理地延误投资活动；二是为投资项目申请预留合理的时间，提供处理审批的时间表，利用“单一窗口”受理申请，在合理时间内处理投资申请并给予反馈，审批费用要合理、透明且有法律法规依据；三是审批机关要

① Investment facilitation negotiators announce deal on Agreement’s text，https://www.wto.org/english/news_e/news23_e/infac_06jul23_e.htm，2023 年 12 月 30 日访问。

与申请人保持独立；四是为投资者提供维护自身合理权利的司法和行政的救济渠道。

3. 促进可持续投资

该章主要规定投资者负责任商业行为和反腐败措施。在负责任商业行为方面，一是鼓励成员根据其法律规定，要求其境内的投资者和企业将国际公认的负责任商业行为原则、标准和指南，如《联合国商业和人权指导原则》等，纳入其商业行为和内部决策；二是鼓励投资者和企业根据上述原则、标准和指南，与所在地居民、当地社区等保持接触和对话；三是加强负责任商业行为经验分享交流。在反腐败措施方面，规则一方面要求成员按照其国内法律和国际承诺，就本协定相关的投资行为适用反腐败措施；另一方面要求成员在采取影响投资的措施时坚持透明度，避免利益冲突和腐败行为。①

（二）我国对《投资便利化协定》的贯彻落实

作为《投资便利化协定》的首倡方，我国在不断推进将该协定纳入世界贸易组织法律架构的同时，也在不断革新国内有关投资的监管政策，支持地方制定实施外商投资法的地方性法规，因地制宜优化外商投资法治环境，②从而为履行我国在《投资便利化协定》下的义务做好铺垫，实现国际协定与国内政策的衔接。

2023 年 8 月 13 日，《国务院关于进一步优化外商投资环境 加大吸引外资力度的意见》③（以下简称“国务院《意见》”）发布。其中，提高投资运营便利化水平等相关内容，对各地出台政策以营造市场化、法治化、国际化一流营商环境作出指示。随后，部分地区结合国务院《意见》及当地的民情、社情出台了相关政策，如深圳市第七届人大常委会第二十一次会议于 2023 年 10 月 31 日通过了《深圳经济特区前海深港现代服务业合作区投资者保护条例》④（以下简称《投资者保护条例》），并于 2023 年 12 月 1 日起施行；山西省于 2023 年

① 商务部有关负责人解读世贸组织投资便利化协定谈判成果，https://www.gov.cn/govweb/zhengce/202307/content_6890493.htm，2023 年 12 月 30 日访问。

② 全国人民代表大会常务委员会执法检查组关于检查《中华人民共和国外商投资法》实施情况的报告，http://www.npc.gov.cn/c2/c30834/202210/t20221031_320154.html，2023 年 12 月 30 日访问。

③ 国务院关于进一步优化外商投资环境 加大吸引外商投资力度的意见，https://www.gov.cn/zhengce/content/202308/ content_6898048.htm，2023 年 12 月 30 日访问。

④ 深圳经济特区前海深港现代服务业合作区投资者保护条例，http://www.szrd.gov.cn/v2/zx/szfg/content/post_1112293.html，2023 年 12 月 30 日访问。

11 月 17 日发布了《山西省加大吸引外商投资力度若干措施》[①]（以下简称“山西省《措施》”）；北京市第十六届人大常委会第六次会议对《北京市外商投资条例（草案）》［以下简称《条例（草案）》］进行了首次审议[②]。虽然该条例尚未生效，但不难反映出北京市优化外商投资环境、推进投资便利化的坚定决心。对于《投资便利化协定》中投资措施透明度、加快和简化行政程序等内容，上述文件均有所体现。

1. 投资措施的透明度

在公开投资相关的信息和措施方面，国务院《意见》指出，制定各类涉外经贸政策措施应注重增强透明度和可预期性，依法听取外商投资企业意见，新出台政策应合理设置过渡期。深圳前海的《投资者保护条例》规定在港澳设立跨境服务网点，为企业提供商事登记、税收优惠等政策解读和业务咨询服务，同时每年公开发布关于前海合作区投资环境白皮书，以提升投资信息的透明度；而北京市《条例（草案）》以全市一体化政策服务平台为依托，由相关政策制定部门通过政策推送、兑现等功能，为外国投资者和外商投资企业提供精准的政策服务。此外，我国也在不断提升与投资相关的司法信息的公开度与透明度。如 2023 年 10 月 26 日，上海市浦东新区人民法院发布涉外涉港澳台、涉外商投资企业商事审判工作白皮书[③]，通报 2013 年至 2023 年上海自贸试验区涉外涉港澳台、涉外商投资企业商事审判工作情况和典型案例。上述涉外商投资审判信息的公开，有利于外商投资者明确司法裁判动向，易于形成投资决策，从而在司法服务方面深化投资便利化改革。

2. 加快和简化行政程序

《投资便利化协定》中有关加快和简化行政程序的规定是通过成员间谈判所能达到的最低标准，而我国则不能仅以该标准为参照，必须对接国际高标准经贸规则，在优化入出境政策措施、便利化数据跨境流动的安全监管机制、优化涉外商投资企业执法检查等方面深入推进投资便利化改革。

---

① 山西省人民政府关于印发山西省加大吸引外商投资力度若干措施的通知，https://www.shanxi.gov.cn/zfxxgk/zfxxgkzl/fdzdgknr/lzyj/szfwj/202311/t20231125_9432820.shtml，2023 年 12 月 30 日访问。

②《北京市外商投资条例（草案）》首次审议　促进外资企业数据和资金跨境流动便利，http://www.bjrd.gov.cn/zyfb/zt/bjs16jrdcwhd06chy/mtjc/202311/t20231123_3307501.html，2023 年 12 月 30 日访问。

③ 浦东新区法院发布涉外涉港澳台商事审判白皮书，https://www.chinacourt.org/article/detail/2023/11/id/7632080.shtml，2023 年 12 月 30 日访问。

（1）优化入出境政策措施

国务院《意见》指出，应持续优化入出境政策措施，为外商投资企业的外籍高管、技术人员本人及家属提供入出境、停居留便利；为符合条件的外商投资企业聘雇并推荐的外籍高级管理、技术人才申请永久居留提供便利。除上述便利化措施外，山西省《措施》从有关政府为外商投资企业高层次人才的子女在山西省入托或中小学就读提供便利方面，提高在晋外商投资企业人员生活便利化水平；北京市《条例（草案）》从建立和动态调整境外职业资格认可目录、人力资源开发目录，由具备条件的外商投资企业自主开展技能人才评价，对符合条件的技能人才申请办理人才引进等方面为外商投资企业聘用各类人才提供便利。

（2）便利化数据跨境流动的安全监管机制

为推动新兴产业监管创新，适应数字经济等领域发展态势，应建立健全数据跨境安全传输的法律配套制度，保障外资企业正常的数据跨境流动需求和数据业务的合规发展，发挥好数据生产要素对外资企业生产经营的重要作用。[①]为切实推动数据跨境安全传输、便利流动，国务院《意见》指出，应落实网络安全法、数据安全法、个人信息保护法等要求，为符合条件的外商投资企业建立绿色通道，高效开展重要数据和个人信息出境安全评估，促进数据安全有序自由流动。深圳前海《投资者保护条例》则推进开展数据跨境流动分类分级监管，编制数据分类分级监管目录，以明确监管标准，促进数据高效流通。北京市《条例（草案）》则按照国家部署，探索制定可自由流动的一般数据清单，建设服务平台，提供跨境流动合规服务。

（3）优化涉外商投资企业执法检查

根据国务院《意见》，应统筹推进“双随机、一公开”监管与信用风险分类管理，对信用风险低的外商投资企业进一步降低抽查比例和频次。支持有条件的地区统筹安全生产、环境保护、产品质量等涉企执法检查事项，实现“进一次门、查多项事”。深圳前海《投资者保护条例》则一方面建立健全综合监管部门和行业监管部门联动工作机制，全面实行清单式监管和联合检查制度，实现执法信息共享和处理结果互认；另一方面实行包容审慎监管，对新技术、新产业、新业态、新模式企业采取柔性监管方式，为企业留足发展空间。

---

① 全国人民代表大会常务委员会执法检查组关于检查《中华人民共和国外商投资法》实施情况的报告，http://www.npc.gov.cn/c2/c30834/202210/t20221031_320154.html，2023 年 12 月 30 日访问。

二、《外商投资法》司法适用的新发展

（一）结合外资审批制度改革判断合同效力

为简化有关外商投资的审批程序，提升投资审批效率，我国不断深化针对外资审批制度的改革，从审批制到备案制，最终确定为实行准入前国民待遇加负面清单管理制度。部分涉外商投资者合同的履行期间跨越了外资审批制度改革，故结合该制度变更来判断合同效力，有利于贯彻促进投资便利化的立法目的。如在2023年7月17日审结的广州文达手袋制品有限公司（以下简称“文达公司”）、八马制品有限公司等股东资格确认纠纷一案中，神农中国有限公司（后更名为八马制品有限公司）的实际控制人梁某与GREATMARSPOWER（H.K.）LIMITED在2010年9月29日签订《股权收购框架协议》，约定将神农中国有限公司所持有的文达公司（外商独资企业）的100%股权转让给GREATMARSPOWER（H.K.）LIMITED。后当事人就协助办理股东变更登记手续产生纠纷，故GREATMARSPOWER（H.K.）LIMITED提起股东资格确认之诉。由于该案具有涉外因素，争议为确认注册于广东省广州市文达公司的股东资格，故法院适用登记地法律即内地法作为解决案涉争议的准据法。对于《股权收购框架协议》的效力问题，法院结合外资审批制度改革分阶段阐明。在2016年9月30日前，外商投资企业股权变更实行审批制，而文达公司并未履行审批手续，所以，在2016年9月30日前，案涉《股权收购框架协议》未生效。自2016年10月1日起，外商投资企业股权变更从审批制改为备案制，非国家规定实施准入特别管理措施的，无须审批，而文达公司的经营范围不在上述范围内，故文达公司股权转让合同依法不需要再提交行政审批。从2020年1月1日起，外商投资不再实施备案制，实行准入前国民待遇加负面清单管理制度，外商投资准入负面清单以外的领域，按照内外资一致的原则实施管理。此外，根据《最高人民法院关于适用〈中华人民共和国外商投资法〉若干问题的解释》第一条，案涉《股权框架收购协议》系该解释中的“投资合同”。第二条则规定：“对外商投资法第四条所指的外商投资准入负面清单之外的领域形成的投资合同，当事人以合同未经有关行政主管部门批准、登记为由主张合同无效或者未生效的，人民法院不予支持。前款规定的投资合同签订于外商投资法施行前，但人民法院在外商投资法施行时尚未作出生效裁判的，适用前款规定认定合同的效力。”故根据“从旧兼有利”的原则，因法律修改使案涉《股权框架收购协

议》无须外贸部门审批，则应当适用新法，认定合同自2016年10月1日起生效。结合外资审批制度改革判断合同效力，不仅坚持了“从旧兼有利”的判断标准，同时考虑简化外资审批程序、提升外资审批效率等立法目的，将有利于我国推进外商投资便利化，进一步吸引、扩大外资规模，提升外资质量。

（二）依法调整企业组织形式兼顾企业章程

为保障现有外商投资企业组织形式平稳过渡，《外商投资法》规定了5年过渡期，即现有外商投资企业要在规定时间内依照《公司法》的规定调整企业组织形式、组织机构等，同时需要遵循原公司的章程规定作出符合相应法律规定的决议。而在2023年2月28日审结的优派能源阜康煤焦化有限公司（以下简称“优派能源煤焦化公司”）、新疆久拓投资有限公司（以下简称“久拓公司”）决议纠纷一案中，优派能源煤焦化公司的股东分别为优派能源（香港）有限公司（占股70%）和久拓公司（占股30%），且优派能源煤焦化公司的章程规定：“董事会是合营公司的最高权力机构；下列事项的决议，需由董事一致通过：3. 修改公司合同和章程；4. 合营公司的解散、中止事项。”后优派能源（香港）有限公司召开优派能源煤焦化公司股东会并形成修改公司章程等事项的股东会决议，久拓公司未参加，并提起确认该股东会决议无效之诉。法院认为，现有的外商投资企业要在5年内依照《公司法》的规定调整企业组织形式、组织机构等，需要遵循原公司的章程规定作出符合相应法律规定的决议，而非直接依据《外商投资法》及《公司法》等法律的规定，由股东会在违反原有公司章程的情况下直接作出决议。因此，在案涉外商投资企业的组织形式、组织机构等没有变更的情况下，在过渡期内，依据该公司章程，董事会仍然是公司的最高权力机构，有关企业所有重大事项均应由董事会作出决定。因而，优派能源煤焦化公司的股东会决议是无效的。

综上，针对《外商投资法》规定的5年过渡期，不仅要考虑相应的法律规定，避免5年实施过渡期满后，仍未完成组织形式转换、企业组织形式不合法的风险，[①]还要遵循原公司的章程，尊重当事人的意思自治，从而实现现有外商投资企业组织形式的平稳过渡。

---

① 全国人民代表大会常务委员会执法检查组关于检查《中华人民共和国外商投资法》实施情况的报告，http://www.npc.gov.cn/c2/c30834/202210/t20221031_320154.html，2023年12月30日访问。

三、2023 年涉华国际投资仲裁的新案件及新进展

根据不完全统计，2023 年涉华国际投资仲裁案件出现新进展的至少有 7 件，一是新加坡亚化集团和西北化工公司诉中国政府案中仲裁庭作出最终裁决，以多数意见支持中方有关管辖权等重要问题的立场，驳回了申请人的所有主张；二是华为技术有限公司（以下简称“华为”）诉瑞典政府案中，仲裁庭驳回瑞典分步仲裁的请求，并责令华为提交未经编辑（编辑个人信息除外）的 MNO 合同；三是中国香港企业诉日本（Shift Energy and others v. Japan）一案的仲裁庭已作出仲裁裁决，仲裁庭最终以多数意见驳回了申请人所有请求；四是中国华东电力工程有限公司和中铁十八局集团有限公司诉越南社会主义共和国政府案仲裁庭组庭完毕；五是 PCCW 公司诉沙特政府一案已在 ICSID 组庭完毕；六是在北京爱德威通亮技术有限公司（BETL 公司）诉加纳共和国政府一案管辖权的最终裁决中，仲裁庭以缺乏管辖权为由驳回申请人 BETL 提起的仲裁请求；七是中山富诚工业投资有限公司（中山公司）诉尼日利亚联邦共和国国际投资仲裁争议中，哥伦比亚特区法院驳回尼日利亚政府的管辖权异议。

除此之外，2023 年新提起的涉华国际投资仲裁案件至少有两件，均属于 ICSID 机构仲裁案件，分别是中国机械工程股份有限公司诉特立尼达和多巴哥共和国案和中资企业尚德电力诉意大利共和国政府案。

（一）新加坡亚化集团和西北化工公司诉中国政府案

2023 年 2 月 16 日，新加坡亚化集团和西北化工公司诉中国政府（ICSID Case No. ADM/21/1）一案，仲裁庭依据《中华人民共和国政府和新加坡共和国政府关于促进和保护投资协定》（中新 BIT）作出最终裁决，支持中方有关管辖权等重要问题的立场，驳回了申请人的所有主张。[①]

1. 案件背景

申请人新加坡亚化集团的矿业位于四川省德阳市的九顶山自然保护区和大熊猫国家公园内，2018 年 2 月，亚化集团的探采矿权（3 个探矿权，2 个采矿权）期限届满，四川省政府基于“公共利益考虑”拒绝了该集团的探采矿权续期申请，并责令其停止两处磷酸盐矿的开采活动。申请人主张其投资被当地政府非法征收，且通过磋商后仍无法友好解决纠纷，遂依据中新 BIT 与联合国国际贸易

① 国际投资条约与仲裁月报 | 2023 年第 2 期（总第 95 期），https://mp.weixin.qq.com/s/_Qybcr0gnH0A9_m4LCNYCw，2023 年 12 月 27 日访问。

法委员会（UNCITRAL）仲裁规则于 2020 年提起国际仲裁，由 ICSID 管理。

被申请人向中国政府提出了管辖权异议，认为仲裁庭的管辖权仅限于与征收补偿款额有关的数量问题争议，对于申请人提起的关于征收的存在性及合法性问题，本案仲裁庭不具有管辖权。

2. 管辖权之争

根据双方关于管辖权异议提出的论点顺序，仲裁庭将依次处理以下两个问题：第一，中新 BIT 第 13（3）条所载被申请人的仲裁同意范围是否涵盖申请人提出的征收索赔。第二，第 4 条所载最惠国条款是否可以用以扩大被申请人仲裁同意的范围。

第一，依据第 13（3）条确立的仲裁同意范围仅包括数量问题。

中新 BIT 第 13 条规定如下：（1）缔约一方的国民或公司与缔约另一方之间就在缔约另一方领土内的投资产生的争议应尽量由当事方友好协商解决。（2）如果争议在 6 个月内未能协商解决，当事任何一方有权将争议提交接受投资的缔约一方有管辖权的法院。（3）第六条关于征收、国有化或其效果相当于征收、国有化的其他措施发生的补偿款额的争议，有关的国民或公司在诉诸本条第（1）款的程序后 6 个月内仍未能解决，可将争议提交由双方组成的国际仲裁庭。如果有关的国民或公司诉诸了本条第（2）款所规定的程序，本款规定不应适用。

仲裁庭根据《维也纳条约法公约》（VCLT）第 31 条一般规则和第 32 条补充规则对涉案条款进行了解释。

通常含义解释：第 13（3）条所载仲裁同意仅限于数量争议。

仲裁庭认为，中新 BIT 第 13（3）条是第 13（1）条和第 13（2）条一般规则的例外。这一例外的范围即仲裁庭的管辖范围，是本案仲裁庭裁决的决定性问题。

仲裁庭依据 VCLT 第 31 条确立的有效解释原则对条约中“关于征收补偿款额的争议”（a dispute involving the amount of compensation resulting from expropriation）进行解释。“补偿款额”（the amount of compensation）这一限制性术语在解释条约时必须被赋予有效的含义，如果仲裁庭采用广义解释，那么限制性地插入“款额”（the amount of）一词将是多余的。因此，该术语的通常含义解释支持被申请人的立场，即该例外包括的仲裁同意仅限于与投资有关的争议中那些单独解决补偿款数额的争议。

仲裁庭认为第 13（3）条中的其他术语也不能得出任何不同的结论。申请人认为“（因……）发生”（resulting from）一词在征收措施和补偿款额之间建立起直接联系，使得仲裁庭有权就征收措施本身的存在性或合法性作出裁决。仲裁庭认为，这一措辞反而证实了其管辖权仅限于国家承认征收或国内法院宣布征收成立后所产生的补偿数额争议。

鉴于上述对于中新 BIT 第 13（3）条的通常含义解释，仲裁庭支持被申请人的立场，即仲裁同意仅限于投资者因征收而应得的补偿款数额争议。

上下文解释：结合第 6（2）条确定的仲裁同意范围仅限于数量问题。

仲裁庭在解释第 13（3）条的仲裁条款时进一步讨论了第 6（2）条与仲裁条款的关系，第 6（2）条规定：征收、国有化的措施或其效果相当于征收、国有化的其他措施的合法性，应受影响的国民或公司的要求，可由采取措施的缔约一方的有关法院以其法律规定的形式进行审查。

结合上下文语境具体分析，第 13（2）条和第 13（3）条的一般含义表明，仲裁条款的适用范围仅限于数量争议。结合第 13 条对第 6 条进行解释，仲裁庭认为缔约方将征收措施的合法性问题和由此产生的补偿款额问题区分为两类不同的问题，其有意将诉讼程序区分为两类：一类是前置程序，即关于征收措施合法性争议的程序，另一类是后续程序即关于前述措施产生的补偿款额争议的程序。第 13（3）条中仲裁条款的措辞仅指后者。[①]

岔路口条款不会剥夺投资者诉诸仲裁的权利与仲裁条款的效力。

中新 BIT 第 13（3）条第二句为岔路口条款。申请人称，任何先前诉诸中国国内法院就争议措施的责任作出裁决的行为都将触发该岔路口条款，从而排除了将后续任何关于补偿款额的争议诉诸国际仲裁的可能性。仲裁庭指出，这一论述是否成立首先取决于岔路口条款的适用范围。

岔路口条款位于第 13（3）条的第二句，该条第一句规定了第 13（2）条一般规则的例外情况，即“与征收补偿款额有关的争议”。根据上下文解释的方法，此处的岔路口条款仅适用于第一句提到的“与征收补偿款额有关”的争议提交国内法院的情形。

宗旨与目的解释也支持上述结论。该岔路口条款的目的是避免因对同一争

① https://www.iareporter.com/articles/asiaphos-v-china-tribunal-issues-its-award-with-a-tribunal-majority-seeing-no-scope-to-rule-on-existence-of-expropriation-under-arbitration-clause-limited-to-disputes-involving-the-amount-of-compens/，2023 年 12 月 27 日访问。

议的平行或重复诉讼而引起裁决结果相互矛盾的风险。如果投资者能够将其向国内法院提起的救济请求限制在争议措施的合法性问题上，并将补偿款额的问题推迟到随后的仲裁程序中，那么便不存在裁决相矛盾的风险。

鉴于上述，仲裁庭再一次支持被申请人的立场，即仲裁同意仅限于投资者因征收而应得的补偿款数额争议。

第二，最惠国条款不能用以扩大仲裁同意的范围。

中新 BIT 第 4 条为最惠国条款：除第 5 条、第 6 条和第 11 条外，缔约任何一方对缔约另一方根据第 2 条规定允许在其领土内的投资或收益所给予的待遇不应低于其给予第三国国民和公司的投资或收益的待遇。

仲裁庭认为，该条款没有明确表示可依据最惠国条款扩大仲裁条款的适用范围。首先，依据通常含义解释，第 4 条的措辞不能被视为对仲裁条款的明确扩展。其次，结合上下文考虑，缔约方已就一项仲裁条款进行了谈判并达成了一致，该条款的适用范围经过了仔细谈判并受到严格限制，仅包括补偿数额方面的争议。因此，在没有任何额外协议的情况下，仅基于后续不相关背景下生成的条款，不能推定缔约方同意将仲裁条款的范围扩大。[①]

（二）华为诉瑞典政府案

在华为诉瑞典一案中，华为指控瑞典禁止其参与 5G 电信网络的推出，违反了《中华人民共和国政府和瑞典王国政府关于相互保护投资的协定》（中国—瑞典 BIT）。2023 年 4 月 28 日，仲裁庭驳回了瑞典的全部分步仲裁请求。在 2023 年 7 月 21 日第 4 号程序令中，仲裁庭认为，由于华为在本案中依据 MNO 合同来支持其主张，这些 MNO 合同应当以未经编辑的形式（编辑个人信息除外）在第一轮书状阶段一并提交。

1. 瑞典全部分步仲裁请求被驳回

在 2023 年 4 月 28 日的第 3 号程序令中，仲裁庭驳回了瑞典的全部分步仲裁请求。瑞典的分步仲裁请求涉及两项初步反对意见：（1）不存在受保护的投资；（2）不存在支持华为仲裁请求的权利基础。结合《中华人民共和国和瑞典王国政府关于相互保护投资的协定》（中瑞 BIT）、《ICSID 公约》及《ICSID 仲裁规则》中的相关规定，仲裁庭认为，上述反对意见均不符合分步仲裁的条件，

---

① 案例详解丨中方管辖权胜诉：新加坡亚化集团和西北化工公司诉中国政府，https://mp.weixin.qq.com/s/OHn_U-SpnG4oTV4UJ9zxqg，2023 年 12 月 27 日访问。

应当与实体事项合并审理以提高仲裁效率。[①]

（1）初步反对意见之一：不存在受保护的投资

瑞典主张，华为未能证明在其所称的侵害发生时，拥有任何在瑞典受保护的投资。其关键的问题在于，中瑞 BIT 保护的投资是否包括华为通过在荷兰注册的公司而间接拥有的投资，对此，仲裁庭指出，条约的文本似乎并未将其适用范围局限于特定的投资形式（无论是直接投资还是间接投资）。

虽然可以在不研究实体问题的情况下审理这一反对意见，且该反对意见的成立将结束仲裁程序，但它并没有引发一个足以让仲裁庭基于当前材料作出初步裁决的重要问题。基于此，仲裁庭驳回了该项反对意见。

（2）初步反对意见之二：不存在权利基础

瑞典提出的第二项反对意见是，华为并未基于瑞典 5G 网络确立任何权利，而这正是华为提起仲裁请求的基础，且华为未能按照 BIT 中有关投资的条款要求取得中国政府的投资授权。

仲裁庭认为，华为的诉请范围并不仅限于 5G 网络服务，且 BIT 中的措辞并没有要求争议中的投资需与特定目的挂钩。因此，中国政府是否特别授权华为投资瑞典的 5G 网络对于本案裁决的影响尚不确定。仲裁庭进一步查明，2004 年，深圳市对外贸易经济合作局授权华为在瑞典成立公司，并在 3G 通信和无线技术领域进行广泛投资，该授权似乎涵盖了华为在瑞典进行的与 5G 网络相关的投资。[②]

2. 合同披露之争

（1）MNO 合同应当作为附带证据在现阶段披露

仲裁庭指出，在 2023 年 1 月的书状中，华为不仅依据了 MNO 合同“存在”这一事实，且更多地依据这些合同的内容来支持其在管辖权、责任及损害赔偿方面的主张。那么，为了防止在第二轮意见交换期间出现新内容扰乱仲裁的顺利进行，按照第 1 号程序令第 15.2 条规定，华为应当在现阶段将 MNO 合同当作附带证据进行披露。

---

① https://www.iareporter.com/articles/analysis-icsid-tribunal-rejects-swedens-bifurcation-request-in-huawei-dispute/，2023 年 12 月 28 日访问。

② 案例详解丨华为诉瑞典：瑞典分步仲裁请求被全部驳回，https://mp.weixin.qq.com/s?__biz=MzUxNTM0NDAwNw==&mid=2247486418&idx=1&sn=4fd265ecfbc08206e15b6bd0b2e1f6d6&chksm=f9b9583aceced12c84906b91963989125decb7caf1575cdc462a6300bc4136daf713299426ef&scene=21#wechat_redirect，2023 年 12 月 28 日访问。

（2）披露范围包括 MNO 合同组成文件，但不包括采购订单

关于披露范围，瑞典要求提供所有框架协议、关联协议、修正案、附件、附录、附表、采购订单及相关文件。华为在此前提交其他证据时，提供了所有 MNO 框架协议。

关于合同的组成文件，华为表示，有些文件无法找到或已被删除，仲裁庭对这些陈述予以采信。另外一些文件，华为认为与本案无关，但仲裁庭认为，东道国有权仔细审查此类文件并确定其相关性，华为单方面对文件相关性的否认并不是决定性的。

（3）MNO 合同及组成文件副本应当以未经编辑的形式提供

华为在不同程度上编辑了 MNO 合同，其称对 MNO 合同编辑的部分与这些合同的范围、性质和意义无关。仲裁庭认为该说法不能作为编辑合同的有效理由，只有合同中的“个人信息”部分可以被编辑。

其余的编辑与华为所称的“高度敏感的商业信息”有关，但仲裁庭认为，此类信息可能仍然是审查案件所需要的，但是，如果法律、合同条款要求，或者有令人信服的理由，仲裁庭可能会保留编辑或者采取保密措施。根据第 1 号程序令，仲裁庭可以将《国际律师协会规则》（IBA 规则）第 9 条关于在国际仲裁中取证的规定作为指导。由于华为对此没有援引任何适用的法律规定，仲裁庭依据 IBA 框架对 MNO 合同和其他理由进行了审查。

鉴于上述，仲裁庭要求华为向仲裁庭和被申请人的律师团队提供未经编辑的 MNO 合同及前述其他文件，该律师团队可以将合同转交给被申请人的专家。瑞典大法官办公室和其他国家代表只有在向仲裁庭和华为提供书面承诺后才可以接触这些文件，且不会在仲裁之外披露这些文件及其内容。

除上述两个案件之外，有新进展的涉华投资仲裁案件还有：中国香港企业诉日本一案仲裁庭已经作出仲裁裁决，仲裁庭最终以多数意见驳回了申请人所有请求，唯独申请人方指定的仲裁员发表了反对意见。日本可再生能源市场的许多投资者都来自中国，因此本案仲裁结果对于其他中国投资者也将产生影响；[①] 2023 年 4 月 26 日，中国华东电力工程有限公司和中铁十八局集团有限公司诉越南社会主义共和国政府案（ICSID Case No. ARB（AF）/22/7）仲裁庭组庭完毕。申请人中国华东电力工程有限公司和中铁十八局集团有限公司在 2022 年末

① 中国香港企业在针对日本的投资条约仲裁案中败诉，https://mp.weixin.qq.com/s/InhZCyOC6YoRDPrmkBnROw，2023 年 12 月 29 日访问。

根据《ICSID 附加便利规则》向越南提起仲裁，认为越南对申请人在当地的第一个建筑项目的投资违反了《东盟—中国投资协定》；[①] PCCW Cascade 诉沙特阿拉伯（ICSID Case No. ARB/22/20）一案已在 ICSID 组庭完毕。2022 年 8 月，投资者 PCCW Cascade 在 ICSID 提起仲裁，指控沙特阿拉伯的行为违反了中国—沙特阿拉伯 BIT 的规定，使其投资造成了损失。PCCW Cascade 是电讯盈科有限公司在当地的子公司，电讯盈科有限公司在 2008 年获得了提供固定电话和宽带通信业务的执照，与一家当地私人投资基金公司合资经营。2013 年，该合资经营的许可证被撤销并结束营业，目前尚不清楚本案是否与这一争端有关。[②]北京爱德威通亮技术有限公司（BETL 公司）就与加纳共和国政府的 EPIC 合同同时提起了一起投资仲裁和一起平行的商事仲裁。该合同于 2019 年生效，但 2020 加纳政府以 BETL 公司"缺乏执行项目的海外经验和人力"为由撤销了对该合同的批准。BETL 认为，加纳政府的行为构成对其投资的征收，违反中国—加纳 BIT 中规定的多项条约义务，要求加纳政府赔偿 5 500 万美元。2023 年 1 月 30 日，该案的投资仲裁庭认为，根据中国—加纳 BIT 争端解决条款仲裁庭对该案不具有管辖权。[③]中山富诚工业投资有限公司（以下简称"中山公司"）在与尼日利亚联邦共和国政府国际投资仲裁争议中胜诉后，于 2022 年向美国哥伦比亚特区法院提出了承认和执行仲裁裁决申请。此后，尼日利亚政府又以哥伦比亚特区法院对该案并无管辖权为由请求驳回中山公司的申请。2023 年 1 月 26 日，哥伦比亚特区法院裁定尼日利亚政府不受国家主权豁免的保护，并据此驳回了尼日利亚政府关于管辖权异议的动议。[④]

除了上述案件以外，2023 年至少还有两起新提起的涉华国际投资仲裁案件。一是 2023 年 4 月 6 日中国机械设备工程股份有限公司（简称 CMEC）依据《中华人民共和国政府和特立尼达和多巴哥共和国政府关于相互促进和保护投资协定》将特立尼达和多巴哥共和国政府诉至国际仲裁庭。ICSID 于 2023 年 4 月 6 日登记本案（ICSID Case No.ARB/23/8）。依据 ICSID 公布的信息，本案与钢铁

---

① 国际投资条约与仲裁月报 ｜2023 年第 4 期（总第 97 期），https://mp.weixin.qq.com/s/T3BTzMZdCKoPIgksWMBlLQ，2023 年 12 月 26 日访问。

② 国际投资条约与仲裁月报 ｜2023 年第 1 期（总第 94 期），https://mp.weixin.qq.com/s/uUi_LGeCZ8tQNCltXXo6Jg，2023 年 12 月 26 日访问。

③ 国际投资条约与仲裁月报 ｜2023 年第 1 期（总第 94 期），https://mp.weixin.qq.com/s/uUi_LGeCZ8tQNCltXXo6Jg，2023 年 12 月 27 日访问。

④ 跨境法评|亮剑之后再争锋，https://mp.weixin.qq.com/s/lQ9yOzuis1O8mZOgRVE17A，2023 年 12 月 28 日访问。

行业有关，但争议的具体细节尚未披露。[①]二是2023年4月27日，ICSID登记了一起以意大利共和国为被申请人的投资仲裁案件，申请人为注册于瑞士的尚德电力国际有限公司。该案系依据《能源宪章条约》（ECT）提起，涉及的是可再生能源发电项目争议。[②]

第四节　展望与建议

目前中国外商投资法制已基本形成了以《外商投资法》《外商投资法实施条例》《最高人民法院关于适用〈中华人民共和国外商投资法〉若干问题的解释》为主体，以《外商投资准入特别管理措施（负面清单）》《外商投资安全审查办法》等为配套制度的较为完善的法律体系。鉴于当前的复杂国际和国内环境，在对相关制度进行查漏补缺的基础上，未来中国的主要任务在于全面深入贯彻落实现有国内法律制度。就国际投资法治而言，未来中国一方面应该进一步积极推进多边投资条约的缔约进程；另一方面应该加强对已缔结条约的全面审查，对落后的旧条约启动修订和终止程序。具体包括以下几个方面。

一、贯彻落实外商投资的国民待遇

目前中国已通过法律确立了对外商投资实行准入前国民待遇制度，未来中国应该贯彻落实全面的国民待遇。该全面的国民待遇包括但绝不限于保障外商投资企业依法参与政府采购活动、支持外商投资企业依法平等参与标准制定工作、确保外商投资企业平等享受支持政策等，而是应该在除明确规定的特殊保留的情形之外的所有方面均给予国民待遇。为了确保该全面国民待遇的具体落地，应该建立常设的外商投资歧视待遇投诉机制，商务部“关于请做好内外资不合理、差别待遇专项清理工作”可以看作是该工作机制的一个良好试点，“内外资不合理、差别待遇”不仅包括在内外资平等准入领域设置或采取针对外资的限制性措施，对外资企业经营活动造成障碍或形成负担；通过限定“品牌”或以“外资品牌”为由排斥或歧视外资企业及其产品或服务，以及对外资企业

① 国际投资条约与仲裁月报 | 2023年第4期（总第97期），https://mp.weixin.qq.com/s/T3BTzMZdCKoPIgksWMBlLQ，2023年12月27日访问。

② 中资企业对意大利提起投资仲裁，https://mp.weixin.qq.com/s/JxqsfnTmDiiAA-5HIdLc8w，2023年12月29日访问。

及其产品或服务享受政策设置额外条件；通过限定所有制形式等方式排斥或限制外资企业参加本地招投标、政府采购等活动；在政策执行中变相歧视外资企业；事业单位、社会团体从事与经营主体相关工作中排斥或歧视外资企业及其产品或服务，而且还应包括所有明显或隐藏的其他可能含有内外资不合理、差别待遇的规定及措施。该机制应该逐渐由临时性向长期性和常设性（常态化）过渡，同时针对有争议的差别待遇建立独立第三方评价机制，防止实质性地方保护主义。

二、进一步缩减负面清单制度

中国外商投资负面清单制度主要由《外商投资准入特别管理措施（负面清单）》《自由贸易试验区外商投资准入特别管理措施（负面清单）》《市场准入负面清单》等共同组成。目前中国外商投资负面清单制度已经基本成熟和趋于稳定。我们现在正致力于将负面清单制度间的内容进行协调和统一，如相关部门正在修订全国版外资准入负面清单，试图全面取消制造业领域外资准入限制措施。根据《外商投资准入特别管理措施（负面清单）（2021 年版）》，制造业已基本完全开放，仅保留“出版物印刷须由中方控股”和“禁止投资中药饮片的蒸、炒、炙、煅等炮制技术的应用及中成药保密处方产品的生产”两项。实际上，在 2022 年 1 月 1 日实施的《自由贸易试验区外商投资准入特别管理措施（负面清单）（2021 年版）》中，已实现自贸试验区负面清单制造业条目清零。但这并不意味着我们的外商投资负面清单的缩减工作已经停滞，没有了缩减的空间。未来中国应该对照国际高标准经贸规则，深入推进外商投资高水平开放。[①]结合国外经验和中国实际情况，下定决心打破部门利益，进一步缩减负面清单。

三、加大鼓励力度和加强利益保护

未来中国应该进一步加大鼓励外商投资力度，如支持外商投资在华设立研发中心，鼓励和引导外商投资更多投向科技创新领域；鼓励开展基础研究，各地可在基础条件建设、设备购置、人才配套服务、运行经费等方面予以支持等。要吸引和促进外商投资，主要包括扩大鼓励外商投资的范围和加大鼓励外商投

---

① 习近平在第三届“一带一路”国际合作高峰论坛开幕式上的主旨演讲（全文），http://www.qstheory.cn/yaowen/2023-10/18/c_1129922748.htm。

资的力度两个方面。前者主要通过《鼓励外商投资产业目录》来实现，应该在科学论证的基础上，发布具有持续性、前瞻性的更为广泛的鼓励名单；鼓励力度主要体现在相关财税等优惠制度，如给予税收减免优惠、土地价格优惠等措施吸引外商投资者到国家重点发展领域和地区进行投资，通过行政法规、地方性法规、特许协议等工具制定国家鼓励措施，增加外商投资者的预期，确保国家鼓励政策的稳定性。

未来中国要想真正留住外商投资，更为重要的是要进一步加强对外商投资的利益保护。应该尤其注意以下两个方面：一是知识产权的保护应该加强。首先，强化知识产权行政保护，完善专利侵权纠纷行政裁决制度，加大行政裁决执行力度。支持各地区依托展会知识产权工作站，受理参展产品版权、专利、商标等知识产权申请，提供有效预防侵权措施。对涉及知识产权纠纷的产品，有关部门要加强沟通会商，依法依规开展采购活动；对经知识产权部门行政裁决或人民法院生效判决认定为专利侵权的产品，及时采取不予采购、取消中选资格等措施。其次，加大知识产权行政执法力度，坚决打击侵犯外商投资企业知识产权行为，针对跨区域、链条化侵权违法行为开展专项执法行动。健全知识产权快速协同保护机制，对事实清楚、证据确凿的案件依法加快办理进度，建立完善线上线下一体化执法机制，适当简化程序性要求。二是应该加强对外商投资利益的司法保护。外商投资法制落实的一个重要方面就是司法化，应该加大涉及外商投资的相关案件的公正性；确保涉外商投资的案件全面公开，要及时向社会披露维护外商投资利益的典型案例等。从制度建设上来看，可以考虑构建中央地方联动投资促进保护机制。

四、落实投资便利化政策

2023 年 7 月 6 日，世贸组织投资便利化谈判召开大使级会议。会上，谈判联合协调人智利驻世贸组织大使博萨和韩国驻世贸组织副代表朴正城发表声明，宣布《投资便利化协定》文本谈判成功结束。作为重要参与者的中国，应该加快在国内落实《投资便利化协定》中的相关制度。主要表现在以下两个方面：一是根据投资措施透明度章节完善国内相关制度。具体包括公布投资审批所需的程序、要求、材料和费用，建立“单一窗口”公布信息；不得对提供信息的行为进行收费；提前公布拟实施的措施并为利益相关方提供评论的机会，在相关措施公布和实施之间预留合理时间；公布投资相关人员入境所需的程序、要求、材料和费用；向世贸组织通报现有和拟制定的影响投资的措施。二是根据简化和加快行政程序章节明确国内相关程序。具体包括投资监管措施应当合理、客观、公正，批准程序不应不合理地延误投资活动；为投资项目申请预留合理的时间，提供处理审批的时间表，利用“单一窗口”受理申请；对于完整的投资申请应在合理时间内处理，对于不完整的申请要告知其如何补充完整，如果驳回申请应告知申请人理由并给予其再次申请的机会；审批费用要合理、透明且有法律法规依据；审批机关要与申请人保持独立；为投资者提供维护自身权利的司法和行政的救济渠道，定期审查投资措施是否有效实现政策目标。①

五、优化服务为外商投资企业提供便利的变更登记

根据《外商投资法》的规定，在该法施行前依照《中外合资经营企业法》《外资企业法》《中外合作经营企业法》设立的外商投资企业，在该法施行后 5 年内可以继续保留原企业组织形式等。《外商投资法实施条例》第 44 条设置的现有外商投资企业调整过渡期将于 2024 年 12 月 31 日终止，为避免市场监督管理部门拒绝办理其他登记事项及其他可能不利影响，尚未完成依照《公司法》《合伙企业法》等法律规定调整其组织形式及组织机构等，或调整后仍与将于 2024 年 7 月 1 日施行的新《公司法》规定有出入的，应尽快完成调整、登记工作。建议采取以下措施做好变更登记工作：首先，中国相关部门应该发布具体的组织形式和组织机构等变更的指导文件，明确提交证明资料的具体名称。提交的证明资料应该全国统一，且确为变更程序所必需；程序要进一步简化；资料审查应仅限于形式审查；在法律范围内，最大程度地保障外商投资者的自主决定和选择。其次，全面扩大“被授予外商投资企业登记管理权的市场监管部门名单”。根据《外商投资法实施条例》的规定，外商投资企业的登记注册，由国务院市场监督管理部门或者其授权的地方人民政府市场监督管理部门依法办理。国务院市场监督管理部门应当公布其授权的市场监督管理部门名单。根据《市场监管总局关于公开〈全国被授予外商投资企业登记管理权的市场监管部门名单〉的公告》，全国 32 个省、直辖市的省级市场监督管理局及部分市（区）

① 商务部有关负责人解读世贸组织投资便利化协定谈判成果，https://www.gov.cn/govweb/zhengce/202307/content_6890493.htm。

级市场监督管理局有权开展外商投资企业登记管理工作。[①]应该考虑全面放开“被授予外商投资企业登记管理权的市场监管部门名单”，建议县级及以上市场监管部门均有权自主开展外商投资企业登记管理工作。进一步优化和加强“外商投资企业授权登记管理办法”的相关规定，突出强调“外商投资企业登记”的服务性质和便利化特征。

六、以合作共赢为原则推动国际投资法治

国际社会经历百年未有之大变局，单边主义、保护主义抬头，经济全球化遭遇逆流。作为负责任大国的中国身在其中，应勇担重任，引领世界朝向正确的道路前进。中国应该坚持和平合作、开放包容、互学互鉴、互利共赢的丝路精神，努力建设一个开放包容、互联互通、共同发展的世界，共同推动构建人类命运共同体。[②]从国际投资法治角度来看，中国倡导弱化“法律战”的思维模式和观点，努力在合作共赢原则的基础上推动国际投资法治的发展。人类是相互依存的命运共同体，只有通过合作而非对抗乃至战争才能实现人类的共同繁荣发展。具体而言，中国应该继续加大与其他国家商签国际投资条约，包括但不限于《全面与进步跨太平洋伙伴关系协定》；同时中国应该对之前缔结的国家投资条约进行全面审查，并适时终止其中一些不符合国际发展趋势和中国利益的国际投资条约。

① 市场监管总局关于公开《全国被授予外商投资企业登记管理权的市场监管部门名单》的公告，https://www.gov.cn/zhengce/zhengceku/2020-08/10/content_5533676.htm。

② 习近平在第三届“一带一路”国际合作高峰论坛开幕式上的主旨演讲（全文），http://www.qstheory.cn/yaowen/2023-10/18/c_1129922748.htm。

第八章　涉外金融法治发展

第一节　大　事　记

一、人民币成为我国第一大跨境收付币种[①]

2023 年 1 月至 9 月人民币跨境收付规模 39 万亿元，同比上升 23%，人民币成为我国第一大跨境收付币种。2023 年 9 月，人民币在全球贸易融资中占比为 5.8%，同比上升 1.6 个百分点，排名上升至第 2。[②]国际清算银行 2022 年调查显示，近 3 年来人民币外汇交易在全球市场的份额排名由第 8 位上升至第 5 位。人民币融资货币功能提升，人民币投融资环境持续改善。

二、中国人民银行与多国中央银行签署人民币清算合作备忘录、签署双边本币互换协议，本币互换协议规模共计 2 190 亿元人民币

2023 年 1 月至 12 月，中国人民银行与巴西中央银行[③]、塞尔维亚国家银行分别签署在巴西、塞尔维亚建立人民币清算安排的合作备忘录，[④]与埃及中央银行续签规模为 180 亿元人民币/807 亿埃及镑的双边本币互换协议，与阿根廷中央银行续签规模为 1 300 亿元人民币/4.5 万亿比索的双边本币互换协议，与老挝中央银行续签规模为 60 亿元人民币/158 000 亿老挝基普的双边本币互换协议，与蒙古中央银行续签规模为 150 亿元人民币/72 500 亿蒙古图格里克的双边本币互换协议，[⑤]与沙特中央银行签署规模为 500 亿元人民币/260 亿沙特里亚尔的双

---

① 中国人民银行：《国务院关于金融工作情况的报告——2023 年 10 月 21 日在第十四届全国人民代表大会常务委员会第六次会议上》，http://www.pbc.gov.cn/goutongjiaoliu//113456//113469/5108112/index.html，2024 年 1 月 1 日访问。

② 中国人民银行：《2023 年人民币国际化报告》，http://www.pbc.gov.cn/goutongjiaoliu//113456//113469/5114765/index.html，2024 年 1 月 1 日访问。

③ 中国人民银行：《2023 年前三季度中国货币政策大事记》，http://www.pbc.gov.cn/goutongjiaoliu/113456/113469/5150354/index.html，2024 年 1 月 1 日访问。

④ 中国人民银行：《中国人民银行与塞尔维亚中央银行签署在塞尔维亚建立人民币清算安排的合作备忘录》，http://www.pbc.gov.cn/goutongjiaoliu//113456//113469/5165422/index.html，2024 年 1 月 1 日访问。

⑤ 中国人民银行：《2023 年前三季度中国货币政策大事记》，http://www.pbc.gov.cn/goutongjiaoliu/113456/113469/5150354/index.html，2024 年 1 月 1 日访问。

边本币互换协议。[①]2023 年中国与各国签署的双边本币互换协议规模共计 2 190 亿元人民币，有助于进一步深化中国与其他国家间的金融合作，促进经贸往来并维护金融市场稳定。

三、跨国公司本外币跨境资金集中运营管理政策优化升级

2023 年 5 月 19 日，中国人民银行、国家外汇管理局发布《中国人民银行、国家外汇管理局持续优化跨国公司本外币跨境资金集中运营管理政策》[②]，在北京、广东、深圳开展试点。主要内容包括：一是优化整合现有跨国公司跨境资金集中运营相关政策要求，惠及更多企业；二是增大企业跨境资金运营自由度，允许跨国公司根据宏观审慎原则自行决定外债和境外放款的归集比例；三是支持跨国公司以人民币开展跨境资金集中运营业务；四是简化备案流程及资金使用相关材料审核。

优化升级跨国公司本外币跨境资金集中运营管理政策，有利于降低跨国集团在中国进行商业活动的内部融资成本，提升人民币国际化程度。

四、我国参与并推动 IMF 增资计划

2023 年 12 月 15 日，国际货币基金组织（IMF）理事会完成了第十六次份额总检查，批准将 IMF 成员国的份额增加 50%（即 2 386 亿特别提款权，或 3 200 亿美元），将使 IMF 的总份额达到 7 157 亿特别提款权（9 600 亿美元）。截至投票截止日 2023 年 12 月 15 日，代表总投票权 92.86%的理事们投票支持该决议，超过所需的 85%票数。[③]

方案中各国出资比例保持不变，位居第一的美国约 17.4%，日本以 6.5%位居第二，第三位的中国有 6.4%，位居第四的德国为 5.6%。

回看 2010 年上一轮改革方案，IMF 有约 6%的份额向新兴市场和发展中国家转移，中国份额占比从 3.996%升至 6.394%，排名从第 6 位跃居第 3 位，仅次于美国和日本。也正因上次改革，美国的投票权从 16.75%下降，但依旧保持超

① 中国人民银行：《中沙（特）两国央行签署双边本币互换协议》，http://www.pbc.gov.cn/huobizhengceersi/214481/214511/214541/5140019/index.html，2024 年 1 月 1 日访问。

② 中国人民银行：《中国人民银行、国家外汇管理局持续优化跨国公司本外币跨境资金集中运营管理政策》，http://www.pbc.gov.cn/goutongjiaoliu/113456/113469/4888289/index.html，2024 年 1 月 1 日访问。

③ 新闻源自国际货币基金组织：https://www.imf.org/zh/News/Articles/2023/12/18/pr23459-imf-board-governors-approves-quota-increase-under-16th-general-review-quotas，2024 年 1 月 1 日访问。

过 15%的重大决策否决权；中国的投票权约为 6.08%。[①]

我国积极参与推动 IMF 增资，有利于增强 IMF 组织整体的资金实力和抗风险能力，也有利于提升我国在 IMF 运作与改革中的代表性、话语权和谈判实力。

五、上海自贸区金融服务贸易扩大开放规模

2023 年 6 月 29 日，国务院印发《关于在有条件的自由贸易试验区和自由贸易港试点对接国际高标准推进制度型开放的若干措施》。该文件在吸引国际资本的具体创新之处体现在以下几点：第一，外资金融机构在上海自贸试验区及临港新片区申请开展中资金融机构已开展的新金融业务的，在沪金融管理部门根据国家金融管理部门明确的外资金融机构开展新金融服务的机构类型、机构性质、许可要求和许可程序，实施外资金融机构开展新金融服务许可，充分给予外资金融机构国民待遇并进行审慎监管。

2023 年 11 月 26 日，《国务院关于印发〈全面对接国际高标准经贸规则推进中国（上海）自由贸易试验区高水平制度型开放总体方案〉的通知》发布[②]，进一步鼓励上海自贸区资本市场的发展，其中涉及金融服务贸易的扩大开放。通知相关内容包括：第一，鼓励金融机构和支付服务提供者率先推出电子支付系统国际先进标准，开展数字身份跨境认证与电子识别。第二，在国家数据跨境传输安全管理制度框架下，允许金融机构向境外传输日常经营所需的数据。涉及金融数据出境的，监管部门可基于国家安全和审慎原则采取监管措施，同时保证重要数据和个人信息安全。第三，深化金融科技国际合作，便利金融机构开展跨境资产管理，为境外设立的基金产品提供境内投资管理、估值核算等服务。有序推进数字人民币试点，探索数字人民币在贸易领域的应用场景。第四，优化跨国公司跨境资金集中运营管理政策，支持跨国公司设立资金管理中心，完善资金池安排。在临港新片区内建设再保险国际板。第五，提升自由贸易账户系统功能，优化账户规则，实现资金在上海自贸试验区与境外间依法有序自由流动。第六，研究符合条件的资产管理公司开展资产支持证券跨境转让业务，探索融资租赁资产跨境转让并试点以人民币结算。支持商业保理公司在符合进出口与收付汇

---

① 新闻源自中国经济网：http://intl.ce.cn/sjjj/qy/202312/22/t20231222_38839817.shtml，2024 年 1 月 1 日访问。

② 中华人民共和国中央人民政府：《国务院关于印发〈全面对接国际高标准经贸规则推进中国（上海）自由贸易试验区高水平制度型开放总体方案〉的通知》（国发〔2023〕23 号），https://www.gov.cn/zhengce/content/202312/content_6918913.htm，2024 年 1 月 1 日访问。

一致性要求前提下，办理基于真实国际贸易背景的商业保理业务。

上海自贸区承接国家战略的核心金融任务在于其离岸功能，自贸债业务是我国金融市场制度型开放的有益尝试。2023 年上海自贸区债发展迅速，截至 2023 年 6 月 19 日，当年全市场发行了 817.65 亿元，发行规模已经超过了 2022 年全年的两倍。

六、境外机构入股金融资产管理公司准入条件放宽

2023 年 10 月 17 日，国家金融监督管理总局修订发布《非银行金融机构行政许可事项实施办法》①，坚持持续扩大对外开放，进一步放宽境外机构入股金融资产管理公司的准入条件，允许境外非金融机构作为金融资产管理公司出资人，取消境外金融机构作为金融资产管理公司出资人的总资产要求。

七、贸易外汇收支与资本项目便利化、资本项目外汇管理优化

2023 年 12 月 4 日，国家外汇管理局发布《国家外汇管理局关于进一步深化改革、促进跨境贸易投资便利化的通知》（本段简称《通知》）②，旨在推进贸易外汇收支便利化，扩大资本项目便利化，优化资本项目外汇管理。

《通知》中与资本市场相关的内容有：第一，全国推广跨境融资便利化试点政策。将科技型中小企业纳入跨境融资便利化试点主体范围，进一步支持中小企业科技创新。第二，放宽境外直接投资（ODI）前期费用规模限制。取消境内企业境外直接投资前期费用累计汇出额不超过等值 300 万美元的限制，但累计汇出额不得超过中方拟投资总额的 15%。第三，便利外商投资企业（FDI）境内再投资项下股权转让资金和境外上市募集资金支付使用。

八、外债备案登记改革

2023 年 2 月 10 日起，《企业中长期外债审核登记管理办法》③（以下简称“56 号令”）施行，取代《国家发展改革委关于推进企业发行外债备案登记制管

---

① 国家金融监督管理总局：《非银行金融机构行政许可事项实施办法》，https://www.cbirc.gov.cn/cn/view/pages/ItemDetail.html?docId=1132142&itemId=915，2024 年 1 月 1 日访问。

② 中华人民共和国中央人民政府：《国家外汇管理局关于进一步深化改革、促进跨境贸易投资便利化的通知》，https://www.gov.cn/zhengce/zhengceku/202312/content_6919254.htm，2024 年 1 月 1 日访问。

③ 中华人民共和国国家发展和改革委员会：《企业中长期外债审核登记管理办法》，https://www.ndrc.gov.cn/xxgk/zcfb/fzggwl/202301/t20230110_1346285.html，2024 年 1 月 1 日访问。

理改革的通知》，将中长期外债备案登记制改为外债审核登记，将境内企业间接境外借用外债纳入管理范围。

56 号令规定，中国境内企业及其控制境外企业或分支机构向境外举借的、以本币或外币计价、按约定还本付息的 1 年期（不含）以上债务工具，应当在借用外债前取得《企业借用外债审核登记证明》，在国家发展和改革委员会完成审核登记手续。未经审核登记的，不得借用外债。外商投资企业仍沿袭 2004 年国务院办公厅《关于保留部分非行政许可审批项目的通知》，无须办理发改委的审核登记手续。

九、粤港澳大湾区“跨境理财通”业务试点优化

2023 年 9 月 28 日，证监会发布《优化粤港澳大湾区“跨境理财通”业务试点、进一步推进大湾区金融市场互联互通》[①]，进一步优化粤港澳大湾区“跨境理财通”业务试点，贯彻落实国家关于建设粤港澳大湾区的战略部署，深化粤港澳金融合作，促进内地与港澳经济融合发展。

通知规定：一、优化投资者准入条件。二、扩大参与机构范围，新增符合要求的证券公司作为参与主体，为“南向通”“北向通”个人客户提供投资产品及相关服务。三、扩大“南向通”“北向通”合格投资产品范围，满足大湾区居民多样化投资需求。四、适当提高个人投资者额度。五、进一步优化宣传销售安排，引导金融机构为大湾区居民提供优质金融服务。该项举措有利于深化粤港澳金融合作，促进内地与港澳经济融合发展，引导金融机构为大湾区居民提供优质金融服务。

十、内地与香港股票市场交易互联互通机制进一步深化

2023 年 8 月 11 日，证监会发布《中国证券监督管理委员会香港证券及期货事务监察委员会联合公告》[②]，进一步深化内地与香港股票市场交易互联互通机制，丰富交易方式，提升交易便利度，促进两地资本市场共同发展。

公告发布后，境外投资者通过沪股通、深股通参与上海证券交易所、深圳

---

① 中国证券监督管理委员会：《优化粤港澳大湾区“跨境理财通”业务试点、进一步推进大湾区金融市场互联互通》，http://www.csrc.gov.cn/csrc/c100028/c7434978/content.shtml，2024 年 1 月 1 日访问。

② 中国证券监督管理委员会：《中国证券监督管理委员会、香港证券及期货事务监察委员会联合公告》，http://www.csrc.gov.cn/csrc/c100028/c7425686/content.shtml，2024 年 1 月 1 日访问。

证券交易所的大宗交易，境内投资者通过港股通参与香港联合交易所有限公司的非自动对盘交易。通过沪股通和深股通进行的大宗交易以及通过港股通进行的非自动对盘交易将同步开通。

该项举措有利于进一步深化内地与香港股票市场交易互联互通机制，丰富交易方式，提升交易便利度，促进两地资本市场共同发展。

十一、内地与香港利率互换市场互联互通合作上线运行

2023 年 5 月 15 日，内地与香港利率互换市场互联互通合作业务[①]（以下简称“互换通”）正式上线运行。“互换通”境内外投资者可经由内地与香港金融市场基础设施机构在交易、清算、结算等方面互联互通的机制安排，在不改变交易习惯、有效遵从两地市场法律法规的前提下，便捷地完成人民币利率互换交易和集中清算。同时，人民银行与香港证监会、香港金管局加强监管合作，强化联络协商机制，保障“互换通”平稳有序运行，维护金融市场稳定。

“互换通”是中央政府支持香港发展、推动内地与香港合作的又一项重要举措。“互换通”的推出，有利于巩固和提升香港国际金融中心地位，有利于为境外投资者提供更加便利的利率风险管理渠道，稳步推进我国金融市场对外开放进程。

第二节　涉外金融法治宏观分析

一、人民币国际化程度进一步加强

长期以来，美元因其广泛的国际接受度而一直被视为最主要的全球储备货币。在大宗商品、能源交易等国际贸易与金融交易中，对通过美元进行支付和结算有极强的依赖性。美元的国际化地位与美国经济的庞大规模、金融市场流动性与地缘政治等因素息息相关。但近些年来，随着新兴市场国家逐渐崛起并成为全球经济的重要参与者，以及出于降低地缘政治风险等因素的考量，推动使用本国货币进行国际贸易结算以减少对美元的依赖、探索建立多样化的国际储备货币和新的多边结算机制已逐渐成为一种国际趋势。2023 年，人民币在国

① 中国人民银行：《内地与香港“互换通”业务正式上线》，http://www.pbc.gov.cn/goutongjiaoliu/113456/113469/4882430/index.html，2024 年 1 月 1 日访问。

际贸易、国际储备、国际支付等方面发挥着愈发重要的作用，国际化程度进一步加强，在国际金融领域得到了更为广泛的应用。

2010 年，国际货币基金组织（IMF）在第 14 次份额总检查的框架下，将成员国份额从 2008 年份额与发言权改革期间商定的 2 384 亿特别提款权增加一倍，至 4 768 亿特别提款权（按当时汇率约合 7 557 亿美元），并对各成员国的份额比重进行重大调整。超过 6%的份额将转移到有活力的新兴市场和发展中国家，超过 6%的份额将从代表性过高的国家转移到代表性不足的国家，同时，最贫穷成员国的份额比重和投票权将受到保护。[①]正如 IMF 前总裁施特劳斯·卡恩所言："这是一次最大规模的有利于新兴市场和发展中国家的权力调整，本次调整是为了认可它们在全球经济中越来越重要的作用。"

2023 年 12 月 15 日，IMF 于 2010 年后首次达成增资协议。IMF 理事会完成了第 16 次份额总检查，批准将 IMF 成员国的份额增加 50%，即 2 386 亿特别提款权（3 200 亿美元），将使 IMF 的总份额达到 7 157 亿特别提款权（9 600 亿美元）。[②]与 2010 年的改革相比，中国份额占比从 3.996%升至 6.394%，排名从第六位跃居第三位，仅次于美国和日本。[③]此次增资，将更好地发挥 IMF 应对全球性金融危机和稳定、平衡全球经济，以及促进包容性增长、减少贫困等重要功能，同时亦反映出国际金融格局的深刻变化。成员国所持份额的新格局，将进一步提升新兴市场和发展中国家的话语权和代表性。人民币在 IMF 的份额提升也意味着国际社会对中国经济实力和贡献的认可，中国在 IMF 的决策中将拥有更大的发言权和决策权。这将有助于提升中国在国际舞台上的声誉和地位，进一步提升人民币在国际贸易、投资和储备中的接受度和使用度，从而加快推动人民币的国际化进程。

随着人民币在跨境贸易和投资中的作用愈发重要，人民币的国际支付功能进一步突显。2023 年 1 月至 9 月，人民币跨境收付规模 39 万亿元，同比上升 23%，人民币成为我国第一大跨境收付币种。2023 年 9 月，人民币在全球贸易融资中占比为 5.8%，同比上升 1.6 个百分点，排名上升至第二。[④]2023 年 1 月

---

① 国际货币基金组织对外关系部：《基金组织执董会批准对份额和治理进行全面改革》，2010 年 11 月 5 日发布，https://www.imf.org/external/chinese/np/sec/pr/2010/pr10418c.pdf，2024 年 1 月 21 日访问。

② 新闻源自国际货币基金组织：https://www.imf.org/zh/News/Articles/2023/12/18/pr23459-imf-board-governors-approves-quota-increase-under-16th-general-review-quotas，2024 年 1 月 21 日访问。

③ 新闻源自中国经济网：http://intl.ce.cn/sjjj/qy/202312/22/t20231222_38839817.shtml，2024 年 1 月 21 日访问。

④ 中国人民银行：《2023 年人民币国际化报告》，http://www.pbc.gov.cn/goutongjiaoliu//113456//113469/5114765/index.html，2024 年 1 月 21 日访问。

至12月，中国人民银行与巴西中央银行、塞尔维亚国家银行，分别签署在巴西、塞尔维亚建立人民币清算安排的合作备忘录。[①]2023年1月至12月，中国人民银行与埃及中央银行续签规模为180亿元人民币/807亿埃及镑的双边本币互换协议，与阿根廷中央银行续签规模为1 300亿元人民币/45 000亿比索的双边本币互换协议，与老挝中央银行续签规模为60亿元人民币/158 000亿老挝基普的双边本币互换协议，与蒙古国中央银行续签规模为150亿元人民币/72 500亿蒙古图格里克的双边本币互换协议[②]，且2023年11月与沙特中央银行签署规模为500亿元人民币/260亿沙特里亚尔的双边本币互换协议[③]。这些举措的实施，将进一步降低双方交易成本、促进金融合作，同时有助于防范和化解系统性风险，提高各国和地区金融体系的稳定性，推动人民币在国际贸易和投资中得到更为广泛的应用。

2023年5月19日，中国人民银行、国家外汇管理局发布《中国人民银行、国家外汇管理局持续优化跨国公司本外币跨境资金集中运营管理政策》，在北京、广东、深圳开展试点，其中一项内容为“支持跨国公司以人民币开展跨境资金集中运营业务”[④]。通过支持在跨国集团资金池中使用人民币，将进一步提高人民币在国际金融领域的影响力，树立人民币的全球地位，推动人民币在全球贸易中的份额提升，推动中国金融市场更深层次地融入全球金融系统。

在近期一系列的国际贸易活动中，人民币发挥着愈发重要的作用。《国际金融报》指出：“北京时间3月28日，中国首单以人民币结算的进口液化天然气（LNG）采购交易达成，此单交易是中国海油与道达尔能源在上海石油天然气交易中心达成的，标志着中国在油气贸易领域的跨境人民币结算交易探索迈出实质性一步。4月，巴西总统卢拉到访中国之际，中国工商银行（巴西）有限公司宣布成功办理首笔跨境人民币结算业务，这是2023年2月21日中国央行授权该行担任巴西人民币清算行以来，双方首次人民币跨境结算；当地时间

① 中国人民银行：《2023年前三季度中国货币政策大事记》，http://www.pbc.gov.cn/goutongjiaoliu/113456/113469/5150354/index.html，2024年1月21日访问。

② 中国人民银行：《2023年前三季度中国货币政策大事记》，http://www.pbc.gov.cn/goutongjiaoliu/113456/113469/5150354/index.html，2024年1月21日访问。

③ 中国人民银行：《中沙（特）两国央行签署双边本币互换协议》，http://www.pbc.gov.cn/huobizhengceersi/214481/214511/214541/5140019/index.html，2024年1月21日访问。

④ 中国人民银行：《中国人民银行、国家外汇管理局持续优化跨国公司本外币跨境资金集中运营管理政策》，http://www.pbc.gov.cn/goutongjiaoliu/113456/113469/4888289/index.html，2024年1月21日访问。

7月25日，玻利维亚财政和经济部长蒙特内格罗宣布，该国国有的玻利维亚联合银行已开始在与客户的交易中使用人民币结算；《日本经济新闻》于7月25日报道，在对华贸易的双边结算中，人民币的使用正在逐步扩大，数据显示人民币在2023年二季度作为结算货币的使用比例达到了49%，首次超过了美元所占比例。”①

人民币国际化的迅速推进，既是中国经济崛起的体现，也为全球经济体系的多元和稳定贡献了积极力量。未来，随着中国金融市场的不断开放和改革，人民币国际化势头将继续加速，为全球经济注入更多活力。

二、金融领域制度型开放继续深化

党的二十大报告指出，“增强国内大循环内生动力和可靠性，提升国际循环质量和水平”。2023年1月31日，习近平总书记在主持中共中央政治局第二次集体学习时强调，要“推进高水平对外开放，稳步推动规则、规制、管理、标准等制度型开放，增强在国际大循环中的话语权”。金融业是国民经济的重要组成部分，金融领域制度型开放是我国对外开放格局的重要支撑，对于我国更好地对标国际规则、深化融入全球化、参与国际竞争具有非常重要的意义。当前，我国金融业对外开放继续深化，金融体系整体稳健，有力地支持了经济高质量发展和现代化进程。这一进程体现在我国持续扩大自贸试验区建设、开放金融服务市场、完善金融市场互联互通机制等方面。

自由贸易试验区是探索制度型开放的重要载体。2023年11月26日，《国务院关于印发〈全面对接国际高标准经贸规则推进中国（上海）自由贸易试验区高水平制度型开放总体方案〉的通知》发布②，上海自贸试验区扩大开放金融服务业，不断探索以自由贸易账户体系为基础，构建资金跨境流动管理基础性制度和宏观审慎管理的资本项目可兑换操作模式。自由贸易试验区为金融机构提供了一定程度的自由度和灵活性，使其能够在试验区内创新金融产品、服务和业务模式，推动金融业的发展，为经济增长注入新动能。

近年来，我国充分支持自由贸易试验区发挥自身优势，作为高质量发展建

① 国际金融报：《“去美元化”正改变世界》，2023年7月29日刊载，https://www.stcn.com/article/detail/933886.html，2024年1月21日访问。

② 中华人民共和国中央人民政府：《国务院关于印发〈全面对接国际高标准经贸规则推进中国（上海）自由贸易试验区高水平制度型开放总体方案〉的通知》（国发〔2023〕23号），https://www.gov.cn/zhengce/content/202312/content_6918913.htm，2024年1月21日访问。

设的“排头兵”。2023年9月9日发布的《中共上海市委、上海市人民政府关于支持中国（上海）自由贸易试验区临港新片区深化拓展特殊经济功能走在高质量发展前列的若干意见》[①]支持新片区打造跨境资产管理示范区，如积极支持合格境外有限合伙人（QFLP）、合格境内有限合伙人（QDLP）试点项目在新片区落地。国际金融机构借助试验区的优势，将其作为进入中国市场的窗口和平台，促进了资金流动和金融资源集聚，提升金融市场的国际化水平。

在金融服务准入方面，我国取消银行、证券、基金管理、期货、人身险领域的外资持股比例限制，在企业征信、信用评级、支付清算等领域取消准入限制，给予外资国民待遇，大幅扩大外资金融机构业务范围，丰富金融市场主体，改善营商环境，为金融市场带来了更多的竞争与活力。2023年10月17日，国家金融监督管理总局发布的《非银行金融机构行政许可事项实施办法》中[②]，允许境外非金融机构作为金融资产管理公司出资人，取消境外金融机构作为金融资产管理公司出资人的总资产要求。此外，在国家金融管理部门指导支持下，允许在上海自贸试验区及临港新片区内注册的企业、工作或生活的个人购买跨境保险、投资等金融服务。境外金融服务的具体种类由国家金融管理部门另行规定。[③]截至2023年9月末，外资银行资产总额约3.79万亿元人民币，外资保险机构总资产约2.33万亿元人民币。外资银行保险机构多年来保持稳健经营、风险可控的特点，充分展现了中国金融业对外开放的积极成效。

随着金融开放进程的不断加深，我国金融已从初期的投资者和资金单向引入，成功走向与国际市场互联互通的开放模式。2023年9月28日，证监会发布《优化粤港澳大湾区“跨境理财通”业务试点、进一步推进大湾区金融市场互联互通》[④]，进一步优化粤港澳大湾区“跨境理财通”业务试点；2023年8月11日，证监会发布《中国证券监督管理委员会香港证券及期货事务监察委员会联合公告》，进一步深化内地与香港股票市场交易互联互通机制；2023年5

① 上海市人民政府：《中共上海市委、上海市人民政府关于支持中国（上海）自由贸易试验区临港新片区深化拓展特殊经济功能走在高质量发展前列的若干意见》，https://www.shanghai.gov.cn/nw12344/20231127/2a5d50d6c12f429f89f7b5bf7568e1bc.html，2024年1月21日访问。

② 国家金融监督管理总局：《非银行金融机构行政许可事项实施办法》，https://www.cbirc.gov.cn/cn/view/pages/ItemDetail.html?docId=1132142&itemId=915，2024年1月21日访问。

③ 上海市人民政府，https://www.shanghai.gov.cn/gwk/search/content/39626f989993402aaaaaec1cb2e7620d，2024年1月21日访问。

④ 中国证券监督管理委员会：《优化粤港澳大湾区“跨境理财通”业务试点、进一步推进大湾区金融市场互联互通》，http://www.csrc.gov.cn/csrc/c100028/c7434978/content.shtml，2024年1月21日访问。

月15日，内地与香港利率互换市场互联互通合作[①]正式上线运行。“跨境理财通”“利率互换通”“沪港通”“深港通”等相继推出，创造性探索形成跨境投融资的新模式。互联互通机制的建立和完善，是近年来我国资本市场转向全面制度型开放的一个缩影。制度型开放范围更广、领域更宽、程度更深，增强了政策的稳定性、透明度和可预期性，得到了市场积极回应。一系列制度型开放举措落地，正加快推动中国资本市场深度融入全球化、提升国际竞争力。截至2023年，境外主体持有境内人民币股票、债券、贷款以及存款等金融资产余额合计约10万亿元人民币，人民币资产的吸引力逐步增强。同时，彭博、摩根大通和富时罗素也先后将我国国债纳入主流债券指数，充分反映全球机构投资者对近年来中国金融制度型开放的高度认可，展示出长期持有人民币资产的信心。

三、涉外金融监管模式向差异化、精细化转变

当前，我国经济发展所面临的形势错综复杂，国际政治经济环境的不利因素增多，我国经济仍处于关键的恢复阶段。金融作为国民经济的血液，其稳健性直接影响着国民经济的平稳运行。自党的十八大以来，我国在金融改革，尤其是涉外金融监管模式方面取得了显著成就，不仅金融服务能力得到显著提升，而且金融监管也经历了加强和改进的阶段。在这一背景下，粗放型涉外金融监管的演变动态表明，监管模式逐渐显现出在应对复杂性和变化性方面的不足。为更好地适应金融环境的复杂多变性，涉外金融监管正在从传统的粗放型监管模式向差异化、精细化监管转变。这一变革不仅体现在对中小企业借用外债方面的包容监管，亦体现在对中长期外债的严格监管。

对于企业借外债，我国通常统一采取宏观审慎管理，将企业净资产作为重要参数之一。然而，高新技术中小微企业和“专精特新”企业通常净资产较小，[②]若严格按照与大型企业相同的监管标准，将不利于高新技术中小微企业和“专精特新”企业提升发展活力和创新能力。因此，为更好地满足中小企业的融资需求，一系列专门政策允许符合条件的中小微高新技术企业自主借用外债。该政策最早于2018年3月在北京市中关村国家自主创新示范区开始实施。在2020年，外

① 中国人民银行：《内地与香港“互换通”业务正式上线》，http://www.pbc.gov.cn/goutongjiaoliu/113456/113469/4882430/index.html，2024年1月21日访问。

②《国家外汇局：专门出台政策方便“专精特新”企业借用外债》，载中国经济网，2022年6月2日，http://www.ce.cn/xwzx/gnsz/gdxw/202206/02/t20220602_37704480.shtml，2024年1月21日访问。

债便利化试点范围扩大至上海（自由贸易试验区）、湖北（自由贸易试验区及武汉东湖新技术开发区）等9个省（市），并进一步提高北京市中关村科学城海淀园区的外债便利化水平。2022年5月，该政策进一步扩大试点，并允许前期已经开展试点城市中的高新技术和“专精特新”企业，在符合一定条件的情况下，自主借用外债。[①]2023年12月，国家外汇管理局发布《国家外汇管理局关于进一步深化改革、促进跨境贸易投资便利化的通知》（汇发〔2023〕28号）[②]，在全国范围推广跨境融资便利化试点政策，天津、上海、江苏等14个省（市）辖内符合条件的高新技术、“专精特新”和科技型中小企业，可在不超过等值1 000万美元额度内自主借用外债。其他地区辖内符合条件的高新技术、“专精特新”和科技型中小企业，可在不超过等值500万美元额度内自主借用外债。

允许中小微高新技术企业在一定条件下自主借用外债，突破了传统宏观审慎管理中对企业净资产的固定标准，使得企业境外融资更便利。政策的不断调整和扩大试点范围，更是在涉外金融监管方面体现了对市场需求和变化的及时响应，符合当前金融环境的复杂多变性。这种包容、差异化、精细化监管的模式，有助于更好地促进中小企业的发展，推动新技术和“专精特新”企业的创新，为我国经济持续稳定发展创造了更有利的金融环境。

然而，我国在涉外金融监管方面并非一味强调包容监管理念。对于中长期外债的监管，由“外债备案登记制”转向“外债审核登记制”，实行更为严格的监管模式。2015年9月，国家发改委曾发布《关于推进企业发行外债备案登记制管理改革的通知》，将企业借用中长期外债管理模式由额度审批制调整为备案登记制。[③]随着近些年债务违约风险频发，外债备案登记制随之显现出其局限性。2023年2月出台的《企业中长期外债审核登记管理办法》，将“外债备案登记制”升格为“外债审核登记制”，同时企业借用中长期外债已被划归为国家级行政许可事项，进一步加大了监管力度，且更趋向于实质性的审查，有助于保障企业境外融资的平稳、健康、规范发展，有效防范外债风险。[④]

---

① 《外汇局扩大跨境融资便利化试点》，载《光明日报》2022年6月1日，https://www.gov.cn/xinwen/2022-06/01/content_5693347.htm，2024年1月21日访问。

② 中华人民共和国中央人民政府：《国家外汇管理局关于进一步深化改革、促进跨境贸易投资便利化的通知》，https://www.gov.cn/zhengce/zhengceku/202312/content_6919254.htm，2024年1月21日访问。

③ 《发展改革委关于推进企业发行外债备案登记制管理改革的通知》，载中国政府网，2015年9月16日，https://www.gov.cn/xinwen/2015-09/16/content_2932877.htm，2024年1月21日访问。

④ 《国家发展改革委有关负责同志就〈企业中长期外债审核登记管理办法〉答记者问》，发展改革委网站，2023年1月12日，https://www.gov.cn/zhengce/2023-01/12/content_5736440.htm，2024年1月21日访问。

总的来说，涉外金融监管从粗放型转向差异化、精细化，是形成高效涉外金融监管体系的重要法治基础。这一转变对我国涉外金融监管能力和水平提出了更高的要求，同时有助于提高金融服务效率，构建良性发展的金融服务体系。然而，差异化、精细化监管并非意味着放弃监管尺度的一致性，而是要以此为前提，对中资和外资机构、国有和民营机构适用一致的监管标准，保持监管规则的透明度，以更为精细、差异化的方式满足不同情境下的监管需求。

第三节　热点聚焦

一、人民币国际化水平稳步提升

近些年来，我国有序稳步推进人民币国际化，不断完善人民币跨境使用制度安排和基础设施建设。在一系列制度引领下，人民币国际化各项指标总体向好，人民币支付货币功能稳步提升，投融资货币功能进一步深化。

跨境人民币业务服务实体经济能力不断提升。2023 年以来，人民币跨境业务延续稳步增长态势。随着中国经济发展壮大和改革开放持续深化，境内外经营主体在跨境支付结算中使用人民币的需求不断上升。中国人民银行高度重视、积极响应市场需求，着力提升人民币在跨境贸易投资中的便利性，跨境人民币业务服务实体经济的能力进一步提高。截至 2023 年 9 月，人民币已经成为我国第一大跨境收付币种，全球贸易融资第二大币种。

海外人民币清算网络进一步扩容。自 2014 年中国人民银行首次与德意志联邦银行签署了人民币清算安排的合作备忘录之后，2023 年以来，中国人民银行先后又与巴西中央银行、塞尔维亚国家银行签署了人民币清算安排的合作备忘录，海外人民币清算网络持续优化。目前中国人民银行已经和超过 20 个国家或地区的中央银行或者货币当局建立人民币清算安排合作。[①]人民币清算安排的合作备忘录不仅有利于推动双边跨境贸易与投资，同时也能丰富中国在国际市场上的交易货币种类，推动人民币的国际化进程，扩大人民币的使用范围，提高人民币的国际地位和海外影响力。

积极推进本币互换，双边货币合作更加深化。2023 年，中国人民银行与埃

①《人民币国际化"时间轴"、"路线图"》，载《证券时报》2023 年 4 月 7 日，https://finance.sina.com.cn/stock/hyyj/2023-04-07/doc-imypphui1805833.shtml，2024 年 1 月 15 日访问。

及、阿根廷、老挝、蒙古国、阿联酋[①]等多个国家的中央银行续签双边本币互换协议，与沙特中央银行签署了双边本币互换协议。目前，中国人民银行先后与超过 40 个国家和地区的中央银行或货币当局签署了双边货币互换协议，[②]在便利双边贸易投资、维护地区金融稳定等方面发挥了积极作用。双边货币合作深化减少了国际贸易中对美元的依赖性，有望加强国际货币多元化程度。

有序推进跨境资金池业务试点。自 2012 年 9 月国家外汇管理局在上海、北京试点开展跨国公司总部外汇资金集中运营管理试点起，跨国企业跨境双向资金池相关法律制度不断完善。2014 年 6 月，中国人民银行明确跨国企业集团可以根据中国人民银行有关规定开展跨境人民币资金集中运营业务。2015 年 9 月，跨境双向人民币资金池业务试点正式启航。2021 年 1 月，大幅松绑跨境人民币政策，加快跨国企业本外币一体化资金池业务试点的步伐，并在深圳、北京开展跨国公司本外币一体化资金池业务首批试点，标志着跨国公司本外币一体化资金池业务正式面世。2023 年 5 月，中国人民银行、国家外汇管理局两部门优化升级跨国公司本外币跨境资金集中运营管理政策，增强国内国际两个市场两种资源联动效能，进一步提升跨境贸易和投融资便利化水平，不断优化跨国公司跨境资金集中运营管理相关政策，更好地服务实体经济高质量发展。

二、跨境投融资便利化程度显著提升

2023 年 10 月 30 日至 31 日，中央金融工作会议在北京举行。会议指出，要着力推进金融高水平开放，坚持“引进来”和“走出去”并重，稳步扩大金融领域制度型开放，提升跨境投融资便利化；同时要加强金融监管，有效防范化解金融风险。

（一）加大对科技创新和中小微企业的政策支持力度

为盘活企业跨境资金使用效率，解决中小科技型企业跨境融资难等问题，国家外汇管理局发布《国家外汇管理局关于进一步深化改革　促进跨境贸易投资便利化的通知》，提升了高新技术、“专精特新”和科技型中小企业自主借用

---

①《中国与阿拉伯国家加强金融合作》，载《人民日报》2024 年 1 月 4 日，http://paper.people.com.cn/rmrb/html/2024-01/04/nw.D110000renmrb_20240104_1-17.htm，2024 年 1 月 15 日访问。

②《2023 年人民币国际化报告》，http://camlmac.pbc.gov.cn/goutongjiaoliu/113456/113469/5114765/2023102720175126516.pdf，2024 年 1 月 15 日访问。

外债额度，提高了其资金充足率和投资吸引力，对其跨境融资便利化政策进行了新的升级；在助力企业跨境融资、结算便利化的过程中，国家外汇管理局牵头搭建的跨境金融服务平台陆续推出 8 个融资类应用场景和 3 个便利化类应用场景，助力以中小企业为主的近 10 万家涉外企业累计获得融资金额超 2 900 亿美元、付汇金额超 1.2 万亿美元。[①]与此同时，《企业中长期外债审核登记管理办法》将境内企业及其控制的境外企业或分支机构的中长期外债备案登记制改为外债审核登记制，并明确将境内企业间接到境外借用外债纳入管理范围，以加强金融监管，防范金融风险，体现出监管措施的精细化、差异化趋势。

（二）优化跨国公司本外币跨境资金集中运营管理政策

支持跨国公司设立资金管理中心，完善资金池安排，同时增大企业跨境资金运营自由度，允许跨国公司根据宏观审慎原则自行决定外债和境外放款的归集比例。这将有助于外汇资金统筹运作、集中管控、统一规划，降低跨国集团内部融资成本，吸引外资深耕国内市场，促进跨境双向投资进一步趋稳向好。

（三）为多类境外投资主体参与新区建设提供政策土壤

在上海自由贸易试验区临港新片区内，积极支持合格境外有限合伙人（QFLP）、合格境内有限合伙人（QDLP）试点项目在新片区落地，并鼓励外资机构投资者通过 QFLP 试点参与新片区建设。这将进一步扩大生产、创造就业机会、提高经济效益，新技术和管理方式的引入还可促进产业升级、提高生产效率。

（四）跨境投融资互联互通机制转型升级

一是进一步优化粤港澳大湾区“跨境理财通”试点业务，为大湾区投资者提供更便捷的途径，以购买和管理境外金融产品，促进内地与港澳经济融合发展，提高金融市场的稳定性；二是进一步深化内地与香港股票市场交易互联互通机制，将大宗交易纳入互联互通机制，使得内地和香港之间的投资者能够更方便地参与对方股票市场，促进资本市场开放，提高市场的流动性和透明度；三是内地与香港利率互换市场互联互通合作正式上线运行，使参与方更容易获得有利的融资条件，有助于降低融资成本、促进资本跨境流动，同时还可提升参与方管理汇率风险和利率风险的能力，减轻市场波动对其财务状况的影响。

---

① 国家外汇管理局综合司：《有序推进外汇领域改革开放　促进跨境贸易和投融资便利化》，http://www.pbc.gov.cn/redianzhuanti/118742/5118184/5134061/5136512/index.html，2024 年 1 月 15 日访问。

三、金融服务市场开放升级

中国在《区域全面经济伙伴关系协定》（RCEP）中首次纳入了新金融服务条款，规定了按照内外一致原则允许外资金融机构提供新金融服务，这是相较国民待遇、市场准入等条款的高标准金融服务规则。

截至 2023 年 9 月末，来自 52 个国家和地区的 202 家银行在华设立了机构，外资银行资产总额达 379 万亿元人民币；境外保险机构在华共设立了 67 家外资保险机构和 73 家代表处，外资保险机构总资产约 2.3 万亿元人民币。[①]

2023 年 8 月，为对接更高标准新金融服务规则，上海自贸试验区及临港新片区实施外资金融机构开展新金融服务许可，充分给予外资金融机构国民待遇并进行审慎监管。截至 2023 年 12 月，北京自贸试验区新设外资金融机构包括首家“一带一路”共建国家银行新设分行——巴基斯坦哈比银行北京分行，“中亚三国”首家在华银行代表处——塔吉克斯坦东方银行开放式股份公司北京代表处，全国首家且目前唯一的外商独资货币经纪公司——上田八木货币经纪公司，2021 年 12 月保险中介市场对外开放有关措施实施后的全国首家外商独资保险经纪公司——汇丰保险经纪有限公司，北京自贸试验区内首家新设外资法人分行——开泰银行（中国）北京分行等。[②]

外资金融机构进入中国金融市场带来了丰富的金融产品和成熟的业务经验，能够助力形成中国广覆盖、宽领域、多层次的金融体系。一些外资金融机构依托母国集团的综合实力和特色金融服务优势，可以进一步提升境内新金融产品的供给效能，增强金融消费者的获得感。[③]与此同时，外资金融机构入场，给国内投资者和金融机构也带来了机遇。符合条件、国际一流的外资金融机构来华展业，有助于增加市场供给，更好满足国内消费者多元化金融服务需求。同时，外资机构引入有望形成“鲶鱼效应”，境内外机构竞争与合作，有助于推动我国金融机构加快提升经营能力与效率，更好地服务实体经济。中外资金融机构之间的公平竞争能进一步提升中资金融机构的生产效率，增强国际竞争力，在互利共赢中实现金融创新开放。

---

① 新华社：《服务实体经济质效不断增强——金融监管总局详解前三季度银行业保险业运行情况》，http://www.news.cn/fortune/2023-10/20/c_1129928980.htm，2024 年 1 月 15 日访问。

② 京报网：《“两区”建设成果不断！多个首家首创标志性外资机构在京落地》，https://open.beijing.gov.cn/html//kfdt/sddt/2023/12/1703558289580.html，2024 年 1 月 15 日访问。

③ 程实：《双循环”新格局与金融双向开放》，载《中国外汇》2021 年第 1 期，第 22－24 页。

四、上海自由贸易试验区金融法治取得重大进展

2013 年 9 月，中国第一个自贸试验区在上海浦东正式挂牌运行。十年来，伴随着上海自贸试验区的发展，金融制度持续创新，有效发挥了金融创新的“头雁效应”。2023 年，上海自贸区在涉外金融法治方面取得了显著进展。

2023 年 9 月 9 日，中共上海市委员会、上海市人民政府发布《中共上海市委、上海市人民政府关于支持中国（上海）自由贸易试验区临港新片区深化拓展特殊经济功能走在高质量发展前列的若干意见》。该文件积极支持合格境外有限合伙人（QFLP）、合格境内有限合伙人（QDLP）试点项目的落地与实施，进一步提升了境外投资主体的多元化程度。这一政策举措有助于促进临港新片区在特殊经济功能方面的深化拓展，为高质量发展奠定了更为坚实的基础。

2023 年 9 月 21 日，《上海市落实〈关于在有条件的自由贸易试验区和自由贸易港试点对接国际高标准推进制度型开放的若干措施〉实施方案》正式印发。该方案旨在推进服务贸易自由便利，允许外资金融机构开展金融管理部门明确的新金融业务。在金融机构申请开展金融服务时，按照内外一致原则执行，实现了自贸区内国民待遇原则，为金融领域的公平竞争和合作创造了更为公正的环境，提升了投资自由化程度，有望促进金融市场的进一步开放，也推动了自由贸易试验区在金融领域的国际化程度。

2023 年 11 月 26 日，国务院发布《国务院关于印发〈全面对接国际高标准经贸规则推进中国（上海）自由贸易试验区高水平制度型开放总体方案〉的通知》（本段简称《通知》）。这标志着试点主动对接国际高标准的经贸规则，不仅在规制、管理、标准等方面迎合高标准，而且率先构建了与之相衔接的制度体系和监管模式。深化金融服务等领域的开放，着重聚焦于促进数据跨境流动、提升跨境投融资便利化、培育贸易新模式新业态、推进贸易数字化以及优化贸易管理方式等关键问题。《通知》进一步推动上海自贸区在金融领域向高水平制度型开放迈进，为经济发展提供更为有力的支持。

第四节　展望与建议

2023 年，我国进入“后疫情”的新阶段，涉外金融业整体呈现对外开放进程加快的格局。在此背景下，随着涉外金融法治建设的制度供给愈发丰富，我

国金融领域对外开放具备更佳的制度条件与法治环境，并逐渐形成以关键环节、关键领域的高水平金融规则保障高水平金融开放的模式。国际货币金融领域，人民币在国际贸易、国际储备、国际支付等方面发挥着愈发重要的作用，国际化程度进一步加强，在国际金融领域得到了更为广泛的应用；支持跨国公司试点以人民币开展跨境资金集中运营业务等举措，进一步推动中国金融市场更深层次地融入全球金融系统；IMF 中国份额占比增高进一步提升中国在国际舞台上的声誉和地位，促进了人民币在国际贸易、投资和储备中的接受度和使用度。金融服务准入环节，我国金融业对外开放继续深化，金融体系整体稳健，有力地支持了经济高质量发展和现代化进程，集中体现在自贸试验区建设、金融服务市场开放、金融市场互联互通机制完善等方面。企业征信、信用评级、支付清算等领域取消准入限制，给予外资国民待遇，扩大外资金融机构业务范围，进一步丰富金融市场主体并改善营商环境。涉外金融监管环节，允许符合条件的中小微高新技术企业自主借用外债，中长期外债的监管由“外债备案登记制”转向“外债审核登记制”，体现我国涉外金融监管正从传统粗放型监管模式向差异化、精细化的监管模式转变。

以关键环节、关键领域的高水平金融规则保障高水平金融开放的模式，为展望 2024 年涉外金融法治前景提供了一个独特视角，预期将形成涉外金融领域开放“多点开花”的格局，并有望触及更深层次的涉外金融业开放。2023 年 10 月召开的中央金融工作会议提出并强调，着力推进金融高水平开放，稳步扩大金融领域制度型开放，提升跨境投融资便利化，吸引更多外资金融机构和长期资本来华展业兴业。2023 年 12 月中央经济工作会议强调指出，坚持依靠改革开放增强发展内生动力，统筹推进深层次改革和高水平开放，不断解放和发展社会生产力、激发和增强社会活力。

在此背景下，2024 年我国金融领域制度型开放可能会进一步扩大，并逐渐在多个关键领域与环节持续推动形成金融高水平开放格局，具体将表现在以下方面。

首先，金融领域外资股份比例限制全面取消，有利于外资金融机构和长期资本进入我国。2024 年 1 月 25 日，国家金融监督管理总局新闻公告连续推出 50 多项金融对外开放的措施，重点在于取消外资参股、收购、增资金融机构的股权比例限制，外国资本可以持有银行保险机构 100%的股权。

其次，外资数量型准入门槛将进一步大幅降低。国家金融监督管理总局指出，以往对外资银行、外资保险机构准入中总资产规模、经营年限等要求已取消，取代数量型硬性指标的是外资投资综合资质评估；《外商投资准入负面清单》关于金融业的相关限制措施已完全清零，目前外资银行和保险机构的业务范围与中资企业完全一致，彻底实现国民待遇。各类外资金融机构在中国的展业经营将面临前所未有的宽松环境，将继续深度参与我国经济金融发展和金融市场运行，成为中国金融业一支非常重要的力量。

最后，资本项目人民币可兑换工作得到进一步推动。2021 年粤港澳大湾区试点的“跨境理财通”是金融支持大湾区建设的重要举措，也是我国推进资本项目可兑换、推动粤港澳大湾区金融互联互通的重要尝试。2023 年底，个人投资者 6.92 万人参与，涉及相关资金跨境汇划 4.33 万笔，金额 128.1 亿元。[①]2024 年 1 月 24 日，央行和香港金管局推出六项措施，深化内地和香港金融合作，包括发布优化大湾区“跨境理财通”业务试点实施细则、方便港澳居民在大湾区置业的付款安排、扩大“跨境理财通”产品范围、加强跨境征信合作，以及深化数字人民币跨境试点等。一系列新规显示，提升跨境投融资便利化的政策趋势将在促进粤港澳金融市场互联互通的同时更加便利大湾区居民享受优质金融服务。

中央金融工作会议指出，坚持统筹金融开放和安全是中国特色金融发展之路的基本要义之一。展望 2024 年，我国经济发展面临的困难和挑战更为艰巨，但有利条件和优势也会更多，特别是金融业的制度型开放空间增大。我国金融业将会用更大力度吸引和利用外资，继续稳固外资合法权益的法治保障，为外资提供更好的营商环境，有望在新的一年吸引更多外资金融机构和长期资本来华展业兴业。

---

① 澎湃新闻：《金融监管总局释放权威信号：中国金融业开放的大门将越开越大》，https://baijiahao.baidu.com/s?id=1789109224400032049&wfr=spider&for=pc.

第九章　反垄断涉外法治发展

第一节　大　事　记

一、反垄断执法机构着力破除地方保护和行政垄断

2023 年 2 月 9 日，国家市场监督管理总局（以下简称市场监管总局）展开的全国市场监管系统反垄断工作会议上，将“锚定一个大市场目标，着力破除地方保护和行政性垄断”部署为今年反垄断工作的首要重点任务。2023 年 6 月，市场监管总局会同有关部门一起在全国范围内组织开展了妨碍统一市场和公平竞争政策措施的集中清理工作，各地区各部门共审查增量政策措施 14.8 万件，存量政策措施 61.6 万件，修订废止妨碍统一市场和公平竞争的政策措施 1.76 万件，有力防止出台排除限制竞争的政策措施；并在民生领域开展反垄断执法专项行动，依法查处滥用行政权力排除限制竞争案件 39 起，开展执法约谈 17 次，纠治了一批限定交易、妨碍商品要素自由流通、排除限制外地经营者参与本地经营的行为，有力保护和促进了市场公平竞争。破除行政垄断的执法质效显著提升，有助于营造公平竞争的市场环境。

二、公平竞争审查制度站在法治化的新起点

2023 年 5 月，市场监管总局就《公平竞争审查条例（征求意见稿）》公开征求意见，这标志着公平竞争审查行政法规制定程序的启动，也预示着公平竞争政策审查将成为一项国务院行政法规，站在法治化的新起点上，继续提高公平竞争审查制度的制度刚性。

三、首部经营者集中审查领域反垄断合规指引出台

2023 年 9 月 11 日，市场监管总局发布《经营者集中反垄断合规指引》。这是 2008 年《反垄断法》实施以来，国务院反垄断执法机构出台的首部经营者集中监管领域合规指导文件，对企业处理和有效防控经营者集中有关反垄断合规

风险具有重要意义，也有助于提升经营者集中常态化监管水平。

四、公平竞争政策宣传周顺利召开

2023 年 9 月，国家市场监管总局会同相关部门组织召开 2023 年中国公平竞争政策宣传周，举办了 100 项活动，集中展示了各有关部门在保护和促进公平竞争、优化营商环境、加快建设全国统一大市场、推动高质量发展等方面取得的重要成效。对加强公平竞争倡导，形成公平竞争社会共识，推动公平竞争治理具有重要意义。

五、最高人民法院发布 2023 年反垄断典型案例

2023 年 9 月 14 日，最高人民法院发布 2023 年人民法院反垄断和反不正当竞争典型案例。本次共发布 10 件典型案例，包括 5 件反垄断典型案例和 5 件反不正当竞争典型案例。其中反垄断典型案例有 3 件滥用市场支配地位类案件，涉及不公平高价、限定交易、附加不合理交易条件、拒绝交易等 4 种类型的滥用行为，2 件垄断协议类案件分别涉及纵向协议和横向协议。案件涉及医药、殡葬、汽车销售和建材等行业，均与民生息息相关。

六、反垄断约谈制度得到细化，进一步发挥制度作用

去年《反垄断法》修订，正式引入约谈制度。2023 年 10 月 27 日，市场监管总局印发《滥用行政权力排除、限制竞争执法约谈工作指引》，进一步明确约谈对象、约谈时间、约谈程序、实施约谈的行政机关等内容，为反垄断执法开展约谈工作提供较为详细的指引。

七、医药行业成为 2023 年反垄断执法力度最强的行业之一

2023 年 12 月 22 日，市场监管总局发布上海上药第一生化药业有限公司等 4 家公司滥用市场支配地位案行政处罚决定书，4 家药企合计被罚没约 12.19 亿元，创造了多项反垄断执法记录。2023 年市场监管总局已公布 6 起医药行业反垄断处罚案件，罚没总金额高达 17.7 亿元。医药行业一直以来都是反垄断执法重点关注的领域，加大反垄断惩戒力度，有助于推动医药企业合规从他律模式向自律模式的转变，保护医药市场公平竞争秩序，维护消费者和社会公共利益。

八、最高人民法院公布第221号指导性案例，黄勇教授作出解读

2023年12月，最高人民法院公布了第39批指导性案例，其中指导性案例221号“张某勋诉宜宾恒某投资集团有限公司、四川省宜宾市吴某建材工业有限责任公司等垄断纠纷案”为垄断协议纠纷案，涉及横向垄断协议的参与者向其他参与者主张民事赔偿是否应当得到支持的法律问题，黄勇教授进行解读。黄勇教授指出本案回应了反垄断司法适用中一般性的法律疑难问题，形成了“横向垄断协议的实施者无权依据反垄断法要求该垄断协议的其他实施者赔偿其所谓经济损失”这一更具一般性的裁判规则，具有较普遍的指导意义。

第二节　综合分析

《反垄断法》是维护市场竞争秩序的基础性法律规范，常被称为“经济宪法”，在现代市场经济国家具有举足轻重的地位。《反垄断法》是国家治理经济的重要组成部分。不断完善《反垄断法》律制度，强化竞争政策基础地位，是我国发展完善社会主义市场经济体制的内在要求，也是我国参与国际竞争规则制定的外在需要。

一、立法层面

（一）竞争政策法制化站在新起点

2023年5月市场监管总局就《公平竞争审查条例（征求意见稿）》公开征求意见，标志着公平竞争审查行政法规制定程序的启动。这预示着在不久的将来，公平竞争政策审查将成为一项国务院行政法规，站在法治化的新起点上，公平竞争审查制度将通过“政策的法制化”这条路径，融入国家治理体系当中，实现更为常态化的实施。在意见稿中首次出现“以竞争政策为基础协调其他政策”的表述，此前，我国其他政策和法律文件中的最新相关表述为“强化竞争政策基础地位”。根据意见稿中的表述，产业、财政、投资、贸易、货币、金融、消费、就业、环境、区域等政策，都需要与竞争政策相协调。今后，具体的协调方式和机制也有待进一步明确。

公平竞争审查制度是实施竞争政策的重要制度工具，这项制度不仅是发挥自身从源头防止排除、限制竞争政策文件出台的作用，而且也是强化竞争政策

基础地位法治保障的重要路径和抓手。我国的公平竞争审查制度，是因经济发展、市场完善和竞争政策地位提升而产生的，同时也肩负完善市场、落实强化竞争政策基础地位法治保障等方面的使命。随着公平竞争审查制度的出台和有效实施，这项制度不仅实现了四级政府的全覆盖，形成了配套保障机制，审查了数以百万计的存量和增量文件，也开始进入国家治理体系的视野范围。随着2022年《反垄断法》实施14年后完成首次修改，“国家坚持市场化、法治化原则，强化竞争政策基础地位”和“国家建立健全公平竞争审查制度”写入了新法的总则，并在分则部分引入约谈制度，对于政策制定机关不履行审查义务，反垄断执法机构有权进行约谈，公平竞争审查制度的刚性约束进一步得到增强。

（二）新修《反垄断法》的配套规章体系日臻成熟

随着2022年《反垄断法》修正的完成，进一步细化落实新法规定，完善反垄断配套行政法规、规章和反垄断指南势在必行。2023年3月24日，市场监管总局颁布《制止滥用行政权力排除、限制竞争行为规定》《禁止垄断协议规定》《禁止滥用市场支配地位行为规定》《经营者集中审查规定》4部《反垄断法》配套规章，自2023年4月15日正式实施。

此次修订，总局根据《反垄断法》的新规定，并针对执法过程中的突出问题进行修改、完善和扩充，并对数字经济时代出现的反竞争行为的新样式、新问题进行回应。修改的重点包括：一是细化《反垄断法》的有关规定。根据2022年修正的《反垄断法》，细化行政约谈的内容、程序、方式等；明确横向垄断协议中“具有竞争关系的经营者”的主体范围；明确轴辐协议中“组织其他经营者达成垄断协议”和“为其他经营者达成垄断协议提供实质性帮助”的具体表现形式；细化经营者集中审查期限“停钟”制度；明确经营者集中审查中“控制权”“实施集中”等的判断因素；优化参与集中的经营者营业额计算等。二是优化监管执法程序。明确滥用行政权力排除、限制竞争行为的查处过程中，有关单位和个人配合调查义务、被调查单位书面报告改正情况的义务，将消除相关竞争限制作为执法机构结束调查或者提出行政建议的基础；完善关于未达申报标准但有证据证明具有或者可能具有排除、限制竞争效果的经营者集中的审查和调查规定；优化经营者集中审查简易案件程序；规范垄断协议和滥用市场支配地位行为案件查处中的中止调查、终止调查和案件报告备案程序等。三是强化有关主体的法律责任。针对垄断协议中负有个人责任的经营者法定代表人、主要负责人和直接责任人员，规定了申请减轻或者免除处罚的幅度；夯实经营者集中的申报人及其代理人的责任义务，优化受托人选任规则等。具体而论，每个新修的反垄断配套规章均有其亮点所在。

1.《禁止滥用市场支配地位行为规定》

首先，加强了对涉及互联网平台领域的相关市场界定和滥用行为的规制。在界定相关市场时，新增了在界定平台经济领域相关市场时，可以根据平台涉及的一边或者多边，界定一个或多个相关商品市场。在认定市场支配地位阶段，新增如交易金额、交易数量、控制流量的能力等具有鲜明互联网经济特点的指标。在列举禁止的滥用市场支配地位行为类型时，结合互联网经济交易特点和模式，对可能以新形态出现的互联网领域滥用行为进行了规定。例如，在认定不公平高价或不公平低价行为时需考虑平台涉及的多边市场间成本的关联情况和合理性，综合考虑平台的经营模式和平台类型；在无正当理由搭售商品行为中，利用合同条款或弹窗、操作必经步骤等交易相对人难以选择、更改、拒绝的方式捆绑销售商品也被认为可能构成搭售。

其次，考虑新商业模式和经营特点，针对不同滥用行为增加了新的正当理由。新规增加了如为保护商业秘密或者数据安全所必需、为维护平台合理的经营模式所必需（针对无正当理由限定交易行为）、为保护交易相对人和消费者利益所必需（针对无正当理由搭售商品或附加不合理交易条件行为）等正当理由条款。除此以外，值得注意的是，在第 16 条无正当理由拒绝交易中，新增了“交易相对人明确表示或实际不遵守公平、合理、无歧视的平台规则”作为正当理由；在第 19 条无正当理由差别待遇中，新增了“基于公平、合理、无歧视的平台规则实施的随机性交易”作为正当理由。

最后，加强了与新修《反垄断法》的衔接，在强化法律责任、区分不同处罚情形等方面均作出了详细规定。例如，增加了对情节特别严重、影响特别恶劣、造成特别严重后果的滥用行为的惩罚性罚款措施（2 倍以上 5 倍以下），新增了与纪检机关的线索移交规定，细化了在调查过程中对当事人的告知义务、文书制作内容等程序性规定。

2.《禁止垄断协议规定》

首先，对互联网平台经济领域的相关市场界定和协议行为作出规定。一方面，在相关市场界定问题上，增加了对于平台经济领域的相关商品市场的界定，明确需要考虑平台经济的双边/多边特性，注意不同边市场之间的相互影响和交互。同时，明确对可能进入相关市场进行竞争的潜在经营者也应作为具有竞争关系的经营者加以考虑。另一方面，在涉及横向垄断协议问题上，新增了对平台和数据、算法可能涉及的垄断协议行为的规制。数据本身被认定可以作为销售市场或原材料进行认定，并对可能利用数据、算法和平台规则的垄断协议行为如交换敏感信息、行为协调、设定转售价格等进行规定，更加关注利用数据、技术和平台规则等进行的隐秘的违法协议行为。

其次，在纵向垄断协议的规制中增加反竞争效果抗辩及“安全港”规则。在第十四条增加一款规定，“对于前款规定的协议，经营者能够证明其不具有反竞争效果的，不予禁止”。据此，经营者可以从反竞争效果的角度进行抗辩，以此证明并未达成纵向协议。此外，新规设置了“安全港”规则，明确对市场份额低于规定标准的纵向垄断协议可不予禁止。但是关于“市场监管总局规定的标准”具体指向的市场份额，还有待出台更为详细的指引规定。

最后，扩大了宽大制度的适用范围并增加约谈执法方式的规定。在第37条和第47条与《横向垄断协议宽大制度适用指南》衔接，明确了申请宽大需要满足的文件和证据条件，并将达成轴辐协议的经营者纳入申请宽大的主体范围，企业中的法定代表人、主要负责人和直接责任人员也可以申请适用对个人处罚的宽大。

3.《经营者集中审查规定》

首先，明确了“实施集中”的判断标准。结合了目前经营者集中审查中的实践情况，第八条第三款针对是否实施集中的判断因素，明确将不再局限于是否完成市场主体或权利变更登记，还将综合考察经营者之间是否已经存在共同决策管理、敏感信息交换或实质性业务整合的情况，这也更加符合实践中“集中”的情形。此外，新规第八条还明确了未申报但应申报的经营者集中审查，市场监管总局可以要求经营者申报，经营者在未获审批前不得实施集中，已经实施的，自收到书面通知之日起申报并暂停实施集中。

其次，新增审查期限的规定。新《反垄断法》引入了经营者集中审查的“停钟”制度，确立了执法机构可以决定中止计算经营者集中审查期限的三种情形。配套规章进一步对“停钟”制度的触发情况、期限计算、材料提交、恢复条件、起止时点等进行了详细规定，对于申报过程中如何适用该制度有了更明确的指引。

再次，进一步细化“营业额”的计算方法。对于营业额的计算，配套规章明确当参与集中的经营者之间或参与集中的经营者和未参与集中的经营者之间存在共同控制的其他经营者时，共同控制的经营者与第三方经营者之间的营业额应当在有共同控制权的参与集中的经营者之间平均分配。同时，将上一会计年度明确为“集中协议签署日的上一会计年度”。

最后，具体规定了经营者集中审查分类分级审查制度。明确市场监管总局可以根据工作需要，委托省级市场监督管理机构对部分简易案件进行审查，并且加强对受委托的市场监管部门的指导和监督，确保审查工作的科学性、规范性和一致性。对涉及重要领域的经营者集中，制定具体的审查办法，并对审查制度的实施效果进行评估，根据评估结果改进审查工作。

4.《制止滥用行政权力排除、限制竞争行为规定》

首先，进一步调整了滥用行为的范围。纳入了更多巧立名目的行政垄断行为，如以设置不合理的项目库、名录库、备选库、资格库等方式，限定或者变相限定经营、购买、使用特定经营者提供的商品，也禁止行政机关和法律法规授权的具有管理公共事务职能的组织滥用行政权力，通过与经营者签订合作协议、备忘录等方式，妨碍其他经营者进入相关市场或者对其他经营者实行不平等待遇，排除、限制竞争。

其次，增加了对行政垄断行为的约谈制度。规定了反垄断机构可以对涉嫌违反《反垄断法》规定，滥用行政权力排除、限制竞争的行政机关和具有管理公共事务职能的组织的代表人或者负责人进行约谈，并将约谈情况通报被约谈单位的有关上级机关。如有需要，也可以邀请被约谈单位的有关上级机关共同实施约谈，可以公开约谈情况。

最后，明确了与公平竞争审查制度的衔接。明确了规制行政垄断行为与纪检监察系统及公平竞争审查制度的衔接，在调查期间，可以把发现的公务人员涉嫌职务违法犯罪的线索移交纪检监察机关，对涉及的规范性文件或政策措施进行公平竞争审查，并协助涉案组织强化公平竞争理念，改进有关政策措施。

（三）反垄断合规和执法规则进一步细化健全

1.《经营者集中反垄断合规指引》

2023 年 9 月 5 日，国家市场监督管理总局印发《经营者集中反垄断合规指引》，该指引根据《反垄断法》《国务院关于经营者集中申报标准的规定》及《经营者集中审查规定》制定，是国务院反垄断委员会发布的《经营者反垄断合规指南》在经营者集中领域的首部专项指引。该指引在经营者集中反垄断重点合规风险、合规风险管理机制的建立、合规管理保障等方面给予了具有实用性与案例化的建议与补充。

该指引主要包括以下几方面重点内容。首先，明确了违反反垄断法有关经营者集中规定面临的法律风险和承担法律责任，给经营者提供更加清晰的指引。并且，违法实施集中的处罚力度加大，经营者违法成本增加，例如，违法实施集中面临处以上一年度销售额10%以下的罚款。其次，明确了重点关注的经营者集中。对需要重点关注的经营者集中给予定量和定性的衡量标准，有效指引经营者根据自身情况，及时开展经营者集中反垄断合规风险自查。总结而言，包括：（1）与上一会计年度中国境内营业额超过4亿元的经营者合并；（2）收购上一会计年度中国境内营业额超过4亿元的经营者的股权或者资产；（3）与上一会计年度中国境内营业额超过4亿元的经营者共同收购其他经营者的股权或者资产；（4）通过合同等方式取得上一会计年度中国境内营业额超过4亿元经营者的控制权或者能够对其施加决定性影响；（5）与上一会计年度中国境内营业额超过4亿元的经营者新设合营企业；（6）交易金额巨大或者可能对市场产生重大影响，受到业内广泛关注的经营者集中。再次，首次引用案例说明，详细解释经营者集中反垄断重点合规风险。通过结合过往执法过程中具有代表性或常见性的案例，对重点合规风险进行解释。案例化的表现形式给予经营者对重点合规风险更加清晰与明确的指引，具体包括：（1）用案例明确交易控制权认定需要遵循"实质重于形式"的原则；（2）用案例明确经营者营业额计算口径；（3）用案例明确经营者分步交易的申报时点要求；（4）用案例明确经营者构成申报后"抢跑"的具体情形。最后，细化与强调经营者反垄断合规风险管理机制的建立。在《经营者反垄断合规指南》的基础上对经营者反垄断合规风险管理机制的建立进行强调与明确。与《经营者反垄断合规指南》相比，《经营者集中反垄断合规指引》在此方面明确了亟须建立合规风险管理机制的经营主体、细化了反垄断合规管理的具体要求，给予企业可操作性的指引。对反垄断合规管理具体要求包括了经营者组织架构、制度建设、投资决策及保障机制。

2.《公平竞争审查第三方评估实施指南》

2023年5月，市场监管总局发布了新版《公平竞争审查第三方评估实施指南》，落实新修《反垄断法》，进一步完善公平竞争审查的配套保障机制，公平竞争审查的制度建设得到进一步强化。第三方评估制度是公平竞争审查制度的重要保障机制，第三方评估报告虽然不具有决定性，但是作为政策制定机关审查的重要参考，如果政策制定机关的审查结论与第三方评估报告不一致，需要以书面的形式作具体说明，从侧面保障了审查的专业性、科学性和规范性。

新版《公平竞争审查第三方评估实施指南》主要包括第三方评估机构、评估范围以及评估程序和方法三个方面的内容。在第三方评估机构方面，指南规定应与政策制定机关及评估事项无利害关系，且具备相应评估能力的咨询研究机构，包括政府决策咨询及评估机构、高等院校、科研院所、专业咨询公司、律师事务所及其他社会组织等。在评估范围方面，指南区分了“可以”和“应当”引入第三方评估的情形，其中规定应当进行第三方评估的情形包括：（1）政策制定机关拟适用例外规定的；（2）被多个单位或者个人反映或者举报涉嫌违反公平竞争审查标准的。第三方评估的程序包括确定评估事项、选择评估机构、制定评估方案、开展评估工作和验收评估成果。第三方评估的方法包括定性评估、定量评估、比较分析、成本效益分析等。

3.《滥用行政权力排除、限制竞争执法约谈工作指引》

2023年10月27日，为充分发挥约谈制度作用，切实提升反垄断执法效能，国家市场监督管理总局印发《滥用行政权力排除、限制竞争执法约谈工作指引》，是对约谈制度的专项指引。虽然《反垄断法》实施以来，约谈制度在反垄断执法过程中多有运用，但直至2022年《反垄断法》修订，才正式明确在滥用行政权力排除、限制竞争反垄断执法中新增约谈制度，即第55条规定“经营者、行政机关和法律法规授权的具有管理公共事务职能的组织，涉嫌违反本法规定的，反垄断执法机构可以对其法定代表人或者负责人进行约谈，要求其提出改进措施”。本次出台的指引进一步明确了约谈对象、约谈时间、约谈程序、实施约谈的行政机关等内容，为反垄断执法开展约谈工作提供了较为详细的指引。该指引全面清晰地规定了约谈流程，具有较强的可操作性和指导性，对约谈制度的细化规定有助于进一步发挥和保证约谈效果，并且在公平竞争审查和反垄断执法过程中嵌入约谈制度，提高了对行政垄断的刚性约束和法治保障，有助于提高审查效率和执法质效。

二、实施层面

（一）反垄断行政执法方面：延续常态化执法趋势，聚焦重点领域

2023年适逢我国《反垄断法》实施15周年，是首次完成修正1周年，反垄断执法整体延续常态化监管态势，并以反垄断执法专项行动持续推进民生领域反垄断执法。反垄断执法机构各司局不断加强医药、公用事业、汽车、

日用消费品、建材等领域垄断协议案件、滥用市场支配地位案件、经营者集中案件审查，有利于保护市场公平竞争秩序，维护相关经营者和广大消费者利益，也进一步提高企业的反垄断合规意识。总结而言，2023 年的反垄断执法呈现如下特点：

1. 聚焦民生领域专项执法，切实保护消费者利益

2023 年，国家市场监督管理总局贯彻落实党中央国务院关于加强反垄断、破除地方保护和行政性垄断的重要决策部署，践行“监管为民”的执法理念，深入开展民生领域反垄断执法专项行动，并取得积极成效。自 2023 年开展民生领域专项执法行动以来，市场监管部门新立案垄断协议、滥用市场支配地位案件 15 件，在办 90 余件，办结 16 件，罚没款金额合计约 6.41 亿元；纠正滥用行政权力排除、限制竞争行为 13 件、执法约谈 8 件；审结民生领域经营者集中案件 198 件。[①]其中医药行业成为反垄断执法力度最强的行业之一，医药行业的健康发展关乎国计民生，市场监管总局以及北京、上海、天津、辽宁等地市场监管部门依法查处医药领域垄断案件 6 件，罚没款金额高达 17.7 亿元，切实降低患者用药成本和国家医保负担。不断加强公用事业领域执法，深入推进行业协会、保险、建材等领域反垄断监管。通过专项行动集中查处一批人民群众反映强烈的突出垄断问题，形成对违法行为的有力威慑，推动市场公平竞争秩序不断好转，切实维护消费者利益，提振市场信心，推动建设全国统一大市场，服务高质量发展。

2. 加强行业协会反垄断监管，促进行业健康规范发展

行业协会是政府和经营主体之间的桥梁和纽带，是完善社会主义市场经济体制进程中不可或缺的社会组织。自从改革开放以来，我国行业协会迅速发展，在提供政策咨询、服务企业创新、加强行业自律、引导规范发展、维护企业权益等方面发挥了重要作用。但也存在部分行业协议竞争合规意识不强、合规能力不高等问题日益凸显，乃至部分行业协会不当干预市场竞争、组织会员企业从事垄断行为，损害市场公平竞争秩序和消费者利益，不利于行业规范健康发展。2023 年，执法机构深入强化行业协会反垄断监管，不断推进行业协会提升依法自律意识和合规能力建设。3 月，市场监管总局落实新《反垄断法》，出台《禁止垄断协议规定》，进一步完善涉及行业协会的条款，并在 5 月出台《关于

① 市场监管总局发布 2023 年民生领域反垄断执法专项行动第二批典型案例，https://www.samr.gov.cn/fldys/sjdt/gzdt/art/2023/art_f49c6fd3b75044cb8d510881e466c7fa.html。

行业协会的反垄断指南（征求意见稿）》进一步细化行业协会可能从事或者组织从事的垄断行为情形，规定行业协会应当避免从事三种高风险行为，防止行业协会发挥垄断“牵头人”的作用，为经营者提供公平透明可预期的良好市场环境，并研究起草《行业协会反垄断指南》。7月，市场监管总局回应社会关切，依法约谈中国汽车工业协会，预防和制止汽车市场垄断行为，维护公平竞争市场秩序。10月，北京市市场监督管理局依法就北京市围棋协会组织会员单位达成并实施垄断协议案，对北京市围棋协会处罚款5万元，对8家会员单位分别处2021年度销售额2%的罚款合计11.6万元，及时纠正违法行为，促进行业回归健康竞争秩序，并对其他体育类、艺术类等赛事服务形成示范效应。

（二）反垄断司法审判方面：健全协调机制，协同维护公平竞争

反垄断司法审判是反垄断法实施的重要一环，2023年度人民法院持续加强反垄断司法审判工作，继续贯彻落实新修《反垄断法》，为公平竞争市场秩序提供有力司法保障，为企业反垄断合规提供司法裁判指引。2023年反垄断司法工作依然亮眼，在9月，最高人民法院发布2023年人民法院反垄断和反不正当竞争典型案例，在12月最高人民法院发布第39批指导性案例，其中指导性案例221号为垄断纠纷案件。最高人民法院在2023年重申再次确认中国法院对全球SEP许可费率的管辖权。总结而言，2023年反垄断司法审判工作具有如下特点：

1. 回应民生关切，保障人民群众从公平竞争中获得实益

加强民生领域《反垄断法》实施是保障人民利益的重要途径，在民生领域反垄断司法审判发挥重要效能。通过2023年反垄断典型案例，可以发现司法审判在制止民生领域垄断行为，服务保障社会民生，维护市场公平竞争秩序等方面发挥重要作用。针对殡葬行业公用企业实施滥用市场支配地位行为，与汽车销售行业、建材行业的经营者达成并实施垄断协议等垄断行为，人民法院依法予以坚决制止或者判决足额赔偿，切实维护人民群众和中小企业利益。例如，在“基本殡葬服务拒绝交易纠纷案”“通用汽车纵向垄断协议纠纷案”“商砼联营反垄断行政处罚案”中，法院及时制止垄断行为，服务保障人民群众切身利益，彰显反垄断司法的社会价值。

2. 强化规则指引，推进依法公正高效审理垄断案件

反垄断司法审判可发挥司法的公正示范作用，对于促进反垄断法的准确适用具有指引价值。2023年，法院审结的多起滥用市场支配地位纠纷案，进一步明确部分程序规则和实体规则，既有利于促进反垄断司法裁判标准完善统一，

也为企业反垄断合规提供司法指引，增强反垄断法实施的可预测性和确定性。例如，在“枸地氯雷他定原料药滥用市场支配地位纠纷案”中，首次阐释了被诉限定交易行为的市场封锁效果与专利权行使的关联性和判断方法，以及不公平高价行为认定和规制的基本考虑；“基本殡葬服务拒绝交易纠纷案”，尝试判令具有独占地位的公用企业承担在合法合理条件下恢复交易的义务；“巴曲酶原料药拒绝交易纠纷管辖权异议案”，进一步明确了拒绝交易纠纷管辖连结点的确定标准。

3. 健全衔接机制，彰显协同维护公平竞争秩序

新修《反垄断法》明确规定要“加强反垄断执法司法，依法公正高效审理垄断案件，健全行政执法和司法衔接机制”，人民法院在反垄断司法案件审判中深入贯彻新法的规定，加强反垄断执法和司法的有效衔接，促进行政执法标准和司法标准的协调统一，提升反垄断实施的合力。例如，在“通用汽车纵向垄断协议纠纷案”中，澄清了反垄断行政处罚作出后关联民事赔偿诉讼案件的举证责任，切实减轻原告举证负担；“商砼联营反垄断行政处罚案”，细化了横向垄断协议的认定标准，依法支持反垄断行政执法。

（三）反垄断实施体制方面：体制机制不断规范完善，实施质效明显提升

1. 建立反垄断“三书一函”制度，提升监管效能

为增强反垄断监管的有效性和规范性，及时预防和制止垄断行为，2023年12月6日，国务院反垄断反不正当竞争委员会办公室和市场监管总局下发《关于建立反垄断“三书一函”制度的通知》。所谓“三书一函”，其中“一函”即《提醒敦促函》，“三书”即《约谈通知书》《立案调查通知书》《行政处罚决定书（经营主体）/行政建议书（行政机关）》。四者相互衔接，存在一定梯次关系。《提醒敦促函》更多指向风险预防阶段，用来提醒敦促做好有关问题的预防和整改工作，有关经营者或行政机关应当在收到《提醒敦促函》之日起，在规定时间内，将落实情况以书面形式报市场监管总局或者国务院反垄断反不正当竞争委员会办公室（以下简称“监管部门”）。对提醒敦促事项逾期未整改或者整改不到位等情形，监管部门可以发出《约谈通知书》，对相关负责人进行约谈，要求其提出改进措施。被约谈方逾期未整改、整改不到位或者整改后再次出现问题的，市场监管总局依法予以立案，向当事人发出《立案调查通知书》。对于经立案调查存在拒绝、阻碍调查等情形，且确有应受行政处罚的违法行为的，市场监管总局依法作出行政处罚决定，向当事人送达《行政处罚决定书》。

在数字经济时代，反垄断监管面临市场倾覆、动态竞争、垄断行为复杂多变、执法滞后等问题，对传统的事后反垄断监管工具的有效性提出挑战。反垄断“三书一函”制度正是对这一挑战的回应，该制度通过对梯次性监管措施进行规范化和制度化构建和完善，柔性执法和刚性执法的结合，覆盖垄断风险识别到应对的全链条，实现了事前事中事后全链条全领域监管，并强化了预防性监管，旨在提升反垄断监管效能，丰富反垄断监管工具，是反垄断实施体制的一次重要创新举措，应当将该制度贯穿反垄断工作各领域、各环节。

2. 试点委托经营者集中审查制度稳步推进，审查效能提升显著

委托地方审查制度是经营者集中审查的一项重要制度创新，是完善中央和地方两级反垄断实施体制的重要举措，对合理配置办案力量，优化经营者集中审查机制，提升经营者集中审查质效具有重要意义。自从 2022 年 8 月 1 日，市场监管总局启动试点委托北京、上海、广东、重庆、陕西五省市市场监管部门（以下简称“试点省市局”）开展经营者集中反垄断审查工作近一年来，共委托审查经营者集中案件 287 件，占同期申报简易案件 40.7%。经营者集中审查制度创新的效能逐步发挥，有效地缓解市场监管总局审查压力，使其得以集中力量处理大案要案，提升监管质效。总局稳步推进试点委托工作，一方面明确审查的标准尺度，修订《经营者集中审查规定》，并以此为基准，试点省市局发布申报指南、明确商谈要求，增强法律制度的可操作性。另一方面强化案件流程动态监督，规范执法行为和执法程序，指导试点省市局不断优化委托审查机制，印发试点省市局经营者集中审查工作手册，通过组织集中培训、地方审查员跟岗学习、强化个案指导等多种方式提升地方执法人员业务水平。审查效率提升显著，总局委托地方审结的案件，平均受理时间 23.8 天，平均审结时间 18.5 天，北京、上海等地从受理到审结最快 11 天。

三、国际合作层面

2023 年是我国反垄断法实施 15 周年，在这 15 年间，我国反垄断执法机构不断深化国际交流与竞争领域务实合作，积极参与多双边竞争规则制定和国际竞争治理，与其他国家和地区竞争机构广泛建立多双边常态化合作机制。截至目前，已与美国、欧盟、俄罗斯、英国、日本、韩国、巴西、加拿大、南非等 35 个国家和地区反垄断执法机构签署 59 份合作协定或备忘录、联合声明等合作文件，在《区域全面经济伙伴关系协定》以及中韩等 9 个自贸协定中设置竞

争政策章节，与欧美日韩和金砖等主要国家和地区反垄断执法机构建立并长期保持良好交流，开展执法合作。积极参加联合国贸发会、亚太经合组织（APEC）、经合组织（OECD）、金砖国家等国际组织竞争会议，对外发出中国声音，贡献中国智慧。

2023年在反垄断国际合作与交流方面，继续立足于我国经济体制改革完善和全国统一大市场的建设需要，适应全球化市场需求的同时加强在竞争治理方面的国际合作，保持与各法域竞争执法机关之间的良好沟通。2023年3月，市场监管总局竞争政策协调司与欧盟竞争总司共同在线举办第25届中欧竞争政策周研讨会。双方围绕中欧反垄断案件内部审查机制、数字经济立法和执法最新动态、经营者集中审查经济分析方法、欧盟新能源汽车市场国家援助措施、全国统一大市场建设与公平竞争审查等议题进行了卓有成效的研究和讨论。双方表示，将持续加强反垄断领域交流合作，维护公平竞争秩序，促进经贸关系不断深化。2023年4月，市场监管总局竞争协调司会同反垄断一司、反垄断二司会见国际商会中国国家委员会秘书局有关人员。双方就2023年度反垄断立法执法工作计划、国际商会中国国家委员会近期工作情况等议题进行交流。在2023年9月第十届中国公平竞争政策国际论坛暨全国公平竞争大会期间，市场监管总局举行双边会见，市场监管总局副局长、国家反垄断局局长甘霖分别会见了俄罗斯联邦反垄断局副局长安德烈·茨冈诺夫、新加坡竞争与消费者委员会首席执行官兼专员余奕可、欧亚经济委员会理事会成员兼竞争与反垄断事务部长巴希特·苏尔坦诺夫，就当前反垄断工作进展、加强竞争领域务实合作等进行会谈。各方表示，将进一步完善双边合作机制，持续加强竞争立法执法交流，不断增强竞争监管能力，共同维护公平竞争市场秩序，促进提升贸易和投资自由化便利化水平，增进民生福祉。

第三节　热 点 聚 焦

一、世界银行宜商环境评估体系新增“市场竞争”评估指标

2021年，世界银行基于数据违规、评估标准局限性等问题，发表声明决定停发《全球营商环境评估报告》。经过对评估指标、评估方法、评估范围进行调整，世界银行于2022年2月4日发布了宜商环境（Business Enabling Environment）评估

体系的项目说明，取代此前运行 17 年的营商环境评估。其中，值得特别关注的是，宜商环境评估体系中新增了“市场竞争”（Market Competition）作为重要评估指标。认真分析宜商环境评估体系中的市场竞争指标，对优化我国公平竞争营商环境，增强企业国际竞争力具有重大意义和方向指引。

宜商环境评估遵循“公平高效的市场竞争就是市场经济的生命”，单独设立“市场竞争”指标，不仅涵盖原有的政府采购指标内容，而且新增更为广泛的公平竞争指标。在评估内容方面，涵盖了市场竞争行为和政府采购两个方面，从监管质量、公共服务、实施效能三个维度进行评估，包括了三组二级指标：（1）促进市场竞争的监管质量；（2）促进市场竞争的公共服务的充分性；（3）促进市场竞争的关键服务的实施效率。在具体评估方法方面，一改旧版营商环境评估体系的法律法规收集、访问调研（问卷、电话访问、书信访问）以及相关专家评估相结合的评估方式，宜商环境评估的主要数据来源只有两种，即专家咨询和直接企业调查，而法律法规和官方数据收集只作为佐证数据。改变评估方法是为了使得收集的数据更加接近企业的实际经营情况，通过直接收集来自企业层面的调查数据来改善评价结果与真实情况之间的差距，这也意味着市场主体经营的真实感受对评估结果尤为重要（见表 9－1）。

表 9－1　宜商环境评估中“市场竞争”指标的内容及评估方法

<table>
<tr><th></th><th>二级指标</th><th>三级指标</th><th>评估主要数据来源</th><th>评估佐证研究</th></tr>
<tr><td rowspan="8">市场竞争指标</td><td rowspan="2">促进市场竞争的监管质量</td><td>竞争法规的质量</td><td rowspan="2">专家咨询</td><td rowspan="2">法律法规收集的案头研究</td></tr>
<tr><td>公共合同招标法律的质量（政府采购）</td></tr>
<tr><td rowspan="2">促进市场竞争的公共服务的充分性</td><td>竞争法规执行的体制框架和质量</td><td rowspan="2">专家咨询</td><td rowspan="2">法律法规收集的案头研究</td></tr>
<tr><td>电子采购（提高效率、增加透明度）</td></tr>
<tr><td rowspan="4">促进市场竞争的关键服务的实施效率（衡量关键的行政程序执行情况）</td><td>简化、合并交易程序避免对企业造成负担</td><td rowspan="2">专家咨询</td><td rowspan="2">—</td></tr>
<tr><td>政府采购合同的时间和周期</td></tr>
<tr><td>政府采购合同支付费用和时间</td><td rowspan="2">企业调查</td><td rowspan="2">—</td></tr>
<tr><td>市场动态和竞争行为</td></tr>
</table>

内容来源：世界银行宜商环境项目说明

市场竞争是我国优化营商环境中的重要课题，是迎评世界银行宜商环境评估的重要指标。我国在宜商环境建设中，要对标高标准国际经贸规则，更加重视公平竞争的制度、规则、机制、标准、程序、效能和国际化问题。以世界银行宜商环境评估项目为契机，以宜商环境市场竞争评估指标为参考，协调统一推进我国竞争领域法律法规立法工作，进一步完善我国竞争法律体系和实施机制，更加积极对标《政府采购协定》完善政府采购市场，并持续优化公平竞争审查制度，提升公平竞争审查的规范性、公开性和及时性。让竞争政策成为国家顶层设计的基石更加牢固，进一步落实竞争政策基础地位的法治保障机制，深入落实竞争政策与产业、投资、财政、货币、贸易、就业、消费、环境、区域等政策之间的协调机制，更加凸显竞争政策基础地位。以此进一步深化改革，服务国家高质量发展，着力提升国际竞争力和影响力。

二、欧盟《数字市场法案》正式步入守门人企业合规阶段

随着2023年9月6日欧盟委员会根据《数字市场法案》（DMA）首次制定6家守门人企业，即Alphabet，Amazon，Apple，字节跳动，Meta，Microsoft，以及22个由守门人企业提供的核心平台服务，具有里程碑意义的欧盟《数字市场法案》正式进入合规阶段。6家守门人企业将有6个月的时间来确保每项核心平台服务完全遵守DMA义务，需在2024年3月6日之前向DMA的唯一执行机构欧盟委员会提交合规报告。然而，我国数字平台企业字节跳动也位列6家守门人中，如何设计合规解决方案，有效应对DMA合规风险，来避免因不合规被处以可能高达全球营业额20%的罚金（DMA第30条），是值得持续关注和深入研究的重要问题。

DMA是一项基于目标的监管法规，其旨在确保可竞争性和公平竞争，所谓“可竞争性”就是克服市场进入壁垒的能力，所谓“公平性”是挑战守门人和企业用户在权利和义务之间不平衡性的能力，使得企业用户能够从其创新和努力中获益，并将使最终用户获益，能够从第三方产品或服务中获得更多选择，对核心平台服务有更多控制。需要注意的是，DMA是要授予权利，而不是要改变市场条件或结构，守门人的合规措施必须证明其能够为用户授权，能够增强用户的能力，而不用证明它们改变了市场条件。因此守门人企业只是负责新权利的授予和行使，而守门人和欧盟委员会都不能强迫市场参与者行使其权利。因此，委员会发布的合规报告模板草案中，要求守门人提供有关市场状况变化的结果指标，例如相关CPS的活跃最终用户和活跃商业用户数量演变的数据，

这些指标并不能充分说明守门人是否有效合规 DMA[①]，判定守门人合规并不依赖基于结果的指标。

那么，横亘在 DMA 合规阶段的一个关键且根本的问题在于：什么构成合规？在 DMA 文本中并没有完全说明什么构成合规，也未告诉守门人如何实现有效合规，只是在立法说明中提供了一些关于不构成合规的解释性规定，即指出了当守门人通过从事破坏合规有效性的行为来规避义务时，不构成合规。而 DMA 的合规与传统竞争法不同，其侧重于通过事前实施和禁止行为来实现合规，而竞争法则侧重于通过事后补救对竞争产生负面影响的反垄断行为来执行。因此，根据 DMA，守门人必须从法律和技术角度来确保其产品和服务在设计上符合 DMA 的标准，守门人可以灵活地实施必要且适当的合规解决方案。[②]但是，守门人需要向委员会报告其义务的遵守和 DMA 有效合规之间的关系进行说明，因此，从法律、经济和政策的角度看，制定合规指标对企业和委员会而言都是必要的。从法律角度看，合规指标使得委员会能够监测和评估守门人提供了确保合规的可行措施。从经济角度看，其提供了可测试的证据，证明这些措施按照预期赋予用户权利。从政策角度看，其也能告知政策制定者，DMA 按照预期改变了守门人的行为，揭示了用户在选择方面的偏好，并且即便用户不行使权利，也不能说明 DMA 未起到作用。因此，考虑 DMA 授予守门人履行义务的灵活性，应当由守门人制定合规指标来说明其如何监控义务措施符合 DMA 标准。在合规指标制定方面，首先，应当提供一些指标说明用户收到其相关权利的具体信息，因为只有用户了解到这些信息才能行使自己的权利；其次，应当提供一些指标表明守门人以简洁、易于访问和清晰易懂的语言提供信息。用户应当了解自己的权利并能够行使，不会遭受守门人的操纵行为，例如复杂的界面设计或旨在隐瞒信息、阻止用户行使权利或根据看门人的最佳利益引导用户的欺骗性警告消息。也就是说明遵守反规避要求，未规避守门人义务；再次，应当提供一些指标表明守门人提供了义务要求的具体信息，并解释用户如何在这种

---

① Template for Reporting Pursuant to Article 11 of Regulation (EU) 2022/1925 (Digital Markets Act), https://digital-markets-act.ec.europa.eu/system/files/2023-06/DMA%20template%20-%20Compliance%20report_consultation.pdf.

② de Streel, A., J. Crémer, P. Heidhues, D. Dinielli, G. Kimmelman, G. Monti, R. Podszun, M. Schnitzer and F.M. Scott Morton (2022) ‘Enforcing the Digital Markets Act: Institutional Choices, Compliance, and Antitrust’, Policy Discussion Paper No. 7, Tobin Center for Economic Policy at Yale, http://dx.doi.org/10.2139/ssrn.4314848.

情况下行使权利；最后，还需要一些指标监测技术措施的守门人遵守情况，例如某些消息服务之间的互操作性，并且守门人还应当提供这些措施在技术上有效的指标，例如，表明它们提供的 API 接口能够确保互操作的指标[①]。

三、欧盟《外国补贴条例》的实施细则正式通过

2023 年 1 月 12 日，欧盟委员会《外国补贴条例》（以下简称《补贴条例》）正式生效，该条例于 2023 年 7 月 12 日正式开始施行；2023 年 7 月 10 日，欧盟委员会正式通过了《外国补贴条例》的配套实施细则（以下简称《实施细则》），并于 2023 年 10 月 12 日在全欧盟适用。《补贴条例》主要针对非欧盟成员国提供的政府补贴，意图削弱赴欧企业因政府补贴对欧盟境内单一市场产生的负面影响，旨在促进欧盟市场在投资并购交易和在欧公共采购活动的公平竞争。对于中国企业而言，该条例的出台与生效，也是欧盟对外国企业在欧投资及经营活动收紧监管的表现之一。

《实施细则》的正式通过为《补贴条例》的具体实施提供了明确配套规定，为赴欧企业准备申报提供详细指引。《实施细则》主要对《补贴条例》下并购交易以及公共采购申报制度的要求进行了说明和澄清，并在其附件中公布了适用于上述两项申报制度的申报表格。具体而言，《实施细则》主要对如下事项进行了规定：对申报提交的要求以及申报正式立案受理的时间；欧委会的调查权力；限制性承诺的提交以及透明度和报告义务的范围；相关经营者在调查程序中的程序性权利，包括对欧委会的相关决定提交书面意见、获取相关文件资料的权利等；欧委会对调查过程中获取的保密信息的使用及处置；时间期限的计算；以及文件的传输及签署方式。并且《实施细则》更加明确将其审查重点放在《补贴条例》下被认定为最可能具有扭曲效果的补贴，包括：（1）救助中短期濒临破产企业的补贴；（2）无限额度或者无期限的担保；（3）不符合 OECD《官方支持出口信贷安排》的出口融资措施；（4）直接促成特定并购交易的补贴；（5）针对公共采购，使企业能够提供具有不正当优势的投标的补贴。《实施细则》也相应对申报中信息报告范围进行显著限缩。具体而言：（1）仅属于《补贴条例》第 5 条第 1 款规定的最具扭曲效果的财政资助且申报前 3 年内的单个

---

① Carugati, C. (2023a) The Digital Markets Act is About Enabling Rights, Not Obliging Changes in Market Conditions, Analysis, 6 September, https://www.bruegel.org/analysis/digital-markets-act-about-enabling-rights-not-obliging-changes-market-conditions.

项目数额达到 100 万欧元以上的财政资助，才须根据申报表要求提供详细信息；（2）对于其他类型的财政资助，申报方仅须提供相关资助的概括性信息；（3）免除申报人对特定财政资助类型（例如在日常经营中以市场条件提供或购买的商品和服务、税款和社会保障金递延、税收豁免和税务假期、为避免双重征收而给予的税务减免等）的信息披露义务；（4）缩减投标人声明其未收到须申报的财政资助时须披露的信息范围，包括无需披露未达《补贴条例》最低额度规则的财政资助信息，以及针对总额在 20 万欧元以上，100 万欧元以下的财政资助，仅要求提供概括性描述。

可以发现《实施细则》在申报要求方面作出较大改进，特别是对申报方需要提供的信息范围进行了明显的缩减，这将在一定程度上降低中国企业在实际申报中面临的负担。但是，《实施细则》目前所要求的信息报告范围依然十分宽泛，企业还是需要自己判断是否达到相应的补贴金额门槛，并且根据要求报告收到的财政资助信息。并且，欧盟委员会是否会在某些特定问题上对中国企业采取不同的态度，也存在不确定性，例如，《实施细则》规定企业可以不报告“日常经营中以市场条件提供或购买的商品和服务”，但如何认定“市场条件”？欧委会是否可能会像在其针对中国的反补贴调查中所采取的做法，认定中国市场存在扭曲，因此不符合正常市场条件？这些潜在问题都有待进一步观察。但无论如何，企业都需要根据《补贴条例》和《实施细则》，明确具体申报义务和相关风险，对企业收到的财政资助情况进行完整梳理，充分利用《实施条例》针对不同类型财政资助所规定的信息披露标准进行更具针对性的筛选，重点关注最具扭曲效果的财政资助，尽可能减少信息的报告范围。

第四节　展望与建议

2023 年是我国改革开放 45 周年，也是我国反垄断法实施 15 周年以及首次修改完成 1 周年，这一年我国竞争政策和反垄断法律体系以及实施体制机制稳中有进。在本年度，我国反垄断事业百尺竿头更进一步，无论是在顶层设计、规则完善，还是在执法成效、体制机制健全和创新方面以及国际合作等方面都取得了不错进展。

展望未来，强化反垄断法的实施和推动竞争政策基础地位的落实，不仅是回应我国构建高水平社会主义市场经济体制的需要，更是我国有效推动经济高质量发展的保障。因此，就深入推进我国竞争政策和反垄断法实施，有如下思考。

一、建设高标准社会主义市场经济必然需要高标准竞争政策的支撑

竞争政策是市场经济体制中基石性、纲领性、规律性的政策，《反垄断法》是全球市场经济体共有的经济宪法，构建高水平社会主义市场经济体制，需要高标准的竞争政策及法治保障作为支撑。

第一，在完善竞争政策框架的基础上，使其真正成为国家经济治理中的顶层设计。我国强化竞争政策基础地位的顶层设计尚未完成，如果没有体制性的改革，仅通过机制性的优化，难以深化对基于传统思维形成的固有体制的改革。因此，我国还需要在体制层面进一步完善竞争政策的顶层设计，特别是要通过更高层级的中央文件明确竞争政策和产业、财政、货币、金融、贸易、投资、消费、就业、环境、区域等政策的协调关系，并建立起相应的协调机制。在机制当中，要突出竞争政策基础地位，对不符合竞争政策理念和规则的政策措施进行必要的调整。要通过建立健全完善符合我国特点的竞争中性原则和制度，将我国竞争政策框架进一步补足。竞争中性原则曾在澳大利亚 20 世纪 90 年代通过实施国家竞争政策改革恢复经济较高增长中发挥了重要作用，并被经合组织选中予以全球推广。竞争中性原则和制度旨在要求立法机关、政府、金融机构在不同所有制企业之间保持中立、一视同仁，包括税收中性、监管中性、补贴中性、金融中性等方面内容。“实行竞争中立制度”和“竞争中性原则”曾分别写入“十三五”市场监管规划和 2019 年国务院政府工作报告，我国已拥有相关基础，今后应进一步在经验借鉴基础上，形成竞争中性原则和制度的中国方案。最后要从实施方面来考虑，应当将在每年全国和地方人大审议的计划和财政预决算报告中，体现包含政策协调、竞争中性、公平竞争审查等竞争政策的相关内容与要求。政府主导的投资与政府对市场的干预，无论如何都需要“计划先行＋财政配套”共同实现，在人大相关法定报告中加入竞争政策的相关内容，既能从源头上规范公共财政的市场化分配，也有利于后续的监督工作开展。

第二，强化《反垄断法》在垄断行业的实施，并建立主动推进垄断行业市场化改革的法律制度。“十四五”规划纲要要求，加快自然垄断行业竞争性环节市场化，推进能源、铁路、电信、公用事业等行业竞争性环节市场化改革，放

开竞争性业务准入，进一步引入市场竞争机制，加强对自然垄断业务的监管。在全面依法治国的背景下，应通过制度和法治落实改革目标任务要求，因此一方面需要强化《反垄断法》实施，避免自然垄断行业经营者实施垄断行为，另一方面要研究制定相关法律制度，主动推进改革进程。

第三，要进一步推动公平竞争审查制度的法治化进程。公平竞争审查制度是由国务院 2016 年第 34 号文件确立的，因此它本身不具备充分的法律效力。虽然新修正的《反垄断法》中将开展公平竞争审查规定为政策制定机关在制定政策过程中的法律义务，但如果没有法治化带来的法定标准、程序和责任，公平竞争审查制度就难以产生真正的刚性约束。目前，国务院《公平竞争审查条例》正在制定过程中，如果能够为公平竞争审查的开展设定更加严格的法律程序，并明确其与行政性垄断执法之间的衔接机制，并规定严格的责任落实机制，那么这项制度将在防止政府不当干预市场方面发挥更大的作用。

二、将竞争政策理念和制度融入现代化产业体系建设

在建立现代化产业体系的过程中，容易出现政府主导、政策推动代替市场驱动的情况。虽然政府主导和政策的强有力推动，能够在短时间内使相关产业形成规模化，但也可能会带来以下问题：一是容易造成不符合市场规律的重复性投资建设，造成公共财政的浪费；二是市场进入者数量过多，形成“内卷式”的竞争格局，各企业更加关注生存而不是创新发展，长远来看阻碍我国产业升级。

因此，建设现代化产业体系，应强调市场驱动的发展路径，尤其不宜动用财政资金、银行资本等，为长期缺乏足够市场竞争力的企业强行“输血续命”，要“巨人”而不是“巨婴”，顺势发挥市场优胜劣汰机制，避免系统性风险的积累。要强化财政补贴领域的《反垄断法》实施，保障市场化驱动方式的有序进行。

三、高标准对标国际规则彰显我国制度吸引力和竞争力

2022 年中央经济工作会议要求，主动对照相关规则、规制、管理、标准，深化国内相关领域改革；2023 年中央经济工作会议给出了更进一步的表述，要求对标国际高标准经贸规则。从“对照”到“对标”虽然仅一字之差，但意义

完全不同。对照国际规则是对照文本，但国际规则文本往往是博弈形成的最低共识，如果仅仅去对照这种最低要求，难以凸显我国的制度吸引力和竞争力，因此要找到规则文本背后更高标准的市场理念和规则，通过对标并落实成为国内相关改革措施，形成有国际包容性和影响力的中国式高标准自由贸易规则，有效推动我国改革开放事业在45周年以后再立新功。

第四编　涉外民商事法治编

第十章　中国国际私法发展

第一节　大　事　记

一、中共中央办公厅、国务院办公厅印发《关于加强新时代法学教育和法学理论研究的意见》

中共中央办公厅、国务院办公厅2023年2月26日印发了《关于加强新时代法学教育和法学理论研究的意见》。该文件要求优化法学学科体系，完善涉外法学相关学科专业设置，支持能够开展学位授权自主审核工作的高等学校按程序设置国际法学相关一级学科或硕士专业学位类别，支持具有法学一级学科博士学位授权点的高等学校按程序自主设置国际法学相关二级学科，加快培养具有国际视野，精通国际法、国别法的涉外法治紧缺人才。同时，该文件要求推进对外学术交流与合作，加强与共建“一带一路”国家法治学术交流合作；完善外国法查明机制，推进世界主要国家法律法规数据库建设，注重组织搜集筛选、翻译国外法律信息资料，加强世界法学名著的汉译工作和中国法学优秀成果的外译工作，汲取世界法治文明有益成果，推动法学教育和法学理论研究高质量发展。[①]

二、十四届全国人大常委会第五次会议通过《关于修改〈中华人民共和国民事诉讼法〉的决定》

十四届全国人大常委会第五次会议2023年9月1日通过了《关于修改〈中华人民共和国民事诉讼法〉的决定》。相关部门负责人介绍称，此次《民事诉讼法》的修改重点着力于对“涉外民事诉讼程序的特别规定”编的重大修订。具体而言，一是管辖的相关规定，进一步扩大我国法院对涉外民事案件的管辖权；二是顺应国际趋势，增加平行诉讼的一般规定、不方便法院原则等相关条款；三是进一步修改涉外送达的相关规定，着力解决涉外案件“送达难”问题，提

① 中共中央办公厅、国务院办公厅：《关于加强新时代法学教育和法学理论研究的意见》，https://www.gov.cn/zhengce/2023-02/26/content_5743383.htm，2024年1月9日访问。

升送达效率；四是完善涉外民事案件司法协助制度，增设域外调查取证相关规定；五是完善外国法院生效判决、裁定承认与执行的基本规则。[①]此外，新法对于仲裁裁决的籍属，以仲裁地标准替代了仲裁机构标准，并明确了法院对仲裁司法审查案件的管辖依据。

三、十四届全国人大常委会第五次会议通过《中华人民共和国外国国家豁免法》

十四届全国人大常委会第五次会议 2023 年 9 月 1 日表决通过了《中华人民共和国外国国家豁免法》。该法对中华人民共和国的法院可以对外国国家及其财产行使管辖权的范围作出明确规定，包括外国国家明示就特定事项或者案件接受管辖、进行商业活动引起的诉讼、因劳动或者劳务合同履行引起的诉讼、有关侵权行为引起的赔偿诉讼以及仲裁相关事项等；同时对外国国家豁免案件中的有关文书送达、缺席判决等程序作出专门规定；此外还明确规定，中华人民共和国外交部就案件中相关国家是否构成外国主权国家、外交照会送达等有关国家行为的事实问题出具的证明文件，我国法院应当采信。[②]

四、司法部主办第十次上海合作组织成员国司法部长会议

司法部2023年9月5日主办了第十次上海合作组织成员国司法部长会议。中国司法部提出倡议：上海合作组织成员国要在仲裁、商事调解等法律服务领域深入开展务实合作；共建成员国经贸投资法律法规、法律服务机构及专家数据库，更好地服务于成员国经济贸易发展与涉外民商事争议解决。会议期间，各方签署《第十次上海合作组织成员国司法部长会议联合声明》，强调上海合作组织成立 22 年来在法律和司法领域开展合作的重要性，就加强各成员国司法部之间互动、深化法律服务领域合作、继续定期对话并切实执行协议等达成一致。[③]

---

① 全国人民代表大会：《民事诉讼法修改：统筹推进国内法治和涉外法治》，http://www.npc.gov.cn/npc/c2/kgfb/202309/t20230902_431432.html，2023 年 1 月 9 日访问。

② 新华社：《全国人大常委会法工委负责人就外国国家豁免法答记者问》，http://www.xinhuanet.com/politics/2023-09/02/c_1129841470.htm，2024 年 1 月 9 日访问。

③ 司法部：《第十次上海合作组织成员国司法部长会议在沪举行》，https://www.moj.gov.cn/pub/sfbgwapp/bnywapp/202309/t20230910_486007.html，2024 年 1 月 9 日访问。

五、最高人民法院发布第四批涉“一带一路”建设典型案例

最高人民法院 2023 年 9 月 27 日发布第四批涉“一带一路”建设典型案例。此次发布的 12 个典型案例涉及国际货物买卖、独立保函、信用证、审计侵权赔偿、保险人代位求偿、金融衍生品交易、法律服务合同、股权转让等涉外商事纠纷的多个类型，还囊括了承认与执行香港仲裁裁决、承认和执行外国法院判决案件。这些典型案例具有以下几方面特点：一是营造优质法治营商环境，平等保护中外投资者合法权益；二是维护公平竞争的市场秩序，统一裁判尺度；三是完善涉外商事法律适用规则体系，准确适用准据法；四是加强国际、区际司法协助与合作，促进民商事判决和仲裁裁决的跨境跨区承认、认可和执行。①

六、最高人民法院公布《中华人民共和国最高人民法院与新加坡共和国最高法院关于通过诉中调解框架管理“一带一路”倡议背景下国际商事争议的合作谅解备忘录》

中华人民共和国最高人民法院副院长陶凯元与新加坡最高法院上诉庭大法官洪素燕 2023 年 4 月 1 日在北京人民大会堂共同签署两国最高法院《通过诉中调解框架管理“一带一路”倡议背景下国际商事争议的合作谅解备忘录》。备忘录对诉中调解框架的制定和实施、与其他各方的合作、信息共享、诉中调解框架的特征、诉中调解示范条款、其他事项等六方面内容进行规定，自签署之日起生效。近年来我国最高人民法院与新加坡共和国最高法院合作密切，此次备忘录是继 2017 年合作备忘录、2018 年承认与执行金钱商事判决备忘录、2019 年司法培训备忘录以及 2021 年外国法信息备忘录、2022 年法律查明问题备忘录、2023 年诉讼—调解—诉讼框架备忘录后，两国最高法院签署的最新备忘录。②

七、《取消外国公文书认证要求的公约》对我国生效

中国 2023 年 3 月 8 日宣布加入《取消外国公文书认证要求的公约》（本段简称《公约》），11 月 7 日《公约》正式对中国生效。《公约》是海牙国际

① 最高人民法院：《第四批涉“一带一路”建设典型案例》，https://cicc.court.gov.cn/html/1//218/62/163/422/2401.html，2024 年 1 月 10 日访问。

② 最高人民法院：《中新两国最高法院签署〈通过诉中调解框架管理“一带一路”倡议背景下国际商事争议的合作谅解备忘录〉》，https://cicc.court.gov.cn/html/1/218/149/156/2331.html，2024 年 1 月 10 日访问。

私法会议框架下适用范围最广、缔约成员最多的国际条约，旨在用附加证明书（Apostille）替代传统领事认证，进而达到简化公文书跨国流转程序之目的。《公约》的生效将优化我国涉外民商事诉讼中域外送达和域外取证的流程，进一步便利跨国诉讼和外国判决的承认与执行。目前《公约》缔约国包括欧盟各国、美国、日本、韩国、澳大利亚、俄罗斯等我国主要贸易伙伴及大多数共建“一带一路”国家，中国与《公约》非缔约国之间仍将沿用传统领事认证程序。[①]

八、最高人民法院发布《最高人民法院关于适用〈中华人民共和国涉外民事关系法律适用法〉若干问题的解释（二）》

最高人民法院 2023 年 12 月 1 日发布《最高人民法院关于适用〈中华人民共和国涉外民事关系法律适用法〉若干问题的解释（二）》（以下简称《司法解释二》），针对域外法查明司法实践中查明责任不清、查明途径单一、查明程序不规范、认定标准不统一等问题进行了系统规范。《司法解释二》是在 2012 年《最高人民法院关于适用〈中华人民共和国涉外民事关系法律适用法〉若干问题的解释（一）》（以下简称《司法解释一》）及 2022 年《全国法院涉外商事海事审判工作座谈会会议纪要》（以下简称《会议纪要》）的基础上，汲取近年来外国法查明司法实践经验的最新成果。《司法解释二》拓展了外国法律的查明途径，增强了传统查明途径的可操作性，还对法律查明服务机构、中外法律专家、外国法查明期限及费用等问题作出明确规定。[②]

九、最高人民法院发布《关于修改〈最高人民法院关于设立国际商事法庭若干问题的规定〉的决定》

最高人民法院 2023 年 12 月 18 日发布《关于修改〈最高人民法院关于设立国际商事法庭若干问题的规定〉的决定》（本段简称《决定》）。《决定》共两条。一是扩大了当事人协议选择国际商事法庭管辖的案件范围，取消了以往实际联系的要求；二是拓展了域外法律的查明途径。此次修改是为了与新修订的《民

---

① 外交部：《〈取消外国公文书认证要求的公约〉将于 2023 年 11 月 7 日在中国生效实施》，https://www.mfa.gov.cn/wjbxw_new/202310/t20231023_11165858.shtml，2024 年 1 月 10 日访问。

② 最高人民法院：《最高人民法院发布涉外民事关系法律适用法司法解释（二）》，https://www.court.gov.cn/fabu/xiangqing/419042.html，2024 年 1 月 10 日访问。

事诉讼法》第 277 条和新出台的《司法解释二》第 2 条第 1 款保持一致，体现相关规则之间的统一性和协调性。[①]

十、最高人民法院发布《最高人民法院关于审理涉外民商事案件适用国际条约和国际惯例若干问题的解释》及相关典型案例

最高人民法院 2023 年 12 月 25 日发布《最高人民法院关于审理涉外民商事案件适用国际条约和国际惯例若干问题的解释》（以下简称《国际条约适用解释》）和相关典型案例。《国际条约适用解释》明确了适用国际条约的裁判依据；回答了司法实践中存在的同一争议涉及两项或者两项以上国际条约的问题，以及国际条约适用与当事人意思自治之间的关系问题；规定了当事人援引的尚未对我国生效的国际条约，可以作为确定合同当事人权利义务的依据；明确了国际惯例的明示选择适用和补缺适用。该司法解释体现了善意履行条约义务原则，尊重国际惯例原则，以及维护国家主权、安全和社会公共利益原则。一同发布的 12 个典型案例，涉及《联合国国际货物销售合同公约》《统一国际航空运输某些规则的公约》《承认及执行外国仲裁裁决公约》《约克—安特卫普规则》等司法审判实践中常见的国际条约和国际商事惯例。[②]

第二节　综 合 分 析

2023 年见证了我国国际私法在多领域的阔步前行，彰显了统筹推进国内法治和涉外法治的成效。择其要者，这些进展可主要归纳为三方面。首先，正如《中国涉外法治发展报告（2022）》所展望的，[③]涉外民事诉讼法的修订如期完成，此领域的制度完善步入新阶段。《取消外国公文书认证的公约》对中国生效实施，我国涉外民事争议解决的司法实践具有了更佳的制度平台。其次，《司法解释二》将域外法查明制度提升到新高度，有望在一定程度上缓解涉外司法中长期面临的域外法“查明难”的实践困境。最后，《国际条约适用解释》解决了《民法通

① 最高人民法院：《最高人民法院发布修改最高人民法院国际商事法庭司法解释的决定》，https://www.court.gov.cn/zixun/xiangqing/420962.html，2024 年 1 月 10 日访问。

② 最高人民法院：《最高人民法院发布涉外民商事案件适用国际条约和国际惯例司法解释及典型案例》，https://www.court.gov.cn/zixun/xiangqing/421992.html，2024 年 1 月 10 日访问。

③ 参见对外经济贸易大学涉外法治研究院，对外经贸大学法学院编：《中国涉外法治发展报告（2022）》，对外经济贸易大学出版社 2023 年版，第 275－276 页。

则》向《民法典》立法转轨中，在国际条约和国际惯例适用方面新法与旧法衔接不足的问题，回应了司法界和理论界的呼声。

一、涉外民事诉讼制度新发展

2023 年 9 月 1 日，全国人大常委会通过的《关于修改〈中华人民共和国民事诉讼法〉的决定》，虽涉及民事诉讼的诸多方面，但“重头戏”无疑是涉外民事诉讼制度。《民事诉讼法》自 1991 年施行以来，30 余年间历经 4 次修订，但“第四编 涉外民事诉讼程序的特别规定”未有根本性的重大变革。其间，我国对外开放力度不断扩大，尤其是 2001 年入世后，我国经济已经全面融入世界经济格局中，涉外贸易、投资、金融、知识产权等民商事纠纷快速增加，原有的规定已显然落后于涉外民事司法实践的现实需求。此次涉外民事诉讼法的修订主要聚焦于四个方面：涉外管辖权、涉外送达、域外调查取证和外国判决承认与执行。鉴于涉外管辖权和外国判决承认与执行方面的问题在第十三章“国际商事争议解决法治发展”中另行研讨，下文将限于探究涉外送达和域外调查取证制度的新发展。

（一）涉外送达制度新发展

送达是涉外民事诉讼程序的重要一环。唯有将司法文书和司法外文书送达给当事人，方可确保其正当程序权利和程序正义的实现，也事关后续可能需要的判决域外承认与执行的顺利开展。我国国内民事诉讼中尚存在“送达难”的现实困境，而涉外送达需要克服更多法律、技术和距离等特殊障碍，难度显然更大。

我国虽然于 1991 年《民事诉讼法》第 247 条对涉外送达详尽规定了 7 种途径，但是仍然无法解决司法实践中出现的诸多问题。2002 年《最高人民法院关于向外国公司送达司法文书能否向其驻华代表机构送达并适用留置送达问题的批复》指出，人民法院向外国公司的驻华代表机构送达诉讼文书时，可以适用留置送达的方式。这一批复解决了广东东莞中级人民法院审理“奔驰案”中面临的送达难题。2006 年《最高人民法院关于涉外民事或商事案件司法文书送达问题若干规定》（以下简称《送达规定》）不仅细化了立法规定和具体操作方式，而且增加了通过“传真、电子邮件等”电子方式送达的新途径。2012 年《民事诉讼法》将这一新途径纳入立法中，同时将邮寄送达和公告送达的期限从 6 个月缩短为 3 个月。与此同时，2008 年《最高人民法院关于涉台民事诉讼文书送达的若干规定》和2009年《最高人民法院关于涉港澳民商事案件司法文书送达问题若干规定》针对区际送达的问题作了特别规定。[①]1999年《海事诉讼特别程序法》第7章专门规定了海事诉讼法律文书的送达，其第80条第1款第3项规定"通过能够确认收悉的其他适当方式送达"，这种鼓励海事法院探索送达新途径的立法尤其值得赞赏。2022年《会议纪要》明确了电子送达、对外国自然人境内送达等司法实践中具体问题的解决方案。

在上述法律文件和司法实践的基础上，2023年《民事诉讼法》对原有立法有破有立，亮点纷呈。这些亮点共有8处，可简要归纳为"两删除""四新增""两完善"。

"两删除"，是指新法针对诉讼代理人、分支机构送达，分别删除了旧法中的限制条件"有权代其接受送达""有权接受送达"。这一修改旨在解决过去司法实践中遇到的两类主体借排除接受送达权利而拒绝接受送达的问题，有望提升送达效率。

"四新增"，是指增加了4种送达途径。一是，新增向受送达人在我国领域内所设立独资企业的送达；二是，新增对外国人、无国籍人送达的途径，即其在我国领域内设立的法人或者其他组织担任法定代表人或者主要负责人，且与该法人或者其他组织为共同被告，这时法院可向该法人或者其他组织送达；三是，新增向外国法人或者其他组织送达的途径，即若其法定代表人或者主要负责人在我国领域内，则法院可向其法定代表人或者主要负责人送达；四是，新增了受送达人同意的其他送达方式，限定条件是送达不违反受送达人所在国法律。

"两完善"，是指完善了电子方式送达和公告送达的制度。一是，新法完善了电子送达方式。旧法规定，法院可采用传真、电子邮件等能够确认受送达人收悉的方式送达。这种列举式立法仅提及两种电子送达方式，对于通过微信、QQ、短信等其他方式送达的有效性，并未明确。新法为包容更多的电子送达方式，便采用概括式立法，即规定可采用任何受送达人收悉的电子方式，除非受送达人所在国法律禁止。二是，新法完善了公告送达制度。相对于旧法，一方面，新法不再将公告送达方式与其他方式相提并论，置于同一款中，而是将其单列，另立一款。如此规定，可更加清晰呈现公告送达作为一种拟制送达的兜

① 参见刘力：《中国对外送达途径的立法演进》，载《法律适用》2014年第12期，第45页。

底地位。另一方面，新法将公告送达期限从旧法中的3个月，缩短为60日。如此规定，显然可提高诉讼效率。

上述“删除”“新增”“完善”之后的送达新法，以解决“送达难”现实问题为导向，拓宽了送达渠道，有望大幅度缓解法院涉外送达的压力，进而提高涉外诉讼质效。尤其是新增的受送达人同意的其他送达方式和对电子送达方式的完善，具有历史进步意义和时代特色。前者体现了当事人意思自治原则，可发挥当事人在民商事争议解决中的自主性和主动性；后者可与现代信息技术发展协调共振，便于利用近年来我国“智慧法院”建设成果。

但是，这些制度改进，依然栖息于送达乃司法主权行为的传统理念之下。具体规则，不仅与英美法系中采用当事人送达制度的美国法大相径庭，[①]而且与大陆法系中区分依职权送达和当事人送达的德国法也存在明显差异。[②]今后的改革取向，理应以解决“送达难”的问题为导向，以提高涉外诉讼质效为蒿矢，在保证当事人正当程序权利和程序正义的前提下，逐步淡化送达的司法主权色彩，进一步发挥当事人在送达中的角色和作用。[③]同时，我国也可尝试送达业务部分商业化的路径，发展专司送达的商业行业，减轻法院非专业事务的负担。最后，我国工商部门也可在独资企业、外国公司代表机构和分支机构登记时要求其注明接受送达的义务和联络信息，并在信息变化后及时更新。

（二）域外取证制度新发展

1991年《民事诉讼法》将域外取证作为司法协助的内容之一，与涉外送达以及其他诉讼行为，一并规定在第二十九章“司法协助”中。如此简略的原则性规定，显然难以操作。2013年《最高人民法院关于依据国际公约和双边司法协助条约办理民商事案件司法文书送达和调查取证司法协助请求的规定》遂对依据国际条约进行国外取证予以细化，并于2020年更新。同时，2001年《最高人民法院关于内地与澳门特别行政区法院就民商事案件相互委托送达司法文书和调取证据的安排》（2020年修订）、2011年《最高人民法院关于人民法院办理海峡两岸送达文书和调查取证司法互助案件的规定》、2017年《关于内地与香港特别行政区法院就民商事案件相互委托提取证据的安排》，对于区际相互委托调查取证作了详细规定。

---

① 参见彼得·海：《美国法概论（第四版）》，许庆坤译，北京大学出版社2020年版，第74页。

② 参见《德国民事诉讼法典》，赵秀举译，法律出版社2021年版，第59－69页。

③ 参见向明华：《域外“送达难”困局之破解》，载《法学家》2012年第6期，第139－141页。

相对于旧法规定，2023年《民事诉讼法》将域外取证制度从司法协助体制中剥离出来，与“送达”“期间”并立于第二十五章，从而建立了相对完整的法律架构。一方面，对于通过司法协助进行域外取证，新法明确了具体依据。申言之，当事人申请人民法院调查收集的证据位于我国领域外，人民法院可以依照证据所在国与中国缔结或者共同参加的国际条约中规定的方式，或者通过外交途径调查收集。另一方面，对于无法通过司法协助途径的域外取证，新法规定，只要所在国法律不禁止，则人民法院可采用如下方式取证：（1）对具有中国国籍的当事人、证人，可以委托中国驻当事人、证人所在国的使领馆代为取证；（2）经双方当事人同意，通过即时通讯工具取证；（3）以双方当事人同意的其他方式取证。其中，第一种中国驻外使领馆受托向中国国民取证，这是遵循国际惯例，我国亦允许他国在我国如此取证；第二种通过即时通讯工具取证，意在充分利用现代通讯技术和“智慧法院”建设成果，快捷高效地完成取证，前提是尊重当事人意愿；第三种是当事人同意的其他取证途径，这是开放性规定和兜底条款，意在鼓励涉外审判法院大胆探索，勇于创新。[①]

对即时通讯工具取证的法律认可，是此次民事诉讼法修订的一大创新和亮点，也是对我国司法实践经验的提炼。将电子信息技术运用到民事诉讼取证实践中，显示出我国司法部门从保守到逐步开放的态度。2019年修订的《最高人民法院关于民事诉讼证据的若干规定》中第14条第2款便已经将即时通信、通讯群组等网络应用服务的通信信息纳入可被采信的电子数据之中。2020年修订的《最高人民法院关于内地与澳门特别行政区法院就民商事案件相互委托送达司法文书和调取证据的安排》也允许内地与澳门通过司法协助网络平台以电子方式相互传送证据材料，并强调以该种方式传递的文件与原件具有同等效力。2021年最高人民法院制定的《人民法院在线诉讼规则》，在庭审环节全方位允许信息化技术的使用，明确了证人在线出庭的具体规则。一些涉外审判法院也大胆实践，例如山东省烟台市中级人民法院在一起2020年涉外民事案件审理中认可了证人在墨西哥的视频作证。[②]因此，2023年《民事诉讼法》在域外取证方面纳入即时通讯工具取证，也可谓实践到立法的水到渠成。

---

① 参见沈红雨、郭载宇：《〈民事诉讼法〉涉外编修改条款之述评与解读》，载《中国法律评论》2023年第6期，第79页。

② 参见“烟台万华超纤股份有限公司、王迪劳动争议二审民事判决书”，（2020）鲁06民终5300号。

二、外国法查明制度的优化

外国法查明作为冲突法有效实施的重要“基础设施”之一，向来被视作我国涉外民事司法的“痛点”和难点。诸多涉外民事判决，因法院“不愿查明”或“难以查明”外国法改而适用中国法，导致判决质量堪忧，屡受多方诟病。不过，近年来随着统筹国内法治和涉外法治的深入，学术界和实务界对此高度重视，相关研究成果不断累积，司法实践日益丰富。2023年《司法解释二》可谓我国多年理论和实践成果的集大成者，其内容涵盖查明责任、查明途径、查明程序、查明结果的处理等，初步形成了我国外国法查明规则体系。

（一）查明责任

2010年《涉外民事关系法律适用法》（以下简称《法律适用法》）第10条第1款对于外国法查明责任有简略规定：“涉外民事关系适用的外国法律，由人民法院、仲裁机构或者行政机关查明。当事人选择适用外国法律的，应当提供该国法律。”该条明确了法院“查明”外国法的责任，而当事人，即便在选择外国法的情况下，也仅承担“提供”外国法的义务而已。当事人“提供”与法院“查明”之间具体是什么关系，令人困惑。对此，《司法解释二》将这条规定细化为：“当事人选择适用外国法律的，应当提供该国法律”；“当事人未选择适用外国法律的，由人民法院查明该国法律”。此处，法院承担查明外国法的责任，至少从字面来看，已限缩至当事人未选择外国法的情形。考虑该司法解释第9条的规定，即当事人选择适用外国法，而在人民法院确定的期限无正当理由未提供外国法，法院“可以”认定为外国法不能查明，加之过去司法实践中法院普遍存在“不愿查明”外国法的倾向，可以想见，这一司法解释将来很难排除演变为下述规则的可能性，当事人选择外国法，就要承担“查明”外国法的责任。

（二）查明途径

2022年《会议纪要》系统总结了查明外国法的8种途径。[①]在此基础上，《司法解释二》将查明途径进一步扩充和优化。（1）增加了“由最高人民法院建立或者参与的法律查明合作机制参与方提供”。此类途径是指诸如最高人民法院与新加坡最高法院依据2022年《中华人民共和国最高人民法院与新加坡共和国最

---

① 对此的分析，参见对外经济贸易大学涉外法治研究院、对外经贸大学法学院编：《中国涉外法治发展报告（2022）》，对外经济贸易大学出版社2023年版，第266－267页。

高法院关于法律查明问题的合作谅解备忘录》建立的法律查明机制。(2) 将“由与我国订立司法协助协定的缔约相对方的中央机关提供”优化为“通过司法协助渠道由对方的中央机关或者主管机关提供”。据此，查明外国法不仅可经由依据条约进行的司法协助渠道，亦可经由外交途径进行的司法协助渠道；不仅可经由对方的“中央机关”，也可经由对方的“主管机关”查明外国法。(3) 将“由我国驻该国使领馆提供”和“由该国驻我国使领馆提供”合并为“通过最高人民法院请求我国驻该国使领馆或者该国驻我国使领馆提供”。新规明晰了向使领馆提出的主体，更具可操作性。当然，相对于 1988 年《关于贯彻执行〈民法通则〉若干问题的意见（试行）》第 193 条的规定，《会议纪要》和《司法解释二》增加外国驻我国领事馆作为提供外国法的主体，是否适当，值得进一步探讨。（4）将“由法律查明服务机构提供”和“由中外法律专家提供”合并为“由法律查明服务机构或者中外法律专家提供”，彰显了两种提供途径的同质性。此外，《司法解释二》依然将“由最高人民法院国际商事专家委员会专家提供”单列，似乎意在显示此类专家的特殊性和重要性。但是，不像《会议纪要》第 22 条为此类专家特立程序规则，《司法解释二》在其他条款中未再明确区分此类专家与其他中外法律专家，因此将其单列的必要性到底何在，不免令人生疑。

《司法解释二》第 2 条第 1 款罗列的 7 种外国法查明途径，法院在个案中是穷尽所有途径才达到要求，还是只要采用不止一种方式即可？这一问题的答案其实不甚明确。该条第 2 款仅规定不得仅采用一种途径便仓促定论，即“人民法院通过前款规定的其中一项途径无法获得外国法律或者获得的外国法律内容不明确、不充分的，应当通过该款规定的不同途径补充查明”。此外，值得注意的是，当事人提供外国法有两种情况。其一为第 1 条第 2 款规定的，“当事人选择适用外国法律的，应当提供该国法律”。此种情况下，当事人提供外国法是法定义务，违反的后果是法院可据此确定外国法无法查明。其二为第 2 条第 1 款第 1 项规定的法院查明外国法途径之一为“由当事人提供”。此种情况下，当事人提供外国法仅是协助，法院“不得仅以当事人未予协助提供为由认定外国法律不能查明”。换言之，法院还应通过其他途径继续尝试查明外国法。

（三）查明程序

《司法解释二》构建了比较清晰的外国法查明流程。首先，法院可召集庭前会议或其他方式，确定需查明的外国法。其次，法院根据个案情形确定当事人查明外国法的期限，特殊情况下可准许延长此期限。再次，当事人、专业机构或专家提供外国法。提供的内容不仅要有具体规定，而且要有获得途径、效力情况、与案件的关联等信息；对于所涉判例法，当事人要提交判例全文。专业机构或专家尚需提供资质证明和与案件无利害关系的书面声明。最后，外国法资料在法庭上展示，法院听取各方当事人的意见；若有必要，法院可主动或经当事人申请而准许，通知专业机构或专家出庭接受询问，特殊情况下，询问可在线进行。

（四）查明结果的处理

《司法解释二》规定了3种外国法查明结果认定的情形。（1）当事人对外国法律的内容及其理解与适用均无异议的，法院“可以”予以确认。“可以”一词，表明法院有自由裁量权，在发现当事人认可的内容与真正的外国法并不相符，也可另行查明。（2）当事人对外国法律的内容及其理解与适用有异议的，应各自说明理由；法院在必要时，可补充查明或者要求当事人补充提供材料；经自行补充查明或当事人补充提供材料，当事人仍有异议的，由法院审查认定。这一规定旨在否定过去有些法院的简单做法，即仅以当事人对外国法查明存在异议就认定外国法不能查明。（3）外国法律的内容已为法院生效裁判所认定的，法院应当予以确认，但有相反证据足以推翻的除外。这一规定显然意在避免外国法查明工作的重复，从而节省司法资源和提高司法效率。值得注意的是，此处“法院生效裁判”，并未限定法院是上级法院或下级法院，应能涵盖各级法院的生效裁判。当然，“生效裁判”并非必然为正确裁判，当事人或法院仍可寻找相反的证据予以推翻。

法院无论是否认定外国法查明，均应在裁判文书中予以说明，而不得简单列出结论。详言之，确认了查明的外国法，法院应在裁判文书中载明外国法律的查明过程及外国法律的内容；认定外国法不能查明的，应当载明不能查明的理由。

此外，对外国法查明费用的承担，《司法解释二》一方面采用意思自治原则，认可当事人对费用的约定；另一方面，对于当事人达不成协议的，则法院根据当事人请求和案情，予以判定。

三、国际条约和国际惯例适用制度的系统化

我国曾有对民商事国际条约和国际惯例适用的一般立法。1986年《民法通则》第142条规定：我国缔结或者参加的国际条约同我国的民事法律有不同规

定的，适用国际条约的规定，但我国声明保留的条款除外；我国法律和我国缔结或者参加的国际条约没有规定的，可以适用国际惯例。这一简略规定不仅在司法实践中广为法院援引，作为适用国际条约或国际惯例的依据，而且为《海商法》《票据法》《民用航空法》等特别立法所效仿。但 2020 年《民法典》明确废止了《民法通则》，而且未涉足国际条约和国际惯例的适用，从而导致了这一领域一般立法的空白。国际条约未规定事项和保留事项的法律适用、《联合国国际货物销售合同公约》的适用、法律与国际条约的一致解释问题，2022 年《会议纪要》虽然对这些司法实践中遇到的问题作了解答，但有关国际条约和国际惯例适用的其他问题依然缺少答案。①

2023 年《国际条约适用解释》系统地回答了涉外民商事审判中国际条约和国际惯例的适用问题。该司法解释实质性规定共 7 条，前 4 条针对国际条约的适用，后 2 条针对国际惯例的适用，最后 1 条为国际条约和国际惯例的适用划定红线。

该司法解释内含了三项原则：善意履行国际条约原则，尊重国际惯例原则，以及维护国家主权、安全和社会公共利益原则。首先，我国法院基于《联合国宪章》和《维也纳条约法公约》等，向来恪守“条约必须信守”国际法原则，此次司法解释生动展现了我国在涉外民商事领域的这一立场。其次，对于国际民商事惯例，我国法院历来尊重当事人的选择适用，此次司法解释将其进一步扩及于补缺适用。最后，无论履行国际条约，还是适用国际惯例，均不得损害我国主权、安全和社会公共利益。这一原则与 2023 年《对外关系法》第 31 条第 2 款之规定相吻合。

对于国际条约的适用，该司法解释回答了四方面的问题。（1）适用国际条约的法律依据问题。《海商法》第 268 条、《票据法》第 95 条、《民用航空法》第 184 条等特别法有规定的，法院应适用其规定；特别法调整范围之外的其他民商事案件，需要适用国际条约的，参照特别规定，即国际条约与我国法律有不同规定的，适用国际条约的规定，除非我国作出了保留声明。其实质是“复活”了《民法通则》中的相关规则，旨在填补国际条约法律适用依据的空白。（2）不同国际条约的冲突问题。若涉外民商事案件涉及两项或多项国际条约的适用，则法院应当根据国际条约中的适用关系条款确定应当适用的国际条约。

① 对此的分析，参见对外经济贸易大学涉外法治研究院、对外经贸大学法学院编：《中国涉外法治发展报告（2022）》，对外经济贸易大学出版社 2023 年版，第 263－264 页。

（3）国际条约的适用与当事人意思自治原则之间的关系问题。当事人意思自治，应当符合国际条约的规定。详言之，唯有国际条约允许当事人约定排除或部分排除国际条约的适用，当事人方可行使其意思自治的权利，否则其对国际条约适用的排除得不到法院的支持。（4）未对中国生效的国际条约能否适用的问题。国际条约即便尚未对中国生效，只要当事人在合同中援引，也可作为法院确定当事人权利义务的依据，除非国际条约的适用违反我国法律、行政法规强制性规定或者损害我国主权、安全和社会公共利益。

对于国际惯例的适用，该司法解释规定了明示选择和补缺适用两种适用情形。此处的“国际惯例”，主要指《国际贸易术语解释通则》《跟单信用证统一惯例》《见索即付保函统一规则》《约克—安特卫普规则》《固体散装货物安全操作规则》等国际商事惯例。此类惯例并无强制约束力。当事人在合同中明示选择此类惯例时，法院依据其规则确定当事人之间的权利义务。但是，即便当事人没有明示选择，若我国法律和我国缔结或者参加的国际条约没有规定的，法院也可适用国际惯例。后一种情形可谓对国际惯例的补缺适用，这是该司法解释的一大创举，彰显了我国法院追求国际私法统一化的努力。但如何处理这一规定与冲突法规则的关系，尚需进一步探讨。

第三节　热点聚焦

一、夏发集团公司（Shaphargroup LLC）与佰启控股（中国）有限公司国际货物买卖合同纠纷案：国际条约和中国法一并适用

北京市第四中级人民法院（以下简称“北京四中院”）2023 年 5 月 6 日判决的原告夏发集团公司（Shaphargroup LLC）与被告佰启控股（中国）有限公司国际货物买卖合同纠纷案，①（以下简称“夏发国际货物买卖案”）是国际条约和中国法一并适用的典型案例。

（一）案情简况

原告夏发集团公司（以下简称“夏发公司”）是一家注册在美国特拉华州的公司，被告佰启控股（中国）有限公司（以下简称“佰启公司”）为注册地在北

① 夏发集团公司（Shaphargroup LLC）与佰启控股（中国）有限公司国际货物买卖合同纠纷案，北京市第四中级人民法院民事判决书（2022）京 04 民初 294 号。

京的中国公司。2021 年 1 月 21 日，双方以中英文双语签订了《手套买卖合同》，约定佰启公司向夏发公司提供含税总价为 630 万美元的一次性丁腈检查手套 60 万盒。数日后，夏发公司按照合同约定支付了第一期预付款。同年 5 月 20 日，夏发公司以佰启公司未按时分批交货且已交货商品存在严重质量问题为由，向其发出律师函，通知解除《手套买卖合同》，并要求退还已支付的货款。佰启公司承认货物错发并允诺退款，但迟迟未兑现承诺。夏发公司遂诉请佰启公司返还货款、支付利息并赔偿损失。佰启公司未出庭，亦未提交书面答辩意见。

（二）法院判决意见

对于该案实体问题的法律适用，北京四中院首先认定“当事人未在合同中对此作出明确约定”。其次，该院认为，由于该案当事人的营业地位于中国和美国，两国均为 1980 年《联合国国际货物销售合同公约》（以下简称《销售公约》）成员，且夏发公司明确选择适用《销售公约》作为确定其权利义务的依据，双方亦未排除该公约的适用，因此，该案应当自动适用《销售公约》（除我国声明保留的条款外）的规定。同时，对于该案中所涉及的《销售公约》未规定之事项，应依据我国 2010 年《法律适用法》确定准据法。该院遂依据《法律适用法》第 41 条中“当事人可以协议选择合同适用的法律。当事人没有选择的，适用履行义务最能体现该合同特征的一方当事人经常居所地法律或者其他与该合同有最密切联系的法律”之规定，结合被告佰启公司住所地位于我国境内的事实，决定适用中华人民共和国法律。

详言之，合同效力和利率计算的问题，分别属于《销售公约》排除适用和未规定的事项，适用中华人民共和国法律，而合同成立、根本违约、宣告合同无效、损害赔偿四方面的问题，适用《销售公约》。该案中买卖合同成立符合《销售公约》的规定，其内容未违反我国现行法律法规的强制性规定，应认定为合法有效，双方当事人均应依约履行。案涉货物属于该特殊时期大量急需、紧缺的医用消耗品，19 个集装箱货物至审判时尚未交货，严重超时；已交货的 1 个集装箱货物中绝大部分标的物达不到合同约定的品质要求，因此依据《销售公约》，佰启公司的行为已经构成根本违约。宣告合同无效的声明，《销售公约》采用“投邮主义生效”原则，因此依据该公约的规定，自夏发公司于 2021 年 5 月 20 日向佰启公司发出律师函之时，合同解除。损坏赔偿的项目和数额，除利率问题外，亦适用《销售公约》，因利息损失所涉利率问题，属于该公约未规定事项，因此适用我国法律。

基于上述法律适用分析，北京四中院支持了夏发公司的全部诉讼请求。

（三）案例分析

该案判决在一案中既适用国际条约，也适用中国法，此类两法并用，在我国涉外民商事审判实践中颇为常见。其对《销售公约》的适用，也为最高人民法院所肯定，2023 年被列为涉外民商事案件适用国际条约 12 个典型案例之一。[①]

该案判决符合最高人民法院对适用《销售公约》的指导意见。最高人民法院早在 2014 年“中化国际（新加坡）有限公司诉蒂森克虏伯冶金产品有限责任公司国际货物买卖合同纠纷案”判决中就明确指出：即便当事人在国际货物买卖合同中约定适用某一法域的法律，只要合同纠纷的双方当事人营业地位于《销售公约》的缔约国，而且当事人未排除《销售公约》的适用，则《销售公约》的适用优先；对于《销售公约》调整范围之外的事项，当事人选择的法律方得适用。最高人民法院这一判决于 2019 年被列入第 21 批指导性案例，2022 年《会议纪要》将该判决要点提炼为第 18－19 条。[②]在“夏发国际货物买卖案”中，卖方和买方分别为中国公司和美国公司，其营业地所在的两国均为《销售公约》的缔约国，且双方未排除该公约的适用，因此北京四中院对于该案争议所涉公约调整范围内的事项，适用《销售公约》，其正确性显而易见。

但是，北京四中院在阐述该案符合适用《销售公约》的条件时，还特别指出，“在本案审理期间经询问，夏发公司明确选择适用《销售公约》作为确定其权利义务的依据”。此处似乎意指，当事人的选择，是适用《销售公约》的条件之一。若是如此，实属误解，列明当事人选择适用《销售公约》当为画蛇添足之举。最高人民法院的指导意见已明确，凡符合《销售公约》适用条件的案件，“自动适用该公约的规定”，而不管当事人的法律选择意愿。虽然《会议纪要》第 19 条要求，“人民法院应当在法庭辩论终结前向当事人询问关于适用该公约的具体意见”，但是此处的当事人意见，应指当事人是否有明确排除适用公约的意愿，因为当事人的排除意愿可决定公约的不适用。之所以出现此类画蛇添足之举，可能主要是因为北京四中院未能明确界分国际公约的适用与冲突法的关

① 最高人民法院：《最高法发布涉外民商事案件适用国际条约和国际惯例典型案例》，https://www.court.gov.cn/zixun/xiangqing/421932.html，2024 年 1 月 26 日访问。

② 参见对外经济贸易大学法学院、对外经济贸易大学涉外法治研究院编：《中国涉外法治发展报告（2022）》，对外经济贸易大学出版社 2023 版，第 263 页。

系。民商事实体国际公约的制定，属于解决法律冲突的国际统一实体法方法，其实质为避免或消除国际民商事法律冲突的路径。与之相对，对于国际公约调整范围之外的事项，唯有通过法律选择决定准据法，其实质为冲突法解决方法。[①]换言之，在现行国际公约调整的领域，已不存在法律冲突，自然不需要通过当事人意思自治原则等冲突法解决不存在的问题。

此外，对于该案中不适用《销售公约》的事项，虽然北京四中院正确适用了中国法，但其法律依据和说理论证上不无值得商榷之处。一方面，北京四中院认定的事实与法律适用方面存在偏差。该案判决在事实认定部分指出，当事人“约定根据《中华人民共和国合同法》和相关法规，双方协商约定如下条款：……”。当事人买卖合同中这一表述，清楚显示了双方是依据中国法确定双方的权利义务关系，发生争议时自然期待依据中国法解决，法院应根据我国冲突法中有关意思自治原则的规定认定当事人选择法律的效力。但该案判决的法律适用部分，却认定“关于法律适用中的准据法适用，本案当事人未在合同中对此作出明确约定”，而且此处未对当事人根据中国法约定合同条款的事实作出回应和分析。诚然，在该案中所涉合同签订之时，《民法典》已经实施，并且《合同法》已被明确废止，当事人依然以后者作为约定合同条款的根据确实不妥，但这不妨碍当事人据此表明适用中国法的意愿。无论如何，法院理应对当事人适用中国法的意愿表明态度，或肯定，或否定，并给出相应的依据。

另一方面，即便假定北京四中院认定当事人未明确约定准据法正确，其法律依据和说理论证依然存在明显瑕疵。既然当事人未选择合同准据法，则该案应适用《法律适用法》第 41 条第 2 句：“当事人没有选择的，适用履行义务最能体现该合同特征的一方当事人经常居所地法律或者其他与该合同有最密切联系的法律。”该句表述虽简单，却包含了本质不同的两项法律适用原则，即特征性履行原则和最密切联系原则。按照通常的语词解释，该句中的“其他”一词，应能表明特征性履行原则优先于最密切联系原则的适用。北京四中院似乎也是如此理解，在援引了第 41 条全文后，指出，“鉴于本案被告住所地位于我国境内，则应适用中华人民共和国法律，……”但遗憾的是，该院既未指明其适用了哪个原则，也未具体阐述如何适用的某一原则，远未达到说理透彻的判决书要求。从判决中这一简短表述看，似乎可以言其适用了任一原则，但仔细推敲，

① 参见黄进主编：《国际私法学》，高等教育出版社 2023 年版，第 43－45 页。

其实又不符合任一原则的适用。可言其适用了任一原则，是因为被告是卖方，买卖合同中的卖方通常被视作特征性履行的一方，适用其属人法体现了特征性履行原则；简单提及一个连结点在中国，便适用中国法，这是一些法院适用最密切联系原则的常见表述，因此说该判决适用了最密切联系原则亦可。但严格而论，该表述又不符合任一原则的适用论证方式。买卖合同中的卖方被视作特征性履行的一方，并非必然之论，尤其是我国已经废除了 2007 年《最高人民法院关于审理涉外民事或商事合同纠纷案件法律适用若干问题的规定》，北京四中院理应对特征性履行方予以分析。同时，第 41 条规定的是适用特征性履行方的“经常居所地法律”，而非“住所地法律”。因此，该院仅提及“被告住所地位于我国境内”便适用中国法，与法律规定并不严格相符，难言其适用了特征性履行原则。若言其适用最密切联系原则，则该判决的论证缺陷更为明显。既然法律要求适用“与该合同有最密切联系的法律”，那么必然蕴含不同法律与合同联系程度的比较。仅言及一种连结点位于中国，而未比较位于美国的连结点数量，或者中美两国法律与合同存在“实质联系”的程度，则难以得出哪一法域的法律与合同联系“最密切”。

二、澳大利亚和新西兰银行集团有限公司马尼拉分行、江苏银行股份有限公司等独立保函付款纠纷案：定性依据和尊重国际惯例

原告澳大利亚和新西兰银行集团有限公司马尼拉分行与被告江苏银行股份有限公司及第三人中国电力工程有限公司、澳大利亚和新西兰银行（中国）有限公司上海分行独立保函付款纠纷一案，由最高人民法院第二国际商事法庭（以下简称“国际商事法庭”）2023 年 8 月 24 日作出判决，是一起有关定性依据和尊重国际商事惯例的典型案例。

（一）案情简况

2011 年 12 月 22 日，中国电力工程有限公司（以下简称“中国电工”）作为承包商与总包方康松吉公司、业主菲律宾西南吕宋电力公司签订《项目工程合同》，约定由中国电工承担吕宋电力在菲律宾的电厂项目的设计、设备供货以及在现场的培训、指导及部分调试工作，康松吉公司负责项目土建和安装工作；中国电工为自身履约向康松吉公司提供康松吉公司所接受的银行开具的无条件见索即付的银行担保。

2012 年 6 月 13 日，江苏银行股份有限公司（以下简称“江苏银行”）以其

向澳大利亚和新西兰银行集团有限公司马尼拉分行（以下简称“澳新银行马尼拉分行”）提供反担保为条件，要求澳大利亚和新西兰银行（中国）有限公司上海分行（以下简称“澳新银行上海分行”）通过澳新银行马尼拉分行开立以康松吉公司为受益人的《备用信用证》。鉴于澳新银行马尼拉分行同意开立上述《备用信用证》，江苏银行受中国电工委托向澳新银行马尼拉分行开立不可撤销的编号为No.×××03，金额为22 979 687.50美元的《反担保备用信用证》，载明遵守《国际备用信用证惯例》（以下简称“ISP98”）。

2015年11月25日，康松吉公司根据《备用信用证》向澳新银行马尼拉分行交单，提出22 979 687.50美元的索赔，同月27日澳新银行马尼拉分行委托澳新银行上海分行向江苏银行提出同样数额的索赔，江苏银行遂于同年12月8日向澳新银行上海分行的账户支付了7 313 543.30美元，同日澳新银行马尼拉分行向康松吉公司支付了同数额的款项。

2015年12月，中国电工作为申请人，将康松吉公司作为被申请人，澳新银行马尼拉分行、江苏银行及江苏银行北京分行作为第三人，以康松吉公司构成备用信用证欺诈为由向北京市第四中级人民法院（以下简称“北京四中院”）申请临时止付令，该院裁定准其所请。

2017年5月11日，康松吉公司与澳新银行马尼拉分行达成《和解协议》，双方同意由澳新银行马尼拉分行向康松吉公司支付600万美元，以换取康松吉公司撤销备用信用证项下的索赔。当日，澳新银行马尼拉分行支付了该笔款项。同年9月8日，中国电工与康松吉公司达成《和解协议》，后者撤销案涉《备用信用证》项下的索赔。后中国电工向北京四中院提出信用证欺诈案撤诉申请，得到该院准许。澳新银行马尼拉分行随后向该院申请解除止付令，亦得到该院准许。

2019年7月19日，澳新银行马尼拉分行请求江苏银行支付《反担保备用信用证》项下600万美元款项及相应利息。由于未收到江苏银行的付款，澳新银行马尼拉分行将争议提交国际商会管理跟单票据争议专家解决程序（以下简称“DOCDEX”），DOCDEX裁决依据ISP98支持了澳新银行马尼拉分行的付款请求。鉴于江苏银行不认可该裁决，澳新银行马尼拉分行遂向南京市中级人民法院起诉，最高人民法院认为本案为具有较大影响和典型意义的国际商事案件，裁定由第二国际商事法庭进行提级管辖。

（二）法院判决意见

该案判决认定的争议焦点之一为法律关系的性质与法律适用。前者为定性问题，后者为准据法的确定问题。对于该案争议的定性，国际商事法庭首先援引《法律适用法》第 8 条，定性适用法院地法。但是，我国法律和司法解释未有对备用信用证的规定。该法庭便基于合同约定和国际商事惯例归纳备用信用证的特征。该案涉及的《备用信用证》《反担保备用信用证》都写有见索即付，约定适用 ISP98 这一国际商业惯例。根据 ISP98 的引言和第 1.06 条 a 款对备用信用证的界定，该法庭认可备用信用证为具有独立性、单据性和拘束力的开证人对付款义务的单向承诺。但我国针对此类单向承诺的司法解释有两个：《最高人民法院关于审理信用证纠纷案件若干问题的规定》和《最高人民法院关于审理独立保函纠纷案件若干问题的规定》（下文简称《独立保函规定》）。结合《独立保函规定》第 1 条前两款对独立保函的界定，该法庭发现："如基础合同正常履行完毕，则独立保函仅备而不用，独立保函的这一'备用'特征与备用信用证完全相同，而与商业跟单信用证作为基础合同履行时的付款工具之性质迥异。"加之各方当事人一致主张备用信用证欺诈问题适用《独立保函规定》，该法庭将该案争议定性为独立保函付款纠纷。

对于该案纠纷的法律适用，国际商事法庭区分两种不同问题分别确定准据法。江苏银行依据《反担保备用信用证》承担的付款义务为合同问题。该法庭依据《法律适用法》第 41 条中的意思自治原则，基于当事人在庭审中一致选择中国法的事实，对上述合同问题适用《独立保函规定》。江苏银行是否应付款，与澳新银行马尼拉分行是否有欺诈行为密切相关。对于欺诈这类侵权问题，该法庭根据《独立保函规定》第 22 条第 2 款，基于当事人一致选择适用中国法的事实，同样适用《独立保函规定》。

根据《独立保函规定》，基于该法庭对关联案件的裁决和相关事实，国际商事法庭的判决支持了澳新银行马尼拉分行提出的诉讼请求。

（三）案例分析

该案判决是结合国际商事惯例进行定性的范例，可谓运用分析法学与比较法说的雏形。定性的依据，各国学界众说纷纭，有法院地法说、准据法说、分析法学与比较法说、个案识别说、中间途径说和功能定性说等不同主张。我国在立法上采用了法院地法说。[①]此种主张虽为较多国家立法和学者所采用，但其缺陷亦显著。涉外民商事交往的诸多方面毕竟不同于纯国内交往，前者所涉及

① 参见黄进主编：《国际私法学》，高等教育出版社 2023 年版，第 145－148 页。

的法律概念和法律关系可能超出法院地法涵盖的边界，毕竟法院地法主要针对国内民商事交往的情形而制定。在该案中，备用信用证是一个不为我国法律所涉及的新颖概念。在此情况下，国际商事法庭结合合同中“见索即付”的措辞，借用 ISP98 的界定分析备用信用证的特性，然后与《独立保函规定》对独立保函的界定相比较，最后断定，“具有担保功能的备用信用证应被认定为独立保函”。

该案判决在定性上原本可更充分地运用分析法学与比较法方法。在国内法上，为美国各州广泛采用的《统一商法典》，第五编有关信用证的规定适用于备用信用证；德国《民法典》和最高法院的判例确立了独立担保制度；法国在一系列判例基础上于 2006 年《民法典》中明确规定了独立担保制度。在国际法上，除了 ISP98，对备用信用证规定的还有 1995 年《联合国独立担保和备用信用证公约》。后者的第 2 条“承保”，明确将独立担保和备用信用证并称，用“或”表明二者可以互换。[①]对于备用信用证和独立保函的关系，我国学者早就形象地指出：“备用信用证与独立保函是‘土豆’与‘山药蛋’的关系，在法律性质和商业功能上，二者完全一致，区别仅仅在于使用地域和名称。”[②]该案判决若能充分运用分析法学与比较法方法和学界研究成果，则有关定性的论证，将会视野更加宏阔，说理更为严密。其论断“具有担保功能的备用信用证应被认定为独立保函”，也可更准确地表述为“备用信用证和独立保函的性质和功能等同，均为独立担保，因此《独立保函规定》也可适用于备用信用证”。其实，在《独立保函规定》的草案公开征求意见阶段，就有学者提出，该司法解释的标题应改为“最高人民法院关于审理独立保函和备用信用证纠纷案件若干问题的规定”，这样可明确将备用信用证纳入该司法解释的调整范围。[③]

该案判决也表明了我国法院在涉外民商事司法中对国际惯例的尊重。当事人在《备用信用证》《反担保备用信用证》中均约定适用 ISP98，国际商事法庭对此予以认可，并将其作为定性的重要依据之一。不过，该案判决本可更充分

① 参见《联合国独立担保和备用信用证公约》第 2 条第 1 款：“就本公约而言，承保是一项独立承诺，在国际惯例中称之为独立担保或备用信用证，……”（For the purposes of this Convention，an undertaking is an independent commitment，known in international practice as an independent guarantee or as a stand-by letter of credit，…）

② 高祥：《论国内独立保函与备用信用证在我国的法律地位——兼评最高人民法院独立保函司法解释征求意见稿》，载《比较法研究》2014 年第 6 期，第 14 页。

③ 参见高祥：《论国内独立保函与备用信用证在我国的法律地位——兼评最高人民法院独立保函司法解释征求意见稿》，载《比较法研究》2014 年第 6 期，第 15 页。

地表达对国际惯例的尊重。一方面，对于该案中当事人争议的江苏银行是否应支付600万美元及其利息的问题，已由DOCDEX裁决。作为国际商会银行委员会和国际商会国际中心管理的争端解决机制，此裁决对于ISP98的解释具有一定的权威性。我国国际商事法庭的判决其实与其没有冲突，若是对DOCDEX裁决作出适当回应，当能进一步凸显我国对国际惯例的尊重。另一方面，我国《独立保函规定》的诸多规定，实质上与ISP98并无矛盾。当事人本来约定适用ISP98，后来转向选择我国法律，国际商事法庭主要依据《独立保函规定》这一司法解释作出裁决。当事人法律选择的转变以及《独立保函规定》与ISP98的关系，令人不免心生疑惑。若是该案判决对此稍作说明，则其说服力和对国际惯例的尊重，效果更佳。

此外，在法律适用方面，《独立保函规定》第22条第1款和第2款分别对合同关系和侵权关系的法律适用作出了明确规定，其内容与《法律适用法》第41条和第44条保持一致。但是该案判决，对于侵权问题适用了《独立保函规定》第22条第2款，而未提及《法律适用法》第44条；对于合同问题适用了《法律适用法》第41条，而未提及《独立保函规定》第22条第1款。如此区别对待，难免让人不明就里。

第四节　展望和建议

一、国际私法新规的细化与实施

2023年，国际私法多领域的规则废、立、改成就斐然，下一步的规则细化与具体实施便势所必然。具体而言，原《民事诉讼法》司法解释有望经由修改，实现与立法修订内容的协调，而新制定的《外国国家豁免法》也可能有司法解释出台以助益其实施；《司法解释二》和《国际条约适用解释》两份司法解释有些问题将会得到进一步澄清，案例指导、法官培训等相关配套工作有望得到落实。

首先，新《民事诉讼法》的司法解释有望不久后面世。《民事诉讼法》确立的主要是基本规则，一些内容的原则性较强，而具体的操作性细则通常留待最高人民法院通过司法解释来完成。近年来，最高人民法院高度重视《民事诉讼法》司法解释工作，往往在法律修订后很快便做好司法解释的跟进。例如2021

年 12 月《民事诉讼法》修改，2022 年 4 月相关司法解释修订版便对外公布。2023 年《民事诉讼法》修订幅度较大，新创涉外民事诉讼制度众多，2022 年版的司法解释已有诸多规定与之相悖。例如涉外协议管辖制度中的实际联系要求已被新法废除，不方便法院制度被纳入新法中并且其认定因素也被修改。同时，新法中的新制度，例如适当联系的管辖依据和平行诉讼制度，需要最高人民法院明晰实施细则。

其次，《外国国家豁免法》的配套司法解释可能会在 2024 年出台。该法兼具司法和外交属性，实施不当可能有损我国外交形象和对外关系；其属于《民事诉讼法》的特别法，标志着我国的外国国家豁免政策从绝对豁免转向限制豁免，长期受绝对豁免政策熏陶的法官如何快速适应这一转变是当前迫切需要解决的司法难题。此外，如何界分“主权行为”和“商业行为”，国内外学术界和实务界众说纷纭，该法第 7 条第 2 款要求“综合考虑该行为的性质和目的”，而“行为的性质”和“行为的目的”可能指向不同，其实际操作的难度可想而知。对于该法实施的诸如此类细节问题，亟待最高人民法院通过司法解释予以解答和指导。

最后，《司法解释二》和《国际条约适用解释》两份司法解释，虽然分别对外国法查明和法院适用国际条约、国际惯例予以详细规定，但是依然留下了一些疑点和问题。在外国法查明方面，法院利用多少查明途径才算达到外国法查明职责的标准，法律查明服务机构的资质证明的形式和实质要求，在当事人未约定查明费用时法院如何根据当事人的诉讼请求和具体案情确定费用的负担，诸如此类的问题需要最高人民法院通过指导性案例或其他方式予以进一步明确。在国际条约和国际惯例的适用方面，当事人选择未对中国生效的国际条约和国际惯例的补缺适用，均涉及复杂的冲突法问题。如何处理司法解释的规定与合同冲突法的关系，实践中可能不断涌现新问题，最高人民法院若能及早预见并给予解决思路或方案，当有助于我国涉外司法水平和司法国际公信力的提升。

二、涉外民事关系法律适用法司法解释的后续出台

2010 年《法律适用法》内容简练，原则性规定居多，亟须最高人民法院通过司法解释予以细化。遗憾的是，继 2012 年《司法解释一》10 余年后，2023 年《司法解释二》方得面世，而且其内容依然属于《法律适用法》第一章“一般规定”中的外国法查明制度。实践中法院遇到的当事人能力、涉外物权、涉外债权、涉外家庭关系等具体问题的法律适用，主要与其他章节有关，但相关

司法解释迟迟未能出台。

最高人民法院若制定“一般规定”之外的司法解释，理应首先考虑合同冲突法部分。首先，这部分立法极其简略。相对于国外的详尽立法，我国对一般合同的法律适用只有一个条文，其中对特征性履行原则和最密切联系原则的关系规定得相当模糊。在立法出台伊始，有学者便指出，有关特征性履行原则的规定缺乏可操作性，责问若该原则与最密切联系原则指向的法律不一致，法官当如何选择。[①]另有学者认为，该规定既未发挥特征性履行原则对最密切联系原则具体化的功能，也无从体现后者对前者的矫正功能，法律的确定性与灵活性未得到有机结合。[②]还有学者将该规定讽喻为“和稀泥式的立法方法”，让法官“几乎可随心所欲地”解释和适用，并担忧，考虑法官普遍偏爱最密切联系原则，特征性履行原则“很有可能被弃置一旁”。[③]司法实践中，法官偏爱最密切联系原则而冷落特征性履行原则，虽未达到将后者“弃置一旁”的地步，但适用后者的比例严重偏低；即便在占比不高的判决中，误用特征性履行原则的情况也相当普遍。例如，自 2018 年至 2022 年，北京市高级人民法院和上海市高级人民法院所作出的 99 份判决书中，仅有 15 份适用了特征性履行原则，占比 15.2%。[④]其中，有些判决书将特征性履行原则与最密切联系原则并用；[⑤]有些则不加论证地将非金钱性义务的履行作为特征性履行；[⑥]还有些甚至称最能体现合

---

① 参见郭玉军：《中国国际私法的立法反思及其完善——以〈涉外民事关系法律适用法〉为中心》，载《清华法学》2011 年第 5 期，第 164－165 页。

② 参见张丽珍：《特征性履行理论与最密切联系原则关系之再梳理》，载《中国国际私法与比较法年刊》2012 年第 15 期，第 124 页。

③ 参见宋晓：《中国国际私法的制度生成》，北京大学出版社 2018 年版，第 185－186 页。

④ 在“北大法宝”数据库中，于 2023 年 7 月 3 日以“中华人民共和国涉外民事关系法律适用法”“第四十一条”“合同特征”为检索词，审理法院限定为北京市高级人民法院，发布日期限定为 2018 年 1 月 1 日至 2022 年 12 月 31 日，全文检索到 192 份判决书；在上述检索条件中，删除“合同特征”检索词，更换法院为上海市高级人民法院，检索到 34 份判决书。在 226 份判决书中，适用 2010 年《法律适用法》第 41 条第 2 句（针对当事人没有选择法律情形的规定）的共有 99 份。

⑤ 例如“上诉人熙可食品科技（上海） 有限公司与被上诉人德迅（中国）货运代理有限公司、原审被告熙可食品亚太公司海上货运代理合同纠纷案二审民事判决书”（(2019) 沪民终 487 号）：“德迅公司作为货运代理人，其是履行义务最能体现该合同特征的一方当事人，且该合同的双方当事人均为注册在中国上海的公司法人，中国内地法律与本案具有最密切联系”。另如“中信环境技术有限公司与北京中恒联合投资管理有限公司居间合同纠纷二审民事判决书”（(2020) 京民终 316 号）等。

⑥ 例如“中国中服服装有限公司与北京金润泰和商贸有限公司居间合同纠纷二审民事判决书”（(2020) 京民终 82 号）：“中服公司履行支付居间费义务最能体现合作协议的特征，故履行合同义务最能体现合作协议特征的是中华人民共和国法律。”另如“张爱农与李栋民间借贷纠纷二审民事判决书”（(2020) 京民终 378 号）等。

同特征的是“中华人民共和国法律”而非一方当事人的履行，此类表述严重背离了特征性履行原则的基本内涵。[①]考虑合同冲突法立法的模糊和缺陷，制定其司法解释的必要性和迫切性显而易见。其次，最高人民法院以前曾制定2007年《关于审理涉外民事或商事合同纠纷案件法律适用若干问题的规定》（已失效），其内容详尽，大部分规定具有合理性，可以作为制定新司法解释的良好基础。最后，我国学界向来重视合同冲突法的研究，相关理论成果众多，甚至不乏有关其司法解释的具体建议，当前制定此领域司法解释的理论基础较为雄厚。概而言之，合同冲突法司法解释制定的必要性和可行性兼备，出台时机已然成熟。

① 例如“中信环境技术有限公司与北京中恒联合投资管理有限公司居间合同纠纷二审民事判决书”（（2020）京民终316号）：“最能体现合同特征且与合同有最密切联系的法律为中华人民共和国法律”。另如“廖华锋与许明英民间借贷纠纷二审民事判决书”（（2019）京民终855号）等。

第十一章　国际商法法治发展

第一节　大　事　记

一、最高人民法院发布第四批涉“一带一路”建设典型案例

自“一带一路”倡议提出以来，人民法院坚持共商共建共享原则，坚持公正高效便利，坚持尊重当事人意思自治，坚持纠纷解决多元化，化解涉“一带一路”建设争议成效显著。2023 年 9 月 27 日，最高人民法院发布第四批涉“一带一路”建设典型案例。这次发布的 12 个典型案例，涉及国际货物买卖、独立保函、信用证、审计侵权赔偿、保险人代位求偿、金融衍生品交易、法律服务合同、股权转让等涉外商事纠纷的多个类型，还有认可和执行香港仲裁裁决、承认和执行外国民事判决案件，都是“一带一路”建设中常见的案件，所涉法律争议具有很强的代表性。人民法院在这些案件的审理中，对疑难复杂问题作出清晰回应，对于统一裁判标准、完善审理规则起到了很好的指导作用。

二、联合国大会通过的首个以中国城市命名的国际海事公约《北京船舶司法出售公约》在京签署

2023 年 9 月 5 日，《北京船舶司法出售公约》签约仪式在京举行，这是海商领域首个以中国城市命名的联合国公约，体现各方对中国积极参与国际海事法治建设事业，为世界航运经济发展所作贡献的肯定。《北京船舶司法出售公约》旨在解决船舶司法出售跨境承认问题，确保船舶司法出售中买受人的所有权在其他缔约国得到承认，增强了相关权利的稳定性，促进了国际航运业的健康发展和国际贸易法的协调统一，是通过不断完善海洋法治，推动构建海洋命运共同体、推进全球海洋治理的重要实践。

三、中华人民共和国最高人民法院与新加坡共和国最高法院通过“一带一路”倡议背景下国际商事争议的合作谅解备忘录

“一带一路”倡议背景下，国际贸易和商务相关争议日趋复杂。为促进中新两国友谊，推动共建“一带一路”高质量发展，为当事人提供灵活、创新和高效的争议解决方式，2023 年 11 月 1 日，中新两国最高法院通过诉中调解框架加强“一带一路”国际商事争议管理方面的合作，并签署谅解备忘录。

备忘录对诉中调解框架的制定和实施、与其他各方的合作、信息共享、诉中调解框架的特征、诉中调解示范条款、其他事项等六方面内容进行规定，自签署之日起生效。

四、北京四中院构建完善十项审判机制以服务保障“一带一路”行稳致远

2023 年 11 月 9 日，北京四中院召开“服务保障‘一带一路’十项审判机制”新闻通报会，通报服务保障“一带一路”建设十项审判工作机制，并发布十大典型案例。

北京商院国际商事纠纷一站式多元解纷中心和北京国际商事法庭相继在北京四中院成立以来，通过构建涉“一带一路”案件当事人全流程引导机制、涉“一带一路”基础设施建设系统评估机制、实质化解决争议的多元调解工作机制、国际商事纠纷诉源治理工作机制、完善“一带一路”域外法查明工作、国际条约和国际惯例准确适用机制、涉外审判精品工程、国际司法协助工作机制、推进涉外审判信息化智能化建设和涉外审判人才队伍培养等十项审判工作机制，充分发挥涉外审判职能作用，持续提升涉外审判质效，为高质量共建“一带一路”行稳致远提供有力司法服务和保障。

五、吉林高院印发《吉林省高级人民法院域外法查明暂行办法》为吉林涉外审判工作实现新突破提供新举措

《吉林省高级人民法院域外法查明暂行办法》（本段简称《办法》）结合涉外审判工作实际，共用 22 条，对域外法查明的概念、基本原则、适用范围、查明责任主体、查明途径、查明不能等程序性问题进行了明确规定。《办法》有以下亮点：一是建立了域外法查明领域中的专家辅助人制度；二是明确要求人民法院应在裁判文书中说明域外法查明途径及适用理由；三是明确了域外法查明费

用的负担原则应参照鉴定费原则合理确定。《办法》的出台填补了吉林省涉外审判领域空白，有效解决了对域外法谁来查、怎么查、无法查以及查后适用的实际问题，也为依法平等保护中外当事人合法权益提供了制度层面的有力支撑。

六、联合国国际贸易法委员会（UNCITRAL）发布《国际投资争端解决仲裁员行为守则》与《贸易法委员会国际投资争议解决法官行为守则》

2023 年 9 月，联合国国际贸易法委员会发布了于 2023 年 7 月 7 日在维也纳召开的第五十六届会议上通过的《国际投资争端解决仲裁员行为守则》与《贸易法委员会国际投资争议解决法官行为守则》。作为投资者与国家间争端解决机制（ISDS）改革的重要组成部分，《国际投资争端解决仲裁员行为守则》与《贸易法委员会国际投资争议解决法官行为守则》从公正性、独立性、诚信勤勉、披露义务、保密义务等多个角度提出了对国际投资争端中仲裁员与法官的要求，明晰其应当承担职业道德义务的标准，有利于约束国际投资争端解决中仲裁员与法官的言行，进而推动 ISDS 机制下公平与公正的实现。

七、联合国国际贸易法委员会审定并通过《关于中小微企业获得信贷机会的建议》

2023 年 7 月 11 日，联合国国际贸易法委员会在维也纳召开第五十六届委员会，审定并通过了《关于中小微企业获得信贷机会的建议》，并原则上核准了对这些建议的评述意见草案。小微企业是经济发展的重要推动力，但又面临着金融、环境和其他危机的严峻挑战，第一工作组（中小微型企业）致力于帮助发展中国家中小微企业减少发展面临的法律障碍，《关于中小微企业获得信贷机会的建议》从政策和实务方面提出干预措施，确保相关立法在便利中小微企业获得信贷方面行之有效，为便利中小微企业获得信贷提供指导。

八、国际商会（ICC）和 SWIFT 发布首个担保和备用信用证 API 标准

国际商会和全球领先的安全金融信息服务提供商 SWIFT 发布了首个适用于银行保函和备用信用证的应用程序编程接口（Application Programming Interface，API）行业标准，以简化金融工具的整个生命周期，包括发行、通知、修订、注销（cancellations）和索赔。API 不仅提供轻便的足迹，还有助于提供

标准化和实时可视性，从而提高互操作性和运营效率，并将银行业务功能，特别是担保和备用信用证，无缝集成到企业财务部、企业资源规划系统和第三方平台中。这是国际商会与 SWIFT 持续合作的一部分，旨在创建一个以通用标准和互操作性为基础、面向未来的数字贸易生态系统。

九、国际商会批准《阿克拉网络弹性发展呼吁》

2023 年 11 月 29 日，国际商会正式批准《阿克拉网络弹性发展呼吁》(Accra Call for Cyber Resilient Development)，这是加强全球网络安全建设的一项重大举措。由于网络安全在维持经济增长、保护关键基础设施和加强全球数字生态系统信任方面发挥着关键作用，国际商会强调将动员其全球商业网络做到以下三点：支持将网络复原力纳入国家和国际可持续发展战略，强调各部门合作的重要性；根据发展中国家的独特国情和能力，满足日益增长的网络能力建设需求，包括提高关键部门的复原力，解决网络安全技能差距问题；倡导全社会和全生态系统方法，鼓励公私伙伴关系和包容性市场激励措施，以提高发展中经济体的网络复原力。

十、国际统一私法协会正式发布《保理示范法》

2023 年 5 月 10 日，国际统一私法协会理事会在第一百零二届会议上通过了《保理示范法》(Model Law on Factoring，MLF)，之后经过最后的论证程序，于 2023 年 10 月 30 日，在 FCI 第五十五届年会上被正式推出。《保理示范法》是现今第一个国际统一法律框架，旨在为尚未实施现代、全面的担保交易登记处的国家提供一套黑体字法律规则（black letter rules），并将成为各国促进贸易融资、获得信贷和经济发展的重要工具。《保理示范法》也被世界贸易委员会（World Trade Board）认定为“贸易金融普惠路线图”（Financial Inclusion in Trade Roadmap）的三大支柱之一。国际统一私法协会在《保理示范法》发布之后通过了一项实施和促进战略，由四个部分组成：将《保理示范法》作为促进贸易融资、获得信贷和经济发展的核心工具；提高相关大型多边论坛对《保理示范法》的认识；支持《保理示范法》的国内实施；确保《保理示范法》被广泛使用。

十一、国际统一私法协会举办首次自愿碳信用额项目会议

2023年10月10日至12日，自愿碳信用额项目（Voluntary Carbon Credits Project）法律性质工作组第一次会议以混合形式在罗马国际统一私法协会所在地举行。工作组会议与世界银行和联合国国际贸易法委员会合作举办，参加成员包括来自国际、地区和政府间组织以及私营部门和学术界的法律专家和观察员。自愿碳信用额项目是国际统一私法协会2023年至2025年三年期工作计划中的一个高度优先项目。其主要目标是就私法问题提供指导，以增强对自愿碳信用交易的信心，并支持发展一个运作良好的市场，该市场可在应对气候变化、实现《联合国气候变化框架公约》特别是《巴黎协定》的目标，以及促进实现联合国可持续发展目标方面发挥核心作用。

十二、国际统一私法协会正式发布《数字资产与私法通则》

2023年5月10日至12日，由数字资产与私法工作组编写的《数字资产与私法通则》（The Principles on Digital Assets and Private Law）在国际统一私法协会理事会第102次会议通过，并于2023年10月4日正式发布。《数字资产与私法通则》旨在提供立法指导，并制定与数字资产的法律性质、转让和使用有关的原则。它包括数字资产的法律分类和侧重于所有权利益的分析，同时考虑各种情况下出现的具体问题，如担保交易、跨境交易中的适用法律、破产和中间人的法律地位。《数字资产与私法通则》在技术、业务模式和司法管辖方面保持中立，所确定的原则体现了最佳做法和国际标准，使各法域能够对数字资产转让和使用过程中产生的法律问题采取共同的方法。

十三、国际统一私法协会完成《仓单示范法》草案并提交贸易法委员会审议

国际统一私法协会工作组第六届会议已基本完成仓单示范法的联合筹备工作，在2023年5月10日至12日于罗马举行的第一百零二届会议上，国际统一私法协会理事会一致批准了《仓单示范法》（Model Law on Warehouse Receipts）草案，并提交贸易法委员会进行政府间谈判。2023年9月25日至29日，贸易法委员会第一工作组的代表和观察员在维也纳连续五天讨论了《仓单示范法》草案。与会代表和观察员对国际统一私法协会工作组编写的案文表示赞赏，并

逐条讨论了案文。《仓单示范法》草案被视为一份独立文书，供寻求改革本国立法的国家采用。它包括一套黑体字规则（black letter rules），涵盖仓单系统的私法方面，同时考虑了电子和纸质仓单的签发和转让。预计《仓单示范法》草案将由贸易法委员会工作组进行为期一年的谈判，最终文本将于 2024 年年中通过。

第二节　综合分析

一、2023 年我国涉外商事纠纷司法实践分析

以“涉外”为检索词，截至 2023 年 12 月 28 日中国裁判文书网公示信息统计，排除明显与涉外商事纠纷无关的其他案例，2023 年全国各级法院上网公开的涉外民商事判决书和裁定书共约 2 300 份。[①]2023 年全国法院受理的涉外商事案件，涉及的一级案由包含物权纠纷，合同、无因管理、不当得利纠纷，海事海商纠纷，与公司、证券、保险、票据等有关的民事纠纷等，涵盖种类多、范围广。合同纠纷是最为典型的涉外商事案由，相关案件数量约为 1 488 起，占比达到约 64.69%，[②]其中又以借款合同纠纷、买卖合同纠纷、租赁合同纠纷、建设工程合同纠纷为主，合计占合同类纠纷总数的 66.19%。[③]其他占比较大的案件类型还包括知识产权与竞争纠纷（约占 11.91%）[④]和与公司、证券、保险、票据等有关的民事纠纷（约占 4.65%）。[⑤]随着国际分工日益深化，其间也涌现出一批与跨境破产、跨境电商、企业和资产跨境并购、金融衍生产品投资等相关的新类型案件，比如 2023 年各级法院审结跨境破产类案件共 7 起，案件争议涉及破产债权确认纠纷、请求确认债务人行为无效纠纷和追收未缴出资纠纷，反映出我国区域经济对外开放纵深发展，商事主体海外投资贸易方式不断拓展和创新。2023 年全国各级法院审结申请承认和执行外国法院民商事判决、裁定及申请承认与执行外国仲裁裁决的案件共 6 件，均得到我国法院的支持。2023 年全国各级法院审结涉外商事案件中，申请撤销国内仲裁裁决的案件共 52 件，法院全部裁定驳回。体现出我国法院在承认和执行外国判决、国内外仲裁裁决

---

① 中国裁判文书网，最后访问时间：2023 年 12 月 28 日。

② 中国裁判文书网，最后访问时间：2023 年 12 月 28 日。

③ 中国裁判文书网，最后访问时间：2023 年 12 月 28 日。

④ 中国裁判文书网，最后访问时间：2023 年 12 月 28 日。

⑤ 中国裁判文书网，最后访问时间：2023 年 12 月 28 日。

方面的审慎作为，展露出了开放包容的大国司法姿态。

综合考察 2023 年全国各级法院审结的涉外民商事案件，从案件地域分布来看（如图 11－1 所示），案件数量较多的省市集中在沿海和经济发达地区，广东省、北京市、重庆市、上海市、辽宁省、浙江省、山东省、福建省位居前列，呈现出区域经济发展与涉外商事案件量正相关性。区域经济发展带动更为活跃的国际商事交往，频繁的国际商事交往易催生更多的涉外民商事纠纷。

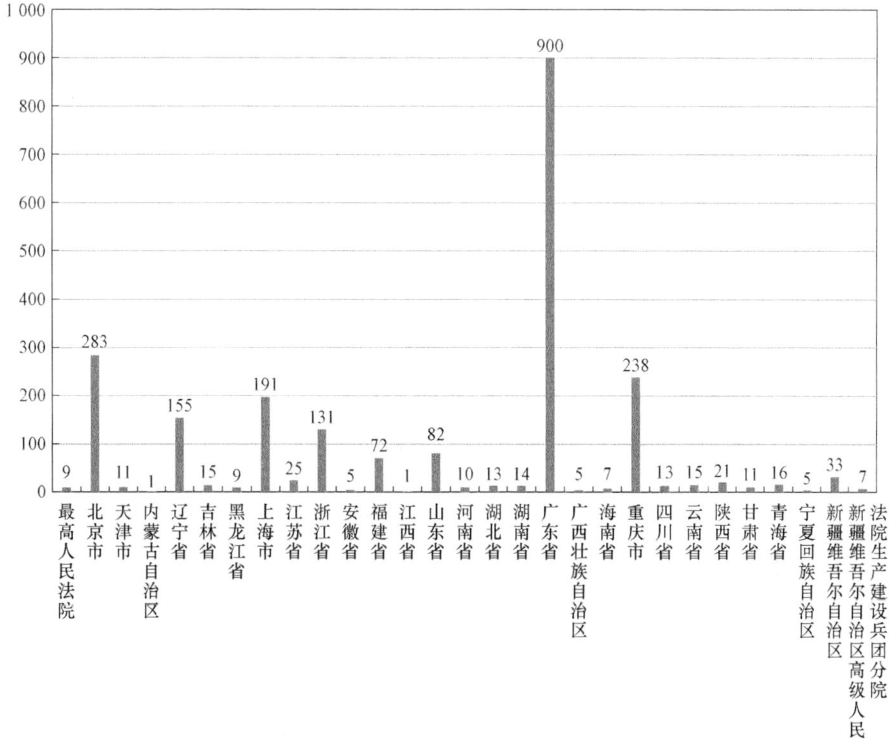

图 11－1　2023 年我国涉外民商事案件地域分布①

从案件审理程序来看（如图 11－2 所示），2023 年我国各级法院一审审结的涉外民商事案件合计 1 608 起，其中由基层人民法院一审审结的 1 398 起，占比约 86.94%；由中级人民法院一审审结的案件 208 起，没有案件由高级人民法院一审审结，有 2 起案件由最高人民法院一审。民事二审案件 536 起，再审案件 21 起。另，二审和再审案件中，二审法院维持原判决和裁定的共 446 件，发回改判的 90 件；再审法院裁定全部驳回再审申请的 16 件，撤销或发回改判的 5

① 中国裁判文书网，最后访问时间：2023 年 12 月 28 日。

件，即通过二审或再审程序的案件纠错率分别为16.79%、23.81%，高于一般民商事案件的改判率。由于涉外民商事案件审理涉及国际条约、国际惯例和准据法适用的情形增多，司法管辖权和法律适用等问题愈加复杂，数据表明我国法院对其理解和把握仍然存在一定不足。

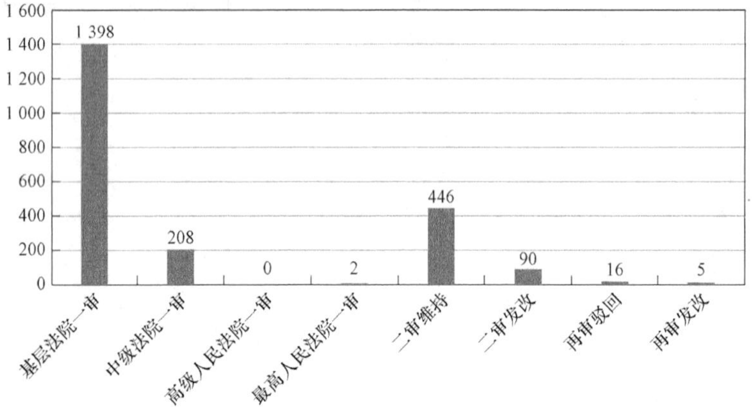

图 11－2　2023 年我国涉外民商事案件审判程序①

从案件所涉国别和地区来看，当事人已覆盖全球100多个国家和地区，国内国际关注度显著上升，除美国、日本、韩国、俄罗斯等传统贸易伙伴国外，还覆盖印度尼西亚、越南、土耳其、也门等多个“一带一路”沿线国家。进一步对涉外商事案件审判的法律适用进行分析，可以发现主要存在适用国际公约或国际商事惯例等统一实体法规范、适用当事人协议选择或依据冲突法规范指引的域外法，以及适用我国国内法三种情形。总体来看，我国涉外审判覆盖的国家和地区范围不断扩大，境外当事人主动选择中国法院管辖的案件日益增多，在参与国际规则制定中发挥的作用更加凸显，涉外司法国际公信力和影响力持续提升。

二、2023 年国际商事统一法在我国的司法适用分析

经中国裁判文书网公示信息统计，2023年全国各级法院网上公开的涉及代表性国际商事统一法的判决书和裁定书共65份（如表11－1所示），所涉案件类型集中在国际货物买卖、国际货物运输、国际贸易支付等领域。

① 中国裁判文书网，https://wenshu.court.gov.cn/. 最后访问时间：2023年12月28日。

表 11－1 2023 年国际商事统一法案件适用情况的统计[①]

属性	检索对象	判决书数量	裁定书数量
国际公约和协定	《联合国国际货物销售合同公约》	8	1
	《国际铁路货物联运协定》	0	1
	《蒙特利尔公约》	9	1
	《华沙公约》	4	1
	《海牙规则》	1	0
国际商事惯例	《国际贸易术语解释通则》	5	2
	《跟单信用证统一惯例》	0	0
	《见索即付保函统一规则》	3	0
	《托收统一规则》	0	0
	国际惯例/国际贸易惯例/国际商事惯例（不含以上）	26	3

综合 2023 年我国法院援引统一实体法规则出具的裁判文书来看，国际公约方面，《蒙特利尔公约》在本年度涉外商事审判中得到最高频次的引用，已公开的判决和裁定达 10 项。《联合国国际货物销售合同公约》（CISG）次之，据其作出的判决和裁定共有 9 项。另涉及《华沙公约》的判决和裁定有 5 项，涉及《海牙规则》的判决 1 项，涉及《国际铁路货物联运协定》的裁定 1 项。国际惯例方面，明确提及《国际贸易术语解释通则》（Incoterms）的判决 7 项、提及《见索即付保函统一规则》的判决 3 项，且没有明确提及《跟单信用证统一惯例》《托收统一规则》的裁判。此外，以“国际惯例”“国际贸易惯例”“国际商事惯例”进行全文检索，排除前述已明确提及代表性国际商事惯例的裁判文书，得到有关其他国际惯例的涉外民商事案件判决和裁定共 28 项。

其一，有关 CISG 的司法适用。2023 年度，我国法院审结的 9 个涉及 CISG 的案件中，有 6 个案件直接将 CISG 作为裁判依据；1 个案件法院仅提及 CISG，以公约的类似规定辅助说明《民法典》相关规定的合理性；1 个案件因双方当事人协议约定适用准据法，法院明确不再适用 CISG；另 1 个案件则是以 CISG 为准据法的买卖合同纠纷执行异议执行裁定。在明确将 CISG 作为裁判依据的案件中，适用 CISG 法律条款频次较高的有第 1 条（适用范围）、第 30 条（卖

① 中国裁判文书网，https://wenshu.court.gov.cn/. 最后访问时间：2023 年 12 月 28 日。

方的义务）、第 35 条（货物相符）、第 45 条（卖方违反合同的补救办法）、第 53 条（买方的义务）、第 73 条（分批交货合同）、第 74 条（损害赔偿）、第 78 条（支付利息）、第 84 条（支付价款利息）。一定程度上，显示出我国司法实践高度重视公约适用准确性、买卖双方货物交付检验方面的权利义务，以及通过违约损害赔偿实现救济目的。与此同时，相关审判活动还进一步廓清适用公约与适用国内法的关系问题。一是对于 CISG 未规定的事项，以国内法为补充。例如“夏发集团公司（Shaphargroup LLC）与佰启控股（中国）有限公司国际货物买卖合同纠纷案”中，法院对于 CISG 未涉及的利率标准问题，适用国内法作为准据法予以解决。[①]这是我国法院的通常做法，但根据 CISG 第 7 条第 2 款，对于 CISG 未规定的事项，应首先寻求 CISG 所依据的一般原则，再通过准据法予以解决。直接适用国内法进行判决可能会导致 CISG 在不同法域的解释方法不统一的情况。二是对于案件符合 CISG 适用范围的，法院均自动适用 CISG。例如“天津凯斯巴瑞商贸有限公司与上海星空名座酒业贸易有限公司等其他合同纠纷案”中，在案涉订单并未约定法律适用的前提下，当原告认为案涉交货、销售实施均发生于我国境内，故应当适用我国法律时，法院不予支持，在认定被告公司营业地位于澳大利亚且不属于澳大利亚声明不适用的地区后，直接判定有关因案涉买卖合同关系而产生的权利和义务的争议应当适用 CISG 的规定。[②]可见，我国法院在涉外商事审判中逐步确定了 CISG 的优先适用原则，形成了较为成熟的 CISG 适用经验。

其二，有关《蒙特利尔公约》和《华沙公约》的司法适用。从案件类型上看，法院受理案件主要集中在与国际货物运输合同案件相关的运费支付、货物的损害赔偿和代位求偿类纠纷，与之相关的案件共计 11 起；其中，涉及旅客运输的案件 1 起。法院直接援引《蒙特利尔公约》作为裁判依据的 8 起，其余 3 起当中，有 2 起不属于《蒙特利尔公约》的适用范围，还有 1 起法院认为，由于当事人事先约定适用中国法律，因此适用中国法律进行裁判。适用条款集中在《蒙特利尔公约》第 1 条（适用范围）、第 18 条（货物损失）、第 22 条（延误、行李和货物的责任限额）、第 23 条（货币单位的换算）、第 26 条（合同条

① （2022）京 04 民初 294 号，夏发集团公司（Shaphargroup LLC）与佰启控股（中国）有限公司国际货物买卖合同纠纷一审民事判决书。

② （2022）沪 0115 民初 35607 号，天津凯斯巴瑞商贸有限公司与上海星空名座酒业贸易有限公司等其他合同纠纷一审民事判决书。

款无效的情形)、第 29 条(索赔的根据)、第 44 条(赔偿总额),第 49 条(强制适用)。从审判实践来看,凡是涉及国际航空运输中承运人责任的争议,法院一般都根据所涉国家是否为《蒙特利尔公约》缔约国来确定法律适用,对于《蒙特利尔公约》未规定的事宜,则统一适用我国实体法。例如“杜晓丽、中国南方航空股份有限公司航空运输财产损害责任纠纷案”因《蒙特利尔公约》未对赔礼道歉和精神抚慰金作出明确规定,法院据此裁定适用中华人民共和国法律。①涉及《华沙公约》的案件共计 6 起,我国虽然也是《华沙公约》的缔约国,但是《蒙特利尔公约》第 55 条规定了其优先适用的属性,②所以《华沙公约》在我国的司法实践中不再适用,仅作为事实认定的依据。

其三,有关《国际铁路货物联运协定》的司法适用。与该协定相关的仅 1 个相关裁定书,案件涉及《国际铁路货物联运协定》第 40 条(对货损发生地的推定),第 47 条(司法管辖)适用的分析,但最终法院界定双方之间为货运代理合同不属于运输合同关系,因此最终并未适用《国际铁路货物联运协定》。③

其四,有关《海牙规则》的司法适用。2023 年与《海牙规则》相关的仅有 1 个相关判决书,即“上海佩玖医疗科技有限公司与全球国际货运代理(中国)有限公司海上货物运输合同纠纷”一案④,本案双方在运输合同中约定依据《海牙规则》或《海牙–维斯比规则》相关条款确定责任限额,并规定若上述规则均不适用应以灭失或者受损货物毛重每公斤 2 特别提款权为限,双方协商适用国内法为准据法。由于我国不是上述规则的缔约国且双方约定的责任限额有减轻承运人责任的嫌疑,最终根据《海商法》第 56 条规定作出裁判。值得注意的是我国《海商法》中有关责任限额的规定与《海牙–维斯比规则》所规定的一致。

另从国际商事惯例的司法适用分析:其一,有关《国际贸易术语解释通则》(以下简称“Incoterms”)的司法适用。其类型涵盖国际货物买卖合同纠纷、国际货物运输和代理合同纠纷、海上保险合同纠纷,所涉贸易术语有 FOB、CIF、

① (2023)粤 0112 民初 10470 号,杜晓丽、中国南方航空股份有限公司航空运输财产损害责任纠纷民事一审民事判决书。

②《蒙特利尔公约》第五十五条规定,在下列情况下,本公约应当优先于国际航空运输所适用的任何规则:一、该项国际航空运输在本公约当事国之间履行,而这些当事国同为下列条约的当事国:(一)一九二九年十月十二日在华沙签订的《统一国际航空运输某些规则的公约》(简称《华沙公约》)。

③ (2023)沪 03 民辖终 16 号,武汉中实国际物流有限公司与希森美康医用电子(上海)有限公司货运代理合同纠纷管辖民事裁定书。

④ (2021)沪 72 民初 876 号,上海佩玖医疗科技有限公司与全球货运代理(中国)有限公司海上货物运输合同纠纷一审民事判决书。

CIP、DAP、FCA、CFR、DDP、CFS。上述案件，法院均遵从 Incoterms 对其法律事实进行认定，表明我国充分尊重国际商事惯例、积极与国际商事惯例接轨的司法理念。相关裁判也体现我国国际商事裁判水平的提高，一是部分裁判明确 Incoterms 项下的买卖合同关系与当事人的运输合同关系属于不同的法律关系，买卖合同关系中的约定不能对抗运输合同项下的请求权。如“联邦快递（中国）有限公司大连分公司与大连桓星东方太阳能科技有限公司运输合同纠纷”二审判决书中，CIF 项下由买方（意大利客户）承担的进口清关费用的约定，不能作为运输合同中托运人（卖方）对承运人垫付的进口清关费用请求权的抗辩。[①]二是部分裁判明确 Incoterms 属于任意性规定，当事人可以在采用 Incoterms 时作出与 Incoterms 不一致的约定。如“江苏兴业聚化有限公司等与深圳市泰博国际货运代理有限公司海上货物运输合同纠纷”二审民事判决书中，一审法院认为，FOB 贸易术语并不限制贸易双方协商约定由卖方同承运人签订海上货物运输合同。[②]

其二，有关《见索即付保函统一规则》的司法适用。有 3 个案件援引该规则通过二审审结，由于涉案金额较高，受理法院层级均为中级人民法院。根据《最高人民法院关于审理独立保函纠纷案件若干问题的规定》第三条的规定，在国内的司法程序中，合同未记载见索即付，责任的承担以主债权的确定为前提，并非独立于基础交易的合同，不应当认定为见索即付保函。[③]此外，还有一份裁决书依据《独立保函若干规定》第 14 条裁定当事人中止向商业银行支付反担保函项下款项。法院认可当事人在保函中约定适用《见索即付保函统一规则》等交易示范规则的效力；即便在保函中未约定适用《见索即付保函统一规则》，在认定保函交单是否构成表面相符时，法院可以参照适用《见索即付保函统一规则》确定的相关审单标准。[④]

---

① （2023）辽 02 民终 5004 号，联邦快递（中国）有限公司大连分公司与大连桓星东方太阳能科技有限公司运输合同纠纷二审判决书。

② （2022）沪民终 644 号，江苏兴业聚化有限公司等与深圳市泰博国际货运代理有限公司海上货物运输合同纠纷二审民事判决书。

③ （2023）藏 04 民终 82 号，大连市企业信用融资担保有限公司、中国科学院青藏高原研究所等建设工程合同纠纷民事二审民事判决书；（2023）新 01 民终 305 号，大连市企业信用融资担保有限公司、中国科学院青藏高原研究所等建设工程合同纠纷民事二审民事判决书；（2023）新 01 民终 1844 号，乌鲁木齐市城市交通投资有限责任公司、中国建设银行股份有限公司新疆维吾尔自治区分行营业部独立保函纠纷民事二审民事判决书。

④ （2023）京 74 行保 1 号，北京城建集团有限责任公司与中国工商银行股份有限公司北京市分行等申请中止支付保函项下款项民事裁定书。

其三，有关知识产权相关国际条约的司法适用。2023 年有 3 个案件援引《保护工业产权巴黎公约》通过二审审结，两个案件均明确表明原被告双方所在成员国均为《保护工业产权巴黎公约》的成员国，在我国境内的合法经营活动，应当依法获得保护。其中一份判决书援引《保护工业产权巴黎公约》第 1 条第 2 款、第 10 条之二对不正当竞争行为进行规制。①2023 年共有 47 个案件援引《保护文学和艺术作品伯尔尼公约》，所有案件均通过明确原被告双方所在成员国为《伯尔尼公约》的成员国来解决原被告主体的适格性问题。②2023 年共有 11 个案件援引《商标国际注册马德里协定》，主要用于说明原告依据该协定对其商标申请了国际注册。③2023 年共有 3 个案件援引《尼斯协定》，依据该协定，法院参照其中国际商标注册商品和服务分类规则，但同时法院明确，在侵害商标权判定中，《尼斯协定》的分类只能作为判断商品或服务类似的参考，不能作为唯一的认定标准。④

其四，有关《托收统一规则》和《跟单信用证统一惯例》的司法适用。2023 年我国法院没有审判涉及《跟单信用证统一惯例》的案件，根据数据观察到《托收统一规则》与《跟单信用证统一惯例》的司法适用自 2020 年以后显著减少。

其五，有关其他国际惯例的适用。2023 年度共有 4 个案件适用了除上述代表性国际商事统一法之外的其他惯例，分别为有关共同海损理算的《1994 年约克—安特卫普规则》、海上货物运输风险责任与划分的国际惯例、国际域名争议解决惯例以及《国际保理通则》（GRIF）。除此之外，还有许多交易惯例、行业惯例、日常惯例被法院作为案件裁判的依据。例如，在广发银行股份有限公司

① （2022）沪 73 民终 844 号，上海悦家食品有限公司等与株式会社益力多本社不正当竞争纠纷二审民事判决书；（2023）京民申 4478 号，北京中测精仪国际科技有限公司等与加拿大测量国际有限公司不正当竞争纠纷再审审查与审判监督民事裁定书；（2021）京 73 民终 1846 号，湖南优卓食品科技有限公司等侵害商标权纠纷二审民事判决书。

② 如（2023）沪 0104 民初 18059 号，上海著图文化传媒有限公司与北京云雨时空文化传媒有限公司侵害作品信息网络传播权纠纷一审民事判决书；（2023）沪 0105 民初 778 号，艾影（上海）商贸有限公司与上海寻梦信息技术有限公司等侵害作品发行权纠纷，侵害作品复制权纠纷，侵害作品信息网络传播权纠纷一审民事判决书，等等。

③ 如（2023）浙 0381 民初 2006 号，普拉达有限公司、林宗克侵害商标权纠纷一审民事判决书；（2023）粤 0604 民初 2334 号，普拉达有限公司、佛山市南海区桂城月辰服装厂侵害商标权纠纷民事一审民事判决书等等。

④ 参见（2022）粤 73 民终 3942 号，广州博香香氛科技有限公司、广州程豪香氛科技有限公司侵害商标权纠纷民事二审民事判决书。

上海分行与 KIMBERLEY AGRICULTURAL INVESTMENT PTY LTD 等金融借款合同纠纷案中，法院认为利息的换算公式为日利率＝年利率/基础天数，而基础天数的计算遵循国际惯例。[①]在卫文志与领航国际家具有限公司等买卖合同纠纷案中，涉讼合同约定被告领航公司给予原告的价格和条件应随时由双方商定，法院认为应当考虑贸易惯例，使双方从销售中获得相当利润，并最终认定被告领航公司无理由在双方未对调价达成协商一致的情况下仍要求原告达到短期提货目标。[②]

另，从统计数字来看，与往年相比，2023 年代表性国际商事统一法的适用案例数均出现不同程度的下降（如表 11－2、图 11－3 所示），但应当考虑此为截至 2023 年 12 月 28 日裁判文书网的数据统计，或仍有部分判决和裁定尚未上网公开。

表 11－2　2019—2023 年代表性国际商事统一法适用情况数据表

	2019 年	2020 年	2021 年	2022 年	2023 年
《联合国国际货物销售合同公约》	45	46	16	14	9
《国际铁路货物联运协定》	1	3	2	1	1
《蒙特利尔公约》	14	18	14	11	10
《华沙公约》	15	11	10	7	5
《海牙规则》	1	2	0	1	1
《国际贸易术语解释通则》	22	25	14	7	7
《跟单信用证统一惯例》	40	25	4	1	0
《见索即付保函统一规则》	32	12	14	4	3
《托收统一规则》	0	1	2	1	0
国际惯例/国际贸易惯例/国际商事惯例（不含以上）	50	31	23	11	29

① （2022）沪 74 民初 724 号，广发银行股份有限公司上海分行与 KIMBERLEY AGRICULTURAL INVESTMENT PTY LTD 等金融借款合同纠纷一审民事判决书。

② （2021）沪 0105 民初 23932 号，卫文志与领航国际家具有限公司等买卖合同纠纷一审民事判决书。

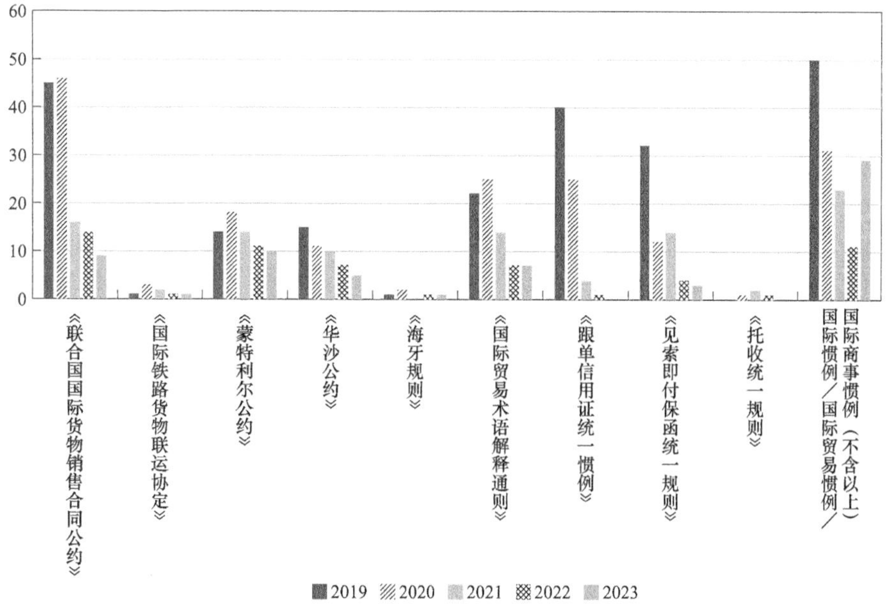

图 11－3　2019—2023 年代表性国际商事统一法的适用情况

通过近 5 年各级法院国际商事统一法司法适用情况的梳理，可以发现：第一，2023 年全国各级法院审结涉及统一实体法的案件数量整体保持着一定规律性的发展。进一步观察，自 2020 年以来，适用《跟单信用证统一惯例》的涉外商事案件显著减少，且 2021 年适用《见索即付保函统一规则》的案件首次超过适用《跟单信用证统一惯例》的案件，而 2023 年甚至没有与《跟单信用证统一惯例》相关的案例，一定程度上反映出国际结算和担保行为习惯的变化。第二，2023 年我国统一实体法司法适用内容与往年保持了较高的一致性。例如《联合国国际货物销售合同公约》第 1 条（适用范围）、第 11 条（销售合同的订立形式）、第 25 条（根本违约）、第 49 条（买方解除合同权力）；《蒙特利尔公约》第 19 条（延误）、第 22 条（延误、行李和货物的责任限额）等在近年涉外商事审判中均有较高频次的引用，反映出相关国际商事争议的常见类型。第三，2023 年非代表性国际商事统一法惯例、国际贸易惯例、国际商事惯例数量提升，我国法院在准确适用国际条约、恪守条约义务的基础上充分尊重当事人意思自治，积极准确适用国际商事惯例。第四，形成了一批具有典型性的司法案例。2023年12月28日，最高人民法院发布了涉外民商事案件适用国际条约和国际惯例典型案例，这是统筹推进国内法治和涉外法治、加强涉外商事海事审判工作的重要成果，也是配合《最高人民法院关于审理涉外民商事案件适用国际条约和国际惯例若干问题的解释》正确实施的具体举措之一，对国际商法的理论与实践发展具有鲜活的指导意义。

三、2023年国际商事统一法立法进展分析

2023年，以联合国国际贸易法委员会、国际商会、国际统一私法协会为代表的国际组织在国际商事规则、原则与惯例的形成、发展过程中不断发挥组织功能，在推进国际商事合同达成、国际贸易争议解决、国际融资高效化方面持续发挥专业优势。

（一）联合国国际贸易法委员会

2023年7月3日至21日，联合国国际贸易法委员会第五十六届委员会于维也纳召开。按照议程安排，委员会审定并通过了《贸易法委员会国际投资争议调解示范条文》《贸易法委员会国际投资争议调解准则》《贸易法委员会国际投资争端解决仲裁员行为守则》《贸易法委员会国际投资争议解决法官行为守则》；审定并通过了《关于中小微企业获得信贷机会的建议》，原则上核准了对这些建议的评述意见草案；审定并通过了关于备供列入《贸易法委员会关于安排仲裁程序的说明》的提前驳回和初步裁定的指导文本；举办气候变化与国际贸易法专题研讨会，重点探讨碳排放交易、可持续融资、绿色供应链以及与气候变化有关的争议解决问题。委员会审议了第一工作组（中小微型企业）、第二工作组（争议解决）、第三工作组（投资人与国家间争议解决制度改革）、第四工作组（电子商务）、第五工作组（破产法）和第六工作组（可转让多式联运）的进度报告，贸易法委员会对这些工作组取得的进展表示满意。值得一提的是，审定并通过了第一工作组所负责的《关于中小微企业获得信贷机会的建议》，有利于中小微企业获得信贷机会，进一步提高商事仲裁效率，对各国完善国内相关立法具有参考价值。

（二）国际商会

国际商会在2023年的工作呈现合作化、数字化、规则化的主要态势。在国际合作方面，国际商会加强了与其他组织在多个领域的立法实践，为了进一步

实现贸易融资的互操作性和数字化，与安全金融信息服务提供商 Swift 协力发布了首个适用于银行保函和备用信用证的应用编程接口（API） 行业标准。在商事数字化方面，首先，整合了已有的内部系统，在 2022 年的基础上，更进一步完善了线上案件管理系统，加快实现案件管理在线化的目标。其次，为预测和配合贸易融资的数字化，国际商会银行委员会不断推广其电子规则的使用，如 eURC，即 URC 522 数字形式的必要补充，已更新到 1.1 版本；如 eUCP，即纯数字形式的 UCP600 的补充和数字伴侣，已更新到 2.1 版本。此外，为弥合国际贸易数字标准与行业采用之间的差距，国际商会数字标准倡议（ICC Digital Standards Initiative，DSI）发布了 DSI 关键贸易单据和数据元素（Key Trade Documents and Data Elements，KTDDE）实践下的扩展数字标准建议。在规则制定方面，国际商会发布了《ICC 关于争议预防与解决的世纪宣言》，以前瞻性的指导规则更好地解决国际争议；汇编了一套《关于 UCP600 规则的建议原则和用法的指导文件集》，包含了四份最新的贸易融资指导文件，就跟单信用证的使用和遵守国际商会银行规则提供了最佳做法。

（三）国际统一私法协会

2023 年，国际统一私法协会持续发挥作用，在 2023 年至 2025 年工作方案的指导下，积极推进立法实践与项目谈判，为国内相关立法提供国际方案。首先，国际统一私法协会通过了《仓单示范法》等多部示范法文书草案，正式发布了《保理示范法》《数字资产与私法通则》并积极进行推广，并且随着《保理示范法》的启动，国际统一私法协会已着手编制《保理示范法颁布指南》（Guide to Enactment on Factoring，GEF），以协助各国实施这一新文书。其次，国际统一私法协会加强了与其他国际组织的联合工作，最具代表性的就是 HCCH-UNIDROIT 关于跨境持有和转移数字资产和代币的法律适用联合项目（the HCCH-UNIDROIT Joint Project on Law Applicable to Cross-Border Holdings and Transfers of Digital Assets and Tokens）。此外，国家统一私法协会更新了 2023 年至 2025 年工作方案的高度优先项目（high priority）的情况；于 2023 年 10 月举办了《国际商事合同和投资合同通则》和自愿碳信用额项目的首次会议，探讨项目具体内容及应用。

（四）2023 年度国际商事统一法立法特点

第一，国际商事统一法的立法工作正在有条不紊地推进，且范围更广、程度更深。联合国国际贸易法委员会审定并通过了《关于中小微企业获得信贷机会的建议》，从政策和实务方面提出干预措施，为便利中小微企业获得信贷提供指导。国际商会聚焦全球网络安全、数据安全、金融安全等多个领域，通过与不同地区的企业进行广泛磋商，发布了首个适用于银行保函和备用信用证的应用程序编程接口（API）行业标准，为跨境贸易提供强有力的支持。国际统一私法协会正式发布《保理示范法》，是现今第一部关于保理的示范法，将成为各国促进贸易融资、获得信贷和经济发展的重要工具。

第二，国际商事统一法立法呈现出涉及领域拓宽、立法议题拓展的趋势。这得益于各国际组织在推进国际商事立法方面的交互性、协同性、兼容性不断深化，愈发重视学术与立法的交流。2023 年度，不同背景、不同职能的多个不同国际组织积极深度参与国际商事统一立法工作，共同研究、协同发布，在国际商事立法的发展进程中发挥了关键作用。如联合国国际贸易法委员会第五十六届会议报告中指出，贸易法委员会已注意到进一步扩大与国际贸易法领域的年轻研究者和从业人员等学术伙伴的接触，重视贸易法委员会亚太日、贸易法委员会拉美加勒比日以及贸易法委员会非洲日等学术活动。2023 年 11 月 6 日至 7 日举行的第五届联合国国际贸易法委员会亚太司法高峰会汇集了来自不同司法管辖区的法官、政府官员、法律从业者、学者以及其他专业人士，议题包含数码经济、数字资产和气候变化等传统上国际商事统一法涉及较少的领域。

第三，新兴市场国家在国际商事统一立法中的作用日益凸显。联合国国际贸易法委员会工作组会议议程中可见大量的由发展中国家提出的立法建议，旨在适应市场需求和贸易发展现状，相关意见被充分地纳入考量，在立法进程和会议谈判中起到重要作用。比如贸易法委员会第四工作组（电子商务）第六十五届会议工作报告中提到，工作组应当考虑各国在发展水平和技术能力上的差异；应当开展专门的技术援助活动以帮助发展中国家解决在使用电子商务的立法上存在的差距问题。此外，联合国大会通过的首个以中国城市命名的国际海事公约《北京船舶司法出售公约》，呼吁各国政府和区域经济一体化组织考虑加入该公约，以完善航运的国际法律框架。此公约填补了船舶司法出售国际效力领域的法律空白，充分体现联合国对以中国为代表的发展中国家积极参与国际海事法治建设事业，为世界航运经济发展所作贡献的肯定。

第三节 热点聚焦

一、夏发集团公司（Shaphargroup LLC）与佰启控股（中国）有限公司国际货物买卖合同纠纷：损害赔偿中利率的计算方式

（一）案情简况

原告夏发集团公司（Shaphargroup LLC），是美利坚合众国法人。被告佰启控股（中国）有限公司，是中华人民共和国法人。2021 年 1 月 21 日，原告与被告签订《手套买卖合同》，由原告向被告采购一次性丁腈检查手套，共计 60 万盒，含税总价款为 630 万美元，交货方式为分批次交货，第一批手套要在 2021 年 2 月 5 日前交付，且交付的手套应当符合双方约定的检验标准。根据《手套买卖合同》规定，原告在签订后一天内需支付第一批预付款 945 000 美元，随后按照提货计划分批支付预付款。被告在收到预付款后进入生产储备期，开始交付。在合同执行过程中，原告发现第一批手套存在一撕拉即破和颜色不一致等质量问题，并向法院提供了实验室的检测报告，证明手套成分为聚氯乙烯，还提交了原告客户的投诉函以及物流公司的信函，以证明手套存在质量问题。

2021 年 3 月 29 日，原告向被告发出律师函，要求交付第 2 个和第 3 个集装箱货物，但未得到满意回复。2021 年 5 月 20 日，原告又向被告发出律师函，以第 2 个、第 3 个集装箱货物始终未进行交付以及第 1 个集装箱货物存在严重的质量问题为由，通知被告解除《手套买卖合同》，并要求退还已支付的 945 000 美元预付款及其他损失。同年 5 月 22 日，被告签收了律师函。由于原告和被告之间的退款问题尚未解决，原告随后向北京市第四中级人民法院提出诉讼请求，要求被告返还原告向其支付的 945 000 美元预付款，以及以 945 000 美元为基数，从 2021 年 5 月 20 日起算至实际支付之日止、按照全国银行间同业拆借中心贷款市场报价利率（LPR）计算的利息损失；并要求被告赔偿因违约而造成的损失以及诉讼费用。

（二）案例分析

1. CISG 在我国的适用问题

本案中，双方当事人未对适用法律作出约定的情形下，法院主张因我国及美国均为 CISG 缔约国，故自动适用 CISG 处理双方争议。这一做法体现了 CISG

在我国法院的直接和优先适用，更正了以往司法裁判中法律适用的不当做法，在促进 CISG 在国内法院统一适用的同时，体现了我国积极履行国际义务的态度，凸显了我国法院积极适用 CISG 的倾向。

此外，对于审理案件中涉及的 CISG 没有规定的问题，法院认为依照《涉外民事关系法律适用法》第 41 条关于“当事人可以协议选择合同适用的法律。当事人没有选择的，适用履行义务最能体现该合同特征的一方当事人经常居所地法律或者其他与该合同有最密切联系的法律”的规定，且涉案合同为货物买卖合同，最密切联系地应当为合同履行地。本案中卖方公司履行交货义务，其住所地在中国，所以中国是合同履行地及最密切联系地，CISG 没有规定的问题应适用中华人民共和国法律，即《民法典》及其他国内相关法律与司法解释的有关规定。因此，对于 CISG 第 4 条明确排除适用的合同的效力、合同条款的效力以及货物所有权等问题，以及 CISG 没有规定的利率等问题，法院认为都应当适用国内法进行判定。

2. CISG 中宣告合同无效的行使方式

本案涉及宣告合同解除的生效时间问题。CISG 第 26 条对宣告合同无效的形式要件作出了规定，即“宣告合同无效的声明，必须向另一方当事人发出通知，方始有效”。但是，该条并未明确宣告合同无效声明生效的时间。《民法典》第 565 条规定，合同自通知到达对方时解除。如果按照上述分析，当 CISG 没有规定时，宣告合同无效也许应采取与《民法典》规定的解除合同相同的通知主义。但是，CISG 第 27 条同时规定，除非公约本部分（即 CISG 第三部分）另有明文规定，当事人按照本部分的规定，以适合情况的方法发出任何通知、要求或其他通知后，这种通知如在传递上发生耽搁或错误，或者未能到达，并不使该当事人丧失依靠该项通知的权利。即除另有明文规定外，CISG 第三部分的通知、要求或其他通知均采取发送生效原则而非到达生效原则。CISG 第 26 条宣告合同无效属于公约第三部分，因此，法院应优先适用 CISG 的规定而非我国国内法律规定。

本案中，原告于 2021 年 5 月 20 日向被告发出律师函，通知其解除《手套买卖合同》，该函件于 5 月 22 日才被被告签收。法院认为，CISG 对此种通知并不采用“到达生效原则”，而是“投邮主义生效原则”。因此，法院支持了原告提出的关于宣告整个案涉《手套买卖合同》于发出函件之日无效的诉讼请求。

3. CISG 中关于损害赔偿的问题

CISG 第 74 条规定了损害赔偿的范围:“一方当事人违反合同应负的损害赔偿额，应与另一方当事人因他违反合同而遭受的包括利润在内的损失额相等。这种损害赔偿不得超过违反合同一方在订立合同时，依照他当时已知道或理应知道的事实和情况，对违反合同预料到或理应预料到的可能损失。”本案中，被告交付不符合质量标准的手套、拒绝按期交付剩余手套的违约行为导致原告合同目的落空，造成了 945 000 美元预付款项以及相应清关费、运费、检测费合计 18 882.12 美元的实际损失。因此，法院支持了原告要求被告退还已经支付的货款并赔偿实际损失的请求。

此外，根据 CISG 第 78 条和第 84 条的规定，一方当事人有权对另一方当事人因违约造成的款额收取利息。本案中，法院认定 CISG 没有规定利率问题，所以应参照我国相关法律法规确定，并支持了原告对一直未予返还的货款按 LPR 的标准计算利息的主张。但是，就利率计算方式的问题，浙江省高级人民法院在 2023 年的“MaRa Medical-Technical-Aid GmbH、宁波来达汽车科技有限公司国际货物买卖合同纠纷”（MaRa 案）一案中，采用了与北京第四中级人民法院不同的适用标准。[①]浙江省高级人民法院在二审中认为，CISG 第 7 条第 1 款规定，“在解释本公约时，应考虑到本公约的国家性质和促进其适用的统一以及在国际贸易上遵守诚信的需要”，而 CISG 咨询委员会持续发布多项意见以解决裁判实践中适用 CISG 遇到的疑难问题，致力于促进 CISG 在国际范围的统一适用和解释，故在准确理解 CISG 相关条款时可以适当参考 CISG 咨询委员会的意见。因此，在 MaRa 案中，浙江省高级人民法院支持了被告的主张，适用了 CISG 咨询委员会第 14 号意见中的债权人营业地法院判决同类案件适用的利率，即根据《德国民法典》第 288 条第 1 项“在迟延期间，必须支付金钱债务的利息。迟延利息的年利率为基准利率加 5%”的规定。

关于损害赔偿的利率计算方式，由于起草公约时各方对这一条关于利率的规定产生了激烈的争论，CISG 并没有对其进行明确规定。[②]根据通常做法，首先，如果当事人之间对利率问题达成合意，毫无疑问裁判机构应当尊重当事人

① （2022）浙民终 1205 号，MaRa Medical-Technical-Aid GmbH、宁波来达汽车科技有限公司国际货物买卖合同纠纷二审民事判决书。

② 参见李巍:《联合国国际货物销售合同公约评释》，法律出版社 2009 年版，第 363－367 页。

的意思自治。[①]在当事人没有合意的前提下，学者以及各地法院、仲裁机构对利率问题都持有不一致的见解。一种观点认为，由于 CISG 未对利率作出详细的规定，所以利率问题不属于公约调整的范围，属于法定缺漏。因此，法院应当援引国际私法规则解决该问题。[②]众多国家的法院和仲裁庭都采纳了这一观点，并根据一国国内法确定利率。但是，在司法实践中，应当如何确定国内法存在争议。目前，各国法院和仲裁庭经常采取的方法包括：债权人营业地法律、债务人营业地法律、支付货款应使用的货币所属国的法律、法院地法等等。[③]由此可以看出，在适用一国国内法解决利率问题时，各国法院和仲裁庭的自由裁量权较大，可能会产生不同裁判机构的判决结果不一致等问题，不利于 CISG 的统一适用。

另一种观点则认为，利率问题属于 CISG 调整范围，但公约对此未作规定，因此属于法定外缺漏。按照 CISG 第 7 条第 2 款的解释路径，应首先寻求 CISG 所依据的一般原则，只有当此类原则不存在时，才能通过准据法予以解决。[④]但是，CISG 同样没有明确指出利率问题可以参照哪些一般原则进行判定。总体上看，不同的法院和仲裁庭采取了许多种不同的方法认定是否存在适用于利率问题的一般原则。有一种方法认为，援引非统一国内法与公约一致适用的宗旨完全相悖，所以应适用“充分补偿”原则，利率的确定应该以受害方的信贷成本为依据。[⑤]另一种方法认为，根据 CISG 第 9 条，利率问题可以参考相关商业惯例决定，并且这类惯例应当优先于国际私法冲突规则下的准据法进行适用。[⑥]还有一些法院和仲裁庭参照适用《国际商事合同通则》（PICC）第 7.4.9 条利率确定方法弥补 CISG 的漏洞，理由是 PICC 与 CISG 在规范层面具有一致性，参照

① Diammonium phosphate case，Cairo Regional Centre for International Commercial Arbitration (CRCICA) Arbitration (19 February 2023)，1527/2021 (Final Award)，para 350.

② Fritz Enderlein，Dietrich Maskow，*International sales law: United Nations Convention on Contracts for the International Sale of Goods: Convention on the Limitation Period in the International Sale of Goods: commentary*，Oceana Publication (1992)，pp. 312 – 313.

③ UNCITRAL，*Digest of Case Law on the United Nations Convention on Contracts for the International Sale of Goods* (2016)，p. 365.

④ John O. Honnold，*Uniform Law for International Sales under the 1980 United Nations Convention*，Deventer; London; Kluwer Law and Taxation Publishers (1991)，p. 526.

⑤ CLOUT case No 1020 (Foreign Trade Court of Arbitration attached to the Serbian Chamber of Commerce，Serbia，28 January 2009).

⑥ Rechtbank van Koophandel Ieper，Belgium，29 January 2001; CLOUT case No. 103 (Court of Arbitration of the International Chamber of Commerce，1993 (Arbitral award No. 6653)).

PICC 的规定维护了 CISG 的国际性和统一性。[①]

目前，直接适用国内法确定利率标准以及其他 CISG 未规定事项仍然是我国的主流做法。2019 年 2 月 25 日，最高人民法院发布了第 21 批指导性案例，其中第 107 号指导案例提出，若合同当事方所在国为 CISG 缔约国，应优先适用 CISG 的规定，CISG 没有规定的内容，应当适用合同中约定适用的法律。[②]相同的，夏发集团公司案中，北京市第四中级人民法院认为，CISG 没有规定利率的计算方式，因此需要根据国内法对 CISG 第 78 条利率的计算方式进行具体解释。这一解释方法忽略了 CISG 一般法律原则作为第二层解释方法的存在，是我国法院长久以来过度运用国内法解释 CISG 的体现。与北京市第四中级人民法院类似，在"董闯、Zhu Zihao 合同纠纷案"[③]"美国新泽西州泰戈尔科技公司、青岛瑞天晟贸易有限公司买卖合同纠纷案"[④]中，浙江省瑞安市人民法院与山东省青岛市中级人民法院均采纳了上述观点。

值得注意的是，随着我国不断提高涉外法治水平，实践中逐渐出现了援引 CISG 第 7 条第 2 款确定利率的案件。最高人民法院王海峰法官认为，在 CISG 没有规定的情况下，应先寻求 CISG 所依据的一般法律原则，再通过当事人选择的销售合同准据法予以解决。[⑤]因此，为了避免适用国内法导致实践的不确定性，只有穷尽前两种解释方法仍不能解决时，才能诉诸国内法进行解释。[⑥]MaRa 案中，浙江省高级人民法院也认为，根据 CISG 第 7 条第 2 款的规定，考虑公约的宗旨，为了促进公约的统一适用，可以参考适用 CISG 咨询委员会发布的意见。虽然 CISG 咨询委员会意见是否属于缔约国都认可的 CISG 一般法律原则仍然存在争论，但浙江省高级人民法院的做法无疑为 CISG 在国内法院更统一适用迈出了重要一步。因此，在日后的司法实践中，为了实现公约的统一性解释宗旨，裁判机构可以适当加入第 7 条第 2 款的解释路径，依据 CISG 基本原

① Court of Arbitration of the International Chamber of Commerce，France，December 1996 (Arbitral award No. 8769).

② （2013）民四终字第 35 号，中化国际（新加坡）有限公司诉蒂森克虏伯冶金产品有限责任公司国际货物买卖合同纠纷案。

③ （2022）浙 0381 民初 6444 号，董闯、Zhu Zihao 合同纠纷案。

④ （2022）鲁 02 民初 1078 号，美国新泽西州泰戈尔科技公司、青岛瑞天晟贸易有限公司买卖合同纠纷案。

⑤ 参见王海峰、张丝路：《〈联合国国际货物销售合同公约〉在中国法院的适用》，载《人民司法》2021 年第 31 期，第 24 页。

⑥ 参见宋锡祥、张琪：《〈联合国国际货物销售合同公约〉适用中的问题及在我国的实践》，载《法学》2008 年第 1 期，第 105－106 页。

则，参考 CISG 咨询委员会意见、PICC、联合国国际贸易法委员会《判例法摘要汇编》等文件，作出合理的决定。

二、杭州科朝消防化学品有限公司与联邦快递（中国）有限公司的运输合同纠纷：民事关系性质的判断以及《蒙特利尔公约》的适用方式问题

（一）案情简况

2021 年 2 月 7 日，原告杭州科朝公司（甲方，以下简“称科朝公司”）与被告联邦快递公司杭州分公司（乙方，以下简称“联邦快递公司”）签署《联邦快递服务及安全协议书》。2021 年 9 月 24 日，杭州朝科公司通过联邦快递公司向印度 RAVISHARMA 先生发送一份商业文件，航空运单载明：“国际优先快递；总重量：0.1 公斤。包装类型：信封。描述：商业文件。托运货物申报价值 0 元。海关申报价值 10 元。《蒙特利尔公约》或《华沙公约》可能适用，并将在大多数情况下限制联邦快递公司对您货物遗失、延误或损坏的责任。”2021 年 9 月 29 日，科朝公司向联邦快递公司询问文件的查询结果，联邦快递公司确认上述文件在航空运输期间丢失。

原告杭州科朝公司称，上述商业文件为一份清洁提单，因提单丢失，支付 3 600 元提单遗失操作费并缴纳 536 818.8 元提单遗失押金后，印度客户才得以提货，押金将产生 5 年利息损失。因此原告在一审中向北京市顺义区人民法院请求依据《中华人民共和国民法典》第 584 条的规定，判令被告联邦快递公司赔偿损失 113 858.17 元并承担本案的诉讼费用。被告联邦快递公司辩称，由于本案属于国际航空运输合同，应当适用《蒙特利尔公约》的相关规定。其次，原告的现有证据，并不足以证明其所谓“损失”的真实性、合理性。最后，即使法院认定被告应就原告的损失承担赔偿责任，被告也有权适用《蒙特利尔公约》，享受责任限制。

北京市顺义区人民法院一审判决认为，杭州科朝公司委托联邦快递公司杭州分公司将商业文件从中国空运至印度，双方为运输合同关系。根据《中华人民共和国民用航空法》第 184 条规定：“中华人民共和国缔结或者参加的国际条约同本法有不同规定的，适用国际条约的规定；但是，中华人民共和国声明保留的条款除外。中华人民共和国法律和中华人民共和国缔结或者参加的国际条约没有规定的，可以适用国际惯例。”结合《统一国际航空运输某些规则的公约》

（即《蒙特利尔公约》）第 1 章第 1 条适用范围的规定，法院认为，中国是《蒙特利尔公约》的当事国，本案涉及的货物运输属于《蒙特利尔公约》规定的国际运输，因此可以适用《蒙特利尔公约》。随后，法院根据《蒙特利尔公约》第 18 条第 3 款的规定，认为在没有其他证据佐证的情况之下，应认定货物的丢失发生于装载、交付或者转运期间，损失发生于航空运输期间，因此联邦快递公司应当赔偿货物运输过程中的损失。法院依据《蒙特利尔公约》第 22 条第 3 款的规定确定赔偿限额，以每公斤 22 特别提款权为限。因此法院判决被告联邦快递公司退还原告科朝公司运费 210.32 元，并赔偿损失 19.67 元，驳回原告的其他诉讼请求。原告科朝公司不服，提出上诉，二审法院北京市第三中级人民法院审理后维持原判。

（二）案例分析

1. 民事关系性质的判断

关于当事人之间的民事关系是否具有涉外因素的判断，我国立法上存在缺失，《涉外民事关系法律适用法》中没有明确规定何谓“涉外民事关系”。最高人民法院在 2012 年发布的《最高人民法院关于适用〈涉外民事关系法律适用法〉若干问题的解释（一）》[以下简称《司法解释（一）》] 对“涉外民事法律关系”作出了界定，制定了“四要素加兜底条款”标准。“四要素”提供了一套固定具体的判断标准，体现涉外民事法律关系界定的确定性和可预见性；兜底条款拾遗补阙，体现了涉外民事关系界定的全面性和灵活性，以便适应复杂多变的现实生活。[①]本案中，双方当事人都为在中国成立的法人，双方的运输协议里规定，杭州科朝公司将一份商业文件经由联邦快递公司，从中国发至印度。根据《司法解释（一）》第 1 条的规定，民事关系具有下列情形之一的，人民法院可以认定为涉外民事关系：

（一）当事人一方或双方是外国公民、外国法人或者其他组织、无国籍人；

（二）当事人一方或双方的经常居所地在中华人民共和国领域外；

（三）标的物在中华人民共和国领域外；

（四）产生、变更或者消灭民事关系的法律事实发生在中华人民共和国领域外；

（五）可以认定为涉外民事关系的其他情形。

① 参见齐宸：《涉外民事关系的界定与思考》，载《清华法学》2017 年第 2 期，第 205 页。

该案中合同的目的地在印度，根据司法解释的规定，可以认为存在涉外因素。这是《蒙特利尔公约》适用的前提，从条约本身来看，涉外性是《蒙特利尔公约》所设定的适用条件，《蒙特利尔公约》第1条即规定，该公约适用于“国际运输”。

2.《蒙特利尔公约》的适用方式

本案属于涉外合同纠纷，法院先适用《民用航空法》，从而指引至《蒙特利尔公约》。关于《蒙特利尔公约》在我国的适用，我国在1995年签署了《蒙特利尔公约》，该公约完整地继承了《华沙公约》中的强制性适用原则，只要满足公约的适用范围，公约即应得到适用。经全国人大核准后，《蒙特利尔公约》于2005年在我国正式生效。我国为该公约的缔约国，法院可以直接适用《蒙特利尔公约》，无需援引国内法作为适用的依据。其原因如下。

国际条约在国内的生效在实践中有两种做法，一种是转化式，另一种是并入式。我国法律没有明确规定国际法与国内法的关系，通常的做法是在国内法的专门条款中规定直接适用国际条约，或规定在国内法与国际条约发生冲突时，优先适用国际条约，如《民用航空法》《民事诉讼法》和《民法典》等民商事领域法律中的有关规定。可以说，民商事领域的国际条约，除非我国有保留，否则就能直接在我国法院适用，无须经过国内法的转化。这也符合我国一贯遵循的“条约优先”原则。我国是《蒙特利尔公约》的缔约国，该公约已经在国内生效，法院在裁判相关案例时，可以直接援引适用。

我国于2023年颁布的《对外关系法》第30条规定，国家依照宪法和法律缔结或参加条约和协定，善意履行有关条约和协定规定的义务。《对外关系法》是涉外法律法规体系的基础性法律，宏观地规定了我国涉外法治的基本原则、基本理念和基本制度，构建了涉外法治的基本框架。[①]其中对国际条约的司法适用作出了原则性的规定，这也符合“善意履行条约”的国际法基本原则。善意原则要求诚实、公正和合理地履行条约，条约当事方应当正确处理条约与国内法的关系。[②]无论转化适用还是直接并入适用，国家都应当履行条约项下的义务，为了善意履行条约，也为了顺应直接适用国际条约这一趋势，我国法院可以直接适用已对我国生效的《蒙特利尔公约》，无须先经过《民用航空法》的指引。

① 参见黄进：《论〈对外关系法〉在中国涉外法治体系中的地位》，载《国际法研究》2023年第4期，第11页。

② 参见赵建文：《条约法上的善意原则》，载《当代法学》2013年第4期，第126页。

3.《蒙特利尔公约》的适用范围

本案在适用《蒙特利尔公约》时，要判断当事人之间的运输是否属于公约界定的“国际运输”，只有落入该范畴后，才能适用公约。《蒙特利尔公约》第1条第2款对“国际运输”作出了规定：就本公约而言，“国际运输”系指根据当事人的约定，不论在运输中有无间断或者转运，其出发地点和目的地点是在两个当事国的领土内，或者在一个当事国的领土内，而在另一国的领土内有一个约定的经停地点的任何运输，即使该国为非当事国；就本公约而言，在一个当事国的领土内两个地点之间的运输，而在另一国的领土内没有约定的经停地点的，不是国际运输。

在本案中，科朝公司委托联邦快递公司将一份商业文件从中国发往印度，中国为公约的当事国，根据《蒙特利尔公约》的规定，符合“国际运输”的要求，能够适用《蒙特利尔公约》对当事人之间的运输合同进行裁判。

三、谢勇、李德星等股权转让纠纷：涉外股权代持协议的效力、外商隐名代持股协议与涉外股权转让问题的交叉问题

（一）案情简况

原告李德星（香港特别行政区居民）拥有我国境内朗艺公司、星品汇公司100%的股权，并且在这两家公司的股权全部由他人代持股。李德星以朗艺公司股东何细全、罗伟贤的名义代为持有李德星在朗艺公司100%的股权，李德星与两股东签订了《股权代持协议》约定李德星借用何细全、罗伟贤的名义在工商部门进行股东身份登记，李德星有权转让股权，对于相关法律文件，何细全、罗伟贤应无条件同意、签署。李德星与星品汇公司的李伟才、李意钿签订《股权代持协议》同样约定李德星借用李伟才、李细钿的名义在工商部门进行股东身份登记，李德星有权转让股权，两股东应对相关法律文件无条件同意。

2019年12月30日，甲方李德星与乙方谢勇签订《股权转让协议》将其在朗艺公司和星品汇两家公司的全部股权转让给谢勇，并约定甲方积极协助乙方办理股权法定代表人的工商变更登记，乙方需支付股权转让金总款为人民币300万元，如无法按时支付，甲方有权将乙方公司器材拍卖还债。2020年10月22日谢勇和其母亲分别登记成为朗艺公司、星品汇公司的一人股东。李德星起诉主张谢勇支付股权转让欠款及利息。谢勇主张李德星签订的《股权代持协议》是为了逃避我国外商投资监管法律的审查，其经营内容为《外商投资产业指导

名录（2017 年修订）》中限制或禁止的产业，因此《股权代持协议》无效；谢勇主张李德星作为境外人员使用他人代持上述两家公司全部股权的手段变相设立的实质是个人独资企业，其行为不受法律保护；主张李德星违反我国关于外商投资公司形式的限制以及规避相关审批程序，因此《股权代持协议》无效；双方签订的《股权转让协议》不具有约束股权代持人的效力，李德星无法履行股权转让协议。

本案中，李德星为香港特别行政区居民，案涉纠纷为涉港股权转让纠纷，应参照涉外民商事案件处理，根据《中华人民共和国涉外民事关系法律适用法》第 41 条参照适用内地法律作为案涉争议解决的准据法。同时根据《最高人民法院关于适用〈中华人民共和国民法典〉时间效力的若干规定》第 1 条第 2 款的规定，《民法典》实施前的法律事实引起的民事纠纷案件，适用当时的法律、司法解释的规定，但是法律、司法解释另有规定的除外。本案中，引起案涉纠纷发生的法律事实应当适用《民法典》生效前有效的相关法律法规以及司法解释的规定。二审判决维持一审原判认定，李德星与他人签订委托持股合同所涉公司经营项目并未涉及《外商投资准入特别管理措施》中限制或禁止的投资产业，且本案中证据未能证明其他违反法律法规的效力性规定。李德星与谢勇签订《股权转让合同》基于双方真实意思，并且已完成变更登记，谢勇应当向李德星支付拖欠的股权转让款。谢勇主张合同无效理由不足，不予认定。

（二）案例分析

1. 行政审批与涉外股权代持协议的效力

本案属于外商隐名投资，是指外商隐名股东投资于内资企业，但名字没有被记载于审批登记机关的外国或者我国港、澳、台地区自然人、法人，基于保护其隐私、减少成本、规避审查等各种目的，通过签订股权代持协议的方式，借助境内自然人或法人的名义在我国境内从事投资或者与投资相关的商业行为，实际获取公司经营的利益。隐名的目的会影响股权代持协议的效力，如果以规避法律的目的签订代持协议，则会面临股权代持协议无效的风险。本案中李德星（香港特别行政区居民）与星品汇、朗艺公司签订《股权代持协议》并未经过行政审批，但法院经过审理并未将未经行政审批作为股权代持协议生效的阻碍。

涉外股权代持协议在《最高人民法院关于审理外商投资企业纠纷案件若干问题的规定（一）》（以下简称《规定一》）出台以前，实务中存在着大量的因隐名投资股权代持协议的效力问题引发的纠纷，且没有相关的规定，主要存在认为合同为有效和无效两种分歧。

《规定一》出台后，第 15 条明确将未经行政机关审批的合同认定为“未生效”合同，而非“无效”合同。因此仅违反相应的审批程序，没有违反外资审查禁止投资项目的强制性规定，不能认定合同无效。

在《外商投资法》生效后，双轨制走向并轨制，除了负面清单中禁止和限制投资领域外，外商投资与内地适用相同法律法规。具体而言关于外商投资监管问题需要根据《外商投资法》《外商投资法实施条例》《外商投资准入特别管理措施（负面清单）》《鼓励外商投资产业目录》等相关法律法规。《外商投资法》第 28 条规定，外商投资准入实行负面清单制度，对于负面清单规定禁止或者限制的领域，外商不得投资或者应当符合投资条件；第 29 条规定需要办理项目核准、备案的，按照国家有关规定进行。外国投资者依据“原则备案制”以及“负面清单下的审批制”来进行投资。根据《最高人民法院关于适用〈中华人民共和国外商投资法〉若干问题的解释》（以下简称《解释》）第 2 条规定，对负面清单之外的领域形成的投资合同，当事人以合同未经有关行政主管部门批准、登记为由主张合同无效或者未生效的，人民法院不予支持。因此在如今的法律环境下，解除了行政审批对于负面清单外的外商投资所签订的股权代持协议效力的影响。根据近年来审判实践来看，司法审判越来越不强调仅因外国公司的身份就认定股权代持协议行为无效，这顺应了经济全球化大势中不断发展的需要，有利于中国开放市场吸引外资。

2. 规避外商监管的涉外代持股权协议效力问题

本案中涉及李德星所投资的公司是否属于境内限制项目类的文化传播经营活动，是否规避了外商监管以及该合同的效力问题。上述的协议主要根据是否违反了法律行政法规的禁止性规定来判断协议的效力。首先应当判断涉外股权代持协议涉及的领域是否为限制禁止类的项目，进一步判断该限制禁止类的规定是否属于使合同无效的法律强制性规定。在《民法典》生效前，《关于适用〈中华人民共和国合同法〉若干问题的解释（二）》引入效力性强制性规定和管理性强制性规定，并规定只有违反效力性强制性规定时才能使合同无效。《民法典》第 153 条规定：“违反法律、行政法规的强制性规定的民事法律行为无效，但是该强制性规定不导致该民事法律行为无效的除外。”这抛弃了管理性强制性规定的说法，但是将强制性规定实际分为效力性强制性规定和非效力性强制规定。对于是否属于效力性强制性规定要通过法律解释和利益权衡来判定。外商投资者以规避外商监管为目的，签订股权代持协议，必然会对协议的效力产生影响。《外商投资产业指导目录（2017 年修订）》由国务院发布或批准发布，效力位阶低于法律，根据法律解释并不必然会导致合同因为违反强制性规定而无效，还要根据所涉内容是否涉及金融安全、市场秩序、国家宏观政策等公共秩序来判断，如果涉及则应当认定无效。

本案中，根据签订《股权代持协议》时适用的《外商投资产业指导目录（2017 年修订）》规定，在涉及文化传播的项目中，限制类的外商投资项目包括：广播电视节目、电影的制作业务（限于合作）；禁止类的外商投资项目包括：新闻机构（包括但不限于通讯社）图书、报纸、期刊的编辑、出版业务；音像制品和电子出版物的编辑、出版、制作业务；各级广播电台（站）、电视台（站）、广播电视频道（率）、广播电视传输覆盖网（发射台、转播台、广播电视卫星、卫星上行站、卫星收转站、微波站、监测台、有线广播电视传输覆盖网），广播电视视频点播业务和卫星电视广播地面接收设施安装服务；广播电视节目制作经营（含引进业务）公司；电影制作公司、发行公司、院线公司；互联网新闻信息服务、网络出版服务、网络视听节目服务、互联网上网服务营业场所、互联网文化经营（音乐除外）、互联网公众发布信息服务。朗艺公司所经营的项目并不属于上述限制禁止类文化传播的经营项目，因此可以排除为规避外商限制或禁止投资项目规定而设立合同的目的。

《外商投资法》出台后，列出负面清单，对于外商投资审批已经更加简洁。在《解释》发布后，其第 3 条规定，对负面清单规定禁止投资的领域，当事人主张投资合同无效的，人民法院应予支持。《解释》第 4 条规定，对负面清单规定限制投资的领域，当事人以违反限制性准入特别管理措施为由，主张投资合同无效的，人民法院应予支持。人民法院作出生效裁判前，当事人采取必要措施满足准入特别管理措施的要求，当事人主张前款规定的投资合同有效的，法院应予支持；因此明确了规避负面清单事项导致股权代持协议无效，更容易实现透过表面判定投资本质属性进而进行监管。

3. 外商隐名代持股协议与涉外股权转让问题的交叉问题

该类型的案件中同时存在股权代持协议效力以及股权转让效力问题。隐名的股权代持协议效力往往影响了外商股东是否能够实际持有内资企业股权，进而影响股权转让协议的履行，但股权代持关系和股权转让关系并非同一法律关系，因此对于股权代持协议和股权转让协议的效力性问题应当分别判断，区分合同的效力问题以及合同的履行问题。针对涉外股权转让合同，在《外商投资法》生效以前，根据三资企业法，外资企业向股东以外的第三人全部或者部分转让股权的，应经过合营、合作他方的同意，并报原登记机关进行审批登记办理变更手续，未经批准的外商投资企业股权转让合同被认定为无效，后《规定一》第15条将未经审批的股权转让合同认定为未生效合同。而对于隐名涉外股权转让合同，其股权未登记为外商持有，转让时为内资企业股东直接将股权进行转让，并不存在先将实际股东显名化再转让的问题，因此没有对其审批的行政性规定。因此就本案《股权转让协议》本身而言，根据《合同法》第三章合同效力的规定，本案中双方签订合同时对双方情况已经知晓，李德星为朗艺、星品汇公司的股权的实际持有人，双方达成合意同时不存在其他无效的情形，并在合同签订后，进行了股权转让登记，因此该《股权转让协议》有效。至于谢勇主张的《股权代持协议》无效导致李德星不能实际持有股权，无法转让的问题，影响的是后续《股权转让协议》的履行问题，若《股权代持协议》无效可能会导致李德星履行不能的违约问题。

四、澳大利亚和新西兰银行集团有限公司马尼拉分行、江苏银行股份有限公司等票据纠纷：独立保函欺诈纠纷适用法问题

（一）案情简况

2011年12月22日，中国电工作为承包商与总包方康松吉公司、业主菲律宾西南吕宋电力公司签订《项目工程合同》，中国电工应为自身的履约向康松吉公司提供康松吉公司所接受的银行开具的无条件见索即付的银行担保，金额为合同总金额的10%。

2012年6月12日，中国电工与江苏银行北京分行签订《开立保函/备用信用证合同》，约定开立的备用信用证类别为履约备用信用证，受益人为康松吉公司，金额为22 979 687.50美元。江苏银行受中国电工委托向澳新银行马尼拉分行开立不可撤销的编号为No.×××03，金额为22 979 687.50美元的《反担保备用信用证》，载明："江苏银行承诺在收到澳新银行马尼拉分行按照如下格式发送的索赔请求将立即付款：'我行，澳新银行马尼拉分行，由于收到了我行开具的编号……《备用信用证》项下的相符索赔，在此依据你行开具的编号为No.×××03的《反担保备用信用证》，请求你行支付……（不超过USD22 979 687.50的总额）'。"

2012年6月15日，澳新银行马尼拉分行开具了受益人为康松吉公司、编号为×××00的不可撤销《备用信用证》。

后中国电工发生履约不能，各方索赔情况如下：

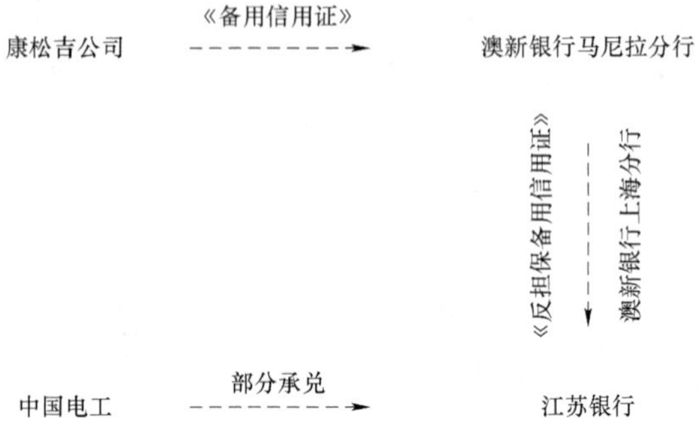

2015年12月，中国电工作为申请人，将康松吉公司作为被申请人，澳新银行马尼拉分行、江苏银行及江苏银行北京分行作为第三人，以康松吉公司构成备用信用证欺诈为由向北京四中院申请临时止付令，请求该院裁定澳新银行马尼拉分行和江苏银行各自中止支付案涉《备用信用证》《反担保备用信用证》项下款项，该院于2015年12月4日作出（2015）四中民（商）保字第365号民事裁定准许上述止付申请。

2015年12月10日，康松吉公司针对澳新银行马尼拉分行未在案涉《备用信用证》项下支付剩余款项15 666 144.20美元的行为向菲律宾中央银行投诉。

2017年5月11日，康松吉公司与澳新银行马尼拉分行达成和解，双方签订《和解协议》，双方同意由澳新银行马尼拉分行向康松吉公司支付600万美元，以换取康松吉公司撤销案涉《备用信用证》项下及一份案外《备用信用证》的索赔。澳新银行马尼拉分行向康松吉公司实际支付了600万美元。

2017年9月8日，中国电工与康松吉公司签订《和解协议》，内容为：1. 康松吉公司撤销案涉《备用信用证》项下的索赔；2. 康松吉公司向中国电工退还康松吉公司根据《备用信用证》已向澳新银行马尼拉分行索赔获得的7 313 543.30美元；3. 康松吉公司确认，《备用信用证》已于2016年3月31日到期；4. 双方共同确认，针对案涉《备用信用证》项下的索赔，双方已不存在争议；5. 中国电工在《和解协议》签署两个工作日内向北京四中院递交民事调解协议，以供该院就其受理的（2016）京04民初3号《备用信用证》欺诈案签发民事调解书。中国电工于2017年12月25日向该院提交撤诉申请，该院于

2018 年 1 月 25 日裁定准许中国电工撤诉。

因中国电工与康松吉公司和解，中国电工于 2017 年 12 月 25 日向北京四中院申请撤回以康松吉公司为被告，澳新银行马尼拉分行、江苏银行、江苏银行北京分行为第三人提起的诉讼。该院于 2018 年 1 月 25 日作出（2016）京 04 民初 3 号民事裁定，准许中国电工的撤诉申请。该院裁定准许中国电工撤诉后，澳新银行马尼拉分行向该院申请解除止付令。2019 年 5 月 27 日，该院作出（2015）四中民（商）保字第 365 号民事裁定，解除止付令。

澳新银行马尼拉分行请求江苏银行支付《反担保备用信用证》项下 600 万美元款项及支付 5%的年利息。澳新银行马尼拉分行提出，澳新银行马尼拉分行于 2015 年 11 月 27 日向江苏银行交单，请求江苏银行支付 22 979 687.50 美元，该索赔是相符索赔。江苏银行在 2015 年 12 月 8 日仅支付 7 313 543.30 美元，江苏银行在《反担保备用信用证》项下尚有 15 666 144.20 美元的支付义务。江苏银行以北京四中院止付令为由拒绝支付 15 666 144.20 美元，但止付令已于 2019 年 5 月 27 日被依法解除，江苏银行的付款义务也得以恢复。由于澳新银行马尼拉分行与康松吉公司达成和解，澳新银行马尼拉分行在《备用信用证》项下支付的金额从 15 666 144.20 美元减至 600 万美元，并已实际支付，则江苏银行在《反担保备用信用证》项下的付款义务也减至 600 万美元。

澳新银行马尼拉分行作为申请人，以江苏银行为被申请人，将争议提交 DOCDEX。2020 年 1 月 20 日，DOCDEX 裁决：（1）在相符索赔的情况下，江苏银行于 2015 年 12 月 8 日仅支付 7 313 543.30 美元，而不是被索赔的 22 979 687.50 美元，是由于有止付令的存在，不违反 ISP98 第 2.01 条 b 款；（2）由于双方都没有提出《反担保备用信用证》项下存在新的索赔，因此针对 2015 年 11 月 27 日的相符索赔，在止付令解除后，江苏银行仍有义务根据 ISP98 第 2.01 条支付《反担保备用信用证》项下 15 666 144.20 美元的款项；（3）2017 年 5 月 11 日澳新银行马尼拉分行与康松吉公司的《和解协议》不属于 ISP98 调整的范围，且对江苏银行在《反担保备用信用证》项下的义务不产生任何影响。在已经作出相符索赔的情况下，澳新银行可以提出少于 15 666 144.20 美元的付款请求。（4）尽管 ISP98 没有对利息问题直接作出规定，但根据 ISP98 第 8.03 条在相反情况下的解决方法，又根据江苏银行在《反担保备用信用证》声明“我方承担全部责任”以及国际银行业的惯例，延迟支付的一方有义务自止付令撤销的下一个营业日起支付利息。因此，澳新银行马尼拉分行的利息请求应获支持。

中国电工向最高法起诉请求判令确认澳新银行马尼拉分行在《反担保备用信用证》项下的索赔构成欺诈，江苏银行终止支付《反担保备用信用证》项下的款项 15 666 144.20 美元并确认《反担保备用信用证》权利义务终止。

（二）案例分析

1. 关于具有担保功能的《备用信用证》的法律适用问题

案涉交易涉及《备用信用证》以及《反担保备用信用证》的开立、索赔等事实，但我国现行法律框架内没有专门调整《备用信用证》的法律规定，《独立保函规定》亦未对《备用信用证》作出规定，因此需要结合本案事实，对案涉《备用信用证》的法律性质予以明确，从而确定应适用的法律。

《独立保函规定》第 1 条第 1 款和第 2 款规定："独立保函，是指银行或非银行金融机构作为开立人，以书面形式向受益人出具的，同意在受益人请求付款并提交符合保函要求的单据时，向其支付特定款项或在保函最高金额内付款的承诺。前款所称的单据，是指独立保函载明的受益人应提交的付款请求书、违约声明、第三方签发的文件、法院判决、仲裁裁决、汇票、发票等表明发生付款到期事件的书面文件。"根据该规定，独立保函功能主要在于担保基础合同发生违约事件时受益人提交单函相符的索兑请求即可在独立保函项下获得赔付。如基础合同正常履行完毕，则独立保函仅备而不用，独立保函的这一"备用"特征与《备用信用证》完全相同，而与商业跟单信用证作为基础合同履行时的付款工具之性质迥异。具有担保功能的《备用信用证》应被认定为独立保函。

2. 关于本案准据法的选择问题

根据当事人的诉辩，江苏银行是否仍须依据其开具的《反担保备用信用证》承担付款义务，需同时判断澳新银行马尼拉分行是否存在欺诈，以及江苏银行依约付款的义务是否已解除，为此，需分别适用侵权和合同的相关冲突规范确定应适用的法律。《独立保函规定》第 22 条第 2 款规定："涉外独立保函欺诈纠纷，当事人就适用法律不能达成一致的，适用被请求止付的独立保函的开立人经常居所地法律；独立保函由金融机构依法登记设立的分支机构开立的，适用分支机构登记地法律；当事人有共同经常居所地的，适用共同经常居所地法律。"《涉外民事关系法律适用法》第 41 条规定，当事人可以协议选择合同适用的法律。本案各方当事人在庭审中就案涉争议一致选择适用中国法律，案涉纠纷应适用《独立保函规定》的相关规定。

3. 关于《反担保备用信用证》项下澳新银行马尼拉分行是否存在欺诈

中国电工认为，康松吉公司出具《放弃函/证明书》撤销《备用信用证》项下的索赔后，澳新银行马尼拉分行在《备用信用证》项下的付款义务已解除。根据《反担保备用信用证》，只有在因中国电工违约导致康松吉公司在《备用信用证》项下向澳新银行马尼拉分行提出相符索赔时，澳新银行马尼拉分行才有权依据《反担保备用信用证》向江苏银行提出索赔。由于康松吉公司已经不会在《备用信用证》项下提出索赔，则江苏银行在《反担保备用信用证》项下的付款义务也应一并解除。澳新银行马尼拉分行拒绝解除江苏银行在《反担保备用信用证》项下的付款义务，坚持保留其在《反担保备用信用证》项下的索赔，构成《独立保函规定》第 12 条第 4 项和第 5 项规定的欺诈。澳新银行马尼拉分行则辩称其索赔是相符索赔，不构成欺诈。

《独立保函规定》第 12 条规定："具有下列情形之一的，人民法院应当认定构成独立保函欺诈：……（四）受益人确认基础交易债务已得到完全履行或者确认独立保函载明的付款到期事件并未发生的；……"如受益人已确认基础交易项下的合同义务已得到完全履行，或者其已确认独立保函载明的索赔条件并未发生，但其仍向保函开立人提出索赔的，固然构成该项规定的欺诈情形，但根据该项规定认定受益人是否构成欺诈时，需进一步考察受益人作出确认意思表示的时间节点。如果受益人提出独立保函项下的索赔之前或当时，其已经确认了保函申请人在基础交易项下已经完全履行了义务或者确认独立保函载明的付款到期事件并未发生，但仍依据保函提出索赔的，可以认定受益人构成欺诈；而如果受益人是在向保函开立人提出相符索赔，并从保函开立人处部分或全部获得赔付后，随着基础交易的推进，受益人再确认"基础交易债务已得到完全履行或者确认独立保函载明的付款到期事件并未发生"，则不能以该项的规定为据认定受益人构成欺诈。

在转开保函的情形下，反担保函本身就是一份独立保函，与其所反担保的独立保函相互独立，两者关联性在于反担保函的受益人是独立保函的开立人，故反担保函索赔条件通常记载独立保函的开立人已经收到独立保函项下的相符索赔。因此，反担保函欺诈存在两种情形：一是反担保函的受益人即独立保函的开立人知晓独立保函的受益人欺诈仍予以付款，并在反担保函项下提出索赔，由此构成双重欺诈性索赔；二是反担保函的受益人不以独立保函受益人欺诈性索赔为前提，而基于自身受益人的身份，在反担保函项下提出欺诈性索赔。

本案中，康松吉公司于 2015 年 11 月 25 日在《备用信用证》项下提出索赔并交单，澳新银行马尼拉分行于 2015 年 11 月 27 日在《反担保备用信用证》项下提出索赔并交单，称其已收到《备用信用证》项下的相符索赔。本案并无任何证据证明该时点或在此之前康松吉公司或澳新银行马尼拉分行作出任何确认“基础交易债务已得到完全履行或者确认独立保函载明的付款到期事件并未发生”的意思表示。相反，从本案情况看，江苏银行作为《反担保备用信用证》的开立人认可澳新银行马尼拉分行提出的索赔系相符索赔，其亦未按照《反担保备用信用证》适用的 ISP98 第 5.01 条的规定通知拒付，根据 ISP98 第 5.03 条 b 款的规定，其负有到期付款义务。因此，本案不存在《独立保函规定》第 12 条第 4 项规定的欺诈情形，不能以《反担保备用信用证》索赔之后发生的相关事件认定该索赔是否构成欺诈。

《独立保函规定》第 12 条第 5 项规定:“受益人明知其没有付款请求权仍滥用该权利的，人民法院应当认定构成独立保函欺诈”。根据该条款，如果受益人的付款请求是在明知没有付款请求权的情况下提出，则属于滥用付款请求权，构成欺诈。本院认为，尽管严格来说，滥用付款请求权的欺诈情形下，对受益人主观恶意之判断也应限于提出索赔时，但实践中确实存在受益人主观知情状态发生变化的情形。如其索赔时善意相信自身有付款请求权，但其后知晓付款请求权已丧失的事实却坚持不撤回索赔请求的，可以认定构成欺诈，因为此时其已不具有应予保护的法益。然而，本案的情况是，江苏银行本应依据澳新银行马尼拉分行的索赔在《反担保备用信用证》项下支付 22 979 687.50 美元，但其仅支付了 7 313 543.30 美元，在法院止付令于 2019 年 5 月底解除后，江苏银行即负有继续付款的义务，澳新银行马尼拉分行对江苏银行的付款请求权并未消灭。康松吉公司与澳新银行马尼拉分行于 2017 年 5 月 11 日签订《和解协议》，并于 2017 年 9 月 13 日出具《放弃函/证明书》承诺撤销《备用信用证》项下的索赔以及承认《备用信用证》已经过期、不再有效的行为，对澳新银行马尼拉分行在《反担保备用信用证》项下的付款请求权亦不产生影响。因为《和解协议》解决的是《备用信用证》而非《反担保备用信用证》的索赔问题，且《和解协议》约定的是澳新银行马尼拉分行应向康松吉公司支付 600 万美元后，再将案涉《备用信用证》及中技公司《备用信用证》两份备用信用证项下的索赔函加盖“取消”章退还康松吉公司，康松吉公司在收到 600 万美元后，才无条件且不可撤销地解除两份《备用信用证》项下对澳新银行马尼拉分行的索赔、主张、责任和诉讼。即康松吉公司承诺放弃向澳新银行马尼拉分行索赔是以澳新银行马尼拉分行支付 600 万美元的对价为前提，实质是索赔额降低至 600 万美元、撤销其余未获偿付部分的索赔，澳新银行马尼拉分行已经实际支付的 600 万美元实质并不属于撤销索赔的范围。由于《反担保备用信用证》独立于《备用信用证》，江苏银行在《反担保备用信用证》项下的付款义务并不因《备用信用证》的偿付安排而消灭。

江苏银行还述称，康松吉公司和澳新银行马尼拉分行所签订的《和解协议》中不仅包含案涉《备用信用证》，还包括中技公司《备用信用证》等，但《和解协议》不是《反担保备用信用证》约定的应予审查事项，基于《备用信用证》交易的单据性、独立性之特征，江苏银行无权以《和解协议》抗辩其在《反担保备用信用证》项下的付款义务。

综上所述，中国电工主张澳新银行马尼拉分行存在《独立保函规定》第 12 条第 4 项、第 5 项规定的欺诈情形，但其提供的证据不能达到《独立保函规定》第 20 条规定的能够排除合理怀疑的证明标准，中国电工的诉讼请求不能成立，本院不予支持。

4. 江苏银行的付款义务是否应终止，如未终止，其应支付的本金及利息的数额

康松吉公司和澳新银行马尼拉分行所签订的《和解协议》不是《反担保备用信用证》约定的应予审查事项，基于《备用信用证》交易的单据性、独立性之特征，江苏银行亦无权以《和解协议》抗辩其在《反担保备用信用证》项下的付款义务。根据《独立保函规定》第 6 条第 1 款的规定，其应依据《反担保备用信用证》继续履行支付剩余款项的义务。澳新银行马尼拉分行向江苏银行索赔的本金已由 15 666 144.20 美元减额至 600 万美元，本院确定江苏银行应付款的本金数额为 600 万美元。

关于迟延付款的利息金额计算则应当分两个方面进行讨论。首先，关于利息的起算点。根据《国际备用证惯例》第 5.01 条，拒付通知必须在交单后一段并非不合理的时间内发出，i 在 3 个营业日内发出的通知被视为不是不合理的，超过 7 个营业日被认为是不合理的；iii 拒付通知时限的计算，始于交单日后的下一个营业日。本案中，江苏银行于 2015 年 11 月 27 日收到交单，最迟应在 7 个营业日内，即 2015 年 12 月 8 日之前审单结束并付款，而在 2015 年 12 月 8 日前，其仅支付了 7 313 543.30 美元，对剩余的 15 666 144.20 美元，中国电工

又向法院申请了止付令。由于澳新银行马尼拉分行的索赔不存在欺诈行为，中国电工错误申请止付令造成的应付款项下的利息损失，不应由有权获得该款项的澳新银行马尼拉分行承担。因此，江苏银行应付的利息本应从审单结束的次日，即2015年12月9日开始起算，而澳新银行马尼拉分行主张从2017年5月11日起算，应视为澳新银行马尼拉分行对其利息请求权的处分，符合《中华人民共和国民事诉讼法》（2021年12月24日第四次修正，下同）第13条第2款的规定，本院予以确认。其次，关于利率标准，江苏银行应支付利率的标准为：以年利率3%为上限，参照中国银行同期美元存款利率执行。

五、黎嘉恩等与香港浩泽国际集团有限公司申请认可和执行香港特别行政区法院民事判决案：香港破产程序的认可和协助

（一）案情简况

香港浩泽国际集团有限公司（Hong Kong Fresh Water International Group Limited，以下简称“香港浩泽公司”）于2010年8月31日根据香港法注册成为有限公司。公司主营业务为净水服务、空气净化及相关供应链服务。香港浩泽公司在上海直接投资设立了4家全资子公司，分别是：上海浩泽环保科技有限公司、上海浩泽净水科技发展有限公司、浩泽（上海）环境科技有限公司、小龙虾（上海）融资租赁有限公司，注册资本合计约人民币10.8亿元。上述4家公司类型均为有限责任公司（台港澳法人独资），股东均为香港浩泽公司，持股比例100%。

2021年3月17日，经债权人星展银行有限公司香港分行申请，香港高等法院作出清盘令（HCCW429/2020），香港浩泽公司进入清盘程序。清盘人认为，香港浩泽公司在内地的直接投资具有较大价值，但由于公司管理层拒绝配合开展清算调查工作，致使清盘人无法准确了解内地子公司状况，清盘工作无法顺利推进。为维护香港浩泽公司及其债权人的合法权益，保障资产价值不受损失，经清盘人黎嘉恩、陈文海申请，香港高等法院于2022年6月23日作出《根据认可和协助香港特别行政区破产程序试点方案发出的司法协助请求函》，商请上海市第三中级人民法院（以下简称“上海三中院”）认可香港浩泽公司清盘程序及清盘人身份，并为清盘人在内地履职提供协助。

上海三中院基于《最高人民法院关于开展认可和协助香港特别行政区破产程序试点工作的意见》（以下简称《试点意见》），以及上海市高级人民法院《关

于调整上海法院强制清算与破产案件集中管辖的通知》第 1 条第 2 项的规定，对该案建立管辖。经对管辖权、香港破产程序性质、清盘人身份、债务人主要利益中心、申请材料齐备以及有无不予认可和协助情形等因素综合审查，上海三中院认为申请人提交的申请符合《试点意见》相关要求，故对香港浩泽公司的香港破产程序予以认可和协助，并允许香港清盘人在清盘程序中接管、调查、处分内地股权资产可能涉及的事项。

（二）案例分析

1. 关于深化认可和协助香港破产程序的实践

在粤港澳大湾区建设的背景下，内地与香港的经济往来更加密切，投资者位于香港，投资企业位于内地的跨境破产案件骤增。然而，由于跨境破产司法协助具体规则的缺失，内地法院在许多情况下不会承认香港破产程序，跨境破产案件大多以个别清偿或其他方式告终。在 2007 年海域集团破产案、2008 年黄金时代公司破产案、2010 年北泰控股公司破产案等案件中，内地法院均采用了类似的裁判思路。[①]直到 2021 年，最高人民法院与香港特别行政区政府签署《最高人民法院和香港特别行政区政府关于内地与香港特别行政区法院相互认可和协助破产程序的会谈纪要》（以下简称《会谈纪要》），出台《试点意见》，香港与内地的破产协助机制才得以建立。2021 年森信洋纸有限公司香港破产程序认可和协助案（以下简称“森信案”）是内地法院依据《试点意见》认可和协助香港破产程序的首案。[②]本案中，上海三中院贯彻了《会谈纪要》和《试点意见》的宗旨，作出了与“森信案”类似的判决，这标志着我国正在逐渐深化涉外法治建设。

2. 关于内地法院对香港破产程序的审查内容

根据《试点意见》及相关案例，内地法院应当从香港破产程序性质、主要利益中心、是否存在反向情形等方面审查是否认可和协助香港破产程序。

首先，在香港破产程序性质方面，上海三中院认为，香港浩泽公司不能清偿到期债务，债权人星展银行有限公司香港分行申请对香港浩泽公司进行清盘，香港法院已颁布清盘令启动其强制清盘程序。该清盘程序属于集体清偿程序，

---

① 参见石静霞、黄圆圆：《论内地与香港的跨界破产合作——基于案例的实证分析及建议》，载《现代法学》2018 年第 5 期，第 172－173 页。

② 参见曹启选、叶浪花：《我国跨境破产的实践发展和路径探索——以全国首例香港破产程序认可和协助案的审理为视角》，载《法律适用》2022 年第 3 期，第 150 页。

符合“香港破产程序”的规定。

其次，在香港破产程序管辖权方面，《试点意见》第 4 条采取了国际通行的债务人主要利益中心地规则，认为主要利益中心一般是指债务人的注册地，但法院也可以综合考虑债务人主要办事机构所在地、主要营业地、主要财产所在地等因素认定。该条款首次提到主要利益中心地规则，是我国跨境破产标准与国际化接轨的重要体现。本案中，上海三中院认为，结合申请人提供的《房屋租赁合同》《香港浩泽公司 2019 年度利得税计算报告》，其办事机构所在地、主要营业地在香港，符合《试点意见》规定，故香港为香港浩泽公司的主要利益中心。

最后，在反向情形审查方面，上海三中院认为，相关利害关系人未对申请事项提出异议，法院亦未发现香港浩泽公司破产程序存在对内地债权人平等参与、表决等权利进行限制，或者该破产程序存在恶意申请破产、隐匿财产、制造虚假债权等应当不予认可和协助的情形。

经过审查，香港浩泽公司破产程序符合《试点意见》的规定，上海三中院裁定对香港浩泽公司的香港破产程序予以认可和协助。

3. 关于香港清盘人在内地履行职责的事项范围

根据《试点意见》第 14 条第 1 款、第 3 款的规定，香港管理人在内地履职，应当同时符合《中华人民共和国企业破产法》及香港法律的规定。本案中，上海三中院允许香港管理人在内地履行接管香港浩泽公司的财产、印章和账簿、文书等所有资料，管理和处分香港浩泽公司的财产，决定香港浩泽公司的内部管理事务，决定香港浩泽公司的日常开支和其他必要开支等职责。上海三中院认为，这类履职事项属于香港管理人在香港浩泽公司清盘程序中接管、调查、处分内地股权资产可能涉及的事项，有利于推进该公司清盘程序，且符合《中华人民共和国企业破产法》以及香港《公司（清盘及杂项条文）条例》的规定。此外，值得注意的是，当涉及放弃财产权益、设定财产担保、借款、将财产转移出内地以及实施其他对债权人利益有重大影响的财产处分行为时，则需要内地法院另行批准。

第四节　展望与建议

2023 年，国际商法法治在各国际组织的推动下更趋完善。联合国国际贸易法委员会、国际统一私法协会、国际商会等国际商事立法机构持续推进各项立法工作，拟定了一些国际公约、示范法及草案，出具了多份国际商事贸易指南和行业标准。我国一如既往尊重已有的国际规则，在国内涉外商事司法实践中准确适用国际商事规则；同时参与国际立法实践，助力国际商法法律渊源及其司法适用的完善。在未来国际商事领域的宏大蓝图上，将沿着商事立法数字化、立法维度多层化、立法主体多样化等趋势努力。此外，随着我国人民法院国际商事审判职能进一步发挥，中国涉外司法公信力和影响力将有效提升。

第一，国际商事立法工作数字化，贸易金融的电子规则得到重视与发展。国际社会已步入电子和数据的时代，数字经济的蓬勃发展助推了贸易金融和国际商事立法的数字化进程。数字经济安全也成为全球可持续发展的战略目标。国际统一私法协会针对数字资产制定了《数字资产与私法通则》，以解决在数字资产转让和使用中产生的法律问题。国际商会与世界贸易组织共同发布的《无纸化跨境贸易标准工具箱》，首次对国际社会通行的数字化贸易标准进行系统整合，建立起无纸化跨境贸易的权威标准指引，展开全球贸易数字化转型的发展新格局。国际商会银行委员会全力推广其电子规则的使用，对《托收统一规则关于电子交单的附则》（eURC）和《跟单信用证统一惯例关于电子交单的附则》（eUCP）进行及时更新与补充，推进贸易金融事务的数字化发展。国际商会正式批准的《阿克拉网络弹性发展呼吁》（Accra Call for Cyber Resilient Development）也将数字经济的安全提到了国际社会层面。

第二，国际商事立法的涵盖范围不断扩大，新兴领域的国际商事规则逐步形成。国际商事立法不仅吸引了不同的国际组织深度参与，更是开拓性地跨越了不同的领域，体现出兼容并包、协同合作的性质。如国际商会与世界农民组织合作签署谅解备忘录。国际统一私法协会举办自愿碳信用额项目会议，以助力应对气候变化方面的法律问题。此外，联合国国际贸易法委员会、国际统一私法协会和国际商会还在投资、文物保护、数字资产、网络安全等领域制定了相应的规则，将有力推动新兴议题国际商事规则的发展。

第三，相对弱势国家及企业在国际商事立法中的地位和比例增加。发展中国家在国际商事规则制定中的话语权和影响力显著提升，立法规则中与中小企业相关的扶持项目逐渐增多。联合国大会通过首个以中国城市命名的国际海事公约《北京船舶司法出售公约》，这是海商领域首个以中国城市命名的联合国公约，反映出各国对中方在公约形成过程中发挥引领作用的高度认可，也是中方践行真正的多边主义的真实写照。[①]联合国国际贸易法委员会通过了《关于中小微企业获得信贷机会的建议》，有利于中小微企业获得信贷机会。国际商会不仅启动了国际商会中小企业贸易融资基金计划，还在多个发展中国家建立国际商会创业中心以促进当地中小企业的跨境贸易。对中小企业的扶持和关注展示了其在国际商事活动中不可忽视的重要性；而以中国为代表的新兴市场和发展中国家群体性的快速崛起，将对国际商事规则的未来发展发挥举足轻重的作用。

第四，纵观中国涉外商事审判实践，我国涉外司法和国际商事仲裁的国际公信力和影响力持续增强。在国际商事争议中，司法的有效运行有助于构建国家开放型经济新体制，维护公平公正的国际法治环境。本年度我国法院受理和审结了大量涉外商事案件，在国际商事案件中主动适用国际条约，并在实践中不断提高涉外司法水平，切实有效地服务于高水平对外开放，营造了安全的国际营商环境，彰显出国家法治建设成效。此外，我国法院在涉外商事审判实践中确立起的系列典型案例，通过系统化整合与解释，对进一步推动我国涉外法治建设，促进国际商法发展具有重要作用。

我国将建设涉外法治工作放在重要位置，改革开放之后，我国顺应国际发展形势，力争实行高水平对外开放、建设更高水平开放型经济新体制。当今国际经济新格局对我国既是机会也是挑战，如何深入国际商法法治发展，参与国际经贸规则治理成为重要问题。

中国要继续在国际商事规则制定中担当参与者、引领者、建设者的角色。积极加入国际商事组织，与代表性国际商事立法机构加强交流合作，在国际商事立法活动中发出更多代表发展中国家和新兴市场国家的声音。更多关注如数字金融、碳交易、网络安全等重点领域和新兴领域的立法活动，在规则制定中把握主动权并贡献中国智慧。同时，聚焦“一带一路”建设中的国际商事实践和涌现出的跨境商事交易的新特点、新经验，在司法、仲裁等机构的合作参与下完善国际商事法律制度，为已有的国际商法法治建设提供建设性意见。除此之外，加强国内涉外商事法治体系建设，推动国内规则和国际规则的有效衔接，助力夯实更高水平对外开放的制度基础和经济体制。

---

①《北京船舶司法出售公约》在京签署，载自新华网：http://www.news.cn/local/2023-09/05/c_1129847175.htm.

第十二章　海商海事法治发展

第一节　大　事　记

一、第六次全国法院涉外商事海事审判工作会议在深圳举行

2023年2月8日，第六次全国法院涉外商事海事审判工作会议以线上线下相结合的方式在深圳举行，最高人民法院党组书记、院长周强出席会议并讲话。其强调，要深入总结新时代十年人民法院涉外商事海事审判工作经验，准确把握当前工作面临的新形势新任务，全面贯彻落实党的二十大精神，推进新征程人民法院涉外商事海事审判工作高质量发展。坚持党对司法工作的绝对领导，坚定拥护"两个确立"、坚决做到"两个维护"。统筹推进国内法治和涉外法治，坚持平等保护原则，依法公正高效审理涉外商事海事案件，积极营造市场化、法治化、国际化一流营商环境。深化涉外商事海事审判机制改革，推进国际商事法庭建设，健全"一站式"国际商事纠纷多元化解决机制，优化涉外民商事案件管辖机制，深化涉外商事海事审判领域智慧法院建设，不断提升涉外审判质效和司法公信力。加强国际司法交流合作，积极参与全球治理体系改革和建设，服务推动构建人类命运共同体。健全涉外法治人才引进、选拔、使用、管理、交流机制，建设高素质专业化涉外商事海事审判队伍。①

二、最高人民法院发布2022年全国海事审判典型案例

2023年6月30日，最高人民法院发布2022年全国海事审判典型案例，彰显了海事司法在加强海洋生态保护、促进海洋经济发展和维护海洋权益等方面发挥的重要作用。此次发布的10件典型案例，具有以下三个方面的特点：（一）着力打造涉外海事纠纷解决优选地，服务保障高水平对外开放。主动

① 周强：《全面贯彻落实党的二十大精神 推进新征程涉外商事海事审判工作高质量发展》，载中华人民共和国最高人民法院官方网站，https://www.court.gov.cn/zixun/xiangqing/388481.html，2023年11月10日最后访问。

施惠承认外国法院海事判决，增进我国同世界各国间的司法协作互信；充分尊重当事人仲裁意愿，依法采取仲裁保全措施，营造支持仲裁的司法环境；利用智慧法院建设成果，公正高效化解纠纷，中国海事司法的公信力和影响力不断提升。（二）充分发挥海事司法职能作用，促进国际航运复苏和海洋经济发展。加强海事纠纷诉源治理，按照“妥处一案，解决一片”的原则化解群发性纠纷，维护国际贸易和航运秩序；准确理解国际通用合同范本含义，积极适用国际惯例，服务保障国际航运市场健康发展；保护船舶融资租赁交易安全，规范航运金融市场秩序，助力优化航运发展软环境。（三）加大海洋环境司法保护力度，保障海洋生态文明建设；支持检察机关依法提起海洋环境公益诉讼，完善具有中国特色的海洋环境公益诉讼制度；严厉打击非法盗采海砂等违法行为，坚决维护国家海洋权益，保障海洋生态环境安全，以司法审判护航海洋生态文明建设。

三、2023 年海商法研讨会暨《海商法》实施三十周年学术论坛在广州成功举办

2023 年 7 月 5 日，由中国海商法协会主办的 2023 年海商法研讨会暨《海商法》实施三十周年学术论坛在广州中山大学顺利开幕。本次论坛的主题为“回望三十年 展望向未来——纪念《中华人民共和国海商法》实施三十周年”。本次学术论坛总结了《海商法》生效实施三十年的成功经验和历史传承，为学界、实务界深刻理解和适用《海商法》提供了借鉴和参考，同时直面目前在司法和航运实践中存在的问题，为学界、实务界未来深刻把握新方向、探究新问题奠定了坚实的基础。①

四、《中华人民共和国国际海运条例》完成第四次修订

2023 年 8 月 21 日，国务院公布了对《中华人民共和国国际海运条例》作出的最新修订（以下简称《国际海运条例》）。这次修订涉及的条款共 14 条，修订的目的是更加有效地治理我国航运市场，优化营商环境，进一步与国际接轨。主要修订内容包括：针对不同运输业务，区分条件，降低集装箱、普通货船运输业务的条件要求；取消“国际集装箱船、普通货船运输业务审批”“无船承运

① 《2023 海商法研讨会暨〈海商法〉实施三十周年学术论坛在广州成功举办》，载微信公众号“中国海商法协会”，https://mp.weixin.qq.com/s/gKH66sBSfHucvgBLsOKzCA，2023 年 11 月 16 日最后访问。

业务审批”“从事内地与港澳间集装箱船、普通货船运输业务许可”三项许可；将“从事内地与港澳间客船、散装液体危险品船运输业务许可”的实施主体由交通运输部下放至省级交通运输部门，同时建立备案和信用管理制度，加强事中、事后监管等。

五、《联合国船舶司法出售国际效力公约》签约仪式在京举行

2023 年 9 月 5 日，《联合国船舶司法出售国际效力公约》（即《北京船舶司法出售公约》）签约仪式在北京国家会议中心举行。商务部国际贸易谈判代表兼副部长王受文出席签约仪式，致辞并代表中国签署公约。34 个国家和地区的代表团来京参加签约仪式，包括中国、瑞士、新加坡、沙特阿拉伯、利比里亚、洪都拉斯等在内的 15 个国家和地区成为公约的首批签约方。该公约此后将在纽约联合国总部开放供各方签署。最高人民法院审判委员会副部级专职委员王淑梅表示，《北京船舶司法出售公约》促进了国际航运业的健康发展和国际贸易法的协调统一，是通过不断完善海洋法治，推动构建海洋命运共同体、推进全球海洋治理的重要实践。该公约是联合国大会通过的首个以中国城市命名的国际海事公约，充分体现联合国对中国积极参与国际海事法治建设事业，为世界航运经济发展所作贡献的肯定。①

六、《北京船舶司法出售公约》国际研讨会在京成功举办

由最高人民法院、联合国国际贸易法委员会（以下简称“贸易法委员会”）主办，中国海商法协会、大连海事大学协办的《北京船舶司法出售公约》国际研讨会于 2023 年 9 月 5 日下午召开。联合国国际贸易法委员会秘书长安娜·乔宾·布莱特、中国法学会副会长兼秘书长张鸣起、最高人民法院审判委员会专职委员王淑梅等出席并致辞。王淑梅在致辞中指出，中国积极参与全球海洋治理，努力做海洋命运共同体的构建者、维护者和贡献者。中国海事司法作为重要的对外窗口，为服务保障高水平对外开放发挥了重要作用。中国正致力于成为全球海事纠纷解决优选地。希望加强合作，持续完善国际海事法律体系，努力实现国际海事法律制度最大化统一；加强创新，持续优化国际海事立法理念，

---

① 《联合国大会通过的首个以中国城市命名的国际海事公约〈北京船舶司法出售公约〉签约仪式及国际研讨会在京举行》，载中华人民共和国最高人民法院官方网站，https://www.court.gov.cn/zixun/xiangqing/410962.html，2023 年 11 月 16 日最后访问。

推动共同发展；加强共享，持续扩大国际海事立法成果，共同促进国际海事法治发展。商务部、北京市的有关领导，贸易法委员会、国际海事组织、国际海事委员会等国际组织代表，外国使团代表，中国法院、海事局、海商法协会，以及航运、金融、保险、律师等业界和高校代表、专家学者400余人参会。①

七、《海商法》修订列入十四届全国人大常委会立法规划第一类项目

2023年9月7日，《十四届全国人大常委会立法规划》（本段简称《规划》）正式发布，共130件法律草案列入《规划》。其中，《中华人民共和国海商法》的修改项目，列入《规划》的“第一类项目”，即“条件比较成熟、任期内拟提请审议的法律草案”；《中华人民共和国海事诉讼特别程序法》的修改项目列入《规划》的“第二类项目”，即“需要抓紧工作、条件成熟时提请审议的法律草案”。此外，列入《规划》第一类项目的法律草案还有《对外贸易法》（修改）、《海关法》（修改）、《仲裁法》（修改）、《海洋环境保护法》（修改）等。列入《规划》第二类项目的法律草案还有《交通运输法》《海洋法》《渔业法》（修改）等。

八、《中华人民共和国海洋环境保护法》完成修订

2023年10月24日，十四届全国人大常委会第六次会议表决通过了新修订的《中华人民共和国海洋环境保护法》（以下简称《海洋环境保护法》），自2024年1月1日起施行。《海洋环境保护法》是海洋环境保护领域的综合性法律，于1982年通过，1999年修订，2013年、2016年、2017年先后进行了3次修正。2018年，全国人大常委会对《海洋环境保护法》实施情况开展检查，明确提出尽快启动《海洋环境保护法》修改程序，2022年将《海洋环境保护法》修改列入立法工作计划。全国人大环资委牵头组织起草了《海洋环境保护法》修订草案，2022年12月提请十三届全国人大常委会第三十八次会议初次审议，2023年6月十四届全国人大常委会第三次会议进行二次审议，同年10月十四届全国人大常委会第六次会议进行第三次审议并最终通过。

---

① 《联合国大会通过的首个以中国城市命名的国际海事公约〈北京船舶司法出售公约〉签约仪式及国际研讨会在京举行》，载中华人民共和国最高人民法院官方网站，https://www.court.gov.cn/zixun/xiangqing/410962.html，2023年11月16日最后访问。

修订后的《海洋环境保护法》共 9 章，包括总则、海洋环境监督管理、海洋生态保护、陆源污染物污染防治、工程建设项目污染防治、废弃物倾倒污染防治、船舶及有关作业活动污染防治、法律责任和附则。此次修订坚持保护优先、预防为主、源头防控、陆海统筹、综合治理、公众参与、损害担责等原则，在生物多样性保护、陆源污染防治、海洋环境监管等多方面作出了修订和完善。修订《海洋环境保护法》是深入贯彻习近平总书记关于海洋环境保护的重要讲话、重要指示批示和党的二十大精神，落实党中央关于海洋环境保护决策部署的重要举措，是持续改善海洋环境质量、建设美丽中国的迫切需要，是深化党和国家机构改革、推进国家治理体系和治理能力现代化的现实需要，对于保护和改善海洋环境，让人民群众更好享受碧海蓝天、洁净沙滩，保障生态安全和公众健康，维护国家海洋权益，建设海洋强国，促进经济社会可持续发展，实现人与自然和谐共生，具有重要意义。①

第二节 热点聚焦

一、《中华人民共和国海事诉讼特别程序法》的修订

（一）修订的必要性

《中华人民共和国海事诉讼特别程序法》（以下简称《海诉法》）于 1999 年 12 月 25 日经第九届全国人民代表大会常务委员会第十三次会议通过，自 2000 年 7 月 1 日起正式施行。《海诉法》的通过标志着我国海事法律制度体系基本形成，也标志着我国诉讼法律制度体系的完整，不管在海事法治建设中还是在诉讼立法史上都具有里程碑意义。《海诉法》共 12 章 127 条，涵盖了总则、管辖、海事请求保全、海事强制令、海事证据保全、海事担保等与《海商法》主要内容相对应的重要程序问题。《海诉法》以我国当时的海事审判实践为基础，同时借鉴先进的国际海事立法成果，为《海商法》的有效实施、海事审判实践的发展提供了重要的制度支持；在保障有效行使中国司法管辖权、及时审理海事海商案件、维护当事人合法权益、促进中国海上运输和对外经济贸易事业发展等方面，发挥了积极有效的作用。然而不可否认的是，随着航运业和我国海事审

① 《全国人大常委会法工委负责人就海洋环境保护法修订相关问题答记者问》，载微信公众号“海洋法治”，https://mp.weixin.qq.com/s/WPcBPOxg1Qs6iTQknEpMEA，2023 年 11 月 16 日最后访问。

判实践的发展，《海诉法》也需要与时俱进，作出相应调整。对《海诉法》进行修订的必要性主要体现在以下 4 个方面。

1. 立法时经验积累不够充分导致立法本身存在不足

从 1984 年海事法院设立到 1999 年《海诉法》颁布，当时我国的海事司法实践只有短短 15 年时间，至 1999 年上半年，我国海事法院共受理海事海商案件 25 000 余件，其中涉外案件 3 746 件，可见立法启动时，我国海事法院受理案件的总量并不多，经验积累尚不充分。这种实践经验的缺乏尤其体现于第 4 章“海事强制令”、第 8 章“审判程序”第 2 节“审理共同海损案件的规定”，以及第 9 章“设立海事赔偿责任限制基金程序”、第 10 章“债权登记与受偿程序”中，具体如对海事强制令的规定不够细化造成适用障碍，对共同海损理算报告的采信规定过于机械影响案件的公平处理，未规定债权登记的期间造成海事法院理解和执行不一等。

2. 与海事审判实践发展相适应

2000 年至今，海事审判实践以及海事法院的面貌已经发生翻天覆地的变化，我国已经成为世界上海事审判机构最多最齐全、受理海事案件数量最多的国家，受理海事案件从一般的海商合同、海事侵权纠纷案件到海洋环境保护相关纠纷案件、海事行政案件甚至海事刑事案件，案件种类也趋于多元。同时随着信息技术的发展，建设智慧法院、推进“互联网+诉讼服务”、网上立案、网上拍卖船舶、电子送达等司法实践和司法创新，在法律规制方面出现了不少空白。《海诉法》亟需适应相关实践的发展，弥补立法空白，完善相关规定，为海事审判实践提供程序保障。

3. 与相关司法解释相统一

司法解释中的某些规定已经走在了《海诉法》前面，《海诉法》需要进行相应调整与之相协调，或者将司法解释中的部分内容进行整合，将其上升为法律，增强相关规定的法律效力。例如《最高人民法院关于海事诉讼管辖问题的规定》以及《最高人民法院关于海事法院受理案件范围的规定》已经对《海诉法》中海事法院受理案件的范围从种类上进行了大幅扩充，《海诉法》的总则部分应做出相应调整。此外，其他司法解释例如《最高人民法院关于审理海事赔偿责任限制相关纠纷案件的若干规定》中包含了一部分程序性条款，可将其纳入《海诉法》以保障程序上的一致性和体系性。

4. 与一般法相协调

《海诉法》作为《民事诉讼法》的特别法，针对专业性较强的海事、海商案件，充分考虑了海事诉讼的专业特点，规定了许多不同于当时《民事诉讼法》的规则和特殊的诉讼程序。然而我国《民事诉讼法》已经经历了4次修订，逐步创设了公益诉讼制度，设立了小额诉讼程序、实现担保物权案件特别程序，确立了行为保全制度，完善了电子送达规则等。《最高人民法院关于适用〈中华人民共和国民事诉讼法〉的解释》在涉外民事诉讼管辖制度中引入了不方便法院理论，同时还作出了因污染海洋环境提起的公益诉讼，由污染发生地、损害结果地或采取预防污染措施地海事法院管辖等规定。而《海诉法》从颁行至今却未作任何修正，不仅未能吸纳或体现前述先进的制度模式，还未能解决新旧法律之间的衔接问题。因此，《海诉法》亟须修订和完善与之相协调。

（二）《海诉法》修订的进程

在2019年6月召开的“2019中国海事司法与仲裁高峰论坛”上，最高人民法院副院长罗东川强调，要“尽快启动《海事诉讼特别程序法》的修改研究”[①]。随后，最高人民法院民事审判第四庭于2019年7月18日正式启动了《海诉法》的修改调研工作。2019年中下旬，最高人民法院相继于大连、上海、广州召开了《海诉法》修改北部、中部、南部片区调研会议，众多资深法官、专家学者、律师代表到会议现场参加讨论。在这次调研活动中，与会人员就《海诉法》修改的目标和基本原则、《海诉法》实施中存在的问题进行了讨论，并对《海诉法》的修订提出了许多具体建议。在广泛征求意见的基础上，最高人民法院于2021年11月向全国人大常委会报送了《关于建议修改〈中华人民共和国海事诉讼特别程序法〉的报告》，推动《海诉法》修改纳入立法规划。2023年9月7日，《十四届全国人大常委会立法规划》发布，《海诉法》的修改项目被列入“第二类项目”，即“需要抓紧工作、条件成熟时提请审议的法律草案”，由最高人民法院提请审议或牵头起草。[②]

---

① 《罗东川出席2019年中国海事司法与仲裁高峰论坛》，载陕西法院官方网站，http://sxgy.sxfywcourt.gov.cn/article/detail/2019/06/id/4099158.shtml，2022年10月14日访问。

② 《十四届全国人大常委会立法规划》，载全国人大网，http://www.npc.gov.cn/npc/c2/c30834/202309/t20230908_431613.html，2023年11月27日访问。

（三）修订研究中的焦点问题及建议

1. 海事法院受案范围

现行《海诉法》第4条规定：“海事法院受理当事人因海事侵权纠纷、海商合同纠纷以及法律规定的其他海事纠纷提起的诉讼。”后续出台的《最高人民法院关于适用〈中华人民共和国海事诉讼特别程序法〉若干问题的解释》（以下简称《海诉法解释》）、《最高人民法院关于海事诉讼管辖问题的规定》以及《最高人民法院关于海事法院受理案件范围的规定》将海事法院受理案件的范围以开放式列举的方式予以细化，列明的6大类共108种案件中囊括了大部分涉海民事案件，并纳入了海事行政案件。以《海商法》规范的自体性、海洋强国战略的需要、海事行政刑事案件的高专业性为依据，理论界和实务界大多主张对海事法院受案范围进一步扩大，形成民事、行政、刑事“三审合一”的海事审判格局。2017年2月，最高人民法院指定宁波海事法院审理第一例海事刑事案件，标志着海事案件“三审合一”试点正式启动。在《海诉法》修订调研活动中，对于修订后的《海诉法》是否应将海事刑事、行政案件纳入的问题，专家们的意见并不统一。多数观点认为目前时机尚未成熟，不宜通过修改《海诉法》实现海事案件的“三审合一”，且《海诉法》是《民诉法》的特别法，若在其中增加刑事、行政诉讼程序的规定，则会在法律部门的定位上产生问题，如果确有“三审合一”的需要，可以通过司法解释进行规制。但也有观点认为，虽然目前海事刑事案例的积累还不够，问题尚未达到爆发的程度，但考虑《海商法》的自体性，设立独立涉海法律体系是现实发展的趋势，刑事案件和行政案件纳入海事法院管辖具有必要性，可率先在《海诉法》中寻求突破，为未来的制度创设提供基础和经验。①

2. 海事保全制度

（1）船舶“活扣押”

现行《海诉法》第27条规定了船舶“活扣押”制度，即“海事法院裁定对船舶实施保全后，经海事请求人同意，可以采取限制船舶处分或者抵押等方式允许该船舶继续营运。”为防止当事人利用“活扣押”逃避债务，避免其在继续营运的过程中产生新债务，甚至导致船舶灭失的风险，《海诉法解释》第29条对“活扣押”作出限制性规定，将“船舶继续营运”限定为“航行于国内航线

---

① 《〈海诉法〉修改研究工作中部片区调研活动在上海海事法院成功举行》，载微信公众号“上海海事法院”，2022年10月16日访问。

上的船舶完成本航次”。这种“活扣押”制度通过限制船舶物权处分的方式允许其继续营运，对保护和促进航运经济发展具有积极作用。然而在司法适用中却出现了一些现实问题。第一，《海诉法》中的“活扣押”以船舶实际扣押为前置程序，以海事请求为依据，这与《民诉法》及其司法解释相矛盾，导致实践中的一些问题难以厘清。例如对于非基于海事请求向地方人民法院申请船舶“活扣押”时地方人民法院有无管辖权？可否自行对船舶实施扣押？①海事法院能否接受地方人民法院的委托进行船舶“活扣押”？第二，相关国际公约②中规定的类似“活扣押”制度往往强调船舶扣押下允许其继续营运的前提是船舶占有人提供担保，而我国《海诉法》则无相关规定，这不仅与国际通行做法相背离，也不利于申请人实现其利益。第三，国内航线上的航次限制使得“活扣押”的适用范围被大大缩减，基于经济的理性考虑会导致该制度实际价值减损。第四，“活扣押”在实务中常被称为“查封船舶权属”，海事司法理论与实务界中，有部分观点认为应废除船舶“活扣押”，改为船舶查封。然而无论从保全措施还是从保全目的看，船舶“活扣押”都区别于查封。在《海诉法》的修订中应当针对上述问题对“活扣押”制度存废、适用条件、管辖标准及其适用期限予以完善或明确。

（2）船舶拍卖

《北京船舶司法出售公约》旨在解决船舶司法出售跨境承认问题。《海诉法》作为我国国内法层面解决船舶司法出售问题的主要依据，其规定的通知规则与公约存在明显的差异，宜对其进行修改完善，以增强国内法与国际公约在外籍船舶司法出售方面的协调性和兼容性③。具体而言，第一，现行《海诉法》缺乏对通知对象查明义务分配的系统规定。《北京船舶司法出售公约》将船舶司法出售通知对象的查明义务交由各国国内法处理，且公约要求的通知对象有所增加，采用了广义的对船权的概念，由此引发了额外的查明问题。然而我国现行《海诉法》并未就通知对象的查明义务作出规定，仅在《海诉法解释》中提及了海事请求人和被请求人的配合义务。第二，现行《海诉法》下通知的送达标准略

① 王娜：《海运强国战略背景下船舶“活扣押”制度存废探究——以〈海诉法〉的修改为视角》，载《中国海商法研究》2021 年第 1 期，第 49－55 页。

② 《1999 年国际扣船公约》(International Conventionon Arrest of Ships 1999）第四条第一款规定“法院可允许占有船舶的人在提供充分担保后继续经营该船，或可以其他方式处理该船在扣押期间的营运”。

③ 范峻恺、章超琳：《外籍船舶司法出售通知规则研究——以〈北京公约〉和〈海诉法〉为对比》，载《大连海事大学学报(社会科学版)》2023 年第 5 期，第 17－26 页。

显严苛。《海诉法》第 33 条对通知的送达提出了具体要求，即须以被通知人能够确认收悉的适当方式进行。而《北京船舶司法出售公约》只要求司法出售通知书被“发送”，并不要求达到“送达”效果。如果对公约范围内所有的通知对象要求送达效果，将大大增加海事法院的工作量，也可能因为在客观上难以实现而引发程序瑕疵或错误。为了保障司法出售船舶程序的效率，《海诉法》中的送达标准宜向公约靠拢。

（3）海事强制令

海事强制令是根据海事审判实践的需要，借鉴英国的“马瑞瓦禁令”以及大陆法系的“假处分”创造的制度，[①]是指海事请求的当事人在被请求人存在违法或违约行为时，为避免紧急情况下造成损失或避免损失扩大，向海事纠纷所在地的海事法院提出申请，请求法院责令被请求人作为或者不作为的一种强制措施，规定于现行《海诉法》第 4 章。作为一种临时性救济措施，它的作用在于及时控制事态的恶性发展，为海上商事主体提供便捷的救济途径，保障航运经济顺畅、高效地运行。同时也为涉外海运纠纷存在平行诉讼情况下如何解决禁诉令问题提供了新路径。[②]但海事强制令制度在立法以及在实践中也存在一定问题，主要体现在以下几个方面：首先，从适用条件上看，现行《海诉法》对海事强制令申请人所基于的海事请求范围并未像其他章节中出现的海事请求一样进行列明，“具体的海事请求”的要求不够明确，在适用上容易造成障碍。其次，从当事人利益平衡来看，《海诉法》中缺乏对海事强制令申请人全面披露义务的要求和制约，也未对被申请人是否可以提供反担保以对抗海事强制令的作出或暂缓海事强制令的执行作出规定，整体上不利于被申请人利益保护。最后，在程序上，海诉法并未详细规定海事强制令的审查程序，在司法实践中各海事法院对于是否组织听证也存在不同做法。另外，现行《海诉法》对于复议的规定过于原则化且期限过短，容易使得复议程序流于形式。在《海诉法》的修订中应贯彻平衡申请人和被申请人利益的理念，细化海事强制令的程序性规范，

① 韦杨、白静茹：《新形势下海事强制令制度应用评析及完善》，载《中国海商法研究》2020 年第 3 期，第 56－63 页。

②《2022 年全国海事审判典型案例》之案例六，载人民法院网，https://www.chinacourt.org/article/ detail/2023/06/id/7374664.shtm，2023 年 12 月 26 日最后访问。本案中，在我国法院已经对管辖问题作出终审裁定的情况下，一方当事人仍向外国法院申请禁诉令，禁止另一方当事人依照我国法律获得正当司法救济。广州海事法院根据《海事诉讼特别程序法》关于海事强制令的规定，责令当事人撤回在外国法院的禁诉令申请。

增强该制度的适用价值。

3. 海事审判程序

（1）《海事事故调查表》

针对船舶碰撞案件取证难的特点，《海诉法》第8章第1节借鉴了英美法系审理船舶碰撞案件中的初步文书制度，规定原告在起诉时、被告在答辩时，应当如实填写《海事事故调查表》，且当事人一般不能推翻其在《海事事故调查表》中的陈述和已经完成的举证。《海事事故调查表》是当事人离碰撞事故的发生最近、最原始的陈述，弥补了船舶碰撞案件证据材料不足的缺陷，对查明案件事实具有非常重要的作用。然而在实践中，《海事事故调查表》实际发挥的作用十分有限，以至于出现了一些主张将其废除的观点。这主要是因为《海诉法》没有对不如实填写《海事事故调查表》的法律后果作出规定，实践中常常出现当事人为减轻责任故意填写错误信息误导法庭、故意拖延甚至拒绝填写该表的情况。此外，《海诉法》未给予《海事事故调查表》足够的诉讼证据地位。虽然《海诉法解释》第57条将其定性为当事人陈述，经过对方当事人认可或经法院查证属实，可以作为认定事实的依据。但由于法院查证是否属实十分困难，在一方当事人不认可时就无法作为定案依据。如果在修订后的《海诉法》中继续保留该制度，则需明确当事人在调查表中填写的内容是否具有自认的法律性质，同时对不按时、如实填写《海事事故调查表》的法律后果作出规定，保障该制度发挥实际作用。

（2）海上保险人行使代位请求赔偿权[①]

现行《海诉法》将海上保险人行使代位求偿权程序作为一种特殊的审判程序，规定于第8章第3节，根据第95条，保险人在行使代位求偿权时，若被保险人已经提起诉讼，保险人可以请求法院变更原告或作为共同原告。上述规定对于保险人在被保险人提起诉讼的一审程序中行使代位求偿权提供了制度保障，但是并未明确该诉讼进入二审程序后，保险人能否申请变更当事人或者直接加入二审程序。若保险人在二审期间提出保险赔付证据，请求变更当事人或者请求作为共同诉讼当事人参加诉讼的，为了充分保证当事人的诉讼权利，二审法院应当将案件发回一审。然而学界不少学者认为这种做法虽然似乎有利于保护保险人的诉讼利益，但会不当地增加保险人、第三人及审判机关解决民事

① 许俊强、陈永灿：《论保险人可二审代位进入诉讼程序——兼议〈海事诉讼特别程序法〉修订》，载《中国海商法研究》2019年第4期，第86－92页。

争议的经济成本，不符合诉讼效益原则，对保险代位诉讼目标的实现及司法责任制的落实会产生消极的影响。因此，在《海诉法》修订的过程中应对第 95 条进一步明确和完善，为保险人二审代位进入诉讼提供制度保障。

4. 海事赔偿责任限制和债权登记与受偿程序

（1）结构性问题[①]

《海诉法》第 9 章对海事赔偿责任限制基金的设立程序进行了专门规定，而将海事赔偿责任限制的债权登记、债权审查、基金分配的内容与船舶拍卖相关的债权登记、审查及受偿合并规定于第 10 章，且没有对责任人如何进行责任限制的程序作出相关规定。有学者认为这种安排使得中国海事赔偿责任限制程序制度从一开始就在框架上存在不系统、不完善、重点错位的问题，对于集中行使责任限制程序的缺失则属于立法漏洞，给司法实践带来了较多的不确定性。因此建议在《海诉法》中设置专门章节重构海事赔偿责任限制程序，与船舶拍卖的相关程序分开规定。

（2）海事赔偿责任基金设立

《海诉法》第 9 章“设立海事赔偿责任限制基金程序”存在的问题主要体现在以下几个方面。第一，责任人设立基金的目的之一是使得被扣船舶或财产快速释放，不同于英美等国法中责任人只要提供符合基金数额的保证金或担保即可设立基金这种简单快捷的做法，我国的责任限制基金的设立需要经过公告、异议程序，复杂费时，使得这种目的基本落空。第二，《海诉法》第 106 条对设定基金异议的审查与裁定作出了规定，但并不能解决多个利害关系人于不同时间提出异议的情况下裁定如何作出的问题。且没有明确若无人提出异议，或者异议人没有针对审查范围提出异议时，法院是否应当依职权主动进行审查。修订后的《海诉法》宜简化基金设立程序，对异议审查作出更加全面具体的规定。

（3）债权登记与受偿程序[②]

自 2000 年实施至今，《海诉法》在海事诉讼实践中出现问题最多、争议最大的莫过于第 10 章“债权登记与受偿程序”。这一章以《最高人民法院关于海事法院拍卖被扣押船舶清偿债务的规定》为蓝本，同时借鉴《中华人民共和国

---

① 俊伊：《海事赔偿责任限制程序制度之重构》，载《中国海商法研究》2019 年第 1 期，第 30－41 页。

② 吴胜顺：《〈中华人民共和国海事诉讼特别程序法〉债权登记与受偿程序缺陷及制度重构》，载《中国海商法研究》2018 第 2 期，第 12－23 页。

企业破产法》，对船舶拍卖价款与责任限制基金清偿从债权登记、债权确认与确权、受偿分配三个环节作出了规定。这一章在程序设置与适用上均存在争议。首先，就登记程序而言，现行《海诉法》并未对债权登记的期限以及债权登记的范围作出明确具体的规定，导致实践中存在不同观点。对于债权登记的审查，也未明确应作实质性审查还是仅作程序性、形式性审查。其次，就债权确认与确权程序而言，确权诉讼一审终审制度剥夺了当事人的上诉权，与民事诉讼二审终审的原则相悖。且海事案件较为复杂、专业性强，一审终审难以平衡效率与公正。另外，《海诉法》中规定的确权诉讼的集中管辖与因已进入二审程序、当事人约定仲裁或者因移送而适用普通程序之间如何衔接与协调的问题，也给实务带来了不便。最后，就受偿分配程序而言，《海诉法》中规定的债权人会议职能极其弱化，作用和效果都十分有限；未规定物权担保债权人的先取特权，对船舶物权保护十分不利，影响清偿效率；没有对未得清偿债权的救济进行规定，对于债权人是否可以凭确权判决申请继续强制执行债务人的其他财产，实务中的做法也不一。因此，在《海诉法》修订过程中应针对程序设置上的一些制度性缺陷，借鉴企业破产法律制度，并注重调和两者之间的冲突，重构债权登记与受偿程序设置，强化债权人会议职能，考虑取消一审终审制确权诉讼并设立先取特权制度，衔接破产程序，使该程序能够公正高效地发挥关键作用。

5. 其他问题

不同于上述对《海诉法》实施中问题最为突出、争议较大的现有制度的讨论，实务界和理论界也对一些现行《海诉法》中缺失的制度提出了创造性建议。

（1）海事电子数据证据[①]

我国《刑事诉讼法》和《民事诉讼法》均将电子数据列为证据种类之一，加之航运实践的需求，在证据信息化的大趋势下，海事、海商及海事行政案件中涉及对电子数据证据使用的情况也十分普遍。然而从海事审判中电子证据适用上的现状来看，我国在立法和司法实践层面均有不足之处，最主要的问题在于对电子证据的法律定位不明确以及海事诉讼中电子证据规则的缺失。因此，建议在《海诉法》中增设电子数据证据制度，对电子数据证据类别划分、效力认定、举证规则等予以详细规定。

---

① 刘宇飞：《海事电子数据证据种类及其效力认定研究——以〈海事诉讼特别程序法〉修改为视角》，载广州海事法院官方网站，https://www.gzhsfy.gov.cn/hsmh/web/content?gid=92618，2022 年 10 月 28 日访问。

（2）执行异议之诉[①]

《海商法》及《物权法》对船舶物权变动的规定采取登记对抗主义，加之航运实践的需求，船舶登记所有人与实际所有人相分离的情况十分普遍。在船舶登记所有人的债权人向海事法院提起海事请求保全时，因海事请求保全采用形式审查方式，容易产生船舶虽非诉讼争议标的而被扣押的情形，导致船舶实际所有人的船舶所有权及应得船舶利益遭受威胁。因此建议于《海诉法》中植入案外人执行异议之诉制度以明确海事请求保全中执行异议之诉的适用，并确定海事法院的专属管辖，以保护船方利益，保障航运经济发展。

（3）海事仲裁司法审查[②]

仲裁是海事纠纷的重要解决方式之一，海事仲裁的顺利运行离不开司法的协助与监督，而司法审查是海事法院对海事仲裁进行协助与监督的主要方式。现行《海诉法》对于海事仲裁司法审查的规定过于简略，司法解释的相关规定存在不合理之处。建议在修订后的《海诉法》中专设一章“海事仲裁的司法协助与监督”，将分散于不同法律和司法解释中的有关海事仲裁司法审查的内容整合到《海诉法》中，明确海事仲裁司法审查案件由海事法院专门管辖，明确此类案件范围，对不合理的规定例如不科学的管辖连接点予以完善，对海事仲裁保全的协助作出统一规定，以保障司法对仲裁的协助与支持作用，促进海事审判工作的开展。

二、《北京船舶司法出售公约》的新发展

（一）公约发展历程

《北京船舶司法出售公约》出台前，由于船舶司法出售国际效力统一国际规则的缺失，各国在船舶司法出售行为的国际效力问题上，只能依赖于礼让原则，使得一国的司法出售行为能否在他国获得承认存在诸多不确定性，这一不确定性极大阻碍了船舶司法出售的顺利进行。2007 年，在国际海事委员会（CMI）执行委员会的例行工作会议上，作为 CMI 执行委员的李海博士首次提出船舶司法出售的国际承认问题，经执委会深入讨论后，该议题被纳入 CMI 的工作计划，

① 王娜：《登记对抗主义下案外人执行异议之诉适用困境之策略研究——以〈海事诉讼特别程序法〉修改为视角》，载《中国海商法研究》2019 年第 3 期，第 93－99 页。

② 王天红：《〈海诉法〉中海事仲裁司法审查条款的修改研究》，载《中国海商法研究》2021 年第 1 期，第 31－40 页。

进而成为国际海事委员会的研究课题。后由国际海事委员会专门国际工作组于2012年在北京召开的第40届CMI国际会议讨论形成《关于外国司法出售船舶及其承认的国际公约草案》。此后，经国际海事委员会2014年在德国汉堡举行的第41届国际会议上的进一步讨论，草案最终定稿并被命名为《北京船舶司法出售公约草案》（以下简称《北京草案》）。2019年至2022年，联合国国际贸易法委员会第六工作组以CMI《北京草案》文本为基础在美国纽约、奥地利维也纳召开的6次大会上进行了全面而深入的讨论，先后形成5版"《北京草案》修订稿"。2022年2月，第六工作组完成公约草案的逐条审议，2022年7月经联合国国际贸易法委员会第55届会议审议通过后提交联合国大会审核。2022年12月7日，联合国第77届大会正式通过了《北京船舶司法出售公约》，并于2023年9月5日在北京举行签约仪式。共有34个国家和地区的代表团来京参加签约仪式，包括中国、瑞士、新加坡、沙特阿拉伯、利比里亚、洪都拉斯等在内的15个国家和地区成为公约的首批签约方。该公约此后将在纽约联合国总部开放供各方签署。[①]《北京船舶司法出售公约》旨在建立统一的船舶司法出售跨境承认制度，增强船舶所有权的稳定性，填补了该领域的国际规则空白。为提供一个可为不同法律、社会和经济制度的国家所接受的船舶司法出售效力国际法律框架。公约坚持最小限度"干预"各国船舶司法出售国内法的原则，立足于程序正义对司法出售通知的对象和通知的形式等问题进行了规定，[②]对促进船舶司法出售法律规则的统一、为以司法出售方式出售的船舶购买者提供法律保护，以及保障船东和债权人的利益均具有重要意义。

（二）公约主要内容

《北京船舶司法出售公约》全文共23条。第1条言简意赅说明公约目的，即"规范赋予购买人清洁物权的船舶司法出售的国际效力"。第2条对11项专业术语进行定义。第3条规定了公约的适用条件，并对不适用本公约的船舶类型进行划定。第4条是对司法出售通知书发送对象以及发出要求等具体问题作出的规定。第5条详细规定了司法出售证书所须记载的内容、范本格式以及表现形式，其中涉及的存放处与电子证书是公约两大创新之处。第6条涉及司法出售证书所代表的司法出售的国际效力。第7条规定缔约国登记机关须应购买

① 《〈北京船舶司法出售公约〉在京签署》，载中华人民共和国中央人民政府官方网站，https://www.gov.cn/yaowen/liebiao/202309/content_6902305.htm，2023年12月10日最后访问。

② 朱作贤：《〈北京船舶司法出售公约〉之观察与展望》，载《中国远洋海运》2023年第3期，第74－75页。

人的请求对司法出售船舶进行注销登记与再登记。第 8 条要求缔约国法院不得将司法出售的船舶轻易扣押，并具体规定对已扣押船舶进行解除的条件。第 9 条规定船舶司法出售进行撤销和中止的专属管辖权应属于司法出售国法院，法院在撤销或中止时应当及时提交决定书。第 10 条规定了船舶司法出售不具有国际效力的例外情形。第 11 条是对存放处的规定，其配合第 4 条司法出售通知书、第 5 条司法出售证书以及第 9 条决定书发挥作用。第 12 条鼓励各缔约国主管机构之间直接进行通信联系，且不排斥缔约国之间可能存在的有关民商事司法协助的任何国际协定的适用。第 13 条与第 14 条均涉及本公约与其他国际公约或国际协定之间的关系。第 15 条对不受公约规范的事项进行了列举，如司法出售所得款项分配的程序或优先顺序、向司法出售前拥有船舶或对船舶享有所有权的人提出的任何对人请求权。第 16 条至第 23 条则多为程序性规定，涉及公约的保存、生效条件、签署、加入、修订以及退约等事项。同时，对一国在公约所涉事项上拥有适用不同法律制度的两个或多个领土单位的情况进行了规定。

（三）公约重点条文解读

1. 公约的适用条件及对例外情形的排除

公约第 3 条第 1 款对其适用条件作出了明确规定，适用时需要同时满足两项条件。其一，司法出售必须在公约缔约国内进行；其二，船舶在出售之时必须实际物理意义上处于司法出售国的领土内。第 3 条第 2 款规定军舰或海军辅助舰艇或由一国拥有或经营的并在临近司法出售前仅用于政府非商业服务的船舶不适用此公约。除了上述船舶外，其他类型船舶均满足该公约的适用要求。同时，公约第 10 条规定了不认可司法出售行为具有国际效力的例外情形，即当缔约国法院认为若对该司法出售行为效力予以确认会明显违反本国的公共政策。结合上述规定，公约在绝大部分情况下肯定并支持船舶司法出售的国际效力，以此最大限度尊重各个缔约国的船舶司法出售活动。

2. 司法出售通知书、司法出售证书的签发与存放处的设立

（1）司法出售通知书

公约第 4 条规定船舶司法出售之前应当向有关机关及个人发出司法出售通知书。司法出售通知书是指，在进行司法出售前，对与该船舶有联系的相关方发出的告知其该船舶即将被司法出售的通知。船舶司法出售之前发出该通知书是签发司法出售证书的前提。公约第 4 条第 3 款明确列举了司法出售通知书需送达的对象，共涉及五类主体，包括船舶登记机关、所有抵押权或其同种权利

以及已登记的对船权的享有人、所有船舶优先权人、当时的船舶所有人以及在经过登记的光船租赁情形下的光船承租人和光船租赁登记机关。在以上几类主体之中，一部分涉及船舶能否顺利登记，还有一部分则涉及利害关系人自身利益。特别是对于船舶所有人以及光船承租人而言，他们通常是诉讼的被告或者是有关船舶物权最重要的利害关系人，如果其未能获得通知，可能构成严重违反程序规定的情形，该司法出售的效力则会受到质疑。[①] 因此，通知书一方面给予利益相关方能及时主张和维护自身权益的机会，另一方面增强了各方主体对司法出售行为予以肯定并认可其效力的可能性。第 4 条第 4 款对通知书的发出方式和内容作了规定，应当根据司法出售国法律发出，并应当至少包含公约附件一述及的信息。除对上述第 3 款提及的相关主体发出通知外，第 4 条第 5 款规定司法出售通知书还应当在司法出售国可获得的报刊或其他出版物上予以公告发布，并发送给存放处以供公布。存放处是一种线上信息储存方式，将传统报刊公告方式与线上系统相结合，反映了公约运用当代信息网络技术发展的制度设计特点。同时，第 4 条第 7 款规定了在发送通知书需要对方身份或地址时可依赖的充分信息，包括① 船舶登记簿或登记该船舶的同等登记簿或对船舶进行光船租赁登记的登记簿所记载的信息；② 登记抵押权或者其同种权利的登记簿所记载的信息；③ 船舶优先权人根据司法出售国规则和程序向实施司法出售的法院或其他公共机构发出的，关于受船舶优先权担保请求权的通知。

（2）司法出售证书

公约第 5 条第 1 款规定根据司法出售国的法律赋予出售的船舶以清洁物权并完成司法出售行为，同时保证在整个司法出售过程符合司法出售国法律和公约要求的情况下，实施司法出售的法院或其他公共机构或司法出售国的其他主管机构应当根据其规则和程序，向船舶购买人签发司法出售证书。第 2 款规定了司法出售证书的格式和需要记载的 11 项内容，包括司法出售国的名称、证书签发机构的名称、地址以及联系方式等信息。第 3 款规定该司法出售证书和司法出售通知书一样，需要被迅速发送给存放处予以公布。第 4 款和第 5 款规定司法出售证书的任何译本都应当免于认证或类似手续，同时在不影响公约第 9 条和第 10 条的情况下，司法出售证书可以作为其所载事项的充分证据。第 6 款与第 7 款则规定了司法出售证书采用电子形式的前提和效力。正如第 4 条第 5

---

① 李歆蔚、初北平：《船舶司法出售公约起草中的核心问题》，载《中国海商法研究》，2020 年第 1 期，第 94－102 页。

款通知书的公示需要线上线下相结合一样，证书的可电子化也是适应并紧跟时代发展，提高效率、节省成本与提升便捷性的重要创新。

（3）存放处

公约的第 11 条第 1 款规定存放处的设立地由国际海事组织（IMO）秘书长或由联合国国际贸易法委员会指定。目前来看，各国代表达成的普遍共识是将该存放处设立在IMO已有的GISIS系统之上，IMO代表对此也表示支持与欢迎。该系统对公众开放，该信息存放处能切实地为利害关系人了解船舶的拍卖情况及时提供信息。[①]第 11 条第 2 款规定了存放处在收到后应当及时公布的三类文书，包括前述提到的根据第 4 条第 5 款发送的司法出售通知书、根据第 5 条第 3 款发送的司法出售证书，以及后文涉及的根据第 9 条第 3 款发送的撤销和中止司法出售的决定书。

3. 从国际承认到国际效力的转变

公约第 6 条规定“司法出售证书的司法出售应当在每一其他缔约国具有赋予购买人对船舶清洁物权的效力”。根据该项规定，购买人对司法出售的船舶拥有清洁物权。根据公约第 2 条对清洁物权的定义，购买人此时获得的是不附带任何抵押权或其同种权利和任何对船权的物权。公约设立的首要目的便是保护购买人的利益，而清洁物权正是其核心所在。此外，该条标题使用“司法出售的国际效力”这一表述，取代最初的《北京草案》中使用的“司法出售的承认”（Recognition of Judicial Sale）的表述。尽管当时中文本将其译为“司法出售的确认”，但仍然引起了一定的误解，即公约似乎旨在解决某国司法裁判文书在域外的承认问题。[②]但是从公约第 5 条可知，在满足要求的情况下，实施司法出售的法院或其他公共机构或司法出售国的其他主管机构“应当”根据其规则和程序，向购买人签发司法出售证书。对于法院来说，签发司法出售证书是一项义务，而不是对司法出售行为的效力予以“承认”的权力。同时，对于登记机关来说，公约第 7 条第 1 款规定购买人出示经认可的船舶司法出售证书后，缔约国的登记机关或其他主管机构“应当”在不违反第 6 条的前提下根据其规则和程序，视不同情况为购买人办理船舶注销登记与再登记等不同手续。由此可知，登记机关进行船舶登记进行变更并不以其“承认”司法出售行为有效为前提条

① 朱作贤：《〈北京船舶司法出售公约〉之观察与展望》，载《中国远洋海运》2023 年第 3 期，第 74－75 页。

② 李歆蔚、初北平：《船舶司法出售公约起草中的核心问题》，载《中国海商法研究》2020 年第 1 期，第 94－102 页。

件。措辞的转变不仅使得司法出售证书的效力更加明确和清晰，也使得公约的条文更富有逻辑性和自洽性。

4. 缔约国相关机构的权利及义务

（1）登记机关或其他主管机构的行为

公约第 7 条第 1 款规定在购买人或后续购买人出示司法出售证书后，缔约国的登记机关或其他主管机构应当在不违反第 6 条的前提下根据有关规则和程序，同意其提出的请求。涉及以下四种情形：① 从登记簿中注销在司法出售完成前已经登记的附着于该船舶的任何抵押权或其同种权利和任何已登记的对船权，目的是保证购买人或后续购买人拥有对船舶的清洁物权；② 从登记簿中注销该船舶，并签发注销证书以办理新的登记，即注销登记与再登记；③ 将该船舶登记在购买人或后续购买人的名下，但前提是该船舶和拟把船舶登记在其名下的人符合登记国其他有关法律的要求；④ 根据司法出售证书记载的任何其他相关事项对登记簿进行更新，以保证登记信息的及时性和准确性。公约第 7 条第 2 款对涉及光船租赁的情形进行了规定，在购买人或后续购买人出示司法出售证书后，按照其请求，准予该船舶光船租赁登记的缔约国的登记机关或其他主管机构从光船租赁登记簿中注销该船舶，并签发注销证书。该规定同样是为了让购买人或后续购买人拥有对船舶的清洁物权。登记机关或其他主管机构可以要求前两款中出示证书的购买人或后续购买人提供证书经过核证的译本或副本进行存档。[①]第 7 条第 5 款规定如果出售行为违反缔约国公共政策而认定证书无效，登记机关没有义务履行上述第 1 款和第 2 款的请求。

（2）法院或其他司法机构的行为

公约第 8 条对法院在不同情形下对船舶是否进行扣押或是否解除扣押进行了规定。对于在船舶司法出售前产生的请求权，请求权人若向缔约国法院或其他司法机构申请扣押船舶或对船舶采取任何其他类似措施，只要购买人出示了公约第 5 条规定的司法出售证书，则法院应驳回该申请人的请求，不予扣押。[②]如果请求权在船舶司法出售前就已经产生，而船舶已经被缔约国法院或其他司法机构命令扣押或采取了类似措施，只要购买人出示了公约第 5 条规定的司法出售证书，法院或其他司法机构则应命令解除对该船舶的扣押。[③]法院或其他司

① 《北京船舶司法销售公约》，第 7 条第 3 款和第 4 款。

② 《北京船舶司法销售公约》，第 8 条第 1 款。

③ 《北京船舶司法销售公约》，第 8 条第 2 款。

法机构可以要求前两款中出示证书的人提供证书经过核证的译本。[①]但如果法院或其他司法机构在特殊情形下，认定驳回请求权人的扣押申请或命令解除对船舶的扣押将明显违反其本国的公共政策，则此时上述第 1 款和第 2 款的规定不适用。[②]

5. 撤销及中止船舶司法出售的管辖权归属

根据公约第 9 条规定，对于在某一司法出售国境内进行的赋予了船舶清洁物权的船舶司法出售行为，任何关于该行为的撤销请求或申请以及中止有关证书效力的请求或申请，该司法出售国法院拥有专属管辖权。此项管辖权延伸适用于任何对第 5 条司法出售证书签发进行质疑所提出的请求或申请。对于在某一缔约国实施的有效船舶司法出售行为和签发的有效司法出售证书，其他缔约国法院不享有管辖权，不能对其他缔约国法院提出撤销该出售行为或中止有关证书效力的申请或请求。在法院撤销了船舶司法出售行为或中止证书效力后，司法出售国应当立即将该决定发送给存放处予以公布。

6. 公约与其他国际公约之间的关系

第 13 条涉及《北京船舶司法出售公约》与其他公约之间的关系。首先，公约的规定不影响对《内河航行船舶登记公约》（1965 年）、《关于扣押和强制出售内河航行船舶的第 2 号议定书》以及关于两者任何后续修订书的适用。第二，《1965 年关于向国外送达民事或商事司法文书和司法外文书公约》（以下简称《送达公约》）第 1 条规定“在所有民事或商事案件中，如有需递送司法文书或司法外文书以便向国外送达的情形，缔约国均应适用本公约”。对既是《送达公约》又是《北京船舶司法出售公约》的缔约国，在不影响第 4 条第 4 款的情况下，允许其根据司法出售国法律规定，以《送达公约》所规定的途径以外的其他途径向国外发送司法出售通知书。第 14 条则在第 13 条的基础上进一步规定公约并不排除一国根据其他国际协定或可适用的法律赋予在另一国实施的船舶司法出售效力。

三、航运碳减排国际及区域性法规的发展及我国应对

（一）IMO《2023 年船舶温室气体减排战略》

2023 年 7 月，国际海事组织（IMO）海上环境保护委员会第 80 届会议（MEPC

① 《北京船舶司法销售公约》，第 8 条第 3 款。

② 《北京船舶司法销售公约》，第 8 条第 4 款。

80）通过了《2023年船舶温室气体减排战略》。战略立足于共同但有区别的责任和各自能力原则，充分考虑各成员国不同的国情和发展阶段，明确了“国际海运温室气体排放尽快达峰，并考虑不同国情，在2050年前后达到净零排放”的远期目标。[①]在战略的制定过程中，我国代表团全面参与相关讨论与磋商，为促成战略最终协商一致通过发挥了关键作用，彰显了我国积极参与应对气候变化全球治理的负责任大国形象。

此次会议涉及以下三项核心内容。第一，船舶温室气体减排新目标。为国际海运温室气体排放尽快达峰，并考虑不同国情，在接近2050年前后达到净零排放。第二，零或接近零温室气体排放技术、燃料和（或）能源占比目标。到2030年，零或接近零温室气体排放技术、燃料和（或）能源使用占比至少达到5%，并力争达到10%。第三，作为“指示性校核点”。到2030年，国际海运温室气体年度排放总量比2008年至少降低20%，并力争降低30%；到2040年，国际海运温室气体年度排放总量比2008年至少降低70%，并力争降低80%。[②]

具体而言，温室气体减排新目标关乎航运业脱碳减排的进程与方向，对于航运业究竟何时零排放，各国代表团在激烈的争论中明确了2050年的时间点和零排放的“净零”（net zero）说法。综合考虑国情的差异与脱碳进程的不确定性，给予不同发展阶段的国家特别是发展中国家的航运脱碳进程必要的灵活空间；并认可生物燃料、合成燃料、岸电、碳捕集与封存等各类脱碳途径，但是否能够采用“行业外抵消”仍然存在极大争议。对于零或接近零温室气体排放技术、燃料和（或）能源占比目标，对替代燃料和脱碳技术的应用进行了更加明确的规定，这里对“技术”和能源的表述主要为船舶电池动力、风力动力和岸电等保留履约的可能性。作为“指示性校核点”则是为了明确国际航运业脱碳路径，在战略中设置了2030和2040年“指示性校核点”。美国、英国和加拿大等国一直敦促到2030年将温室气体排放量减少36%，到2040年减少96%。欧盟27国则建议到2030年减排29%，到2040年减排83%。2030年“指示性校核点”对于航运业的压力相较于2050目标来得更加迫切。20%的减排幅度已经很难仅靠改善运营措施来实现，要求船东必须选择低碳技术或燃料。该战略

① 《国际海事组织通过“2023 年船舶温室气体减排战略”》，载中国交通运输部官方网站，https://www.mot.gov.cn/jiaotongyaowen/202307/t20230711_3863101.html，2023年12月19日最后访问。

② 宿鹏浩：《〈2023年国际海事组织船舶温室气体减排战略〉解读》，载《水运管理》2023年第9期，第5－6页。

将以 5 年为周期进行修订审查，此后的第一次战略修订为 2028 年。在中期措施技术要素（目标型船用燃料温室气体强度标准）和经济要素（基于海运温室气体排放的碳定价机制）的基础上，明确了后续对中期措施的综合影响评估（CIA）工作，拟针对一揽子措施的各种组合和场景，从与主要市场的联通性、货物价值和种类、运输依赖度、运输成本、食物安全、灾难应对、成本有效性、社会经济发展等方面，开展对成员国的综合影响评估。①

（二）航运业纳入欧盟碳排放交易体系（EU ETS）

欧盟碳排放交易体系是欧盟为应对气候变化、有效率地减少温室气体排放而使用的政策工具，其是世界上最主要的碳市场，“限额和交易”是 EU ETS 的基本运作原则。将航运业纳入 EU ETS，欧盟已酝酿多年。2022 年 6 月 22 日，将航运业纳入 EU ETS 的立法取得重要进展，修订的立法提案在欧洲议会正式通过，经历几个月的谈判，欧洲议会、欧盟委员会和欧洲理事会三方于 2022 年 11 月 30 日就航运业纳入 EU ETS 达成基本共识，在时间安排、航行排放量适用范围以及适用船舶吨位、排放物适用范围、资金用途等具体内容方面形成了初步协议。2023 年 4 月 18 日，欧洲议会正式批准了“Fit for 55”2030 一揽子气候计划中数项关键立法，包括将航运业纳入 EU ETS 的欧盟排放交易体系改革立法。②2023 年 4 月 25 日，欧盟理事会正式通过了实现 2030 年气候目标的 5 项关键立法，包括将航运排放首次纳入欧盟排放交易体系的范围。2023 年 5 月 16 日，欧盟在其官方网站正式公布“将航运业纳入 EU ETS 的改革立法”，该法案于 2023 年 6 月 5 日正式生效。

EU ETS 适用于 5 000 总吨以上的船舶在欧盟港口之间的碳排放（渔船、私人游艇、服务型船舶和军用舰艇不必为排放付费），在欧盟港口的停泊产生的碳排放以及往返于欧盟港口的碳排放的 50%。欧盟排放交易体系将涵盖约三分之二的航运排放，约 9 000 万吨二氧化碳，通过碳定价激励航运公司提高能源效率、寻找低碳解决方案、缩小替代燃料与传统使用燃料之间的价格差异。在欧盟官方给出的所有立法文本中，船舶碳排放买单的第一责任人都指向“船公司”。船舶管理公司或船东公司的船舶管理部门将是承担欧盟 EU ETS 费用的第一主

① 《MEPC80 通过 2023 年 IMO 船舶温室气体减排战略》，载上海海事局官方网站，https://www.sh.msa.gov.cn/jjdt/95266.jhtml，2023 年 11 月 13 日最后访问。

② 《“Fit for 55”: Council adopts key pieces of legislation delivering on 2030 climate targets》，载欧盟理事会官方网站，https://www.consilium.europa.eu/en/press/press-releases/2023/04/25/fit-for-55-council-adopts-key-pieces-of-legislation-delivering-on-2030-climate-targets/，2023 年 11 月 18 日最后访问。

体。在缴纳船舶碳排放上，船公司需要向欧洲主管部门交纳碳配额（EUA）到指定的账户中，每排放一吨二氧化碳缴纳一个碳配额（EUA）。目前欧盟碳配额价格约为 90 欧元，这意味着航运业碳排放 100%纳入 EU ETS 后，航运公司每消耗 1 吨燃料，成本需要上升约 300 美元。

将航运纳入欧盟排放交易体系是应对气候变化的一个重要里程碑。它旨在制定财政激励措施，以减少温室气体排放并促进向更可持续的做法过渡。随着新法的通过，航运碳定价将分阶段实施。这意味着航运公司将被要求根据以下时间表提交相当于其排放量一部分的配额。到 2024 年，船公司必须提交 40%的核定排放量的配额。到 2025 年须提交其已核实排放量的 70%的配额。从 2026 年起，必须为其所有经核实的排放量购买配额。就排放物覆盖范围而言，初步协议指出，EU ETS 在 2024 年至 2025 年期间只统计船舶产生的二氧化碳排放。但从 2026 年 1 月 1 日开始，ETS 法规将扩大到包括另外两种温室气体：一氧化碳二氮和甲烷的排放。①尽管这一扩张的直接影响有限，但它发出了鼓励未来使用可再生燃料的重要信号。因此，监管机构自 2026 年以后应确保船公司的监测和报告包含新纳入的排放物种类，未来将继续评估航运产生的其他具有温室效应的排放物对全球气候的影响，并推动将更多排放物纳入 EU ETS 的统计范围。

除将航运业纳入 EU ETS 外，欧盟另一项区域性航运碳减排法规——FuelEU Maritime 于 2023 年 7 月 25 日在欧盟理事会正式通过，法案将于 2025 年 1 月 1 日开始实施。FuelEU Maritime 从技术层面直接对船公司温室气体排放进行限定，衡量标准是船公司全年平均燃料温室气体浓度。②FuelEU Maritime 旨在激励船东使用温室气体强度较低的替代燃料；该法案比 EU ETS 对航运业的影响更加深远，船东只有通过改变燃料形式才能显著减少 FuelEU Maritime 处罚的风险。③

（三）我国的应对建议

我国在《海事系统“十四五”发展规划》以及《船舶能耗数据和碳强度管

①《EU's ETS for shipping to start from 2024, include methane in emissions accounting》，载 S&P Global Commodity Insights，https://www.spglobal.com/commodityinsights/en/market-insights/latest-news/shipping/113022-eus-ets-for-shipping-to-start-from-2024-include-methane-in-emissions-accounting，2023 年 11 月 18 日最后访问。

② FuelEU Maritime 要求碳强度到 2025 年下降 2%，到 2030 年将达到 6%，到 2035 年将达到 14.5%，到 2040 年将达到 31%，到 2045 年将达到 62%，到 2050 年将达到 80%。

③《EU ETU 来了，FuelEU Maritime 已不远》，载中国船东互保协会官网，https://www.chinapandi.com/index.php/cn/loss-prevention-content-cn/5848-lp-23-2023-eu-ets-fueleu-maritime，2023 年 12 月 27 日最后访问。

理办法》中已明确指出，通过推动建立全国船舶能耗中心、实施船舶大气排放清单和温室气体排放清单制度等一系列措施促进我国航运业的碳减排。[①]欧盟将航运业纳入 EU ETS 以及 IMO 减排战略，将促使减排成本在船东和承租人之间进行分配或者转移，并增加我国大宗商品市场的出口成本。对于航运碳税和减碳计划是否过于苛刻以及航运碳税的使用仍存在巨大争议。面对欧盟碳税及减排战略的趋势，我国作为全球最大的船东国与贸易国，欧盟单方面强制推行航运碳税政策对我国航运业和贸易业带来极大挑战。我国在推动航运领域碳达峰、碳中和实现的同时，需要积极应对以降低境外碳税制度对我国相关产业的影响。

从国家层面来看，我国应继续跟进 IMO 航运碳减排国际规则，积极履行公约义务。深入参与 IMO 航运碳减排相关规则的制定，在航运碳减排方面提供中国方案，贡献中国智慧，增强国际海事规则制定话语权。同时，坚持共同但有区别的责任原则，通过多个国际组织平台会议，利用贸易政策审查、争端解决机制等联合其他国家与欧盟加强航运碳排放政策的沟通。[②]此外，我国应当坚持合理的国际政策机制立场，广泛寻求国际合作。航运碳减排本应是国际联合行动，在合作路径上可考虑通过利用“绿色航运走廊”、双边或者多边条约或者共同发起绿色倡议的方式进行；在合作机制上可考虑以技术合作和转让协议为对价，通过在两国、两港口间建立相应的等效减排制度的方式或者统一技术标准体系的方式实现国际共同碳减排，破除贸易壁垒。[③]

同时，充分借鉴 IMO 航运碳减排制度框架体系，积极制定出台国内相关法律政策，完善顶层设计，促进航运业的低碳转型，促进国内法治和涉外法治的协同发展。出台更多政策鼓励前沿技术的引进及研发，大力推动航运“数字化”的实现，建设更加完善的碳排放监测、报告和核查体系，促进形成更加完备、可靠的碳排放数据基础，推动我国船舶能源利用效率的提高，减少燃料的使用促进航行排放量的减少。[④]此外，进一步完善国内碳排放核算制度和碳税制度。目前我国对于碳排放数据的测算仍然面临着准确性与时效性不足、碳排放量核

---

①《中华人民共和国海事局关于印发船舶能耗数据和碳强度管理办法的通知》，载中国海事局官网，https://www.msa.gov.cn/page/article.do?articleId=E40C898D-11DD-41E4-8D97-72062C28D65B，2023 年 11 月 20 日最后访问。

② 魏旭东：《欧盟碳关税的长期影响及应对措施》，载《能源》2023 第 11 期，第 56－58 页。

③ 张丽英、苗文卿：《欧盟低碳燃料法规对中国航运业的影响及解困之道》，载《中国海商法研究》2023 年第 3 期，第 82－91 页。

④ 邓红梅、严良、李涛：《航运业加入碳交易市场的形势需求及挑战》，载《交通节能与环保》2022 年第 3 期，第 1－3 页。

算体系不成熟等问题，可研究借鉴欧盟碳边境调节机制法案中关于碳关税测算与计量方法，建立符合我国国情的碳税制度，增强抑制碳排放和促进绿色生产和绿色消费的效果，有利于与其他国家建立碳税互认机制，缓解国际贸易新的影响因素对碳税的不利影响。[①]

对于我国的航运企业来说，海运业的绿色转型是大势所趋。一方面，航运业纳入 EU ETS 为企业加快脱碳、绿色转型敲响警钟。考虑到未来航运业可能因更加严格的监管举措而产生更多温室气体排放成本，海运企业应当积极制定船舶能效管理计划、提升运营水平，逐步探索低碳转型和绿色发展的路径。另一方面，提前布局绿色清洁燃料和探索低碳转型路径，领跑绿色船舶、清洁海运替代燃料等领域。对出口企业来说，一方面需要密切关注碳税征收国际与国内立法进展，尽量选择与绿色低碳的航运企业合作，从供应链末端倒逼航运业的绿色转型，发挥自身影响力的同时保障供应链实现可持续发展。另一方面，促进出口市场多元化，分散市场风险。目前我国的出口市场高度集中于欧盟等发达国家，然而这些发达国家对于碳排放相关征税的态度也最为积极和严格。我国出口企业应及时推进出口市场结构多元化，通过精确的市场调研开拓更多的新兴市场和新航线，减少碳排放税对成本的影响，保证我国出口贸易持续稳定发展。

第三节　展望与建议

2023 年适逢《中华人民共和国海商法》（以下简称《海商法》）实施生效 30 周年。《海商法》于 1992 年 11 月 7 日经第七届全国人大常委会第二十八次会议通过，于 1993 年 7 月 1 日正式实施。《海商法》凝结了几代海商法人的心血与智慧，基于我国国情，全面吸收、采纳和借鉴相关国际公约、国际惯例或外国立法例，使我国迅速建立起具有先进性和国际性的中国特色海商法规范体系。[②]自实施生效以来，《海商法》在规范我国海上运输关系和船舶关系、促进海上运输和经济贸易发展、推进海洋强国建设等方面发挥了重要作用。截至 2022 年底，

---

① 陈继红、张浩、罗萍：《欧盟航海碳税政策：行业影响与应对策略》，载《税务与经济》2016 年第 5 期，第 94－100 页。

② 郭萍、黎理：《史径望海，借鉴反思：中国海商法回顾与展望》，载《中山大学学报（社会科学版）》2021 年第 2 期，第 135－143 页。

全球货物和集装箱吞吐量排名前十的港口中，我国分别占八席和七席；截至2023年8月，我国船东所持有的船队规模已经达到2.492亿总吨，首次成为世界第一大船东国。[①]此外，1999年通过的《中华人民共和国海事诉讼特别程序法》为形成我国海事审判制度奠定了基础。目前，我国已成为世界上审理海事案件最多的国家，[②]已建成亚太海事司法中心，正朝着建设国际海事司法中心的目标前进。[③]

30年的实践充分证明了《海商法》的先进性，在国内外均受到了广泛的认可。但随着我国国民经济和国际贸易业和航运业的新发展以及国际与国内立法的新变化，《海商法》显现出滞后于国际立法的发展、与国内民法商法体系不协调、难以应对无人船技术、电子提单、绿色航运、智慧交通等航运业新发展等问题，亟须对《海商法》进行修订。交通运输部于2000年、2013年、2017年先后组织过3次系统研究，讨论《海商法》修订的相关问题。2018年9月，十三届全国人大常委会将《海商法》修改工作列为五年立法规划中第二类项目“需要抓紧工作，条件成熟时提请审议的法律草案”，由国务院提请审议或牵头起草。2018年11月5日，交通运输部就其组织起草的《海商法（修订征求意见稿）》向社会公开征求意见。其后，在《〈海商法〉修订征求意见稿》的基础上形成了《海商法（修改送审稿）》，经报送国务院后批转至司法部，并于2020年5月面向法院、律师事务所、港航企业等单位开展了广泛的征求意见。2023年9月7日，十四届全国人大常委会立法规划（以下简称“规划”）正式发布，《海商法》的修改项目被列入规划的“第一类项目”，即“条件比较成熟、任期内拟提请审议的法律草案”；《海事诉讼特别程序法》的修改项目列入被规划的“第二类项目”，即“需要抓紧工作、条件成熟时提请审议的法律草案”。在前期工作中，关于《海商法》适用于内河运输与内河船舶的可行性问题、增加“船舶油污损害责任”章节的合理性问题、调整港口经营人法律地位的适当性问题，是在起草过程中各方争议比较集中的问题；而船舶物权相关问题、赔偿责任限额调整问题、互保合同的法律性质问题以及海商法与其他民商事法律的关系处理等问

---

① 《中国成为世界第一大船东国》，载新华网，http://www.xinhuanet.com/202308/14/c_1212255664.htm，2023年12月20日最后访问。

② 张晨：《我国成为受理海事案件最多国家》，载《法制日报》，2023年1月5日第6版。

③ 司玉琢：《艰辛的历程，辉煌的成就—纪念〈海商法〉实施三十周年》，载《中国海商法研究》2023年第2期，第3－15页。

题，则是在立法审核过程中被逐步关注的问题。[①]虽然目前修法工作已取得阶段性成果，但由于《海商法》涉及航运业众多主体，船货各方利益诉求复杂多样，修订中争议性问题较多，学术界、实务界和司法领域目前在部分问题上尚未形成高度一致的意见。[②]《海商法》修订对相关问题的研究还需要进一步深入和细化，在保持《海商法》独立性和自体性的同时，协调其与《民法典》等一般法、《海上交通安全法》和《海洋环境保护法》等其他涉海法律的关系；通过平衡船货利益维护国家整体经济利益，立足我国航运业发展及海事司法审判实践，适当吸收和借鉴国际海事立法的最新发展，使《海商法》成为一部更具先进性和时代性的海事立法，为我国的航运业和贸易业提供坚实法律保障，在保障当事人权益、切实维护国家利益的同时，为全球航运治理提供高质量的国际公共法律产品。[③]

同时，随着航运贸易实践的发展和相关法律的修改，《海事诉讼特别程序法》自 2000 年施行至今，也出现了诸多与实践不相适应的问题。其中出现争议、暴露问题最多的船舶扣押、海事强制令和债权登记与受偿程序部分亟须修改完善；同时也应考虑到新出现的司法实践，确认是否新增三审合一、海事电子证据、海事执行程序等内容，围绕公平和效率这两项法律价值的平衡，确保《海诉法》的修改保持先进性、体现特殊性、增强可操作性。相信在我国海事诉讼三十多年司法实践成效和经验的基础之上，在社会各界专家提出宝贵建议的共同努力之下，在更加科学合理、特色鲜明的《海事诉讼特别程序法》出台后，将进一步推动我国的海事审判在维护中外当事人合法利益、维护国际海洋运输秩序、促进国际贸易发展方面发挥更为巨大的作用，为加快建设国际海事司法中心、建设海洋强国、构建海洋命运共同体作出更大的贡献。

此外，在不断完善国内海商海事法治的同时，在国际法治方面，我国始终积极参与国际海事规则制定，全面融入全球海事治理，连续 17 次当选国际海事组织 A 类理事国，为推动世界航运健康可持续发展积极贡献中国智慧，正逐步努力实现从国际规则制定的跟随者到参与者，再到引领者的转变。作为国际海事立法最新成果，同时也是我国积极参与国际海事规则、推动构建海洋命运共

① 张文广：《〈海商法〉三十年回顾与展望》，载《中国远洋海运》2023 年第 7 期，第 74－76 页。

② 马琳：《“海商法实施 30 年”系列报道之三—初心如磐　奋楫笃行　不断推动海商法发展完善》，载《民主与法制》周刊 2023 年第 33 期。

③ 胡方：《“海商法实施 30 年”系列报道之二—海商法与中国式现代化》，载《民主与法制》周刊 2023 年第 33 期。

同体、推进全球海洋治理的重要成果，《北京船舶司法出售公约》填补了船舶司法出售国际效力的国际立法空白；有利于降低船舶司法出售的交易成本，确保船舶所有权等一系列权利的稳定性；为以司法出售方式出售的船舶购买者提供法律保护，并同时保障船东和债权人的利益；对促进船舶融资、国际航运和贸易的进一步繁荣具有重要意义。《北京船舶司法销售公约》作为首个以我国城市命名的海事国际公约，凝聚诸多中国智慧和中国元素，是我国国际规则制定话语权以及海事司法国际影响力不断增加的重要体现。根据《北京船舶司法销售公约》第 21 条的规定，《北京船舶司法销售公约》将于第三份批准书、接受书、核准书或加入书交存起 180 天后生效，生效条件较为宽松。未来我国应继续积极推动《北京船舶司法销售公约》的生效。同时，应进一步完善《北京船舶司法销售公约》的配套制度。为了进一步明确《北京船舶司法销售公约》第 10 条涉及的公共政策例外的适用标准，有学者建议由国际海事委员会组成国际工作组进行系统研究，最后形成“《北京船舶司法出售公约》公共政策适用指南”，从而为各国承认船舶司法出售国际效力的进一步统一发挥“软法”作用。[①] 此外，《海事诉讼特别程序法》作为我国国内法层面解决船舶司法出售问题的主要依据，其规定的通知规则与《北京船舶司法销售公约》存在明显差异。应在《海事诉讼特别程序法》修订过程中对相关规定进行修改完善，进一步加强国内法与国际公约在船舶司法出售方面的衔接与协调。

---

① 朱作贤：《〈北京船舶司法出售公约〉之观察与展望》，载《中国远洋海运》2023 年第 3 期，第 74－75 页。

第十三章　国际商事争议解决法治发展

第一节　大　事　记

一、国际商事诉讼

1. 海牙国际私法会议管辖权项目现状与发展

2023 年 2 月 13 日至 17 日，海牙国际私法会议（以下简称“HCCH”）以线上线下相结合的方式举行“管辖权项目”第四次工作组会议，包括中国在内的 24 个 HCCH 成员及 2 个观察员组织的 70 名代表与会。本次会议继续就平行诉讼问题讨论制定法律文书，并在拟定未来可能的条款草案方面取得了扎实的进展。工作组对平行诉讼基础规则、管辖权规则、管辖连接点、确定更合适法院、公共政策、避免拒绝司法、建立合作沟通机制及后续工作展望等主要问题进行了深入讨论。①

2023 年 9 月 18 日至 22 日，HCCH 在阿根廷首都布宜诺斯艾利斯以线上线下相结合的方式举行“管辖权项目”第五次工作组会议，包括中国在内的 21 个 HCCH 成员及 2 个观察员组织的 64 名代表与会。根据其任务授权，本次会议就向不同国家法院提起独立诉讼后的程序运作问题进行了详尽讨论，并在拟定平行诉讼相关条款草案方面取得了进一步进展。工作组拟于 2024 年 3 月召开第六次会议，届时其会提交一份工作进展报告，包括经讨论产生的条款草案。②

2. 海牙承认和执行外国民商事判决公约现状

2019 年 7 月 2 日，在荷兰海牙举行的海牙国际私法会议第 22 届外交大会上，来自 70 多个国家、欧盟和 10 多个国际组织共 400 余名代表谈判通过了《承

① Working Group on Jurisdiction: Report，https://assets.hcch.net/docs/fd997e67-381e-47f1-9ff8-74c28e2faf68.pdf，2024 年 1 月 31 日访问。

② Fifth Meeting of the Working Group on Jurisdiction，https://www.hcch.net/en/news-archive/details/ ?varevent=939，2024 年 1 月 31 日访问。

认与执行外国民商事判决公约》（以下简称《判决公约》）。中国及其他各国代表对最终的公约文本予以确认。欧盟于2022年8月29日交存了2019年7月2日进行签署确认的《判决公约》的加入书，成为《判决公约》的第一个缔约方。同日，乌克兰也交存了《判决公约》的批准书。根据公约条款，公约于两个国家正式批准或加入公约满12个月后的下一个月第一天生效。因此，公约已于2023年9月1日对欧盟（不包括丹麦）和乌克兰生效，并适用于在此日期后开始的诉讼程序中的判决执行。此外，2023年11月23日，英国司法部公布了关于英国是否应签署和批准《判决公约》公开征求意见所收到的反馈，并表示现在是英国加入《判决公约》的适当时机，将寻求在可行的情况下尽快加入。[①]

3. 最高人民法院发布《"一站式"国际商事纠纷多元化解决平台工作指引（试行）》

2023年12月29日，最高人民法院发布《"一站式"国际商事纠纷多元化解决平台工作指引（试行）》（本段简称《工作指引》），自2024年1月30日起施行。《工作指引》分为6个部分共计32条，明确了如何通过"一站式"国际商事纠纷多元化解决平台（以下简称"'一站式'平台"）服务平台机构和当事人，当事人如何通过平台进行中立评估、调解、仲裁、诉讼，以及上述机制相互衔接的具体工作流程等。《工作指引》紧密围绕"一站式"机制设定的目标和调研中发现的实际需求，发挥智慧法院建设成果，突出4个方面的创新亮点：（1）多跨协同，实现全流程在线纠纷化解服务；（2）集约高效，聚合多地多机构的多元解纷合力；（3）创新机制，明确中立评估相关程序；（4）加强保障，支持仲裁事业健康发展。该《工作指引》对优化诉讼与调解、仲裁有机衔接的国际商事纠纷多元化解决机制，发挥"一站式"平台功能，打造国际商事纠纷解决优选地具有重要现实意义。[②]

---

① Government response to the consultation on the Hague 2019 Convention of July 2019 on the Recognition and Enforcement of Foreign Judgements in Civil or Commercial Matters (Hague 2019), https://www.gov.uk/government/consultations/hague-convention-of-2-july-2019-on-the-recognition-and-enforcement-of-foreign-judgments-in-civil-or-commercial-matters-hague-2019，2024年1月31日访问。

②《最高人民法院发布〈"一站式"国际商事纠纷多元化解决平台工作指引（试行）〉》，https://www.court.gov.cn/zixun/xiangqing/422102.html，2024年1月31日访问。

4. 最高人民法院发布《关于内地与香港特别行政区法院相互认可和执行民商事案件判决的安排》、香港政府发布《内地民商事判决（相互强制执行）条例》及相关规则

2023年11月10日，香港特区政府发布《内地民商事判决（相互强制执行）条例》（第645章）（本段简称《条例》）及《内地民商事判决（相互强制执行）规则》（本段简称《规则》），自2024年1月29日起施行。在内地，最高人民法院于2024年1月26日以司法解释的形式发布于2019年1月14日由最高人民法院审判委员会第1 759次会议通过的《关于内地与香港特别行政区法院相互认可和执行民商事案件判决的安排》（以下简称《民商事判决互认安排》），并规定《民商事判决互认安排》与《条例》及《规则》同步于2024年1月29日起生效实施，此举标志着两地民商事领域司法协助基本全覆盖的目标终于达成。《条例》旨在于香港实施《民商事判决互认安排》，并在香港就以下各项订明机制：在香港登记内地民商事判决，以及向香港法院申请香港民商事判决经核证文本和证明书，以便利当事人寻求在内地认可和强制执行有关判决。为配合《条例》下所订明机制的运作，高等法院首席法官根据《条例》第35条订立了《规则》。《规则》的条文涵盖的事宜包括关乎根据《条例》提出申请及执行已登记判决的常规及程序，以及须根据《条例》缴付的费用。[①]《条例》和《规则》就香港与内地相互认可和强制执行民商事判决建立了更全面的机制，借此减少当事人就同一争议在两地重复提出诉讼的需要。

二、国际商事仲裁

1. 联合国国际贸易法委员会第二工作组第77届及78届会议

2023年2月6日至10日，联合国国际贸易法委员会（以下简称“贸易法委员会”）第二工作组第77届会议以线上线下相结合的方式在联合国总部纽约召开。与会人员围绕“预先驳回和初步裁定”“技术相关的解决争议和审裁”等问题展开了专题讨论。[②]关于预先驳回和初步裁定，会议审议了秘书处根据第76届会议讨论意见编写的《关于预先驳回和初步裁定的指导案文（修订稿）》，

① 《〈内地民商事判决（相互强制执行）条例〉的相关法院规则》，https://sc.isd.gov.hk/TuniS//www.info.gov.hk/gia/general/202311/10/P2023110900548.htm?fontSize=1，2024年1月31日访问。

② 联合国国际贸易法委员会网站，https://documents-dds-ny.un.org/doc/UNDOC/GEN/V23/010/82/PDF/V2301082.pdf?OpenElement，2024年1月31日访问。

商定了最后的案文表述。关于技术相关的解决争议和审裁，工作组决定采取示范条款和指导材料的方法促进技术相关的争议解决和审裁的发展。

2023 年 9 月 18 日至 22 日，贸易法委员会第二工作组第 78 届会议在维也纳联合国国际中心召开。[①]此届会议围绕“技术相关的解决争议和审裁问题”的示范条款和指导案文展开讨论。与会人员逐条就示范条款和指导案文进行了审议。草案共 8 条 70 款，包含特快仲裁示范条款、专家裁定示范条款、仲裁庭配编专家示范条款、保密问题示范条款、关于程序保密的指导案文、关于证据的指导意见、确保快速仲裁的指导意见等议题。在具体案文讨论中，与会代表们就大部分内容达成了共识，但也有部分内容仍存在不同意见，主要是在特快仲裁示范条款中选择排除《快速规则》第 16 条第（2）至（4）款的影响和具体方案。在审裁方面，示范条款草案第 2 条的仲裁是否构成《纽约公约》项下的仲裁裁决、是否存在可执行性以及与第 3 条规定的全面仲裁的关系问题，还有待进一步考虑和解释。工作组还将在下一届纽约会议时就相关问题进一步审议。

2.《仲裁法》修改已列入十四届全国人大常委会立法规划第一类项目

十四届全国人大常委会立法规划于 2023 年 9 月 7 日公布，其中，《仲裁法》修改已列入规划第一类项目“条件比较成熟、任期内拟提请审议的法律草案”。这也是继 2023 年 5 月 29 日全国人大常委会 2023 年度立法工作计划将《仲裁法》列入预备审议项目之后的又一次立法推进。

3. 最高人民法院发布仲裁司法审查典型案例

2024 年 1 月 16 日，最高人民法院发布 10 个仲裁司法审查典型案例。此次发布的案例类型多样，既包括申请承认和执行外国仲裁裁决、申请认可和执行香港仲裁裁决等案件，又包括申请撤销仲裁裁决、申请确认仲裁协议效力、管辖权异议纠纷等案件；内容丰富，既涵盖体育仲裁、金融仲裁，又涉及网贷平台仲裁条款效力、仲裁员披露义务、仲裁程序、重新仲裁、公序良俗等多个问题，生动反映出新时期人民法院仲裁司法审查工作面临的新情况新问题，充分体现了人民法院对仲裁支持和监督并重、积极营造市场化、法治化、国际化一流营商环境的司法立场。此外，本次发布的案例还注重明确前沿疑难问题的审查标准、依法加强仲裁监督等，此举有利于进一步统一全国法院仲裁司法审查

① 联合国国际贸易法委员会网站，https://documents-dds-ny.un.org/doc/UNDOC/GEN/V23/074/88/PDF/V2307488.pdf?OpenElement，2024 年 1 月 31 日访问。

尺度，规范仲裁司法审查权，提升仲裁司法审查质效，同时有助于规范和指引仲裁机构依法办理仲裁案件，促进我国仲裁公信力和影响力的持续提升。①

4. 主流仲裁机构接连发布新版仲裁规则

2023 年 9 月 5 日，中国国际经济贸易仲裁委员会（以下简称“贸仲”）在北京召开新版《仲裁规则》的新闻发布会，宣布修订后的新版《仲裁规则》自 2024 年 1 月 1 日起施行。修订后的《仲裁规则》由原 84 条增至 88 条，涉及 30 余项修订内容，修订主要思路及内容如下：（1）明确管辖权决定在仲裁庭组成后依据《仲裁规则》概括授权仲裁庭作出；（2）推进数字化、智能化在仲裁程序中的广泛应用；（3）明确仲裁协议约定的协商、调解前置程序不影响当事人提出仲裁申请；（4）进一步扩大多合同仲裁的情形，明确仲裁程序进行中追加合同的规定；（5）明确仲裁委员会就当事人保全措施申请可转递其指定的境外相关法院的规则依据；（6）充分尊重并赋予当事人公平公正选定仲裁员的权利；（7）明确贸仲《证据指引》在仲裁程序中的适用；（8）规定第三方应就其资助的信息及时向仲裁庭披露；（9）规定早期驳回程序，增强程序灵活性和高效性；（10）明确仲裁收费封顶及仲裁员小时报酬。贸仲发布新版《仲裁规则》不仅回应了新时代对仲裁服务的诉求，而且紧跟国际仲裁发展趋势，保持了仲裁规则的国际化和领先性，有利于增强仲裁服务的竞争力和吸引力。②

2023 年 11 月 7 日，上海国际经济贸易仲裁委员会（以下简称“上国仲”）发布新版仲裁规则，包括一部仲裁主规则、两部特别仲裁规则（《数据仲裁规则》和《航空仲裁规则》）和两部程序规则指引，自 2024 年 1 月 1 日起正式施行。仲裁主规则是此次规则修订的核心。新版仲裁主规则共有 10 章 92 条，篇幅较 2015 年版仲裁规则有明显的增加。新版仲裁主规则进一步厘清了当事人、仲裁庭和仲裁机构三者之间的关系和职责配置，做深做实对“机构管理职能”“仲裁庭程序管理职权”和“当事人自主设计仲裁程序”三个方面的协同和有机统一。新版仲裁主规则进一步丰富当事人的程序选择权：（1）丰富合并仲裁选择；（2）完善案外人加入制度；（3）提供临时措施与紧急仲裁院救济；（4）进一步开放选择仲裁员的方式；（5）畅通全周期的在线仲裁。新版仲裁主规则进一步加强仲

① 最高人民法院发布仲裁司法审查典型案例，https://www.court.gov.cn/zixun/xiangqing/423282.html，2024 年 1 月 31 日访问。

②《关于修订〈中国国际经济贸易仲裁委员会仲裁规则〉的说明》，http://www.cietac.org/index.php?m=Article&a=show&id=19376，2024 年 1 月 31 日访问。

裁庭的程序主导权：（1）仲裁庭有权规制不诚信仲裁行为；（2）仲裁庭有权宣布审理终结；（3）仲裁庭有权作出各项程序决定；（4）仲裁庭有权决定证据规则；（5）仲裁庭有权决定适用法律。同时新版仲裁主规则明确了机构的程序管理权：（1）加强信息披露；（2）提高仲裁程序效率；（3）优化送达制度；（4）增加仲裁透明度；（5）升级调解服务。[①]

5. 中国国际经济贸易仲裁委员会正式发布“一带一路”仲裁机构法律查明合作机制

2023 年 9 月 6 日，中国国际经济贸易仲裁委员会正式发布了“一带一路”仲裁机构法律查明合作机制。伴随“一带一路”倡议深入实施，跨境贸易和投资热潮涌现。相应地，涉外案件数量呈现增长趋势，外国法的适用也逐渐增加。为解决“一带一路”沿线各国在解决争议过程中存在的对外国法不了解、不熟知等信息不对称的现象，贸仲于 2023 年正式形成《“一带一路”仲裁机构外国法查明合作备忘录》（以下简称《备忘录》），建立“一带一路”法律查明合作机制，旨在实现以下两个目标：第一，为各成员方在国际民商事案件中查明其他成员方所在国家或地区法律提供便利，增强域外法查明的准确性和权威性。第二，促进“一带一路”沿线国家和地区在争议解决领域的广泛合作与交流，进一步加强务实合作，共同推进“一带一路”建设与发展。《备忘录》还对如何提出查明请求以及如何作出答复等内容进行了具有可操作性的细化规定，以推动形成可复制、可推广的域外法查明合作经验。法律查明合作机制建立后，将有利于解决涉外商事仲裁中域外法查明难题，有效提升仲裁在解决国际商事纠纷中的地位，进一步营造“一带一路”市场化、法治化、国际化的营商环境。截至 2023 年底，《备忘录》共有 39 家合作方，包括来自亚洲、欧洲、北美洲、南美洲、非洲等近 20 个国家和地区的 24 家国际仲裁机构和有关争议解决组织。[②]

6. 全国首家外国仲裁机构在上海设立业务机构获准登记

2023 年 11 月 22 日，上海市第十六届人大常委会第八次会议表决通过《上海市推进国际商事仲裁中心建设条例》（本段简称《条例》），这是全国首部国际商事仲裁中心建设的地方性法规。2023 年 12 月 1 日，《条例》正式施行的同一

---

① 《上海国际仲裁中心新版仲裁规则解读》，https://shiac.org/pc/SHIAC?moduleCode=search&securityId=mglTWCgVmrMrLVbIZaxxNQ，2024 年 1 月 31 日访问。

② 《贸仲正式发布“一带一路”仲裁机构法律查明合作机制》，http://www.cietac.org/index.php?m=Article&a=show&id=19419，2024 年 1 月 31 日访问。

天，上海市司法局作出了准予韩国大韩商事仲裁院上海中心（以下简称“韩仲上海中心”）登记的决定，并在规定期限内报司法部备案，赋码后颁发《境外仲裁机构业务机构登记证》。韩仲上海中心将是继首家国际组织仲裁机构业务机构（世界知识产权组织仲裁与调解上海中心）后，首家外国仲裁机构在上海设立的业务机构。《条例》第 16 条规定，经市司法行政部门登记并报国务院司法行政部门备案，境外知名仲裁及争议解决机构可以在本市设立业务机构，在国际商事、海事、投资等领域开展涉外仲裁业务。本市优化设立登记程序，便利办理手续，为境外知名仲裁及争议解决机构设立业务机构提供支持。同时，《条例》第 22 条、第 24 条、第 31 条、第 32 条等，还对境外仲裁业务机构开展涉外仲裁业务、仲裁调查取证、仲裁司法审查和购付汇服务、出入境证件办理等方面提供了相应支持措施。

三、国际商事调解

1.《新加坡调解公约》新动向

2018 年 12 月联合国大会通过《联合国关于调解所产生的国际和解协议公约》（即《新加坡调解公约》），2019 年 8 月 7 日在新加坡开放供各国签署，并于 2020 年 9 月 12 日生效。截至 2023 年 12 月，公约共有 13 个批准的缔约国，分别是白俄罗斯、厄瓜多尔、斐济、格鲁吉亚、洪都拉斯、日本、哈萨克斯坦、尼日利亚、卡塔尔、沙特阿拉伯、土耳其、乌拉圭和新加坡。[①]该公约没有调解地的概念，在任何国家或地区达成的国际和解协议都可以在其缔约方申请执行；公约的适用范围有一定限制，例如公约将法院程序中的和解协议，以及可作为仲裁裁决执行的和解协议排除在适用范围以外。需要当事人更加注意其和解协议是否满足其适用条件，是否得到充分的执行保障；另外，公约未设置互惠保留条款，可能出现和解协议在非缔约方得不到执行，但在缔约方可以得到执行而不得以互惠保留拒绝执行和解协议的情况。总体而言，公约是调解发展历史上具有里程碑式意义的文件，为全球跨境商事纠纷开启了调解的大门。

2. 最高人民法院印发《关于诉前调解中委托鉴定工作规程（试行）》

2023 年 7 月，最高人民法院印发《关于诉前调解中委托鉴定工作规程（试

① 参见联合国国际贸易法委员会：《联合国关于调解所产生的国际和解协议公约》，https://uncitral.un.org/zh/texts/mediation/conventions/international_settlement_agreements/status，2024 年 1 月 31 日访问。

行）》（本段简称《规程》），对进一步落实《人民法院在线调解规则》，规范诉前调解中委托鉴定工作作出规定。《规程》自2023年8月1日起施行。首先，《规程》提出在诉前调解过程中，人民法院可以根据当事人申请，对机动车交通事故责任纠纷，医疗损害责任纠纷，财产损害赔偿纠纷，建设工程合同纠纷，劳务合同纠纷，产品责任纠纷，买卖合同纠纷，生命权、身体权、健康权纠纷以及其他适宜进行诉前鉴定的纠纷，依托人民法院委托鉴定系统提供诉前委托鉴定服务。诉前鉴定应当遵循当事人自愿原则。当事人可以共同申请诉前鉴定。一方当事人申请诉前鉴定的，应当征得其他当事人同意。其次，《规程》规定人民法院委派的调解组织承担对当事人申请诉前鉴定的释明引导，对鉴定材料的审核确认，向人民法院委托鉴定系统推送诉前鉴定申请以及向当事人送交鉴定书等辅助性工作，但是否启动诉前鉴定程序，需要报请人民法院同意。人民法院负有指派法官或者司法辅助人员对接受委派的调解组织开展诉前鉴定工作进行指导的义务。最后，《规程》明确了诉前调解中委托鉴定的具体流程，对诉前鉴定的适用条件、申请审查、委托办理、鉴定机构选定、鉴定费用预交、鉴定书的上传与送达、鉴定异议的提出与处理、诉前鉴定后诉前调解与诉讼程序的衔接以及重复鉴定的规制等作出规定。[①]

第二节　综合分析

一、涉外民商事案件管辖权的扩大

《民事诉讼法》修改扩大了涉外民商事案件管辖权，优化特殊地域管辖规定，增设管辖依据；构建涉外合意管辖新机制；新增专属管辖依据。[②]其中纳入“适当联系”原则，对于涉及中国籍当事人的利益，或者涉及国家主权、安全和公共利益，确有保护之必要，可以以“适当联系”为依据行使管辖权，也实现了

① 《最高人民法院印发〈关于诉前调解中委托鉴定工作规程（试行）〉》，https://www.court.gov.cn/zixun/xiangqing/407022.html，2024年1月31日访问。

② 沈红雨、郭载宇：《〈民事诉讼法〉涉外编修改条款之评述与解读》，载《中国法律评论》2023年第6期，第70-80页。

与我国实体法律中域外适用的条款有机衔接。[①]国内法域外适用的成功实施，很大程度上依赖立法、行政和司法各个方面的协调和合作。

就协议管辖，取消了“实际联系”要求。基于协议管辖受理离岸案件即与我国没有实质联系的案件，是法院国际化和中立性的突出体现，也是国际商事纠纷当事人对法院专业性和公正性的认可。在《民事诉讼法》修改之前，我国法院受限于“实际联系”的要求无法受理离岸案件。这与国际趋势不符，也未能充分尊重当事人意思自治。《民事诉讼法》涉外编修正草案通过后，《最高人民法院关于设立国际商事法庭若干问题的规定》也进行了适应性修改，取消了当事人协议选择国际商事法庭管辖“实际联系”的要求，从而扩大了最高人民法院国际商事法庭的受案范围。

就涉及外国国家民事诉讼案件的管辖，《外国国家豁免法》施行后，我国就国家豁免的立场，从绝对豁免转变为相对豁免，依据该法我国法院可以对涉及外国国家及其财产的相关民事案件进行管辖。《民事诉讼法》就与《外国国家豁免法》的衔接规定了相应的条款。我国法院依据该法管辖外国国家民事诉讼案件，仍需最高人民法院通过司法解释和指导性案例，对该法条文在审判过程中的适用进行指导。

二、仲裁裁决籍属仲裁地标准的正式确立

就仲裁裁决籍属判断标准，我国《仲裁法》《民事诉讼法》长期以来采取仲裁机构标准，而不是《纽约公约》框架下的仲裁地标准。

最高人民法院 2009 年发布的《关于香港仲裁裁决在内地执行的有关问题的

---

① 如《外国国家豁免法》规定，外国国家与包括中华人民共和国在内的其他国家的组织或者个人进行的商业活动，在中华人民共和国领域内发生，或者虽然发生在中华人民共和国领域外但在中华人民共和国领域内产生直接影响的，对于该商业活动引起的诉讼，该外国国家在中华人民共和国的法院不享有管辖豁免。《反垄断法》规定，中华人民共和国境外的垄断行为，对境内市场竞争产生排除、限制影响，适用本法。《证券法》规定，在中华人民共和国境外的证券发行和交易活动，扰乱中华人民共和国境内市场秩序，损害境内投资者合法权益，依照本法有关规定处理并追究法律责任。《网络安全法》规定，国家网信部门和有关部门依法履行网络信息安全监督管理职责，发现法律、行政法规禁止发布或者传输的信息，应当要求网络运营者停止传输，采取消除等处置措施，保存有关记录；对来源于中华人民共和国境外的上述信息，应当通知有关机构采取技术措施和其他必要措施阻断传播。境外的机构、组织、个人从事攻击、侵入、干扰、破坏等危害中华人民共和国的关键信息基础设施的活动，造成严重后果，依法追究法律责任；国务院公安部门和有关部门可以决定对该机构、组织、个人采取冻结财产或者其他必要的制裁措施。《数据安全法》规定在中华人民共和国境外开展数据处理活动，损害中华人民共和国国家安全、公共利益或者公民、组织合法权益，依法追究法律责任。

通知》判定仲裁裁决是否为香港裁决，采用了地域标准。在香港特别行政区作出的仲裁裁决，无论是香港仲裁机构作出的仲裁裁决、外国仲裁机构作出的仲裁裁决还是临时仲裁裁决均为香港裁决。这就释放了我国法院仲裁裁决籍属判断标准从“机构”标准向“仲裁地”标准转变的信号。

安徽省龙利得包装印刷有限公司与 BP Agnati S.R.L 申请确认仲裁协议效力案于 2013 年对仲裁协议约定外国仲裁机构在我国内地仲裁是否有效的问题作出了肯定回答，但未涉及外国仲裁机构在我国内地仲裁所作出的仲裁裁决籍属问题。上海自贸试验区临港新片区、北京自贸试验区、海南自由贸易港等允许境外知名仲裁及争议解决机构设立业务机构，就国际商事、海事、投资等领域发生的民商事争议开展仲裁业务。实践的发展需要对外国仲裁机构在我国内地仲裁所作出的仲裁裁决籍属问题作出回答。这一问题于 2020 年在美国布兰特伍德工业有限公司申请承认和执行外国仲裁裁决案中作出了回答，外国仲裁裁决在中国内地作出的裁决视为涉外仲裁裁决，确立了以仲裁地作为仲裁裁决籍属判断标准的规则。

2023 年 9 月，《民事诉讼法》修改，以立法正式确立仲裁裁决籍属的仲裁地标准。该法第 297 条规定：“在中华人民共和国领域内依法作出的发生法律效力的仲裁裁决，当事人请求执行的，如果被执行人或者其财产不在中华人民共和国领域内，当事人可以直接向有管辖权的外国法院申请承认和执行。”第 304 条规定：“在中华人民共和国领域外作出的发生法律效力的仲裁裁决，需要人民法院承认和执行的，当事人可以直接向被执行人住所地或者其财产所在地的中级人民法院申请。”这两条分别与《民事诉讼法》修改前第 287 条、第 290 条相比，第 287 条：“中华人民共和国涉外仲裁机构作出的发生法律效力的仲裁裁决，当事人请求执行的，如果被执行人或者其财产不在中华人民共和国领域内，应当由当事人直接向有管辖权的外国法院申请承认和执行。”第 290 条：“国外仲裁机构的裁决，需要中华人民共和国人民法院承认和执行的，应当由当事人直接向被执行人住所地或者其财产所在地的中级人民法院申请。”可以很明显看出将认定仲裁裁决籍属的标准由仲裁机构标准修改为裁决地标准。

第三节　典型案例

一、案例 1：依法驳回案外人执行异议诉请——中国中小企业投资有限公司与俄罗斯萨哈林海产品无限股份公司、东方国际经济技术合作公司案外人执行异议之诉①

（一）基本案情

2000 年 10 月，俄罗斯联邦萨哈林地区仲裁法庭裁决：东方国际经济技术合作公司（以下简称“东方合作公司”），应给付俄罗斯萨哈林海产品无限股份公司（以下简称“萨哈林公司”）货款总计 3 007 319.2 美元以及俄罗斯联邦财政税 83 490 卢布。经萨哈林公司申请，一审法院黑龙江省高级人民法院于 2004 年 1 月裁定对该裁决予以承认并执行，裁定冻结东方合作公司持有的东方财务公司 6 300 万元股权及红利。2011 年 9 月，东方实业公司与中小企业公司签订《股权转让协议》，约定东方实业公司将东方合作公司代其持有的东方财务公司 6 300 万股股权，以 6 300 万元的价格转让给中小企业公司。当日，东方合作公司出具书面证明，对该股权转让协议无异议。后中小企业公司诉至河北省河间市人民法院，请求确认案涉 6 300 万元股权为其所有。2012 年 3 月 29 日，河间市人民法院判决确认中小企业公司对案涉股权享有所有权。2017 年 6 月 5 日，中小企业公司向一审法院提出执行异议申请，一审法院裁定驳回。中小企业公司遂提起执行异议之诉。一审法院判决驳回中小企业的诉讼请求。中小企业不服一审判决，向最高人民法院提起上诉。

（二）法院观点

最高人民法院二审审理认为，是否对执行标的予以执行，取决于案外人是否就执行标的享有足以排除强制执行的民事权益。案外人执行异议之诉中，案外人主张的权利应当是所有权等在性质上能够排除人民法院对执行标的强制执行的实体权利。中小企业公司与东方实业公司签订《股权转让协议》时，案涉股权已经被法院裁定冻结。根据《关于人民法院民事执行中查封、扣押、冻结财产的规定》第 26 条和最高人民法院《关于执行权合理配置和科学运行的若干

① 黑龙江省高级人民法院（2017）黑民初 209 号，最高人民法院（2019）最高法民终 1429 号。

意见》第26条的规定，已被查封、冻结的财产不能诉请确权。况中小企业公司的股权转让款并未实际支付，股权交易一直没有完成，中小企业公司不能享有案涉股权的所有权，且并无生效判决对案涉股权的权属作出认定。中小企业公司不能证明其对本案所涉执行标的享有足以排除强制执行的民事权益，遂维持一审关于驳回中小企业公司诉讼请求的判决，驳回中小企业公司的上诉。

（三）分析

仲裁裁决跨境执行的时间和成本是对经济体营商环境的重要考查指标，仲裁的首要价值诉求就是效率。就外国仲裁裁决的承认与执行，被申请人可以申请不予执行，案外人可以提出执行异议诉请。如果提起这些程序不是善意的，而是为了拖延仲裁裁决的执行，对此法院需要相应防范和应对。最高人民法院在本案中依法驳回案外人执行异议诉请，向境外当事人揭示了我国法院确保仲裁裁决顺利跨境执行的决心和举措。

二、案例2：认可和执行合并仲裁裁决——来宝资源国际私人有限公司（Noble Resources International Pte.Ltd.）申请认可和执行香港国际仲裁中心仲裁裁决案[①]

（一）基本案情

2015年9月至2016年9月，来宝资源国际私人有限公司（以下简称“来宝公司”）分别与枫泽公司、新鑫公司、渤钢贸易公司、繁盛公司4家公司签订买卖合同，购买冶金焦炭等。4份合同均约定争议适用英国法管辖，由香港特别行政区香港国际仲裁中心仲裁解决。后来宝公司与4家公司对合同履行均发生争议，来宝公司对四批次货物的履行提出4个仲裁申请，香港国际仲裁中心依据来宝公司的申请，将上述4个仲裁程序合并为一个仲裁，裁决4家公司向来宝公司连带支付款项。来宝公司向法院申请认可和执行上述仲裁裁决。枫泽公司、渤钢贸易公司、繁盛公司认为来宝公司与各公司分别签订的合同中存在仲裁条款，同一份合同不能同时约束多名被申请人，仲裁庭将来宝公司与各公司的仲裁合并为一个仲裁，违反仲裁规则。

（二）法院观点

天津市第三中级人民法院审查认为，来宝公司与各公司分别签订的多份合

① 天津市第三中级人民法院（2019）津03认港1号。

同中均存在仲裁条款，但其中的任何一份合同均不能同时约束多个被申请人，对该 4 个案件适用“多份合同，单个仲裁”程序，不符合香港国际仲裁中心《2013 机构仲裁规则》第 29 条关于适用该程序应当满足“导致仲裁的各仲裁协议分别约束仲裁所有当事人”这一条件的规定。但在仲裁庭组成后明确赋予当事人异议权的时间段内，4 家公司均未正式提出异议，而是参加了仲裁程序。根据《2013 机构仲裁规则》第 29.2 条关于“只要可以有效放弃，当事各方放弃基于依第 29 条开始单个仲裁而对仲裁庭作出的任何裁决的效力和/或执行提出任何的异议”的规定和第 31 条关于“当事人知道或理应知道未按本规则（包括一个或多个仲裁协议）的规定或其引发的要求行事，但仍继续参与仲裁而未立即提出异议的，应视为已放弃提出异议的权利”的规定，应视为该 4 家公司已经放弃了对适用该程序提出异议的权利。该案经向最高人民法院报核，裁定对案涉仲裁裁决予以认可和执行。

（三）分析

合并仲裁是仲裁提升效率，应对其他商事争议解决方式竞争的举措，由于其对传统商事仲裁理念有所突破，难免会有对合并仲裁程序下作出裁决有效性的质疑。为此就需要仲裁司法审查法院依据相关法律和仲裁规则进行辨析，确认是否存在导致仲裁裁决不予认可的理由，对仲裁的合理创新举措予以肯定和支持。中国国际经济贸易仲裁委员会、上海国际经济贸易仲裁委员会 2024 年新版仲裁规则都加大了合并仲裁的力度，法院对合并仲裁程序下作出裁决的认可给予仲裁机构推进合并仲裁的信心。

三、案例 3：承认与执行快速仲裁裁决——申请人 SRT 资本 SPC 有限责任公司与被申请人上海中信电子发展有限公司承认与执行国际商会仲裁院仲裁裁决案①

（一）基本案情

2020 年 1 月 19 日，SRT 资本 SPC 有限责任公司（SRT 资本公司）与上海中信电子发展有限公司（中信电子公司）签订《质押贷款协议》，由贷款人 SRT 资本公司向借款人中信电子公司发放贷款，并由中信电子公司按照贷款质押率提供质押股份为贷款本金提供担保。因上述《质押贷款协议》履行过程中发生

①（2021）沪 74 协外认 3 号之一。

争议，SRT 资本公司以中信电子公司违反《质押贷款协议》为由，发出《质押贷款协议》下的违约通知，在发放任何资金之前终止《质押贷款协议》，并向国际商会仲裁院（以下简称“ICC”）提交仲裁申请，ICC 依据上述《质押贷款协议》第 11 条约定的仲裁条款启动仲裁程序，根据仲裁规则第 13 条第 3 款的规定，指定独任仲裁员审理本案，并于 2021 年 2 月 23 日在美国纽约作出最终裁决（Final Award），裁定 SRT 资本公司已于 2020 年 2 月 6 日依法解除了《质押贷款协议》，因中信电子公司违反《质押贷款协议》，应当向 SRT 资本公司支付损害赔偿金人民币 360 万元。此后，中信电子公司并未按照最终裁决向 SRT 资本公司履行任何付款义务。SRT 资本公司向上海金融法院提出申请，请求承认与执行上述最终裁决。

（二）法院观点

本案中当事人虽在《质押贷款协议》中约定由 3 名仲裁员进行最终裁决，但在仲裁程序中经双方合意根据快速程序由一名仲裁员审理符合《ICC 仲裁规则》规定，程序合法，不构成《纽约公约》第 5 条第 1 款仲裁庭的组成不符合当事人约定。

（三）分析

本案适用的是《国际商会仲裁规则》（2017 版）项下的快速仲裁程序，根据该规则规定，仲裁院可以在仲裁协议有相反约定的情况下指定独任仲裁员，即仲裁规则优先于当事人的特别约定。本案中当事人虽在仲裁协议中约定由 3 名仲裁员进行最终裁决，但在仲裁程序中经双方合意根据快速仲裁程序由 1 名仲裁员审理。因此独任仲裁员这一仲裁庭组成方式符合当事人的约定。

快速仲裁程序相较于普通仲裁程序，为进一步提高仲裁效率，通常都以独任仲裁员作为仲裁庭组成方式。当事人在仲裁协议中约定由 3 名仲裁员组成仲裁庭，在仲裁程序启动后又依据仲裁规则申请快速仲裁程序，仲裁庭由独任仲裁员组成。这就有可能造成与当事人约定的潜在冲突，特别是在其中一方当事人反对独任仲裁员的情况下。例如，在来宝资源国际私人有限公司与上海信泰国际贸易有限公司申请承认和执行外国仲裁裁决案中，上海第一中级人民法院就认为新加坡国际仲裁中心在仲裁条款约定仲裁庭由 3 名仲裁员组成且一方当事人明确反对独任仲裁的情况下，仍然依据其《仲裁规则》（2013 年第 5 版）

第 5.2 条的规定决定采取独任仲裁员的组成方式，违反了案涉仲裁条款的约定，属于《纽约公约》第 5 条第 1 款（丁）项所规定的“仲裁机关之组成或仲裁程序与各造间之协议不符”的情形。[①]

第四节　展望和建议

习近平总书记提出“营造市场化、法治化、国际化一流营商环境”。2023 年，世界银行启动新的营商环境评估（Business Ready）指标体系，指标之一为“商事争议解决”，评估商事争议解决的效率和质量，涉及三个维度，其一评估与法院程序和替代性争议解决方式有关的立法是否完备，包括立法是否具备以下所需因素：有效处理案件，促进跨境争议的解决，为解决争议提供替代路径，以及确保对相关机构的信任；其二评估公共服务实践，包括机构框架的稳健性，数字化程度，透明度，替代性争议解决方式相关服务的。其三评估争议解决的可靠性，包括解决争议所需的时间和成本，以及判决、裁决承认和执行的时间和成本。[②]对诉讼、仲裁、调解的立法和实践均设置了详细评估指标。

《民事诉讼法》涉外编修改，改革涉外送达和调查取证规则，提升涉外民商事审判效率，完善承认与执行外国法院判决的制度规则，增强我国法院处理该类司法审查案件的透明度和规范性，积极推进民商事判决的跨境流通。[③]《仲裁法》修改已列入十四届全国人大常委会立法规划第一类项目，系“条件比较成熟、任期内拟提请审议的法律草案”。商事调解立法也在讨论中。

一、最高人民法院国际商事法庭管辖权的扩大

随着《民事诉讼法》涉外编修改，最高人民法院国际商事法庭协议管辖取消“实际联系”要求，可以受理离岸案件。最高人民法院国际商事法庭将来有望进一步扩大管辖权，受理国际投资争议相关案件，以及我国法域外适用案件。

① 见 (2016)沪 01 协外认 1 号。

② 见 CHAPTER 9. DISPUTE RESOLUTION, B – READY – Methodology – Handbook。

③ 沈红雨、郭载宇：《〈民事诉讼法〉涉外编修改条款之评述与解读》，载《中国法律评论》2023 年第 6 期，第 70－80 页。

（一）国际投资争议诉讼案件

我国近年签署的双边投资协定和自由贸易协定中投资专章通常规定，就投资者与东道国的争议解决，投资者可选择将争议提交东道国有管辖权的法院。[①]在我国尚未有投资者将争议提交我国法院的实践，但从履行条约义务和提升我国在国际商事争议市场竞争力的角度，应落实我国作为国际投资东道国，对投资者与东道国争议有管辖权的法院。国际商事法庭作为专门处理国际商事纠纷的常设审判机构，受理这类案件最为适合。

（二）国际投资争议解决结果跨境执行案件

国际投资争议解决结果包括国际投资争议仲裁的仲裁裁决，国际投资争议调解下达成的和解协议，以及国际投资争议诉讼的判决。

国际投资争议解决结果跨境执行，因为涉及东道国或第三国财产的执行，首先要解决国家豁免的问题。《外国国家豁免法》体现了我国就国家豁免的立场从绝对豁免到相对豁免的转变，这使得第三国财产的执行成为可能。

就国际投资争议仲裁裁决的跨境执行，国际投资争议仲裁可分为 ICSID（国际投资争端解决中心）仲裁和非 ICSID 仲裁。根据《ICSID 公约》，执行地法院应将 ICSID 仲裁裁决视为该国终审判决予以承认和执行。就 ICSID 仲裁裁决的承认和执行，我国尚未建立具体机制。中国在加入《ICSID 公约》后，根据《ICSID 公约》第 54 条第 2 款的要求，须指定相关法院或其他机构供申请承认和执行 ICSID 仲裁裁决的人提交申请，并就该指定通知国际投资争端解决中心秘书长。根据《ICSID 公约》第 69 条的要求，须采取立法或其他措施使公约能够在缔约国有效实施。但中国目前尚未指定相关法院或其他机构，也未通过立法或采取其他措施使公约在中国有效实施。就在我国建立 ICSID 仲裁裁决承认和执行机制，首先，鉴于 ICSID 仲裁裁决的当事人涉及一国政府，可考虑指定最高人民法院国际商事法庭作为受理承认和执行 ICSID 仲裁裁决申请的机构。其次，在具体执行方面，如被申请执行人为外国国家，应由最高人民法院受理。在被申请执行人为我国时，鉴于 ICSID 仲裁中所涉及的东道国行为，实际行为人可能是国务院、中央各部门、各级地方人民政府等，可考虑将承认和执行程序分开，承认由最高人民法院国际商事法庭受理，如最高人民法院国际商事法庭作出承认 ICSID 仲裁裁决的裁定，可由相关高级或中级人民法院具体执行。

---

① 如见《中华人民共和国政府和土耳其共和国政府关于相互促进和保护投资协定》第 9 条第 2 款，《中国－新西兰自由贸易协定》第 153 条第 3 款。

就非 ICSID 仲裁，在我国作为仲裁地的情况下，我国法院具有对仲裁庭管辖权异议，以及撤销仲裁裁决申请的管辖权。这就需要我国建立相应的司法审查机制。鉴于非 ICSID 仲裁当事人涉及一国政府，可考虑由最高人民法院国际商事法庭作为受理仲裁庭管辖权异议，以及撤销仲裁裁决申请的法院。非 ICSID 仲裁裁决的承认和执行可分为两种情况，第一种情况是依据《承认及执行外国仲裁裁决公约》（《纽约公约》）申请承认和执行的仲裁裁决，第二种情况是非依据《纽约公约》申请承认和执行的仲裁裁决。就依据《纽约公约》申请承认和执行的仲裁裁决，目前这类仲裁裁决在我国的承认和执行存在障碍。我国在加入《纽约公约》时作出了商事保留，仅对按照我国法律属于契约性和非契约性商事法律关系所引起的争议适用该公约。最高人民法院在中国加入《纽约公约》后，发布了《关于执行我国加入的〈承认及执行外国仲裁裁决公约〉的通知》（以下简称《执行纽约公约通知》），就何为“契约性和非契约性商事法律关系”作出了具体说明，并特别将外国投资者与东道国政府之间的争端排除在商事法律关系之外。《执行纽约公约通知》就承认及执行外国仲裁裁决申请的法院管辖，承认和执行外国仲裁裁决的具体程序作出了规定。但就法院管辖仅规定了被执行人为自然人和法人的情况，对于国际投资仲裁裁决承认和执行中，以国家为被申请执行人的情况未作规定。为此需要对《执行纽约公约通知》中，关于“契约性和非契约性商事法律关系”的具体说明进行修正，将外国投资者与东道国政府之间的争端纳入商事法律关系。就仲裁裁决具体的承认和执行程序，需要增加以国家为被申请执行人的情况，可参照前述 ICSID 仲裁裁决承认和执行程序进行修改。就非依据《纽约公约》申请承认和执行的仲裁裁决，根据我国《民事诉讼法》，如果我国与仲裁裁决的国籍国之间没有缔结相关条约，则按照互惠原则予以承认和执行。就仲裁裁决具体的承认和执行程序，也可参照前述 ICSID 仲裁裁决承认和执行程序。

就国际投资争议判决的跨境执行，根据双边投资协定，投资者通常将争议提交东道国有管辖权的法院，如东道国作出有利于投资者的判决，通常会在东道国申请执行判决。东道国在第三国有财产，就可能发生国际投资争议判决的跨境执行。如国际投资诉讼判决所针对的东道国在我国有财产，则投资者有可能申请我国承认和执行该判决。鉴于被申请执行人为外国国家，应由最高人民法院国际商事法庭受理相关申请。就投资者申请我国承认和执行国际投资判决，我国法院将依据双边司法协助条约或互惠原则进行审查。

就国际投资争议调解达成的和解协议的跨境执行，国际投资争议采用仲裁、诉讼方式解决成本高昂，联合国国际贸易法委员会第三工作组就国际投资争议解决机制的改革就提出可以尝试采用调解方式解决国际投资争议。《新加坡调解公约》赋予国际商事调解下达成的国际和解协议的跨境强制执行力。《新加坡调解公约》已生效，我国已签署但尚未批准该公约。如我国批准该公约，在国际投资争议调解下达成的和解协议涉及国家财产的情况下，这类和解协议的跨境执行申请，应由最高人民法院国际商事法庭对其进行审查。

（三）我国法律域外适用案件

为保护我国国家利益和境内当事人合法权益，在一定条件下需要对境外当事人、境外行为进行规制，进行这种规制的法律依据是可以域外适用的国内法。域外管辖包括立法管辖、执法管辖和司法管辖。国内法的域外适用需要我国法院予以实施和贯彻。

例如根据《外国国家豁免法》第 7 条的规定，我国法院将对发生在中华人民共和国领域外但在中华人民共和国领域内产生直接影响的、外国国家与包括中华人民共和国在内的其他国家的组织或者个人进行的商业活动引起的诉讼进行管辖。国内法域外适用案件由最高人民法院国际商事法庭集中管辖，可以高屋建瓴在把握我国国内法域外适用全局的基础上审理案件，确立适用标准和程序，并就国内法域外适用建立指导性案例体系。

二、国际商事仲裁环境的优化

国际商事仲裁环境的优化需要仲裁立法和实践的进一步完善。伦敦玛丽女王大学 2021 年国际仲裁调查报告中，最受欢迎仲裁地，香港、北京、上海分列第 3、第 7、第 8 位。最受欢迎仲裁机构，香港国际仲裁中心位列第 3，中国国际经济贸易仲裁委员会位列第 5。[①]这些成绩来之不易，是我国建立商事仲裁制度以来，立法、执法、司法机关，以及仲裁理论和实务界数 10 年来努力的结果。

《仲裁法》的修改应尽量符合世界银行营商环境评估指标体系。北京自贸试验区、上海自贸试验区、粤港澳大湾区、海南自由贸易港可利用先行先试的政策优势，建立尽量贴近《联合国国际商事仲裁示范法》的仲裁机制，进一步优

---

① 参见 2021 International Arbitration Survey: Adapting arbitration to a changing world。

化国际商事仲裁环境。

我国要打造国际仲裁中心，战略布局在北京市、上海市、广州市、深圳市和海南省，且有不同侧重。[①]国际仲裁中心将吸引境内外知名国际商事仲裁调解机构，优秀仲裁员、调解员和争议解决律师等国际商事争议解决优质资源。与此同时，法院承担仲裁司法审查和支持仲裁的重任，其对商事仲裁效率和质量的保驾护航至关重要。伦敦玛丽女王大学2021年国际仲裁调查报告表明，法院和司法机构加大对仲裁的支持是提升仲裁地吸引力的第一因素。香港、北京、上海位列最受欢迎仲裁地前10，是与当地法院对仲裁的大力支持、对仲裁持开放态度、肯定仲裁创新举措、提供仲裁友好型司法环境分不开的。

① 我国要将统筹推进国际商事仲裁中心建设试点工作作为新时期大力加强涉外法律服务工作的战略性任务，推动将北京市打造成为服务国际科技创新中心与国际交往中心建设的国际商事仲裁中心，将上海市打造成为面向全球的亚太仲裁中心，将广东省广州市和深圳市打造成为联动香港和澳门服务粤港澳大湾区建设、面向全球的国际商事法律及争议解决服务中心，将海南省打造成为服务海南自由贸易港、面向太平洋和印度洋的国际商事仲裁中心，努力将我国建设成为国际仲裁新目的地。参见司法部网站：《推进国际商事仲裁中心建设努力将我国建设成为国际仲裁新目的地》，https://www.moj.gov.cn/pub/sfbgw/gwxw/xwyw/szywbnyw/202209/t20220906_463110.html，2024年1月31日访问。2023年1月19日，海南省委、省政府办公厅印发《海南自由贸易港国际商事仲裁中心建设方案》；《上海市推进国际商事仲裁中心建设条例》于2023年12月1日实施。